성경을 통독한 기분이다! 나는 이 책에서 성경 전체의 드라마를 보았다. 아브라함, 이삭, 야곱의 하나님이 이끌어 가시는 하나님 나라의 서사가 대하처럼 흐른다. 나는 이 책에서 수필과 시의 언어로 뿜어내는 사람 냄새를 맡았다. 저자는 하나님과 예수님을 대면한 사람들의 애환, 미소, 환희, 고백으로 한 편의 연극을 만들어 간다. 나는 이 책에서 우리 시대와 성경의 대화를 들었다. 저자는 '이미'와 '아직' 사이를 살아가는 그리스도인의 신분, 소명, 경건이 어떻게 세상의 희망이 될 수 있는지를 논증한다. 독자들은 신약학자와 언어학자가 빚어낸 36개의 단편들이 만들어 가는 하나님 나라의 이야기를 잔잔한 감동으로 읽는 복을 누릴 수 있다.

강대훈 교수(개신대학원대학교)

저자 박윤만 교수는 주 안에서 사귀어 온 신실한 형제요, 연구와 목회를 연결시켜 하나님 나라의 이론과 실천을 융합하고 있는 동역자다. 그의 연구는 '이미 시작되었으나 아직 완성되지 않은 하나님 나라'의 이해에 초점을 두었고, 그의 목회는 그 하나님 나라를 실현하는 현장이었다. 저자는 이론과 실천을 통해 신구약 성경을 하나님 나라 실현 과정이라는 관점에서 새롭게 통관하여 해석했고, 그의 이 같은 통찰력은 나 같은 독자에게 깊은 공감을 제시했다. 이 책은 '이미와 아직'을 통찰하는 그리스도인에게 좋은 안내서로서 새로운 신앙적 결단을 제시할 것으로 확신하며 일독을 권한다.

이만열 교수(숙명여대 명예 교수, 전[前] 국사편찬위원장)

이 책은 박윤만 교수의 학문적 여정이 목회적 현장과 만나 탄생된 글이다. 특히 박교수의 전공이자 복음서의 주요 주제인 하나님 나라가 가진 이중적 성격(이미 임했지만 아직 완성은 유보됨)을 여러 성경 본문을 통해 잘 풀어 주고 있다. 또한 이 책은 주해를 넘어 교회의 현실 문제를 다룬다. 하나님 나라에 참여한 결과 맞이하게 된 하늘과 땅, 이미와 아직이라는 이중적 삶의 현실에서 그리스도인이 세상을 살지만 세상의 종이 아닌 하나님 나라의 시민으로 어떻게 살아갈 수 있는지 꼼꼼한 성경 주해를 통해 안내해 주고 있다는 것이 이 책의 장점이라 할 수 있겠다.

이찬수 목사(분당우리교회 담임)

저자 박윤만은 교수이자 목사이고 스승이자 제자로 함께 살아가고 있다. 아직 온전하지 않음을 늘 고백하면서 이미 담겨 있는 온전을 향해 몸부림치는 분이다. 이것이 이 책을 생산해 내었고, 이 책의 소리다. 틈바구니의 문화가 주류 문화를 대치하는 동안 그 주류는 온데간데없음을 보면서 늘 틈바구니에서 작은 생명 운동을 일으키려는 분이다. 이 책은 바로 그런 책이다.

장영일 목사(범어교회 담임)

'교회가 말씀으로 돌아가야 한다'고 할 때, 무엇을 어떻게 해야 한다는 것인가? 그에 대한 좋은 모범이 바로 이 책이다. 이 책은 구약이든 신약이든 '하나님 나라'를 선포하고 가르치고 살아 내는 일이 교회의 중심이며, 특권이고 사명이라는 사실을 잘 보여 준다. 이런 설교가 있고, 이런 설교를 듣고 살아 내는 교회가 있다는 사실이 감사하다. 견고하고도 격조와 품위 있는 신앙이다. 진실하고 단단한 생명의 씨앗이 싹트고 꽃피는 푸른 희망을 보게 된다. 예수님을 믿고 떠도는 삶, 상속자가 받아야 할 고난을 기쁘게, 함께 감당하는 삶, 만물을 썩어짐의 종노릇에서 해방시키는 구체적 실천의 삶, 새 창조와 출산까지, 폭넓은 하나님 나라 백성의 주제들이 풍성하게 담겨 있다. 교회가 이런 하나님 나라의 신학과 설교, 삶으로 돌아온다면 얼마나 기쁠까. 기대하고 소망하며, 설교자들과 신학생, 성도님들께 이 책을 추천한다.

채영삼 교수(백석대학교신학대학원, 신약학)

그 틈에 서서.

(주)죠이북스는 그리스도를 대신한 사신으로
문서를 통한 지상 명령 성취와 하나님 나라 확장을 위해 노력합니다.

그 틈에 서서
© 2020 박윤만

이 책의 저작권은 저자와 독점 계약한 (주)죠이북스에 있습니다. 신 저작권법에
의하여 한국 내에서 보호받는 저작물이므로 무단 전재와 무단 복제를 금합니다.

땅과 하늘 그 사이에서
분투하는 이들을 위해

그 틈에 서서.

박윤만
지음

죠이북스

하나님 나라 때문에 함께 기도하고,

함께 울고, 함께 살아온

하늘깊은샘교회 성도들에게 이 책을 바칩니다.

차 례

프롤로그 생명은 틈으로 시작된다 · 10

동터 올 나라를 기다리며

1장 하나님 나라는 어떻게 세워지는가 1 · 17
2장 하나님 나라는 어떻게 세워지는가 2 · 29
3장 세 개의 강과 열두 돌 · 37
4장 누구를 먼저 벨 것인가 · 49
5장 지켜야 할 하나님 나라의 가치 · 59
6장 진정한 왕 · 69
7장 일상의 하나님과 성전의 하나님 · 83
8장 돌 하나 위에 세워질 하나님 나라 · 95
9장 정원사 하나님 · 107

이미 도래했으나 아직 완성되지 않은 나라

1장 이미 도래한 나라, 천년 왕국 · 125
2장 하나님 나라의 총체성 · 137
3장 더 풍성한 생명을 얻는 길 · 147
4장 하나님 나라의 담지자, 예수의 삶의 자리 · 159
5장 씨와 땅 · 171
6장 빛과 어둠의 만남 · 181
7장 상식적인 믿음 · 191
8장 "썩 물렀거라" · 201
9장 하나님 나라에 들어가는 길 · 211

10장 고통을 산통으로 바꾸시는 하나님 · 221
11장 부활의 몸에 남은 상처 · 235
12장 만물, 동료 예배자 · 243
13장 역사의 끝에 대하여 · 259
14장 우리 안에 빚어지는 삼위 하나님의 형상 · 269

3부
이미와 아직, 그 사이를 살아가는 그리스도인

1장 그리스도인의 두 현실 · 283
2장 영적 여행, 영광의 주인을 찾아가는 길 · 299
3장 용서와 화해에 대하여 · 307
4장 말씀 묵상에 대하여 · 317
5장 기도에 대하여 · 327
6장 새 시대의 스티그마 · 337
7장 양자이자 상속자 · 349
8장 기후 변화의 시대를 사는 교회 · 363
9장 저출산 시대를 살아가는 그리스도인 · 377
10장 소금 예수, 소금 그리스도인 · 389
11장 밤과 새벽, 그리고 낮 · 399
12장 "마치……처럼" · 407
13장 자연의 선, 예수의 선 · 415

에필로그 깨진 틈 사이로 · 425

프롤로그   생명은 틈으로 시작된다

우린 틈을 보여 주지 않으며 산다. 살다가 빈틈이 보이면 메워서 말끔한 자신을 만들어 낸다. 사람들은 빈틈이 없어지는 것을 '성장'이라고 말한다. 애써 틈을 메우며 그렇게 '성장'하다 보면 인생은 어느덧 이곳저곳 땜질한 아스팔트 모양이 된다. 틈이 없다고 말하지만 지나가는 사람은 다 안다. 그것이 땜질된 아스팔트임을.

경기에서는 빈틈을 보이는 순간 상대의 일격을 받는다. 삶을 전쟁이나 경기처럼 살아가는 사람은, 그래서 생사를 걸고 빈틈을 메우려 한다. 빈틈이 없어질 때 비로소 그 누구도 함부로 덤비지 못하는 내가 되어 자신을 평안히 지킬 수 있을 것이라 믿으면서 말이다. 하지만 과연 빈틈없는 상태가 되는 것이 정말 성장하는 것인가? 어른이 된다는 것은 실수 없고 흠잡을 데 없는 사람이 되는 것인가? 그러면 겨울을 물러가게 하는 봄기운이 틈 사이로 불어오는 것은 어떻게 보아야 하나?[1]

세상은 빠르게 달리고 더 나은 승차감을 느끼고자 시멘트와 아스팔트를 생명의 땅 위에 퍼부어 대지만 땅은 죽는 것이 아니라 다만 숨

---

[1] 아파트 사이사이 빈틈으로 꽃샘 분다 / 아파트 속마다 사람 몸속에 꽃눈 튼다 / 갇힌 삶에도 봄 오는 것은 빈틈 때문 / 사람은 틈 / 새 일은 늘 틈에서 벌어진다(김지하, 〈틈〉).

죽이고 있을 뿐이다. 아무리 견고한 시멘트도 시간이 지나면 틈이 생긴다. 완전하고 영원할 것 같은 아스팔트와 사람에게 균열이 오고 틈이 생기면 이제 그 생명은 꺼져 가야만 하는가? 아니다. 생명의 기운은 그렇게 생긴 틈 사이로 숨쉬기 시작한다. 봄기운은 그곳으로 들어가고, 그곳에서 흘러나온다. 빈틈은 상대의 펀치를 허락하게도 하지만, 내 안에 생명을 잉태시키는 출구이기도 하다.

생명은 틈으로 시작된다. 완전하신 하나님은 틈을 허락하셨고 빈 틈을 보여 주셨다. 죄 없는 완전한 그리스도가 죄인이 되어 물속에서 숨죽일 때 완전한 하늘에 틈이 생기고 그 틈 사이로 하나님의 영이 그리스도 위로 오셨다. 죄인을 심판할 자로 기대된 분이 죄인 될 때 하나님은 틈을 보이신 것이다. 사람들이 그렇게 보이기 싫어하는 틈을 하나님은 친히 자신의 아들 예수를 통해 보이셨다.

하나님의 틈은 다시 한 번 만들어진다. 그분의 아들이 십자가에 오를 때 거룩한 곳과 속된 곳, 성전과 세상을 구분하던 성소 휘장이 위에서 아래로 찢어졌다. '위에서 아래로'라 함은 틈을 만드신 이가 '위에' 계신 하나님 자신이심을 말한다. 죄 없으신 분이 죄인이 되어 십자가에 달리셨을 때 거룩한 곳, 성소의 벽에 균열이 갔다. 하나님의 아들이 죄인 되었을 때 완전하신 하나님께 오점이 생겼다 말할 수 있으나 하나님은 그 오점을 온전치 못한 온 세상을 온전케 하고, 거룩치 못한 사람을 의인으로 만드는 틈으로 삼으셨다. 세상을 구원하는 성령은 갈라진 하늘 그 틈 사이로 세상에 들어오셨다. 하늘에 틈이 만들어지자 그 틈 사이로 하나님의 숨결이, 하나님의 바람이, 하나님의 영이 이 땅에 오셨다. 하나님 나라는 그렇게 이 땅에 도래한 것이다.

하지만 하늘과 땅의 온전한 결합은 미뤄졌고, 이미 임했지만 아직 완성되지 않은 나라, 그 틈바구니가 우리의 현실이다. 그 틈에 끼여 사는 교회는 하늘에 속한 것도 아니고 땅에 속한 것도 아니어서 어딘가에 온전히 소속되지 못한 이가 갖는 고뇌가 불가피하다. 그럼에도 이 틈바구니가 혼란이나 압박의 공간이기만 한 것은 아니다. 하늘과 땅은 영원히 평행선을 달리지는 않을 것이다. 결국 "하나님이 만유의 주로서 만유 안에 계[실 날]"(고전 15:28)은 도래할 것이다. 틈 사이를 사는 교회의 외마디 기도는 "뜻이 하늘에서 이루어진 것같이 땅에서도 이루어지이다"이다. 이것이 하늘을 땅에 심는 교회의 민들레 홀씨 기도다. 눈코 뜰 새 없이 바쁜가? 기억하자, 틈은 모든 생명의 출입구임을.

이 책은 그런 틈 사이에서 잉태되었다. 먼저 예수의 선포와 삶과 죽음과 부활을 통해 하나님 나라가 도래했다는 믿음이 이 책의 탄생 배후다. 하지만 하나님 나라에 대한 정교한 이론서로 쓰인 것은 아니다. 오히려 이 책은 예수님이 가져온 나라가 만들어 낸 틈 사이에서 펼쳐진 다양한 이야기를 담아냈다. 1부는 하나님 나라가 '도래하기 전' 시대를 살아간 구약 사람들의 이야기다. 2부는 예수께서 하나님 나라를 반역의 땅에 가져오시는 변혁의 이야기다. 특히 하나님의 종말론적 통치가 예수를 통해 어떻게 사람과 관계, 그리고 세상에 도래하기 시작했는지에 맞춰 신약 성경의 여러 본문을 주해하고 적용하였다. 하지만 신약 성경이 일관되게 말하고 있는 것처럼 하나님 나라의 완성은 유보되었다. 따라서 마지막 3부는 '이미' 도래했지만 '아직' 완성되지 않은 하나님 나라의 이중성으로 인해 교회가 하늘과 땅 사이에 '끼인' 채 받은 소명을 붙들고 씨름하는 이야기를 한다.

이 책이 나오는데 있어서 여러 사람의 수고가 있었다. 둔탁한 초안을 인내심을 가지고 교정해 준 한지선 전도사와 여러 차례 원고를 읽으며 꼼꼼한 교정과 함께 내용에 대한 조언도 거침없이 해준 사랑하는 아내에게 고마움 마음을 전한다.

사실 이 책의 내용은 필자가 섬기고 있는 하늘깊은샘교회가 세상에 살지만 세상의 종이 아닌 하나님 나라의 시민으로 살기 위해 고민하고 씨름해 온 결과물이다. 내가 하늘깊은샘교회의 성도들을 만나 목회를 하게 된 것은 하나님이 내 생애에 허락하신 가장 큰 복 중 하나다. 사랑하는 성도들에게 이 책을 바친다.

1부

○

동터 올 나라를
기다리며

1장   하나님 나라는 어떻게 세워지는가 1

요셉 이후 거의 400년이 흐른 어느 날, 하나님은 수백 년의 침묵을 깨시며 호렙산 떨기나무 가운데서 나타나신다.[1] 그리고 모세에게 말씀하신다.

> 나는 네 조상의 하나님이니 아브라함의 하나님, 이삭의 하나님, 야곱의 하나님이니라(출 3:6).

하나님이 세 족장인 아브라함과 이삭과 야곱을 한 쌍으로 묶어 자신을 그들의 하나님이라 소개하신 것이다. 모세만 이런 소개를 들은 것은 아니다. 하나님은 모세가 히브리 백성에게 가서 그가 만난 하나님이 누군지를 말할 때도 동일하게 "아브라함의 하나님, 이삭의 하나님, 야곱의 하나님"(출 3:15)으로 소개하라고 말씀하셨고, 애굽인들 역시 히브리인들을 해방시키라는 소명을 모세에게 주신 분이 아브라함과

---

[1] 떨기나무 한가운데는 400년간의 침묵을 깨는 장소치고 초라해 보인다. 그럼에도 나무 가운데 나타나신 하나님은 범죄한 후 하나님을 피하기 위해 "동산 나무 사이에"(창 3:3) 숨은 아담의 모습을 떠올리게 한다. 인간이 숨은 자리가 하나님이 계시고 나타나신 곳이 된 것이다.

이삭과 야곱의 하나님이라는 말을 들어야 했다(출 4:5).[2] 아브라함과 이삭과 야곱의 하나님은 모세와 히브리인과 애굽인 모두에게 한결같이 소개된 하나님의 자기 계시 방식인 것이다.

세 족장의 하나님이라 불린 이유

세 족장이 한 쌍으로 나오는 것은 하나님이 누구시며, 왜 나타나셨고, 역사 속에서 무슨 일을 하실지를 알려면 세 족장의 삶을 한 덩어리로 묶어 살펴보아야 한다는 뜻이다. 하나님이 어떤 분인지는 자연 만물을 통해서도 알 수 있다. 만들어진 모든 것은 그분 없이 된 것이 없기 때문이다(창 1-2장, 요 1:3). 그러함에도 하나님이 인간 역사 속에서 무엇을 어떻게 일하시는지를 알려면 역사 속에 살았던 세 족장의 삶을 보아야 한다. 하나님의 계시 영역이 그들의 삶이었기 때문이다(창 12-49장). 히브리인들이 세 족장의 삶을 통해 하나님을 알아야 했던 이유가 그들을 통해 과거를 배우기 위해서만은 아니다. 족장들의 역사를 아는 일은 그들 자신 안에 역사의식과 소명 의식을 일깨우는 일이기도 했다. 하나님은 아브라함의 가족(나라) 모두에게 소명을 주시고자 그때도 나타나셨고 지금 역시 나타나시고 있기 때문이다. 그러하기에 하나님이 과거 조상들에게 무슨 말을 하셨는지를 기억하는 일은 종노릇에서의 해방을 꿈꾸게 하는 비전 전수 작업이었다.

    하나님은 세 족장에게 자신을 어떻게 계시하셨고, 세 족장은 하

---

[2] 물론 세 족장의 하나님으로 하나님을 이해하는 방식은 구약만이 아니라 예수 역시 공유하신 것이었다(막 12:26). 그리고 베드로 역시 하나님을 동일하게 묘사한다(행 3:13). 이것은 구약만이 아니라 예수와 초기 교회 역시 하나님을 세 족장과 연관하여 이해했다는 것을 알려 준다.

나님을 어떤 분으로 만났는가? 아브라함과 이삭과 야곱은 각각 다른 삶을 살았지만 하나님이 그들 모두에게 똑같이 하신 말씀이 있다. 그 말씀이 그들을 한 덩어리로 묶는 끈이다.

아브라함에게_ "네 씨로 말미암아 천하 만민이 복을 받으리니"(창 22:18).

이삭에게_ "이 모든 땅을 네 자손에게 주리니 네 자손으로 말미암아 천하 만민이 복을 받으리라"(창 26:4).

야곱에게_ "네 자손이 땅의 티끌같이 되어 네가 서쪽과 동쪽과 북쪽과 남쪽으로 퍼져 나갈지며 땅의 모든 족속이 너와 네 자손으로 말미암아 복을 받으리라"(창 28:14).

공통적인 말씀은 '내가 네 가족에게 복 주고, 복받은 네 가족을 통해 세상이 하나님의 복을 받도록 하겠다'는 것이다. "우리는 하나님의 복을 받아 세상에 전달하는 축복의 매개체 노릇을 해야 한다." 이것이 세대를 뛰어넘어 아브라함 가족에게 흐르는 소명이다.

모세의 인도 아래 출애굽하려는 이스라엘에게 아브라함과 이삭과 야곱의 하나님을 기억하라는 말과 함께 그러한 소명을 들려주신 이유가 있다. 이스라엘의 해방을 단순한 탈출로서만이 아니라 아브라함과 그 가족에게 주신 소명 성취 차원에서 이해하라는 뜻인 것이다. 이스라엘을 출애굽시키려는 하나님의 계획은 먼저 히브리인들이 억압에서 벗어나는 복을 받게 하고, 그렇게 복받은 그들을 통해 세상 역시 하나님의 자유하게 하는 구원의 역사를 맛보도록 하는 것이다. 현재 내게 찾아온 복이 단순한 행운이 아니라 하나님의 약속 성취 과정이라는 이해는 과거를 기억할 때 찾아오는 깨달음이었다.

하지만 소명과 관련해서 세 족장 사이에 통일성만 있는 것은 아니다. 삶을 살아가는 자세와 관련해서 본다면 세 족장 사이에는 다양성 또한 매우 뚜렷하다. 하나님은 서로 다른 사람들을 통해서 어떻게 그분의 뜻을 한결같이 이뤄 나가실까? 아니면 하나님의 소명을 이루기에 적합한 삶의 태도라는 것이 있는 것일까?

아브라함을 통해 드러난 하나님

아브라함은 양면성을 가진 존재로 소개된다. 사람과의 관계는 물론 하나님과의 관계에서도 그는 능동적이면서 수동적이다. 아브라함의 능동적인 태도는 하나님께 자신의 고향과 본토 친척 아비 집을 떠나라는 뜻밖의 지시를 받았을 때 먼저 드러났다. "내가 보여 줄 땅으로 가라"(창 12:1)는 하나님의 말씀이 들렸을 때 아브라함은 "갈 바를 알지 못하고"(히 11:8) 일단 떠난다. 21세기 그리스도인인 우리에게는 구약과 신약이 있고, 또 교회사 2,000년의 역사가 있어서 하나님이 하시는 일이 어떠한지 알 수 있지만 아브라함에게는 그런 유산이 전무했다. 유일신 신앙의 전통과 관련해서 본다면 말 그대로 그에게는 아무것도 없었고, 그가 믿고 의지할 분은 자신을 부르신 하나님 단 한 분뿐이었다. 아브라함에게 하나님을 믿는다는 것은 개척자로 살아가는 것을 뜻했다. 그는 그렇게 살았다. 하나님은 때로 전통을 통해 안정적으로 지시하기도 하신다. 또 때로는 새로운 전통을 세우기 위해 이전 전통에서 떠나기를 원하신다. 아브라함을 통해 계시된 하나님은 새로운 토대 위에서 새로운 일을 하시는 분이었다. 아브라함에게는 하나님을 믿는다는 것과 새로운 일을 한다는 것이 분리될 수 없었다.

한편, 아브라함이 능동적인 인물이기만 한 것은 아니었다. 그에게는 정반대 성향, 곧 수동성도 뚜렷했다. 조카 롯과 함께 가나안에 도착한 아브라함은 더는 롯과 함께 살 수 없게 되자 땅 선택권을 롯에게 먼저 주면서 그가 좌 하면 자신은 우 하고, 그가 우 하면 자신은 좌 하겠다 말한다(창 13:14-18). 아브라함은 땅 선택에 있어서 수동적인 자세를 취한 것이다. 이전의 모든 전통을 버리고 하나님이 지시하신 땅에 도착했을 때, '이곳은 하나님이 내게 주겠다고 약속하신 땅이니 주도권은 내게 있다'는 자세가 아브라함에게는 전혀 없었다. 오히려 뒤로 한 발 물러서서 '네가 먼저 결정하라'고 한다. 이처럼 아브라함에게는 능동성과 수동성 모두 있었다. 하나님에 대해서는 적극적 실천을, 사람에 대해서는 소극적 양보를 택한 것이다.

아브라함의 수동성 덕분에 롯은 좋은 땅을 택해 떠난다. 롯이 가족들과 그에게 속한 가축 떼를 데리고 먼지를 일으키며 떠났을 때, 하나님이 그 "티끌" 가운데서 나타나 아브라함에게 말씀하신다.

> 내가 네 자손이 땅의 티끌 같게 하리니 사람이 땅의 티끌을 능히 셀 수 있을진대 네 자손도 세리라(창 13:16).

롯이 좋은 땅을 차지하러 떠난 후 뒤에 남겨진 아브라함에게 나타나신 하나님은 이번에는 땅만이 아니라 자손까지 약속해 주신다! 하나님이 "내가 네게 지시할 땅으로 가라"고 하신 지시에 능동적으로 반응했을 때와 마찬가지로 좋은 땅을 조카에게 수동적으로 양보했을 때도 하나님은 아브라함에게 나타나 소명을 확인해 주신 것이다. 하지만 후자의 경우에는 이전에 없던 자손까지 약속하셨다.

이처럼 하나님은 아브라함의 능동성과 수동성 모두를 통해 그분의 일을 하신다. 중요한 것은 하나님의 신실성에 대한 믿음을 간직하는 것이다. 아브라함은 하나님을 믿었기에, 익숙한 자신의 전통을 버리고 새로운 땅을 향해 나아가는 능동적 선택을 할 수 있었고, 약속의 땅임에도 '좋은' 땅을 롯에게 양보하는 수동적 삶을 택할 수 있었다.

우리는 일평생 수많은 결정을 한다. 결정을 내리는 순간에는 그것이 최선이라 믿는다. 하지만 후회와 불안이 뒤따르게 마련이다. 우리는 미래를 알지 못하고, 무엇이 선인지 혹은 무엇이 더 온전한 선인지, 무엇이 나쁜 것인지 혹은 무엇이 최악인지 잘 모르기 때문이다. 인간은 완전한 선택을 내릴 수 없다는 사실을 받아들여야 한다. 다만 우리가 할 수 있는 일은 온전한 선이 무엇인지 아시기에 완전한 선택을 내릴 수 있는 분은 하나님 한 분뿐임을 믿고, 그 믿음으로 결정을 내리는 것이다(살전 1:2, 롬 14:13 참조). 이것이 아브라함의 삶을 통해 주시는 하나님의 말씀이다.

이삭을 통해 드러난 하나님

하나님은 또한 "이삭의 하나님"으로도 불리기를 원하셨다. 이삭은 아브라함의 하나뿐인 아들로, 아브라함에게 주어진 하나님 나라 비전, 곧 아브라함과 그 자손은 온 세상이 하나님의 복을 받는 통로라는 집안의 소명을 이어갈 유일한 사람이다. 아버지 아브라함이 받은 하나님 나라의 무게를 이삭 홀로 짊어진 것이다. 그는 그 소명을 이루기 위해 어떤 길을 걸어갈까? 아버지 아브라함은 하나님이 부르실 때 모든 것을 버리고 거침없이 광야로 나아간 개척자이자, 가장 좋은 땅을 조카에게 양보하기도 한 수동적인 인물이기도 했다는 점을 이미 보았다. 하지만 이삭은 아버지와 다른 길을 걷는다. 그는 처음부터 마지막까지 수동적인 사람으로만 남는다.

    이를 보여 주는 몇 가지 대표적인 예가 있다. 아버지와 함께 모리아산으로 가서 번제단에 올려질 때 그는 아무런 저항 없이 결박당한 채 누워 아버지의 칼날을 기다린다(창 22:9-10). 사람을 번제로 바치라는 요구가 하나님의 성품에 합당한 요구이기나 한가? 분명 이해할 수 없는 일임에도 이삭은 순응한다. 생애에 닥친 이해 못할 일을 온몸으로 받아들인다. 이삭의 수동성은 배우자를 선택하는 일에서도 이어진다. 이삭의 아내 선택권은 아브라함도 아닌 아브라함의 종의 손에 넘겨진다. 아버지 아브라함이 고향 하란에 종을 보내 그곳에서 이삭의 아내 될 만한 여인을 데려오도록 한 것이다(창 24장). 그렇게 해서 가나안으로 내려와 이삭과 결혼한 여인이 리브가다.

    이삭의 수동성은 샘을 파는 일과 관련하여 극적으로 묘사된다(창 26장). 아버지 아브라함이 죽자 이삭은 블레셋 사람이 사는 그랄 지역으로 이동한 후(1절), 농사를 지으며 "창대하고 왕성하여 마침내 거부가 되[었다]"(12-13절). 그러자 블레셋 사람들이 "네가 우리보다 크게 강성한즉 우리를 떠나라"(16절)고 말하며 이삭의 모든 우물을 막아 버린다. 이삭은 아무 말 없이 그곳을 조용히 떠난다. 그리고 그랄 골짜기로 이동한 후 그곳에 장막을 치고 새로운 삶을 시작한다(17절). 그는 그곳에서 아버지가 팠던 우물들을 다시 파서 샘 근원을 얻는다(18-19절). 그러자 이번에는 그랄 목자들이 그 우물을 두고 이삭의 목자와 다툰다. 그것을 본 이삭은 다른 우물들을 판다(20-21절). 그런데도 다툼이 멈추지 않는 것을 보고 네 번째 우물을 판다(21-22절). 그제야 그들 사이에 다툼이 없는 것을 본 이삭은 그 우물을 르호봇이라 명명하며 말한다.

이제는 여호와께서 우리를 위하여 넓게 하셨으니 이 땅에서 우리가 번성하리로다(창 26:22).

이삭은 하나님이 "우리를 위하여 땅을 넓게 하셨[다]"고 고백한다. 앞선 이야기 그 어디에도 하나님이 주체가 되어 이삭의 땅을 넓게 하셨다는 것을 추론할 만한 사건은 없었다. 사실 창세기 26장 3절에서 하나님이 이삭에게 나타나시어 "이 모든 땅을 너와 네 자손에게 주리라"고 약속하신 후 이어지는 본문은 이삭이 계속 샘(땅)을 다른 이들에게 양보하고 '후퇴'하는 이야기뿐이기 때문이다. 그런데도 이삭은 하나님이 "우리를 위하여 [땅을] 넓게 하셨으니"라고 고백한다. 현실에서 이삭은 충돌을 피해서 땅을 옮겨 다닌 것이지 적극적으로 우물을 파 가면서 땅을 넓힌 것이 아니었다. 그럼에도 이삭은 양보하고 또 양보하다 르호봇까지 온 후 뒤를 돌아보며 하나님이 우리의 땅을 이렇게 넓혀 주셨다고 고백하고 있는 것이다! "소 뒷걸음치다 밭 간다"는 말처럼, 갈등을 피하고자 뒤로 물러선 삶이 사실은 하나님이 그와 그 자손의 땅을 넓혀 주시는 과정이었다고 이삭은 고백하는 것이다. 이것이 이삭의 수동적 삶 가운데 드러난 하나님의 능동성이다.

이삭의 영성은 물과 같다. 낮은 곳으로 흐르다 바위를 만나면 피해 가고, 또 바위가 있으면 그것을 부수기보다 에둘러 간다. 그러다 보니 온 대지에 강줄기를 내고 그 주위에 생물들이 깃들어 사는 숲이 만들어진다. 어떻게 보면 답답하게 느껴지기도 한다. 혹 바보라는 이야기를 들을 수도 있을 것이다. 그런데도 하나님은 이삭의 하나님으로 불리기를 원하셨고, 결국 그를 통해 하나님 나라를 준비하셨다.

이삭이 후에 르호봇이라 이름 붙인 네 번째 우물을 팠을 때 하나님이 밤에 그에게 나타나 자손에 대한 복을 약속하신다.

> 그 밤에 여호와께서 그에게 나타나 이르시되 나는 네 아버지 아브라함의 하나님이니 두려워하지 말라 내 종 아브라함을 위하여 내가 너와 함께 있어 네게 복을 주어 네 자손이 번성하게 하리라 하신지라(창 26:24).

하나님은 아브라함에게 총 열 번에 걸쳐 나타나셔서 말씀하셨다(창 12:1, 7, 13:12-17, 15:1-9, 13-16, 17:1-22, 18:1, 17-33, 22:1-2, 16-18). 마지막으로 하나님이 아브라함에게 나타나신 사건은 이삭을 제물로 바치라는 지시에 순응하여 모리아산 제단 위에 누운 이삭에게 칼을 대려는 순간이었다. 그 사건을 끝으로 하나님은 아브라함에게 직접 계시하지 않으신다. 아브라함이 마지막 시험을 통과했기 때문일 것이다. 반면 이삭에게 하나님은 두 번만 나타나셨다. 첫 번째는 흉년이 들어 그가 그랄에 왔을 때였고(창 26:2-5), 두 번째는 이삭이 네 번째 우물을 판 후였다. 이 현현을 끝으로 하나님은 더 이상 이삭에게 나타나지 않으셨다. 이것은 네 번의 우물 사건을 통해 이삭이 하나님의 복 전파 통로에 적합한 인물이라는 것이 확증되었음을 시사한다. 수동적으로 내어 주는, 혹은 뒤로 물러서는 삶 또한 하나님 나라 진보의 발판이 된 것이다.

이삭의 수동성은 자식 축복 사건에서 절정에 달한다(창 27장). 노년에 이삭은 평생을 같이 살아온 자식들을 분별하지 못한 채 차남 야곱을 장남 에서로 알고 그에게 장자 축복을 한다. 설사 그 뒤바뀜이 쌍둥이 에서와 야곱의 출생 때부터 하나님의 섭리 가운데 있었던 일이라 할지라도(창 25:23) 이삭은 그 계획에서 소외된다. 오직 리브가(창 25:22-23, 27:6-17)와 야곱만 능동적으로 참여하고, 이삭은 시종 수동적 입장에서 서 있기만 했다. 그 같은 수동성을 부정적으로만 볼 수는 없는데, 이는 차남 야곱을 이스라엘의 아버지로 만들어 가시는 하나님의 섭리에 이삭의 수동성이 사용되고 있기 때문이다.[3]

야곱을 통해 드러난 하나님

야곱은 아버지 이삭과 다른 삶을 산다. 이삭은 그의 아버지 아브라함이 닦아 놓은 길을 수동적으로 따라 걷는 반면, 야곱은 자신의 길을 스스로 개척하며 걷는다. 야곱은 둘째로 태어났지만 그의 형과 아버지를 속여 첫째가 누리는 장자권을 거머쥔다. 그는 이미 태생적으로 정해진 길이 아니라 자신이 만든 길을 걷는다. 이삭은 중매결혼을 했지만 야곱은 아내를 스스로 택한다. 이런 점에서 이삭은 아버지 아브라함의 수동성을 따라가고, 야곱은 할아버지 아브라함의 개척자의 길을 따라

---

3   이 주제에 대한 더 상세한 설명은 이 책 1부 2장을 보라.

간다. 그 결과 야곱은 할아버지 아브라함처럼 유랑하는 삶을 살게 된다. 첫 여행은 할아버지 아브라함이 떠난 하란으로 되돌아가 그곳에서 다시 가나안으로 돌아오는 경로였다. 그 후 다시 그의 아들 요셉으로 인해 가나안에서 애굽으로 이주한다. 그가 그렇게도 갖고 싶어 한 장자의 축복을 받았음에도 그는 아버지 이삭이 일구어 놓은 집에서 안정된 삶을 살지 못하고 끊임없이 유랑하는 삶을 산 것이다.

이쯤에서 우리는 야곱이 장자의 축복을 받음으로 누리게 된 아브라함 집안의 '유산'이 도대체 무엇인지 궁금해진다. 아브라함을 시작으로 그 집안에 이어진 기업은 재산이 아니라 그 집을 통해 세상이 복을 받는 일이었다(창 12:2-3, 롬 4:13). 그러므로 그 기업을 물려받은 야곱은 자신의 집에서 안락한 삶을 사는 게 아니라 그가 복 주어야 할 세상을 돌아다니게 된 것이다. 땅의 모든 족속이 복을 받도록 땅의 모든 족속이 있는 곳으로 떠돌아다녔다. 이것이 땅의 족속에게 복 주어야 하는 사람의 '즐거운 부담'(joyful burden)이다. 그것은 바로 그의 할아버지 아브라함의 삶이었다가 야곱의 삶이 된 아브라함 일가의 삶의 방식이다.

아브라함과 이삭과 야곱의 하나님

우리는 두 가지 말씀을 묵상했다. 하나님이 400년 가까이 남의 나라에서 소명을 잃고 살던 히브리 민족에게 나타나시어 자신을 아브라함과 이삭과 야곱의 하나님으로 소개한 말씀이다. 애굽의 번영을 위해, 그리고 그 번영의 결과물을 얻어먹고 살던 그들에게 하나님의 소명을 일깨우기 위해서였다. 그 소명은 다름 아닌 그들이 하나님의 복을 받고, 그렇게 복받은 가족을 통해 세상 역시 하나님의 복을 받도록 하는 일이었다. 모세와 이스라엘이 그들에게 나타난 하나님이 아브라함과 이삭과 야곱의 하나님인 것을 기억할 때 그들에게 지금 일어나는 구속은 우연이 아니라 하나님이 주신 복이며, 이런 구속은 이제 앞으로 그들을 통해 전개될 온 세상의 해방의 전주곡임을 깨달을 수 있었다.

하나님의 뜻이 이러했음에도, 이스라엘 세 족장의 삶을 통해 계시된 것처럼 그 뜻을 이루시고자 택한 사람의 모습은 획일적이지 않다. 아브라함에게는 수동성과 능동성이 공존했지만 그 자손들에게서는 한 가지로만 나타난다. 이삭에게는 수동성으로, 야곱에게는 능동성으로. 하지만 하나님은 아브라함과 이삭과 야곱의 하나님으로 불리기를 원하셨다. 이것은 하나님이 당신의 뜻을, 하나님 나라를 진행시켜 나갈 때 인간의 수동성과 능동성 모두를 사용하신다는 것을 보여 준다. 순종적인 이삭, 능동적인 야곱, 균형 잡힌 아브라함 모두를 통해 하나님은 당신의 나라를 진행시켜 나가신다. 그래서 하나님은 아브라함과 이삭과 야곱의 하나님으로 불리기를 원하셨다.

교회 안에는 수동적인 인물, 능동적인 인물, 혹은 이른바 균형 잡힌 인물이 있다. 하나님이 "아브라함과 이삭과 야곱의 하나님"으로 불리기를 원하셨다는 사실을 기억한다면 하나님의 축복의 통로가 되기 위해 특별히 어떤 성향의 사람이 되어야 한다는 말을 함부로 하기 힘들다. 하나님은 그 모든 성향의 사람들을 통해 그 나라를 이루어 나가실 만한 능력의 신이시기 때문이다. 그들이 믿음으로 하나님께 잇대어 있기만 하면 말이다.

2장 하나님 나라는 어떻게 세워지는가 2

　　앞 장에서 우리는 하나님이 "아브라함과 이삭과 야곱의 하나님"으로 불리기를 원하셨고, 그것이 함의하는 바가 무엇인지 생각해 보았다. 이번 장에서는 하나님이 불리기를 원하신 그 명단이 야곱으로 끝나고 있다는 사실을 고려해 보려고 한다. 야곱에게는 아들이 열한 명이나 있었고, 그중 요셉은 창세기에서 아브라함 다음으로 긴 분량을 차지하는 인물이다. 그럼에도 야곱을 끝으로 하나님은 더 이상 '누구의 하나님'으로 불리지 않으신다. 이런 까닭에 야곱은 하나님이 누구신지를 드러내는 데 있어서 '피날레'를 장식한 인물이 되었다.

　　사실이 이러함에도 창세기가 그리는 야곱의 인물 됨은 그렇게 긍정적이지만은 않다. 그는 '속고' '속이는' 인물이다. 아버지를 속였고, 외삼촌에게는 속았다. 야곱을 향한 곱지 않은 시선이 불가피한데도 하나님은 야곱의 이름으로 불리기를 원하셨고 그것도 세 족장의 마지막 절정에 그 이름이 자리하게 하셨다. 야곱의 생애를 통해 계시된 하나님은 어떤 분인지 함께 살펴보자.

하나님은 왜 야곱을 인정하셨을까
속고 속이는 야곱의 인생 여정은 죄의 그물망에 촘촘히 얽혀 살아가는 현대인의 자화상을 닮았다. 하나님이 '현실적' 인간 군상의 대표처럼 보이는 야곱을 통해 무슨 선한 것을 계시할 것이 있으셨는지 의구심까지 든다. 하지만 속임 하나에만 모든 것을 맞추면 해답이 없다. 사건을 바라보는 다른 각도가 필요하다. 성경에 어떤 인물이 등장하는 것은 그들이 윤리적 표준에 일치하는 삶을 살았기 때문이 아니라 그들의 삶을 통해 하나님이 말씀하시려는 바가 있기 때문이다.[1] 야곱과 그의 생애를 통해 하나님은 무슨 말씀을 하시려던 것일까?

이삭의 장남은 에서였다. 따라서 하나님은 아브라함과 이삭과 에서의 하나님으로 불릴 것으로 기대되었다. 고대 근동 아시아 문화에서는 축복을 받을 수 있는 권리는 물론이고 한 집안을 이끌 권한이 장남에게 주어졌기 때문이다. 당시 문화적 전망에서 본다면 야곱의 존재감은 차남 그 이상도 그 이하도 아니었다. 모두가 이삭 이후 아브라함의 집안을 이어 갈 인물은 에서라고 예상했고, 그렇게 믿었다.

이 일의 선두는 아버지 이삭이었다. 그래서 이삭이 에서를 축복할 날을 잡았다. 하지만 축복의 통로는 에서가 아니라 야곱이 된다. 야곱이 형 에서의 옷을 입고 아버지 이삭에게 나아가 형에게 가야 할 축복을 가로챘기 때문이다. 그는 어머니 리브가와 함께 아버지를 속여 장남의 복을 빼앗았다. 예상과 다른 결과가 만들어진 것에 대해 이삭은 당황했고 에서는 분노했다. 그런데 하나님은 "야곱의 하나님"이라 불리기를 주저하지 않으신다. 왜 그러셨을까?

---

1 물론 이 말이 성경은 윤리적 삶에 관심이 없다는 뜻은 결코 아니다. 성경의 주된 관심은 윤리와 도덕을 세우는 것이 아니라 하나님의 구원 이야기를 전달하는 데 있다는 점이 나의 요지다.

하나님의 자유

이삭이 장남 에서에게 축복하려 한 것은 고대 근동 아시아의 문화에 따른 결정이었다. 당시 문화에 따르면 한 집안의 유산 상속자는 태생적 장남이기 때문이다. 이것은 문화적 관습이었고 누구도 의심할 바가 아니었다. 그런데 아브라함과 그 자손을 통해 세상을 복 주시려는 하나님의 계획도 문화와 관습의 틀 안에서 진행되어야 하는 것일까? 이삭은 그렇게 생각했다. 에서를 불러 "마음껏"(창 27:4) 축복하고자 한 것은 하나님의 약속이 이뤄지는 통로가 인간의 문화와 전통에 따른다고 믿었기 때문이다. 아버지 아브라함과 달리 좀처럼 새로운 시도를 하지 않았던 수동적 이삭에게 그런 결정은 이삭다운 것이라 할 수 있다. 하지만 야곱의 생애를 통해 계시된 하나님(그러므로 "야곱의 하나님")은 "항상 그런 것은 아니다"라고 말씀하신다. 이것은 리브가가 에서와 야곱을 임신했을 때부터 암시되었다. 쌍둥이를 임신한 후 태동이 심상치 않다는 것을 느끼던 리브가에게 하나님은 "큰 자가 어린 자를 섬기리라"(창 25:23)고 말씀하셨다.

하나님은 문화와 전통, 그리고 관습에 일치하여 일하기도 하시지만 때로는 그것을 초월하신다. 이것이 하나님의 자유다. 하나님이 기꺼이 야곱의 하나님이라 불리기를 즐거워하신 것은 야곱의 생애가 하나님의 자유를 드러내었다고 보셨기 때문이다.

그의 조부 아브라함에게 계시된 하나님은 고향과 가족의 전통과는 상관없이 일하시는 분이었다. 아브라함은 그 하나님을 믿고 본토 친척 아비 집을 떠나 낯선 땅으로 간다. 야곱을 통해 계시된 하나님은 태생적 장자권을 넘어서서 일하실 수 있는 분이었다. 하나님이 세상 문화에 맞추어 일하시는 것이 아니라 세상 관습이 하나님께 맞추어 재조정되어야 한다는 것을 야곱의 생애를 통해 하나님이 보여 주셨다. 이것이 하나님이 야곱의 장자권 선택을 '무효'라고 하지 않으신 이유다.

야곱의 교차된 손

야곱은 눈이 어두워지고 죽음에 가까워지고 있었다. 그러던 그에게 아들 요셉이 자신의 두 자녀 므낫세와 에브라임을 데리고 온다. 축복을 받게 하려는 뜻이었다. 이 순간 야곱은 예상치 못한 행동을 한다. 요셉에게 "너의 두 아들은 내 것"이라고 선언한 것이다(창 48:5-6). 손자들을 자신의 아들로 삼은 것이다. 므낫세와 에브라임은 이렇게 야곱의 자녀가 되어 야곱의 아들은 모두 열둘이 되었다.

야곱의 뜻밖의 행동은 므낫세와 에브라임을 축복할 때도 계속된다. 요셉이 두 아들을 야곱에게 데려올 때 그의 오른손에는 둘째 에브라임을 잡고, 왼손으로는 첫째 므낫세의 손을 잡고 왔다. 야곱 앞에 앉힐 때도 므낫세를 야곱의 오른편에, 에브라임을 왼편에 앉혔다. 야곱이 오른손으로는 장자 므낫세를 축복하고 왼손으로는 둘째 에브라임을 축복하도록 만들기 위해서다. 오른손의 축복은 장자에게 가는 것이 당시 문화이고 전통이며 상식이었다. 이에 자기 앞에 앉은 손자들을 축복하고자 야곱의 두 손이 올라갔다. 그런데 예상과 달리 야곱의 오른손은 자기 왼쪽에 있는 둘째 에브라임의 머리로 가고, 왼손은 오른쪽에 있는 장남 므낫세의 머리로 갔다. 결국 장남의 축복을 차남 에브라임이 받고 차남의 복을 장남 므낫세가 받게 되었다.

야곱의 교차된 손으로 인해 므낫세와 에브라임은 뒤바뀐 삶을 살게 될 것이다. 어떤 이들은 야곱의 엇갈린 손 때문에 가정과 사회 질서가 엉망이 되었다고도 할 것이다. 야곱은 왜 이랬을까? 창세기 48장 10절이 말하는 것처럼 눈이 어두워서인가? 아니다. 요셉이 아버지에게 그의 손이 잘못 놓였다고 말하자 야곱은 "나도 안다 내 아들아 나도 안다"(창 48:19)고 했기 때문이다. 야곱은 의도적으로 그의 손을 어긋맞게 올려놓은 것이다.

앞서 본 것처럼 야곱이 태생적 서열을 뒤바꾼 것은 이번이 처음이 아니었다. 그 역시 아버지 이삭을 속여 장자의 축복을 받은 전력이 있다. 그때는 이삭이 모르고 둘째 야곱에게 장자의 축복을 했지만, 축복권을 행사할 수 있는 위치에 오르게 된 지금 야곱은 드러내놓고 둘째에게 장자의 축복을 한다. 야곱은 당시 사회가 만든 전통적 가족 서열을 의식적으로 뒤바꾸려는 시도를 하고 있는 것이다.

그러면 야곱은 전통 파괴자인가? 그보다는 하나님의 전망에서 야곱을 보자. 하나님은 야곱의 하나님이라 불리기를 기뻐하셨기 때문이다. 하나님은 야곱을 통해 세상의 전통과는 다른 하나님 나라의 전통을 세우려 하셨던 것이다. 그렇기에 야곱의 어긋 놓인 손은 야곱의 전생애 가운데 일해 오신 하나님의 손의 역사가 어떠한지를 보여 준다. 야곱의 어긋 놓인 손은 하나님이 인간의 예상과 기대를 뛰어넘어 일하신다는 것을 보여 준다. 세상을 복 주시려는 당신의 계획을 이루어 나감에 있어서 하나님은 때로 인간 문화와 전통에 종속되지 않는다는 것을 삼대(야곱과 요셉, 그리고 그 손자 세대)에 걸쳐 드러내 보이신 것이다.

야곱은 그의 자손 이스라엘이 따르고 순종해야 할 하나님의 자유를 가족 전통으로 세우고 있다. 야곱에게 그럴 권한이 있는가라고 질문할 수 있다. 하지만 하나님이 "야곱의 하나님"이라 불리기를 즐거워하셨다는 사실과, 하나님의 사자들이 야곱 위에 오르락내리락했다는 사실(창 28:12)을 기억한다면, 그가 하나님의 통로가 되고 있다는 점을 의심할 수 없다.

세상과 다른 하나님 나라의 전통

야곱의 생애에 드러난 하나님의 자유는 후에 하나님 백성의 전통이 된다. 메시아 역시 첫째 르우벤 지파가 아니라 넷째 유다 지파에서 나왔기 때문이다(마 1:1-17, 계 5:5. 7:5-8 참조). 예수님 역시 "나중 된 자로서 먼저 되고 먼저 된 자로서 나중 되리라"(마 20:16. 19:30 참조)고 하셨고, "인자가 온 것은 섬김을 받으려 함이 아니요 섬기려 하고 자기 목숨을 많은 사람의 대속물로 주려 함이라"(막 10:45)고 하셨다. 특히 후자의 말씀은 리브가가 에서와 야곱을 임신했을 때 하신 "큰 자가 작은 자를 섬기리라"(창 25:23)는 말씀을 떠올리게 한다.

이스라엘 메시아의 이런 자세는 이스라엘의 족장 야곱을 통해 하나님이 일하신 모습에 일치한다. 메시아를 통해 드러난 하나님은 야곱에 의해 계시된 하나님의 모습과 일치하고, 메시아의 길 역시 야곱을 통해 계시된 하나님의 계획과 일치한다. 하나님의 이런 모습이 인간에게는 '임의적'인 것처럼 보일 수 있다. 하지만 그렇게 보이는 이유는 하나님을 고정된 틀에 제한하려 하기 때문은 아닌지 돌아볼 필요가 있다. 마치 예수께서 제자들의 발을 씻기려 했을 때 베드로가 거부한 것처럼 말이다. 베드로는 큰 자는 섬김을 받고 작은 자가 섬겨야 한다는 기존의 사회적 통념을 고집했기에 하나님 나라의 섬김의 원리를 거부했다. 이스라엘 족장들을 통해 맛보이고 예수 그리스도를 통해 도래한 하나님 나라의 원리에 따라 사는 일은 이런 점에서 시대와 전통을 거스르는 일이다. 바울의 이해도 이와 다르지 않다. 고린도전서 1장 27-28절은 다음과 같이 말한다.

> 하나님께서 세상의 미련한 것들을 택하사 지혜 있는 자들을 부끄럽게 하려 하시고 세상의 약한 것들을 택하사 강한 것들을 부끄럽게 하려 하시며 하나님께서 세상의 천한 것들과 멸시받는 것들과 없는 것들을 택하사 있는 것들을 폐하려 하시나니.

뜻 밖에서 일하시는 하나님

우리는 하나님을 우리의 '뜻 안에' 넣고자 하지만 하나님은 많은 경우 '뜻 밖에'서 일하신다. 문뜩문뜩 우리 앞에 펼쳐지는 하나님의 뜻 밖의 일들을 본다면 우리 영혼에 새겨야 할 말씀이 있다. "하나님이 우리의 뜻을 따라야 하는 것이 아니라 우리가 하나님의 뜻에 순종해야 한다." 이것이 바로 장남의 축복을 에브라임에게 주면서 야곱이 므낫세와 에브라임, 그리고 온 이스라엘 자손에게 기대한 삶의 자세다.

하나님을 인간 문화와 계획에 종속시키는 것이 아니라 인간이 하나님의 자유에 순응하고 또 그 계획에 따라 살아가는 것, 그것이 하나님 백성의 삶을 특징지우는 태도다. 그러므로 주의 뜻이 우리를 통해 이뤄지기를 기도하되 하나님의 자유에 근거하여 기도를 올려 드리자. 예상과 기대에 맞게, 또 예상 밖으로 일하시는 하나님을 기억하며 기도드리자. 혹 기대와는 다른 결과가 나오더라도 당황하지 말고 순종의 삶을 살 수 있도록 간청드리자. 순응해야 할 것은 하나님이 아니라 우리이기 때문이다.

3장　　　　세 개의 강과 열두 돌

　　　　　　　이스라엘은 지형적으로 세 개의 강과 하나의 바다로 둘러싸여 있다. 북쪽에는 유브라데강, 남쪽에는 홍해, 동쪽에는 요단강, 그리고 서쪽에 지중해가 위치해 있다. 여호수아는 고별 설교(수 24장)에서 이스라엘이 누구이며, 그렇기에 어떻게 살아야 하는지를 가르치고자 그들이 세 개의 강을 건넌 사람들이라는 역사적 사실을 가져온다(수 24:2-3, 6, 11).

　　지금이나 옛날이나 "강을 건넜다"는 말은 많은 함의를 가진다. 이전 삶을 끝내고 새로운 세계로 들어갔거나, 어떤 일이 더는 돌이킬 수 없는 상태에 접어들었을 때, "우리는 이제 강을 건넜다"고 말하기도 한다. 여호수아의 의도도 이와 크게 다르지 않은 것 같다.

유브라데강 도하_ 불신에서 믿음으로
이스라엘이 건넌 첫 번째 강은 유브라데강으로 이스라엘의 아버지 아브라함이 건넌 강이다. 아브라함이 고대 문명 발상지 중 하나인 메소포타미아에 속한 하란에 있을 때 "고향과 친척과 아버지의 집을 떠나 내가 네게 보여 줄 땅으로 가라"(창 12:1)는 하나님의 부름을 받고 가나안 지역으로 내려오면서 건넌 것이 유브라데강이다.

옛적에 너희의 조상들 곧 아브라함의 아버지, 나홀의 아버지 데라가 강 저쪽에 거주하여 다른 신들을 섬겼으나 내가 너희의 조상 아브라함을 **강 저쪽에서** 이끌어 내어 가나안 온 땅에 두루 행하게 하고 그의 씨를 번성하게 하려고 그에게 이삭을 주었으며(수 24:2-3, 강조는 저자).

아브라함에게 "강 저쪽"에서의 삶과 '강 이쪽'에서의 삶은 분명히 달랐다. 강 저쪽은 문명적으로 고대 4대 문명(황하, 인더스, 메소포타미아, 이집트) 발생지 중 하나인 메소포타미아 문명권에 속한, 세련되지만 다른 신들을 섬기는 삶이고, 강 이쪽은 땅은 척박하지만 창조주 하나님과, 그의 세상을 복 주시려는 하나님의 계획에 초대받은 삶이었다. 하나님은 아브라함을 강 저쪽에서 강 이쪽으로 이끌어 내셨다.

아브라함과 그 후손들에게 그 강을 건넜다는 것은 불신의 강을 건너 믿음의 세계로 이동했다는 사실적 의미를 주었다. 이 세계에서는 이제 알아야 믿는 것이 아니라, "믿을 때 진정한 앎이 시작된다"(안셀무스, 주후 1033-1109)는 믿음으로 살아간다. 하나님을 알기에 강을 건넌 것이 아니라 믿음으로 강을 건넜기에 하나님을 알아 가는 영적 여정을 시작할 수 있었다.

홍해 도하_ 옛 길에서 새 길로

이스라엘이 건넌 두 번째 강은 남쪽에 있는 홍해였다.

내가 너희의 조상들을 애굽에서 인도하여 내어 바다에 이르게 한즉(수 24:6. 출 15장 참조).

홍해 저쪽에는 아브라함이 건넌 메소포타미아 문명에 버금가는 애굽 문명이 자리 잡고 있었다면, 홍해 이쪽은 불모지 광야와 문명화되지 않은 가나안 땅이 있었다. 하나님은 세상에 복 주시는 통로로 삼은 자신의 백성을 척박한 땅에서 문명국으로 건너게 하신 것이 아니라 문명의 땅에서 척박한 땅으로 이동케 하셨다. 이 여행 경로는 아브라함과 이스라엘 모두에게 일어난 일이었다.

이스라엘에게 '우리는 홍해를 건넌 사람들이다'라는 사실은 무엇을 의미할까? 불신의 (유브라데)강만 건너면 다 된 것이 아니었다. 믿음의 세계에 들어온 사람이 건너야 할 또 다른 강이 있었다. 그 강은 세상의 빛으로 부름을 입었지만 여전히 세상의 종으로 살게 하는 세상이다. 그러므로 홍해 도하는 세상의 종이 아니라 세상의 빛으로 살아갈 새로운 토양을 찾아가는 여행의 시작이었다. 바로의 나라는 언약 백성이 뿌리내리고 살아가야 할 토양이 아니었다.

그리스도인들은 2,000년 동안 매주 한 번씩 홍해 도하를 해왔다. 주일 아침, 그리스도인들은 한 주 동안 몸과 생각의 뿌리를 내렸던 가정, 학교, 사회, 나라, 그리고 직업과 성별로부터 그 뿌리를 뽑아 그리스도의 몸, 곧 교회로 이식한다. 그곳에서 새로운 음식, 곧 그리스도의 몸과 피를 먹고 하늘 양식 말씀을 받아서 듣고 해석하고 적용하면서 우리의 영혼을 그리스도의 생명으로 재충만하게 한다. 이스라엘이 불신의 강을 건너 하나님의 언약 백성이 되었음에도 홍해를 다시 건넌 것처럼 예수를 믿게 된 우리는 매 주일 아침, 강을 건넌다. 주일 아침에 하는 이 도하는 우리가 이 시대의 종이 아니라 하나님의 자녀임을, 우리가 추구해야 하는 가치는 제국의 이데올로기가 아니라 하나님 나라임을 확인시킨다. 그러고는 월요일부터 토요일까지 살아갈 '척박한' 세상을 향해 빛으로 파송받는다.

이스라엘에게 홍해 도하는 길이 끊긴 지점에서 일어난 일이었다. 하나님이 종노릇하던 백성을 자유롭게 하신 후 "바다에 이르게"(수 24:6) 하신 것이 처음에는 '길의 무덤'으로 그들을 인도한 것처럼 보였을 것이다. 그러나 자유를 얻은 백성이 새로운 삶을 시작하는 첫 마당에서 길을 잃은 백성이 되게 하신 데에는 그만한 이유가 있다. 지금까지 히브리인들은 애굽 문명의 하부 구조에서 종으로 살았다. 제국의 문화와 이데올로기에 길들여져 애굽인들이 시키는 대로 살아온 것이다. 하지만 하나님의 언약 백성의 길은 그와 같지 않다. 자유하는 백성의 삶은 세상이 닦아 놓은 대로(大路)가 아니라 길이 없는 곳에서 하나님을 길 삼아 걸어야 할 길을 찾고 만들며 걷는 삶이다. 이를 알려 주시고자 하나님은 그들을 바다 앞으로 이끌어 오신 것이다.

중요한 것은 주의 길이 있는 곳이다. 하나님의 길은 바다 밑에 있었다. 바다 밑에 그분의 길을 숨겨 둔 채 사실상 길이 없는 바다로 인도하신 하나님을 찬양하면서 시인은 다음과 같이 말한다.

> 주의 길이 바다에 있었고 주의 곧은길이 큰물에 있었으나 주의 발자취를 알 수 없었나이다 주의 백성을 양 떼같이 모세와 아론의 손으로 인도하셨나이다(시 77:19-20).

주의 길이 바다 밑에 있는 것을 누가 알 수 있었겠는가! 홍해 앞에 선 이스라엘은 당황했고, 쫓아오던 애굽인들은 그래서 기뻐했다. 하지만 창세기 1장이 말하듯 창조 때에도 보시기에 좋았던 세상은 물 밑에 숨겨져 있었다. 물 가운데 궁창을 만드시자 하늘이 드러났고(6-8절), 하늘 아래 있던 물이 한곳으로 모이자 다른 한쪽에 땅이 드러난 것이다(9-10절). 또한 혼돈을 가리키는 물이 한곳에 모이자 바다가 된다(10절). 창조와 구속 모두가 보여 주는 것은 하나님의 세상과 하나님의 길은 깊은 물 그 바닥에 있다는 것이다. 그러므로 하나님의 길은 혼돈의 바다를 우회하지 않고 관통한다.

교회로 모이는 이들에게 주일 아침은 길을 잃어버리는 시간이다. 적어도 그날에는 월요일부터 토요일까지 열심히 달려온 그 길에 더는 서 있지 않기 때문이다. 역설적이게도 길을 잃어버리는 주일 아침, 주님이 부활하신 그날 아침에 우리는 새로운 길을 발견한다. 길이 끊긴 홍해 앞에서 주의 길은 바다 밑에 있다는 사실을 이스라엘이 발견했듯이, 또 말 그대로 길의 무덤이 새 창조가 시작되는 하나님의 모태가 될 수 있음을 주님이 보여 주셨듯이, 주일 아침 교회로 모인 이들은 주 안에서 새로운 길을 발견하고 한 주를 시작한다. 옛 길을 잃어버리고 새 길을 발견하는 주일 덕분에, 우리는 한 주를 사는 동안 무덤과 막다른 골목을 만나더라도 그것이 끝이 아니라 주의 길이 열리는 지점이라는 믿음을 가질 수 있는 것이다.

요단강 도하_ 약속의 땅으로

이스라엘이 건넌 마지막 세 번째 강은 요단강이다.

> 너희가 요단을 건너 여리고에 이른즉(수 24:11).

요단을 끝으로 이스라엘은 사십 년의 방황을 끝내고 약속의 땅에 들어간다. 홍해 도하가 애굽의 종살이를 벗어난다는 의미가 강하다면, 요단강 도하는 새로운 땅에 들어간다는 뜻이 우세하다. 이런 점에서 요단강 도하 전 과정은 언약 백성이 약속의 땅에 들어갔을 때 어떻게 살아야 하는지를 보여 주는 '훈련 코스'와 같다고 할 수 있다. 그러므로 하나님이 여호수아에게 상세하고도 반복적으로 도하 방식(수 3:3-5, 7-13, 14-17)과 건너는 동안 해야 할 일(수 4장)을 알려 주신 것은 괜한 설명이 아니다.

먼저, 제사장들이 언약궤를 메고 가장 앞서고 백성들은 그 언약궤를 보고 따라 들어가라 하신다(수 3:3). 십계명, 돌판, 아론의 싹 난 지팡이와 만나가 담긴 언약궤는 하나님의 임재를 상징한다. 언약궤가 백성 가운데 있다는 것은 하나님이 그 백성 가운데 임재하심을 드러내고, 언약궤가 앞서 간다는 것은 하나님이 자신의 백성을 앞서 가신다는 것을 뜻한다. 그런데 하나님의 앞서 가심에는 규칙이 있다. 요단강을 건널 때 언약궤를 멘 제사장들이 백성들 앞에서 먼저 가되, 백성과 언약궤 사이에는 약 2,000규빗, 곧 914미터 정도 간격을 두라 하신다(수 3:4). 거룩성 확보와 시야 확보라는 두 가지 이유 때문일 것이다. 두 이유는 분리할 수 없다. 모든 사람이 언약궤가 어디로 향하는지 보려면 하나님을 하나님으로 거룩히 여겨야 한다. 그러면 하나님은 어디에서 무엇을 하고 계시는가?

하나님은 언약궤를 멘 제사장들이 가장 먼저 물에 발을 담그도록 하신다(수 3:13). 요단강은 그때 갈라진다. 하나님은 백성들 앞서 계시고 그들보다 먼저 강물에 들어가신다. 그리고 강이 갈라졌을 때 언약궤를 멘 제사장들은 먼저 마른 땅으로 강을 건너가면서 강 중앙에 선후, 모든 백성이 다 나갈 때까지 그 자리를 지켜야 했다.

> 여호와의 언약궤를 멘 제사장들은 요단 가운데 마른 땅에 굳게 섰고 그 모든 백성이 요단을 건너기를 마칠 때까지(수 3:17).

제사장들이 서 있는 곳은 강에서 가장 깊은 곳, 갈라진 강 한복판이다. 그곳이 하나님이 서 계시는 곳이다. 가장 먼저 들어가실 뿐만 아니라 들어가신 후에는 모든 백성이 건널 때까지 강 중앙에 서 계셨다가 가장 나중에 나오신다. 이렇게 백성이 다 건넜을 때 하나님은 다시 여호수아에게 강을 건너는 동안 해야 할 일을 일러 주신다.

> 제사장들의 발이 굳게 선 그곳에서 돌 열둘을 택하여 그것을 가져다가 오늘밤 너희가 유숙할 그곳에 두게 하라(수 4:3).

강에서 그냥 나오지 말고, 열두 부족에서 한 사람씩 택하여 언약궤를 멘 제사장들이 서 있는 강 한복판으로 들여보내 돌 열두 개를 가져오라 명하신다.

> 그들에게 이르되 요단 가운데로 들어가 너희 하나님 여호와의 궤 앞으로 가서 이스라엘 자손들의 지파 수대로 각기 돌 한 개씩 가져다가 어깨에 메라 이것이 너희 중에 표징이 되리라 **후일에 너희의 자손들이 물어 이르되** 이 돌들은 무슨 뜻이냐 하거든 그들에게 이르기를 요단 물이 여

호와의 언약궤 앞에서 끊어졌나니 곧 언약궤가 요단을 건널 때에 요단 물이 끊어졌으므로 이 돌들이 이스라엘 자손에게 영원히 기념이 되리라 하라(수 4:5-7, 강조는 저자).

그 열두 돌은 자녀 교육용이었다. 가나안에 들어가 세월이 흐른 후 요단강 도하 사건을 겪지 않은 자녀 세대가 이 돌들이 무엇인지 물을 때 부모들은 그 돌을 두고 역사, 곧 요단강을 건너게 하신 하나님의 역사를 교육해야 했다. 이런 점에서 그 돌들은 가나안에서 하나님 백성의 삶의 길을 가르치는 기념비였다. 들어간 후의 삶이 어떠해야 하는지가 들어가는 첫 관문인 요단강 도하에서 계시된 것이다.

그러면 돌이 말하는 바가 구체적으로 무엇일까? 먼저 그 돌들이 강 어디에 있던 돌인지를 고려해야 한다. 여호수아 4장 3절은 그 돌들이 "요단 가운데 제사장들의 발이 굳게 선 그곳"에 있던 것임을 분명히 밝힌다. 그 돌들 위에는 제사장들의 발이 있었고, 그 제사장들 위에는 하나님의 언약궤가 있었다. 그러므로 그 돌들은 하나님의 궤, 곧 하나님의 발밑에 있었다! 하나님의 발(언약궤)은 출렁이는 강물에 가장 먼저 들어갔고, 백성들이 다 건너가기까지 강 깊은 곳에 서 있다가 가장 늦게 나왔다. 그 돌들에는 그 같은 하나님의 발자국이 새겨져 있었다.

가나안에 들어간 백성이 돌을 보면서 기억해야 할 것은 과거 무용담이 아니라 지금도 하나님이 어디에 계시며, 또 어떻게 일하시는지에 관한 것이다. 우리가 기억하고 자녀들에게 말해야 하는 하나님의 발은 항상 우리보다 앞서 나가시며, 우리가 건너는 이 강 그 한복판에서 계신다. 무엇보다 그들 앞에 놓인 강이 갈라진 시점이 아직 출렁이던 강에 하나님의 발이 담겨졌을 때였다는 사실을 가르쳐야 한다. 그러므로 가나안에서 하나님은 우리 앞서 가시며 주의 길을 만들어 우리를 이끌고 계심을, 그 돌들이 말해 주도록 해야 했다. 이것이 신앙 공동체가 유지되는 방식이다.

과거 하나님의 역사를 말할 때 현재 하나님의 역사를 보고 체험하며 신앙은 전승된다. 그러므로 돌들을 통한 교육이 여호수아 4장에서 두 번(7, 21절) 반복되는 것은 자연스럽게 이해될 수 있다. 어쩌면 신앙의 위기는 부모 세대가 자녀들에게 하나님의 발의 흔적을 가르치는 일을 중단할 때일지 모른다.

돌을 두어야 할 두 장소

돌을 두어야 할 곳은 두 곳으로 지정된다. 첫 번째 장소는 여호수아 4장 3절에 나온다.

> 돌 열둘을 택하여 그것을 가져다가 오늘밤 너희가 유숙할 그곳에 두게 하라.

돌이 있어야 할 곳은 그들이 "유숙할 그곳", 곧 먹고 자고 대화하며 지낼 생활공간 그 한복판이다. 이 공간의 중요성은 백성들이 하나님의 명령에 순종하여 "돌을 유숙할 곳으로 가져다가 거기에 두었더라"라는 반복을 통해 명시된다(수 4:8).

하나님과 그분의 일하심을 기억해야 할 영역은 우리가 살아가는 삶의 영역 그 한복판이다. 신앙의 기념비는 일상적 공간 그 중심에 세워져야 했다. 하나님이 우리와 함께하신다는 일반화된 고백 그 이상의 가르침, 하나님은 우리 앞서 가셨고 우리 뒤에 나오셨다는 기억이 날마다 가정에서 되새김질되어야 했다. 유숙할 공간과 하나님을 예배할 공간이 분리되는 순간, 신앙은 사상이나 이론으로 전락할 수밖에 없기 때문이다.

돌이 있어야 할 두 번째 장소는 여호수아 4장 9절이 말해 준다. 하나님은 언약궤를 멘 제사장들이 서 있었던 그곳에 돌을 쌓아 두라 하신다. 제사장들이 선 곳은 9절에 나온다. "요단 가운데 곧 언약궤를 멘 제사장들의 발이 선 곳." 제사장들이 선 곳은 강 한복판이었다. 돌무더기를 강 중앙에 쌓아 두면 돌은 강물에 가려질 수밖에 없다. 결과적으로 강물의 흐름과 함께 하나님의 역사에 대한 기억은 쇠퇴할 수밖에 없다. 그런데도 그런 장소를 택하신 뜻은 무엇일까?

강 한복판에 쌓아 둔 돌이 보일 때가 있다. 물이 마를 때, 즉 가뭄의 때다. 가뭄으로 물이 마르기 시작할 때 돌무더기는 고개를 내민다. 하나님은 당신의 발자국이 가뭄의 때에 보이게 하신 것이다. 그러하기에 가뭄이 닥칠 때 부모들은 자녀의 손을 잡고 메마른 강에 와야 했다. 그러고는 물 대신 돌을 보며 하나님의 역사를 떠올려야 했다.

하지만 강 한복판에 있던 돌무더기의 용도는 과거 기억용인 것만이 아니다. 그들은 마른 강바닥에 있던 하나님의 발자국을 보며 가뭄의 때를 어떻게 헤쳐 나가야 하는지를 더불어 생각해야 한다. 하나님은 이 가뭄 한복판을 앞서 가시고, 가뭄이 끝날 때까지 함께하시며, 가장 마지막까지 남아 계셨다가 나오시는 분이라고 그 돌들이 다시 말한다. 이것이 가뭄의 때에야 보이는 강 한가운데에 돌무더기를 세우라 하신 이유다.

그리스도인, 세 개의 강을 건넌 사람

요단강을 건넌 사건은 가나안에 들어가 약속의 성취를 맛본 이들이 두고두고 되새겨야 할 것이었다. 요단강을 건널 때 언약궤를 멘 제사장의 발밑에 있던 돌을 자녀 교육용으로 삼으라는 말이 이것을 말해 준다. 자손 대대로 그들의 부모가 요단강을 건널 때 하나님은 어디에 계셨는지를 기억해야 했다. 가나안에서 풍요와 궁핍의 시기를 만날 때 그들의 부모 세대가 그러했듯이 그들 역시 하나님을 따라 그 시기를 통과해야 하기 때문이다. 하나님은 이스라엘이 아직 강에 들어가기도 전에 먼저 요단강에 발을 담그셨다. 그때 강은 갈라졌고 백성이 다 건너기까지 가장 깊은 곳에 서 계시다가 그들이 다 나간 후 맨 마지막으로 나오신 분이 하나님이었다.

하나님을 기억하되 풍요의 시기에는 그들의 안방에서 기억하고, 가뭄의 시기에는 말라 버린 요단강에서 기억해야 했다. 특히 온 세상이 메말라 갈 때에 그들은 말라 그 바닥까지 드러난 요단강으로 나와야 했는데, 그때 그곳에서 하나님의 흔적인 돌무더기를 볼 수 있기 때문이다. 가뭄으로 드러난 강바닥의 돌무더기를 보며 그들의 부모 세대가 하나님을 만난 곳이 그곳임을 깨닫는 일이 중요한 까닭은 그럴 때에야 그들이 겪는 혼돈 그 한복판 역시 하나님의 부재가 아닌 하나님의 임재의 중심이라는 믿음을 가질 수 있기 때문이다.

세 개의 강을 건넌 사람들이 어디 이스라엘 백성이기만 하겠는가? 새 이스라엘이 된 그리스도인들도 마찬가지다. 우리는 불신의 강을 건넜고, 종노릇하던 강을 건넜고, 이제 오직 우리 앞서 걸어가시는 그리스도만 바라보고 살아야 하는 성도다. 2,000규빗의 거리를 두어 제사장이 언약궤를 메고 강에 들어가는 것을 볼 수 있게 한 데서 알 수 있듯이 하나님은 우리가 가야 할 길을 앞서가시는 분이다. 하지만 하나님은 앞에만 계시지 않는다. 우리가 강을 건너는 동안 강 한복판 가장 깊은 곳, 그곳에서 우리가 다 지나가기까지 기다리고 계신다. 그러니 하나님을 믿고 걸어가자.

4장   누구를 먼저 벨 것인가

이스라엘이 가나안 땅에 들어가는 사건은 이스라엘 역사에서 두 가지 신학적 의미를 가진다. 먼저, 가나안 '입성'은 그들의 선조들을 통해 하나님이 하신 약속(창 12:7, 13:15, 28:13)이 성취된 순간이었다. 따라서 그 걸음은 하나님의 신실하심을 확인할 수 있는 발걸음이었다. 다음으로, 가나안 '입성'은 신실하신 하나님에 대한 믿음이 강하게 요구된 사건이었다. 그곳에는 지금까지 이스라엘이 적응해 온 사십 년간의 광야 유랑 생활과는 전혀 다른 '정착민'의 삶이 기다리고 있었기 때문이다. 따라서 새로운 땅에서 낯선 일들이 밀려올 때 기억해야 할 것이 있었다. 그들의 현재는 과거 하나님의 신실하심의 결과이기에 그들의 미래 역시 하나님의 신실하심을 증언하는 또 다른 과거가 될 것이라는 믿음으로 살아가는 것이다. 가나안에서 믿음의 생존법은 이러했고, 또 그런 생존법은 요단강 도하 후 맞이한 첫 사건인 '집단 할례'의 주된 가르침이기도 했다.

열국에 하나님을 선포하다

이 장 본문은 탈출한 히브리 노예들을 둘러싼 주변 사람들의 반응으로 시작한다.

여호와께서 요단 물을 이스라엘 자손들 앞에서 말리시고 우리를 건너게 하셨음을 듣고 마음이 녹았고 이스라엘 자손들 때문에 정신을 잃었더라 (수 5:1).

그 땅 사람들이 정신을 잃은 이유는 이스라엘이 요단을 건너는 동안 하나님이 어떻게 그들을 도우셨는지를 들었기 때문이다. 하나님이 요단강을 말리셨고 그 마른 땅을 백성이 건넜다는 소문이 가나안 족속들에게 퍼졌다. 그들의 마음이 녹고 정신을 잃은 것은 백성 때문이 아니라 백성과 함께하시는 하나님 때문이었다. 이스라엘이 요단강을 건너게 된 것은 그 배후에 하나님이 있었기 때문이라는 소문이 가나안 족속들 사이에 퍼진 것이다.

여호수아 3장을 통해 우리는 요단강이 언제 갈라졌는지 알고 있다. "주 여호와의 궤를 멘 제사장들의 발바닥이 요단 물을 밟고 멈추면 요단 물[이] …… 끊어지고 한곳에 쌓여 서리라"(13절). 앞 장에서 주지한 바대로 여호와의 궤는 하나님의 임재를 대신하는 '환유적' 물건이다. 제사장들이 하나님의 임재에 대한 믿음으로 궤를 메고 아직 갈라지지 않은 강을 밟아 그 바닥에 발을 딛는다. 강은 그때 갈라진다. 하나님을 믿고 발을 내딛었을 때 하나님은 그 강을 말리신 것이다.

하나님 때문에 담대하고, 하나님 때문에 먼저 행동하고, 하나님 때문에 빛이 없는 흑암에서도 한 걸음 한 걸음 걸어가는 이스라엘을 보면서, 시키는 일만 하던 노예가 믿음으로 행동하는 사람으로 바뀐 배후에 그들이 믿는 하나님이 계시다는 것을 듣고 본 것이다. 이스라엘의 가나안 이동은 이런 점에서 땅 정복 과정이라기보다는 온 열국에 하나님이 어떤 분인지 드러내는 선포의 시간이었다.

뜻밖의 요구

여호와께서 백성의 지도자 여호수아에게 "그때에" 말씀하신다.

> 그때에 여호와께서 여호수아에게 이르시되 너는 부싯돌로 칼을 만들어 (수 5:2a).

"그때"는 1절이 말하듯 하나님이 이스라엘을 도와 여기까지 오게 했다는 말을 듣고 열국이 정신을 잃었을 때다. "그때" 주어진 하나님의 말씀은 검을 만들라는 것이었다. 이런 상황에서 하나님께 검을 준비하라는 말을 들었을 때 여호수아 마음에 일어났을 법한 생각은 이런 내용이었을 것이다. '예, 주님, 분부대로 준비하겠습니다. 이 검으로 가나안 족속들을 당장 베어 버리겠습니다.' 하지만 하나님은 뜻밖의 말씀을 하신다.

> 이스라엘 자손들에게 다시 할례를 행하라(수 5:2b).

검을 준비하라 하신 것은 적을 베기 위함이 아니라 먼저 자신을 베기 위함이었다. 만든 칼로 쳐야 할 사람은 자기 백성이었다. 하나님이 약속하신 땅에 처음으로 도착한 이들에게 내리신 명령은 세상을 베기 전에 자신을 베라는 것이었다!

자신을 베라는 하나님의 지시는 자해하라는 말이 아니라 할례를 시행하라는 것이다. 고대 유대 사회에서 할례는 남성 생식기의 표피를 자르는 종교적 의식이었다. 고통이 따르고 며칠간은 걸음과 행동이 매우 어려워진다. 특히 마취 없이 할례가 행해질 때는 더욱 그러하다. 할례를 위해 준비하라는 칼은 돌칼이다. 이것은 고통을 더욱 악화시켰을 것이 틀림없다. 할례를 행한 후 이스라엘 사회가 어떤 상황에 들어가게 되었는지는 여호수아 5장 8절이 들려준다.

> 그 모든 백성에게 할례를 행하기를 마치매 백성이 진중 각 처소에 머물며 낫기를 기다릴 때에.

할례가 이스라엘 사회에 가져온 현실은 모든 장정이 진중에 누워 낫기를 기다리는 것이다. 그것이 하나님의 지시에 순종한 결과로 찾아온 현실이었다.

하나님을 의지하고 순종하는 훈련

이 결정적인 순간에 그 같은 상황이 이스라엘의 현실이 되게 하신 하나님의 뜻은 분명하다. 하나님은 자신의 백성에게 적들과 싸우기보다 하나님 앞에 엎드려 누워 있는 법을 먼저 알려 주신 것이다. 사람들 앞에서 능동적인 사람이 되기 전에 하나님 앞에서 수동적인 사람이 되게 하신 것이다. 이것이 싸움에 나가기 전, 자기 몸에 칼을 먼저 댄 후 진중에서 낫기를 기다리며 그들이 배워야 했던 '이상한 싸움법'이었다.

할례하라 하신 것은 수동적으로 누워 있게만 하기 위함은 아니었다. 할례받은 몸으로 누워 있는 동안 그들 혹은 할례받은 장정들에게 의존하는 온 가족이 되새겨야 할 교훈이 있었다. 그것은 그들이 행한 할례가 무엇인지를 알 때 분명해진다.

할례는 이스라엘이 하나님과 언약을 맺은 백성임을 드러내는 표징이었다(창 17:9-14). 그 표징을 몸에 다시 만들라는 지시는, 약속이 이뤄지고 바라던 바가 성취되고 걸어가야 할 길이 보일 때 결코 잊지 말아야 할 것이 있다는 가르침이다. 그것은 '어제 노예였던 우리가 오늘 언약 백성이 된 것은 노예를 믿어 주신 하나님 덕분'이라는 것이다. "내가 싸워서 여기까지 온 것이 아니라 하나님이 인도하셨기에 내가 이곳에 있다. 그러므로 지금 들어가는 땅에서의 삶 역시 그 주도권이 하나님에게 있다." 이것이 그들이 자신을 무력화시킨 채 누워서 되새기고 또 되새겨야 했던 말씀이다.

하나님의 음성을 청종하는 훈련

백성들이 누워서 해야 했던 또 다른 일은 그들의 귀를 예민하게 하는 것이었다.

> 이스라엘 자손들이 **여호와의 음성을 청종**하지 아니하므로 여호와께서 그들에게 대하여 맹세하사 그들의 조상들에게 맹세하여 우리에게 주리라고 하신 땅 곧 젖과 꿀이 흐르는 땅을 그들이 보지 못하게 하리라 하시매 애굽에서 나온 족속 곧 군사들이 다 멸절하기까지 사십 년 동안을 광야에서 헤매었더니(수 5:6, 강조는 저자).

비록 할례를 받았지만 하나님의 음성을 청종하지 않아 40년간 광야에 머물러야 했던 이스라엘 자손들의 이야기로 시작하는 6절(B)은 할례를 행하라는 하나님의 지시가 있는 3절(A)과, 그 지시에 따라 할례를 행했다는 말이 이어지는 8절(A´) 사이에 위치해 있다.

    A 할례를 행하라(3절)
          B 할례를 받았지만 여호와의 음성을 청종하지 않아 멸망한 광야 세대(4-7절)
    A´ 할례를 행했다(8절)

할례를 행해야 하는 일차적 이유는 40년 광야 여행 중에 태어난 세대가 그들의 부모 세대와 달리 할례를 받지 않았기 때문이다. 하지만 6절이 말해 주는 것처럼 그들의 부모 세대는 광야 여정 중에 들려오는 하나님의 소리에 귀를 열지 않았기 때문에 지나가야 할 과정이어야 할 광야가 삶의 종착지가 될 수밖에 없었다. 그들의 부모 세대에 대한 그 같은 진단(4-7절)이 할례를 행하라는 하나님의 지시(3절)와, 그 지시를 준행한 백성의 순종(8절) 사이에 자리 잡은 뜻이 있다. 가나안에 첫 발을 내딛는 백성에게 할례 시행은 '하나님의 음성을 청종하는 훈련'의 일종이었다. 할례받은 언약 백성의 특징은 귀로 나타나야 했는데, 곧 "여호와의 음성을 청종"하는 사람으로 거듭나는 것이다.

    이 시점에 그 같은 훈련이 필요한 이유가 있다. 주지한 바대로 가나안은 하나님의 성실의 결과로 들어가게 된 땅임과 동시에 유혹의 땅이기도 하다. 광야에서는 만나와 메추라기를 직접 하나님께 받아먹었지만 가나안에서는 자기 손으로 농사를 지어 그 결실을 먹기에 그곳은 하나님의 은혜가 내 수고에 가려져 내 노력, 내 수고가 더 커 보이기 시작할 수 있는 땅이다. 또 광야에서는 유목민으로 끊임없이 떠돌아다니며 늘 새로운 현실을 직면해야 했기에 하나님에게 도움을 구하지 않을 수 없었다. 그러나 정착민의 삶이 기다리고 있는 가나안에서는 다를 수 있었다. '축복의 땅'은 그들로 하여금 한곳, 한자리에 머무는 삶의 방식을 취하도록 허락하기에 그런 삶에 익숙해질수록 삶의 지식이 늘어나 결국 하나님보다는 내 경험과 지식이 더 앞설 위험이 늘 도사리고 있다. 자기가 잘해서 잘 먹고 잘 사는 것처럼 생각하게 만드는 문화가 가나안 문화, 도시 문화, 정착 문화인 것이다. 요단을 건너 그들이 들어가는 땅은 광야 생활에서 만들어진 영적 민감성 없이도 살아갈 수 있게 만드는 도시 문화였다. 이런 까닭에 하나님의 인도로 들어가게 된 가나안은 그들에게 영적으로 위험한 땅이 될 수도 있었던 것이다. 이런 점에서 가나안은 축복의 땅이자 유혹의 땅이었다.

가나안에 첫 발을 내딛자마자 하나님의 음성에 예민해진 귀를 만드는 훈련의 일환으로 할례 시행을 명하신 것은 이런 상황을 고려할 때 이해될 수 있다. 가나안 땅 출입구에서 그곳에서의 영적 생존법을 가르쳐 주시기 위함이었다.

적들을 앞에 두고 그들로 자신의 몸에 칼을 대게 한 후 무력하게 눕혀 놓으신 하나님의 뜻은 백성의 마음이 하나님만 의지하고 그들의 마음의 귀가 오직 하나님의 음성에만 예민해지도록 만들기 위함이다. 적은 나 자신 밖에만 있는 것이 아니다. 나 자신이 적이 될 수도 있다. 그러니 '날마다 칼로 자신을 베어 하나님 앞에 엎드리라. 그러면서 내 귀, 내 마음의 예민성을 키워 하나님의 음성을 청종하는 백성으로 만들라'는 것이 요지다.

　물론 가나안에서 하나님의 손을 의지하며 살아간다는 것이, 이스라엘은 계속 집에 누워 있고 하나님만이 앞서 싸운다는 의미는 아니다. 여호수아서에 나와 있듯이 하나님은 이스라엘 역시 손에 무기를 들고 직접 싸우는 일에 참여하도록 지시하신다. 현실이 그러함에도 지금은 진중에 누워 있게 하신 것은 가나안에서의 삶이 어떠해야 하는지에 대해 특별한 훈련을 하고 계신 것이다. '그곳 문화가 자신의 능력을 믿고 살도록 할지라도 너희는 하나님의 언약 백성임을 잊지 말라. 하나님을 너의 인도자로 삼고 너는 하나님의 음성을 청종하는 자로 남아 있으라'는 교훈을 진중에서 삼 일간 누워 있게 하심으로 얻게 하신다.

나를 무력하게 만드시는 이유

예수를 믿지 않을 때나 혹은 피상적으로 신앙생활을 할 때는 그러지 않았는데, 이상하게 예수님을 신실하게 믿기 시작하자 하나님이 우리를, 이 땅의 기준(자본, 권력, 명성)으로 볼 때 무력한(powerless) 존재로 만드실 때가 있다. 매우 중요한 시점임에도 어떤 시도에 엄두조차 내지 못하는 존재가 된 자신을 보게 하실 수 있다. 모든 상황이 내 손에서 떠난 것만 같아서 할 수 있는 일이라고는 마냥 기다리는 것이 되게 하기도 하신다. 전쟁터에 나가 있는 백성에게 할례를 시키시는 것처럼. 왜 그러실까? 하나님이 당신의 언약 백성을 훈련하시는 것이라 볼 수밖에 없다.

　우리가 살고 있는 이 땅은 가나안의 도시 문화, 정착 문화와 같아서, 살아가는 것이 모두 자신의 수고의 결과이고 자신의 노력의 대가

이며 자신의 타고난 재능 때문인 것으로 착각하게 만든다. 하나님은 이런 곳에 당신의 백성을 살게 하시되 그냥 문화에 따라 살도록 허락하지 않으신다. 자신의 백성이 오직 하나님만 의지하며 삶의 모든 영역을 살아가도록 훈련하신다. 그래서 자신의 한계를 철저하게 느끼는 상황 안으로, 우리 힘으로는 아무것도 할 수 없고 나의 삶이 다른 사람의 손에 달려 있는 것 같은 상황으로 들어가게 하신다.

이때 우리가 진중에 누워 해야 하는 일은 시편 123편이 말하듯이 하나님 한 분에게만 가만히 우리의 시선을 고정시키고 우리의 귀를 하나님의 소리에 맞추어 놓는 것이다.

> 하늘에 계시는 주여 내가 눈을 들어 주께 향하나이다
> 상전의 손을 바라는 종들의 눈같이
> 여주인의 손을 바라보는 여종의 눈같이
> 우리의 눈이 여호와 우리 하나님을 바라보며
> 우리에게 은혜 베풀어 주시기를 기다리나이다
> 여호와여 우리에게 은혜를 베푸시고 또 은혜를 베푸소서
> 심한 멸시가 우리에게 넘치나이다
> 안일한 자의 조소와 교만한 자의 멸시가 우리 영혼에 넘치나이다(1-4절).

할례와 유월절, 그 의미

할례 이후 하나님은 다시 이스라엘로 하여금 유월절을 지키게 하셨는데(수 5:10-15), 이것 역시 결정적인 순간에 할례를 행하라 하신 뜻과 다르지 않다. 유월절은 이스라엘이 모세와 함께 애굽을 떠나기 바로 전

날 밤에 행하신 하나님의 구원 역사를 기억하며 기념하는 날이다(출 12장-13:16). 유월절 기간에는 십사 일 동안 누룩 없는 떡을 먹으며 광야에 거한다. 마지막 날에는 어린양을 잡아먹는 의식을 행한다.

사십 년 전, 애굽을 떠날 때 처음으로 유월절을 지킨 밤을 기준으로 보면 지금 이스라엘은 목표 지점인 가나안에 도달했다. 이때 하나님은 그들이 처음으로 떠나던 날 밤을 기념하라고 하신다. 왜 하나님은 이런 시기에 과거 역사로 되돌아가도록 명령하시는 것인가? 그토록 기다린 가나안 땅을 눈앞에 둔 지금, 십사 일 동안 광야에서 쉬면서 과거의 무엇을 묵상하기를 바라신 것일까?

애굽을 떠나던 날 밤, 그들은 아무것도 하지 않고 그냥 문설주에 피만 발랐는데도 죽음을 면했다. 그리고 구원의 여정이 시작되었다. 그들이 시작한 새로운 삶은 하나님의 전적인 수고와 일하심과 자비의 결과였다. 이스라엘 백성이 새로운 땅에 들어가기 전 십사 일 동안 진중에서 누워 기억해야 했던 일은 이것이었다. 가나안 땅의 도착은 결코 그들 자신의 노동의 결과가 아니라 하나님의 수고와 은혜의 결과라는 사실 말이다.

하나님은 우리가 생각하기에 매우 중요한 시점에 갑자기 우리를 아무것도 못하게 하고 무력하게 그냥 기다리게 하실 수 있다. 그러면 그때는 하나님이 우리 안에 하나님을 신뢰하는 마음을 깊고 견고케 하시려는 뜻이 있음을 믿고 견디자. 견디되 주도권을 하나님에게 내어 드리고 그분의 음성에 예민한 마음의 귀를 만들자. 이 땅에 살지만 이 땅의 종이 아닌 하나님의 자녀로 살아가는 일은 그분의 음성에 대한 청종 능력과 무관한 것이 아니기 때문이다.

5장   지켜야 할 하나님 나라의 가치

북이스라엘의 왕 아합이 사는 왕궁 근처에는 포도밭이 하나 있었다. 왕궁에서도 내려다보이는(왕상 21:2) 그 밭은 이스르엘 사람 나봇의 밭이었다. 아침에 일어나 산책하면서 그 밭을 볼 때마다 아합은 마음이 심란해졌다. 시야에는 들어오지만 수중에 넣을 수 없었기 때문이다. 그는 이스라엘 왕이 아닌가? 그런데 그깟 밭 하나 때문에 고민하는가? 이스라엘에서는 왕이라도 어쩔 수 없는 것이 있었다. 바로 땅이었다.

"토지는 다 내 것임이라"

이스라엘이 약속의 땅에 들어갈 때 하나님은 그 땅을 각 부족에게 기업으로 나눠 주시며 말씀하셨다. "토지는 다 내 것임이라 너희는 거류민이요, 동거하는 자로서 나와 함께 있느니라"(레 25:23). 이스라엘 사회에서는 땅을 자기 마음대로 팔거나 교환할 수 없었다.

그 조치는 두 차원에서 뜻하는 바가 있었다. 첫째는 하나님과의 관계다. 인간이 사는 날 동안 한시도 발을 뗄 수 없는 땅을 두고 인간의 판매권을 제한하신 것은 '삶의 주인은 인간이 아니라 하나님이다. 하나님이 인간의 인생을 책임지고 있다'는 신앙을 심어 주기 위해서다. '발을 딛고 있지만 이것은 내 것이 아니구나. 세상에는 내 마음대로 할 수 없는 것이 있구나'와 같은 존재론적 사유를 죽을 때까지 하며 살라는 뜻이다.

둘째, 사회적 정의다. 하나님은 이스라엘 각 가정에 땅을 유산으로 주셨다. 각 가구에 주신 이유는 모든 가정이 그 땅 위에서 최소한의 삶을 보장받으며 살아가도록 하시기 위해서였다. 그것을 빼앗는 것은 물론이고 판매할 수도 없었던 것은 땅은 하나님이 보장하신 각 가정의 고유한 재산이기 때문이다. 누군가가 돈을 빌려가 놓고서 갚지 않는다고 해도 그 집안의 땅은 빼앗을 수 없었다. 혹 빼앗더라도 일곱째 해에는 되돌려 주도록 희년의 법을 정하였다. 적어도 이스라엘 사회에서 각 가구가 가진 땅에 대한 재산권은 하나님에 의해 보장받았다.

이처럼 땅은 하나님이 주인이라는 사실과, 하나님이 주인 되는 땅에서는 어느 누구도 더 부유하거나 더 가난하지 않고 모든 가구가 자신의 재산권을 보장받으며 살아야 한다는 사실을 기억하게 했다.

땅에 담긴 신학적 의미는 권력자 아합 왕에게 내적 번민과 갈등을 일으켰다. 볼수록 "먹음직도 하고 보암직도 하여"(창 3:6) 소유하고 싶었음에도 그는 쉽게 그 뜻을 이룰 수 없었다. 땅은 하나님이 각 가정에 유산으로 주신 것이기에 다른 사람이 탐심의 대상으로 삼아서는 안 된다는 땅 신학을 그 역시 알고 있었기 때문이다. 그렇기 때문에 아합 왕은 그것을 볼 때마다 자신 안에 일어나는 탐심과, 그것을 이룰 수 없는 권력의 한계를 동시에 경험하고 있었을 것이다.

탐심을 채울 것인가, 소명을 지킬 것인가

그러던 어느 날 큰 결심을 하고 포도밭 주인인 농부 나봇을 불러 그와 거래를 시도한다.

> 네 포도원이 내 왕궁 곁에 가까이 있으니 내게 주어 채소밭을 삼게 하라 내가 그 대신에 그보다 더 아름다운 포도원을 네게 줄 것이요 만일 네가 좋게 여기면 그 값을 돈으로 네게 주리라(왕상 21:2).

아합은 그 밭을 구입해서 채소밭으로 만들 계획이었다. 채소를 자기 집 가까이에서 쉽게 구하여 싱싱한 야채를 자기 식탁에 올리겠다는 것이었다. 내 식탁의 영양분 증대를 위해 포도밭을 팔라고 한 것이다.

우리 시대 상거래법으로 보면 전혀 무리가 없는 제안처럼 보인다. 아합은 정당하게 값을 지불하겠다고 제안했기 때문이다. 심지어 다른 포도원을 줄 것이고, 더는 포도밭을 경작하고 싶지 않으면 포도밭에 상응하는 돈을 주겠다는 '획기적인' 제안을 한 것이다. 제안은 합리적이고 정당하며, 제안자는 예의 바르게 보이기까지 한다.

그런데 우리 생각과 달리 나봇은 팔지 않겠다고 말한다. 그의 거부 이유는 단호하고 간결하다.

> 내 조상의 유산을 왕에게 주기를 여호와께서 금하실지로다(왕상 21:3).

나봇 역시 이스라엘의 땅이 가진 신학적 의미를 기억하고 있다. 땅의 주인은 왕이 아니라 하나님임을 인정한 것이다. 무엇보다 농부 나봇이 아합의 제안을 거부한 것은 하늘로부터 주어진 소명을 이윤 창출의 도구로 전락시키지 않겠다는 선언이었다.

사실 아합은 나봇에게 좋은 조건을 제시했다. 그 땅을 팔면 더 좋은 땅을 주겠다고 약속했는데, 나봇에게 그 제안은 탐심을 충동하는 내용을 담고 있었다. 그것을 팔아 더 크고 좋은 땅을 구입할 수 있다는 계산을 하게 만드는 제안이기 때문이다. 탐심을 부추겨 소명을 흔들고자 한 것이다. 이것이 자본과 권력을 가진 아합의 존재가 모든 이스라엘, 모든 사람에게 해악이 되는 이유다. 신학도 철학도 없이 오직 자본의 힘과 탐심을 충동하여 사회를 움직이려 하고 있기 때문이다.

소명을 넘은 하나님 나라 원칙

하지만 농부는 거부한다. 그 포도밭은 하나님이 자신에게 주신 소명이라 믿었기 때문이다. 소명을 탐심으로 대체하지 않겠다고 선언한 것이다. 농부는 포도밭만 지킨 것이 아니라 탐심으로부터 신앙과 소명을 지킨 것이다. 자본의 힘과 권력 앞에서 지켜야 할 것이 있음을 그는 알았다. 농부가 왕보다 낫다.

나봇이 자기 포도밭을 지키려는 것은 하나님과 자신의 개인적 관계 때문만은 아니다. 땅을 지키는 것은 이스라엘 사회를 향한 하나님 나라 비전을 지키는 것이다. 나봇은 땅을 팔지 않음으로 부한 자가 더 부해지기 위해서 또는 힘을 가졌다는 이유로 이스라엘이 각 가구의 땅을 집어 삼키는 사회가 되어서는 안 된다는 믿음을 지킨 것이다. 모든 가구가 각 토지 위에서 안정된 삶을 살아야 한다는 것이 나봇의 믿음이었다. 그는 농부이자 선지자였다.

나봇이 거절하며 한 말(왕상 21:3)을 보면 그로 현재의 권력과 탐욕에 순응하지 않게 만든 비결이 무엇인지가 보인다. 현재 자신의 손에 있는 포도밭은 하나님이 자기 조상에게 준 유산이기에 결코 팔 수 없다고 말한다. 땅을 "내 조상의 유산"이라고 한 것은 땅에 대한 나봇의 믿음이 그의 조상에게서 물려받은 것임을 말해 준다. 그는 삶에서 돈이나 이윤보다 나은 가치가 있다는 것을 조상들의 신앙을 통해 물려받은 것이다.

과연 우리는 어떤 신앙을 자손에게 물려주고 있는가? 혹 신앙을 가지면 더 많은 이윤을 보장받을 수 있다고 가르치고 있지는 않은가? 아니면 이 세상에서 타협하지 않고 끝까지 지켜야 할 가치가 있다는 것을 물려주고 있는가?

힘의 논리가 지배하는 세상

아합은 나봇의 거절을 들은 후 왕궁에서 식음을 전폐하고 침상에 들어가 나오지 않는다. 이상한 것은 그가 나봇과의 거래를 끝까지 힘으로 밀어붙이지 않고 뒤로 한 발 물러섰다는 것이다. 그 역시 이스라엘의 땅과 관계된 법을 알고 있었기에 강제로 빼앗을 수는 없었다. 그의 속앓이가 시작되었다. 아합의 몸살은 우리의 몸살을 보여 주는 것 같다. 이 시대의 가치를 온전히 따르지도 않고 그렇다고 하나님의 말씀을 온전히 따르지도 못한 채 중간에 끼여 끙끙 앓고 있는 오늘날 우리의 고민 말이다.

이때 여왕 이세벨이 등장한다.[1] 이세벨은 이방 시돈 사람으로 가

---

1 이세벨은 열왕기상 16장 29-33절에서 처음 등장한다.

나안의 신 바알을 섬기고 있었다. 이세벨은 아합이 한계에 부딪히자 그로 하여금 끝을 보게 만든다. 탐심으로 시작한 아합이 하나님 나라의 원칙을 만나 그 선을 넘을까 말까 고민하고 있을 때, 이세벨은 그가 그 선을 넘도록 촉매 역할을 한다. 아합 뒤에는 이세벨이 있었고, 이세벨 뒤에는 가나안 문화와 신이 있었다. 그가 자란 가나안 사회는 힘의 논리에 따라 움직이는 곳이었다. 가나안 땅은 모두 군주에게 속해 있었고, 그 군주에게 충성하고 의존하는 신하들에게 군주는 땅을 배분하였다. 따라서 그 사회의 세계관에 따르면 가나안의 군주는 자기가 원하는 것을 가질 수 있었다.

그런 사회에서 자란 이세벨은 아합을 이해할 수 없었다. 힘을 가졌으면서도 '땅의 주인은 하나님이다'라는 '말도 안 되는 가치' 때문에 몸살을 앓고 있는 왕에게 그는 이렇게 말한다. "지금 이스라엘 나라를 다스리시나이까"(왕상 21:7). "당신의 힘을 이용하세요." 이스라엘 사회에 들어와 삶의 원리가 된 힘의 논리는 이제 한 가난한 농부 나봇을 없애기 위해 머리를 맞댄다.

영리한 이세벨은 칼로 나봇을 위협하지 않는다. 대신 거짓을 이용한다. 아합의 이름으로 편지를 쓰게 한다. 그 편지의 수신자는 나봇이 사는 동네의 귀족과 장로들이었고, 편지 내용은 "먼저 금식을 선포하고 불량자 두 사람을 세워 그들로 나봇이 하나님을 저주하는 것을 들었다고 말하게 한 후 그를 돌로 쳐 죽이라"는 것이었다(왕상 21:8-10). 동네 귀족과 장로들은 이세벨의 말대로 한다. 하나님의 말씀을 지키려 했던 농부 나봇은 하나님을 모독한다는 거짓말로 목숨을 잃는다. 이것이 사회다. 증언자가 불량배였는데도 사람들은 그의 말을 듣는다. 장로와 귀족들은 농부 나봇이 그럴 사람이 아니라는 것을 알지만 이세벨의 권력이 무서워 진리를 거짓으로 바꾼다. 농부가 목숨을 걸고 지키고자 한 것은 장로와 귀족들의 안중에 없다. 아합 왕도 이세벨의 말을 듣고, 불량배도, 장로와 귀족들도 모두 이세벨의 말을 따른다. 당시 아합의 통치 아래 있던 이스라엘 사회 뒤에는 이세벨이 있었다.

진짜 무서운 것은 이렇게 사회가 돌아가지만 그 사회를 그렇게 만든 이세벨은 숨은 채 자신의 정체를 드러내지 않는다는 것이다. 그가 뒤에서 조종하고, 다른 사람들은 권력에 대한 두려움 때문에 아무 힘이 없는 농부 하나를 처리해 버린다. 이것이 인간이 사는 사회다. 부패한 권력자가 힘을 가졌을 때 사회가 돌아가는 모습이다. 악이 세상과 사람을 부패시키고 있지만 아무도 책임지지 않는다. 물어보면 "난 그저 시키는 대로 했을 뿐이고, 지금까지 해온 대로 살아갈 뿐이다"라고만 말한다. 이세벨은 이스라엘 사회를 그렇게 부패시켰다.

결국 농부는 죽었다. 아무런 저항도 하지 못하고 소리 없이 사라졌다. 그러면 이제 힘을 남용하는 불의한 권력자의 시대가 도래했는가? 속단하기 이르다. 이 이야기의 핵심은 그런 시대를 살아가는 선지자의 등장에 있다. 하나님은 엘리야 선지자로 하여금 아합 왕을 대면케 한다.

하나님의 대언자, 엘리야의 등장

하나님은 엘리야에게 말한다. "지금 아합에게 가라. 그가 나봇의 포도밭을 차지하러 그리로 내려갔다. 가서 말하라. 거짓 위에 세워진 네 왕국이 무너지리라고 예언하라." 그리고 아합 뒤에 숨어 있던 이세벨을 들추어내어 그의 죄를 폭로한다(왕상 21:23). 마지막으로 아합과 이세벨, 그리고 장로들과 귀족들의 죄가 어디서 시작되었는지 말한다.

> 그가 여호와께서 이스라엘 자손 앞에서 쫓아내신 아모리 사람의 모든 행함같이 우상에게 복종하여 심히 가증하게 행하였더라(왕상 21:26).

권력자의 무서운 칼날 앞에 장로들도 굴복하고 무리도 굴복하고 있을 때 선지자는 깨어 용기를 내어야 했다. 겉보기에는 모든 것이 조용하고 평온했지만 선지자는 그 고요가 무덤 속의 고요임을 하나님의 말씀으로 드러내어 사회와 권력자를 하나님 말씀의 칼날 앞에 세우는 이가 되어야 했다.

어쨌든 힘없는 한 농부의 죽음으로 온 이스라엘 사회 전체의 민낯이 드러난다. 농부의 죽음 뒤에는 불량배가 있었고, 불량배 뒤에는 장로와 귀족들이 있었고, 장로와 귀족 뒤에는 이세벨이 있었으며, 이세벨 뒤에는 우상이 있었다. 우상은 혼자 일하지 않는다. 탐심에 끌려 다니는 아합, 진리가 아닌 권력을 숭배하는 이세벨, 권력 추종자 장로와 귀족, 그리고 아무 생각 없는 불량배를 이용하여 온 이스라엘 사람을 부패시키고 있다. 그러면 우상의 정체는 무엇인가. 바알인가? 그럴 수도 있다. 하지만 본문은 아합과 이세벨을 이끈 우상은 다름 아닌 그들의 탐심과 권력 숭배 그 자체라고 말한다.

피할 수 없는 믿음의 삶

본문이 부각한 주된 인물들과 그들에 대한 평가는 다양하다. 나봇의 소명 의식, 아합의 탐심과 이세벨의 사악함, 그리고 선지자 엘리야의 용기는 이야기가 관심 가진 주된 인물들과 그들에 대한 평가다. 본문이 그들의 삶을 보여 준 뜻은 어디에 있을까? 선지자 엘리야를 따라야 하는 것은 목회자의 몫일 수 있다. 아합과 이세벨의 모습에서 자기 모습을 발견하고 각성하는 것은 모두의 몫이다. 이제 남은 것은 나봇의 삶이다.

아합에게 희생될 수밖에 없는 농부 나봇의 삶을 통해 배우는 일은 두렵다. 하지만 피할 수 없다. 농부 나봇은 평생 작은 포도밭 하나를 지키며 살아왔다. 아니 포도밭만 지킨 것이 아니라 땅의 주인은 하나님이라는 믿음까지 지켰다. 탐심으로부터 신앙을 지킨 것이다. 자본과 권력의 힘 앞에서 농부는 지킬 것을 지켰다. 하나님이 각 가정의 안정된 삶을 허락하셨기에 적어도 이스라엘 사회는 부한 자가 더 부해지고 힘이 있다고 해서 하나님의 선물로 받은 땅을 더 많이 차지하는 사회가 되어서는 안 된다고 믿으며 땅을 지켰다. 나봇이 그런 신앙을 지키고자 팔지 아니하려 한 포도밭은 어쩌면 교회일 수도 있고, 내 가정 혹은 내 직장일 수도 있다. 탐심이 교회와 가정, 그리고 직장을 이끌도록 허락하지 않고, 하나님 나라의 가치가 무엇인지 끊임없이 찾아 그것을 권력과 탐심으로부터 지켜 나가는 자가 나봇이다. 그것이 우리가 추구할 삶이다.

6장   진정한 왕[1]

이스라엘이 애굽을 벗어나 가나안에 정착하면서 택한 초기 정치 체제는 신정제였다. 이 정치 체제를 택한 것은 원칙적으로 인간 왕이 아닌 여호와 하나님의 다스림을 받겠다고 천명한 것인데, 이것은 왕정 체제로 유지되던 애굽에서의 종살이 경험과 무관하지 않았을 것이다. 왕정 체제에서는 사람이 종이 되는 일이 일어나지만 하나님을 왕으로 섬길 때는 사람이 자유롭게 된다는 믿음에서 비롯되었을 것이다.[2] 그런데 400년간 신정 국가로 살다가 사무엘 시대에 이르자, 새로운 정치 체제를 도입하기 위한 움직임이 일어나기 시작한다.

---

[1] 이 장은 구자용, "다윗의 왕위 계승사에 서술된 왕의 사법 집행을 통해서 본 '아이러니화된 왕의 이데올로기'", 「대신대학교 춘계 학술 세미나: 종교 개혁 500주년을 맞는 한국 교회의 개혁을 바라며」(2017년 4월 24일), 6-21쪽의 도움을 받아 작성된 것임을 밝혀 둔다.

[2] 물론 이스라엘에서는 왕 역시 하나님의 말씀에 따라 다스려야 한다는 점에서 왕정 체제와 신정 체제가 별 구분이 없다고 볼 수 있다. 그러나 권한 면에서 본다면 신정 체제에서 중간 대리자(예를 들면 사사)는 별 권한이 없고 그 권한도 세습되지 않는다. 그리고 신정 체제에서 중간 대리자인 사사가 행하는 통치는 원칙적으로 오직 하나님에게서 들은 말씀을 전달하는 것이지만, 왕정에서는 왕 역시 율법의 권위 아래 있다고 말하더라도 왕이 나라 전반의 일에 대한 의사 결정권의 대부분을 가진다. 무엇보다 왕권은 세습된다. 신정 체제에서 사사는 세습 없이 새로운 사사가 생기면 통치 권한이 하나님께 속해 있음을 매번 새롭게 천명하지만, 왕권은 역린이 일어나지 않는 한 세습되고 그럼으로써 자연스럽게 통치 권한이 하나님보다 인간에게 있는 것으로 인식하게 된다. 이런 점에서 신정은 하나님의 선택권과 주권이, 왕정은 인간의 선택권과 주도권이 강화된 정치 체제라 말할 수 있다.

"왕을 세워 우리를 다스리게 하소서"

이스라엘은 신정 국가에서 왕정 국가로의 변화를 시도했다. 이런 변화는 사회, 정치, 종교적 측면에서 매우 중요한 의미를 가져올 수밖에 없다(예를 들면, 권력이 집중된 왕에게 굽신거리거나 실제로 종이 되는 삶). 그런데 중요한 것은 이런 정치 체제의 변화가 백성들의 요구에 따라 이뤄졌다는 점이다. 사무엘상 8장 5절에서 백성들이 사무엘에게 찾아와 말한다.

> 당신은 늙고 당신의 아들들은 당신의 행위를 따르지 아니하니 모든 나라와 같이 우리에게 왕을 세워 우리를 다스리게 하소서.

왕정은 하나님의 지시가 아니라 백성들의 요구였다. 위로부터의 변화가 아니라 아래로부터의 변화였던 것이다. 신명기 17장 14-20절을 보면 가나안에 정착한 후 이스라엘이 왕정 체제를 도입할 것이라 예언하고 있다. 그곳에서도 모세는 "만일 우리도 우리 주위의 모든 민족같이 우리 위에 왕을 세워야겠다는 생각이 나거든"(14절)이라는 조건을 붙이고 있는데, 이 조건은 왕정 체제가 이스라엘의 요구로 도입될 것이라는 점을 알려 준다. 따라서 신명기나 사무엘상 모두에서 분명한 것은 왕정이 이스라엘의 요구였지 하나님의 제안은 아니었다는 사실이다.

신명기나 사무엘상 모두에서 정치 체제 변혁을 위한 백성의 요구 그 이면에는 주변 나라의 정치 체제를 따르고자 하는 백성의 뜻이 있었다. 백성들은 반복적으로 말한다. "모든 나라와 같이 우리에게 왕을 세워 우리를 다스리게 하소서"(삼상 8:5b), "우리도 다른 나라들같이 되어 우리의 왕이 우리를 다스리며"(20a). 이런 요구에 대한 사무엘과 하나님의 반응은 사무엘상 8장 6-7절에 나와 있다.

> 우리에게 왕을 주어 우리를 다스리게 하라 했을 때에 사무엘이 그것을 기뻐하지 아니하여 여호와께 기도하며 여호와께서 사무엘에게 이르시되 백성이 네게 한 말을 다 들으라 이는 그들이 너를 버림이 아니요 나를 버려 자기들의 왕이 되지 못하게 함이니라.

사무엘은 불쾌해했다. 그리고 언짢은 마음을 안고 하나님께 기도로 이 상황을 아뢴다. 하나님의 반응은 이중적이다. 먼저 백성들의 왕정 요구에 대해 사무엘과 동일하게 언짢은 마음을 분명히 드러내신다.

> 그들이 너를 버림이 아니요 나를 버려 자기들의 왕이 되지 못하게 함이니라(삼상 8:7b).

그럼에도 하나님의 반응이 이중적인 이유는 사무엘에게 하신 말씀 때문이다. 하나님은 사무엘에게 "백성이 네게 한 말을 다 들으라"(7a절) 하신다. 불쾌해하시면서도 백성들의 왕 요구를 수용하신 것이다. 우리는 하나님이 기뻐하지 않으시면 기도를 들어주시지 않는 것이 하나님의 방식이라 믿는데, 때로는 마음에 들지 않는 요구도 들어주신다. 왕정 요구가 이전에 그들을 종노릇하게 만든 과거(애굽과 같은 상황)로 되돌아가게 할 가능성(삼상 8:17)이 매우 높은데도 그들의 요구를 들어주시는 이유는 뭘까? 백성들의 요구가 몹시 완강하여 어쩔 수 없이 들어주시는 것은 아닐 것이다. 혹은 이제 그 일에 있어서는 하나님의 뜻보다 백성들의 뜻대로 되도록 그냥 내버려 두신 것도 아닐 것이다.

앞서 주지한 바대로 신명기 17장 14-20절에서 하나님은 모세를 통해 이스라엘이 가나안 땅에 들어가면 "모든 민족들같이 우리 위에 왕을 세워" 달라는 요구를 할 것이라 미리 말씀해 두셨다. 따라서 하나님의 다스림보다 왕의 다스림을 택한 것이 하나님의 뜻에 반하는 것이기는 하지만, 백성들의 반역이 이미 예고된 것이라는 점에서 하나님이 이 모든 것을 통제하실 것이라는 확신을 갖게 해준다. 하나님의 제안이 아닌 백성들의 요구에 따라 도입된 왕정 체제 아래에서도 하나님이 끌려 다니기만 하시지는 않을 것임을 신명기의 예언이 암시하고 있다. 그렇다면, 왕정이라는 복병 앞에서 진정한 왕 되신 하나님은 어떻게 그분의 통치를 계속해 나가실까?

이상적인 왕의 역할

이스라엘이 부러워했고, 그래서 따라가고자 한 고대 사회의 왕정 체제에서 왕이 된 사람이 수행해야 할 두 가지 이상이 있었다. 첫째는 사법적 정의를 수행하는 것이고, 둘째는 전쟁에서 승리를 가져오는 것이다.[3] 이스라엘이 왕을 요구했을 때도 아마 그들 위에 세워질 왕이 사회 속에서 어떤 문제가 생겼을 때 공의와 정의에 입각하여 재판해 줄 것과, 이웃 나라의 위협에서 자신들을 안전하게 보호해 줄 것을 기대했

---

3 구자용, "다윗의 왕위 계승사에 서술된 왕의 사법 집행을 통해서 본 '아이러니화된 왕의 이데올로기'", 8-9쪽.

을 것이 분명하다.

이스라엘 백성이 그들의 왕에게 그러한 것을 기대했다는 것을 보여 주는 증거 본문이 있다. 백성들이 사무엘에게 왕을 요구하기 직전 사무엘의 아들들이 "뇌물을 받고 판결을 굽게" 하는 것(삼상 8:3)을 보았다는 것은 왕이 세워지면 제대로 법을 집행해 줄 것이라 기대했음을 말한다. 정의 수행과 더불어 전쟁에서의 승리 역시 기대했다는 증거 본문이 있는데, 사무엘상 8장 20절에서 백성들은 세워질 왕에 대해 이렇게 말한다. "우리 앞에 나가서 우리의 싸움을 싸워야 할 것이니라."

이처럼 백성들은 왕이 세워지면 주변 나라들의 왕이 그리할 것이라 여긴 것처럼 그들의 왕도 사법적 정의를 집행하고, 전쟁이 일어났을 때는 승리를 안겨다 주리라 기대했다.[4] 이제 이런 이상이 이스라엘 사회에 세워진 초기 세 왕을 통해 어떻게 실현되는지 살펴보자.

사울_ 전쟁 수행자

이스라엘의 제1대 왕은 사울이다. 그가 이스라엘 사회에서 왕이 될 충분한 자격을 갖춘 인물로 인정받은 것은 암몬 사람 나하스의 침략이 있었을 때 가장 앞장서서 싸워 그를 물리친 덕분이다.[5] 사울의 영웅적인 모습은 사무엘상 11장 1-11절에 나온다. 전쟁에서 사울이 승리한 후 백성이 한목소리로 외친다.

---

4 구자용, "다윗의 왕위 계승사에 서술된 왕의 사법 집행을 통해서 본 '아이러니화된 왕의 이데올로기'", 8쪽.

5 구자용, "다윗의 왕위 계승사에 서술된 왕의 사법 집행을 통해서 본 '아이러니화된 왕의 이데올로기'", 9쪽.

사울이 어찌 우리를 다스리겠느냐 한 자가 누구니이까 그들을 끌어내소서 우리가 죽이겠나이다(삼상 11:12).

이런 외침은 왕정 체제를 향한 자신들의 요구와 선택이 옳았다는 백성들의 자신감을 드러낸다.

사울의 최후도 왕이 있어야 할 이상적 현장에서 이뤄진다. 전쟁터에서 죽음을 맞이한 것이다. 전쟁은 고대 왕이 수행해야 하는 일이었고, 그렇기 때문에 왕이 있어야 할 자리는 전쟁터였다.

이처럼 사울은 이상적인 왕이었다고 말할 수 있다. 그러면 왕정 체제를 세우려는 이스라엘의 선택이 옳았는가? 사울의 시작과 마침에는 외부 적과의 전쟁이 자리 잡고 있지만 사실 사울이 그의 생애 내내 쫓아가며 싸우려 한 인물은 적군이 아닌 자기 부하, 다윗이었다(삼상 16-31장). 다윗이 자신의 자리를 넘본다고 생각했기 때문이다. 신정 국가에서 왕정 국가로 체제 변화를 시도하며 백성들은 자신을 보호해 줄 왕을 뽑았지만, 뽑힌 왕이 싸워 지키려 한 것은 자기 자신, 자기 자리였다.

솔로몬_ 사법 집행자

이스라엘을 영광의 나라로 만든 또 한 명의 왕이 있다. 지혜의 대명사인 솔로몬이다. 사실 솔로몬이 이스라엘의 왕으로서 전쟁을 직접 수행했다는 기록은 거의 없다. 왕으로서 솔로몬의 가장 두드러진 특징은 재판, 곧 사법적 정의 수행이다. 대표적인 경우가 열왕기상 3장에 나오는, 아이의 진짜 어머니를 판별하는 재판이다. 아이의 진짜 어머니가 누군지를 식별하고자 솔로몬이 선택한 조치는 솔로몬이야말로 왕에게 요구된 사법적 정의를 이상적으로 수행하는 인물이라는 점을 부각하고 있는 것처럼 보인다.[6] 이런 점에서 이스라엘의 왕정 체제 요구가 옳았고, 그들의 요구에 부흥하는 역할을 솔로몬이 실현하고 있다고 볼 수 있다.

그러나 그런 지혜로운 솔로몬에게 후궁이 700명, 첩이 300명이나 있었는데, 그들 중 다수는 이방 여인이었다(왕상 11:3). 이스라엘 왕국에 들어올 때 자신이 섬기던 이방 신을 가지고 들어온 결과(왕상 11:2), 하나님의 통치를 대변해야 할 왕궁이 이스라엘 사회의 부패의 온상이 되었다. 이것은 무엇을 말하는가? 솔로몬의 판단력과 지혜는 정의 수행 차원에서만 발휘된 것이 아니었음을 말한다. 그가 그렇게 많은 후궁과 첩을 둔 이유는 정치적인 판단 혹은 정치 공작에서 비롯되었다. 많은 이방 여인을 데리고 와서 이방과 우호 관계를 만들어 자신의 왕권을 견고케 하고 세를 늘리려 한 것이다. 그의 지혜와 판단력은 정치적 책략과 수완 발휘, 정치적 세 늘리기에 이용된다.[7]

사울은 전쟁을 잘 수행하는 듯하지만 자신의 자리를 지키고자 전쟁을 수행하는 왕이었고, 솔로몬은 사법적 정의를 잘 수행했지만 그의 지혜와 판단력을 정치적 힘을 강화하는 데 남용하여 결국 자신의 세계

---

6 구자용, "다윗의 왕위 계승사에 서술된 왕의 사법 집행을 통해서 본 '아이러니화된 왕의 이데올로기'", 9쪽.
7 솔로몬의 이런 면은 월터 브루그만, 「예언자적 상상력」(서울: 복있는사람, 2009), 2장에서 잘 지적되었다.

를 확장하기만 했다. 하나님은 사무엘에게 백성의 말을 들어주라 하셨다. 세워질 왕들이 이럴 줄 모르고 그러시지는 않았을 것이다. 그와 같은, 혹은 유사한 일이 일어날 줄 알면서도(삼상 8:10-18) 허락하신 것은 왕들의 왜곡 가운데서도 혹은 왜곡을 통해서도 하나님의 통치를 드러내실 수 있다는 판단 때문이 분명하다. 사울, 솔로몬 같은 사람들이 '정치'를 하며 하나님의 뜻을 대행하는 사회에서 어떻게 그분의 뜻을 이루시는가를 보기 전에 다윗의 행적을 먼저 따라가 보자.

다윗_ 전쟁 수행자이자 정의 수행자

다윗의 전쟁 수행 능력은 사울을 능가한다. 그는 왕이 되기 전부터 싸운다. 블레셋과 싸울 때 장군 골리앗을 이긴 사건이 대표적이다. 골리앗을 이긴 후 백성들이 "사울이 죽인 자는 천천이요 다윗이 죽인 자는 만만이라"(삼상 18:7)고 했을 때 저자는 다윗이 얼마나 이상적인 왕에 부합한 인물인지를 소개하고 있는 것이다. 이후 다윗이 물리친 적은 무수한데, 대표적으로는 아말렉, 여부스, 모압, 소바, 아람, 에돔, 암몬 등이 있다. 그런데 뜻밖에(아니면 예상한 바대로?) 그의 전쟁 수행은 사무엘하 10장 이후에 사라진다.

사무엘하 11장부터 다윗은 더 이상 전쟁에 나가지 않는다. 놀랍게도 다윗이 전쟁에 나가지 않는 시점은 그의 왕위 계승이 거의 마무리되었을 때다. 사무엘하 6장에서 언약궤가 다윗 궁에 들어오고, 7-8장에 이르면서 다윗의 왕권 계승은 거의 완결된다. 그리고 9장에서 사울 왕조의 마지막 후손, 요나단의 아들 므비보셋을 왕궁에 데리고 와 함께 살게 함으로 사울 왕조의 마지막 후손마저 다윗의 왕조에 통합된다. 다윗 왕의 왕위 계승 사업이 완료된 것이다.

변화는 사무엘하 10장에서 시작된다. 이스라엘이 암몬과 싸우는 실제 현장에는 다윗의 장군 요압만 있다. 11장 1절을 보면 다윗은 암몬과의 전쟁에 "요압과 그에게 있는 그의 부하들과 온 이스라엘 군대"만을 보내고 그는 "예루살렘에 그대로 있[었다]." 다윗 역사에서 유명한 이야기인 밧세바 사건이 벌어진 시점이 그때였다.

다윗 역시 사울, 솔로몬과 별 차이가 없어 보인다. 그가 훌륭한 전쟁 수행자고 승리를 많이 가져왔다는 점에서 이상적인 왕이었지만, 그 역시 앞서 수행한 전쟁으로 말미암아 평화의 시기가 찾아왔을 때는 범죄한다. 이상적인 왕으로서 이룬 업적의 결과로 찾아온 평화가 범죄의 시간으로 악용된 것이다.

전쟁에서 이런 모습을 보였다면 사법적 정의를 수행하는 데 있어서 다윗은 어땠을까? 사무엘하 11장에서 전쟁에서 열외 된 다윗이 범하는 범죄를 묘사한 후, 12장부터는 다윗이 사법적 정의를 수행하는 데 있어서 탁월한 왕이라는 점을 다시 집중적으로 조명한다.[8]

> 내 주 왕께서 하나님의 사자같이 선과 악을 분간하심이니이다(삼하 14:17).

하지만 다윗이 왕으로서 하는 첫 재판의 대상은 뜻하지 않게도 바로 자기 자신이었다. 밧세바를 범한 후에 영적인 분별력을 상실한

---

[8] 구자용, "다윗의 왕위 계승사에 서술된 왕의 사법 집행을 통해서 본 '아이러니화된 왕의 이데올로기'", 12쪽.

채 뉘우치지 않는 다윗에게 나단이 찾아와 재판이 필요한 내용이 담긴 비유를 말한다(삼하 12:1-6). 나단이 비유 마지막에 한 말은 가히 송곳처럼 다윗의 심장을 찌른다. "당신이 그 사람이라"(삼하 12:7). 하나님은 왕으로서 다윗이 휘둘러야 할 사법적 검을 다윗 자신에게 겨누게 하신다. 사법적 정의가 실현되어야 할 사람은 왕 자신이라고 말이다.[9]

인간 왕들의 이중성

왕정 체제라는 복병 앞에서 하나님은 어떻게 그분의 통치를 실현해 나가시는가? 이스라엘 사회를 왕정 국가에서 다시 신정 국가로 되돌려

---

9 구자용, "다윗의 왕위 계승사에 서술된 왕의 사법 집행을 통해서 본 '아이러니화된 왕의 이데올로기'", 10쪽. 구자용 박사("다윗의 왕위 계승사에 서술된 왕의 사법 집행을 통해서 본 '아이러니화된 왕의 이데올로기'", 12-13쪽)는 14장에 등장하는 또 다른 이야기를 예로 든다. 그 내용을 요약하면 다음과 같다. 다윗의 아들 암논이 배다른 다윗의 딸 다말과 강제로 동침하자, 다말의 오빠인 압살롬이 암논을 살해했다. 형제의 난이 일어난 것이다. 압살롬은 다윗을 피해 그술로 가서 은둔의 삶을 살고, 다윗은 비통함에 빠져 절망적인 나날을 보낸 지 3년이 되었다. 다윗의 마음이 어느 정도 누그러진 것을 알았던 다윗의 군대 장관 요압은 어떻게 하면 압살롬을 다시 왕궁에 데리고 올지 고민한다. 요압은 압살롬을 왕위 계승자로 삼으려는 의도였을 것이다. 요압은 직접 왕에게 고할 수 없어 술수를 사용한다. 지혜로운 여인 하나를 택하여 다윗에게 보내 자신의 이야기를 들려주어 다윗으로 재판하게 한다. 여인에 따르면 자신에게 두 아들이 있었는데, 그중 하나가 다른 형제를 죽였다. 그러자 온 나라 사람들이 그 살인자 아들마저 죽이려 하고 있다는 말을 다윗에게 들려준다. 그러자 다윗은 그 여인의 아들을 구원하여 그 여인이 하루아침에 두 아들을 잃어 가족 전체의 불행으로 이어지는 것을 막아 주겠다고 맹세한다. 하지만 그 맹세는 바로 다윗 자신에게 적용된다. 자신의 아들 사이에 일어난 싸움과 살해 때문에 이스라엘 나라 전체가 왕위를 이어받을 왕자를 다 잃게 되는 것은 온당치 않다는 해석이 함축된 것이다. 이것이 요압의 전략이었다. 요압은 왕위를 이어받을 왕자 없이 왕이 죽어 나라가 어려움에 직면하는 일을 막고자 이런 일을 도모한 것이다. 결국 요압과 여인의 책략으로 다윗은 자신의 아들 압살롬을 다시 왕궁으로 돌아오도록 하는 결정을 내리게 된다. 다윗은 이전에 나단의 경우와 마찬가지로 요압의 숨은 계획에 넘어가 자신도 모르게 자기 자신에 대해 판결하고 어떤 결정을 하게 된 것이다. 다윗이 지혜로운 재판관이라는 말은 그 여인이 한 말이었다. 얼마나 역설적인가. 다윗이 스스로 판단하기보다는 요압의 책략에 이용당하는 마당에 다윗의 "지혜는 하나님의 사자의 지혜와 같아서 땅에 있는 일을 다 아시나이다"(삼하 14:20)라고 칭송받는다. 이 칭송은 아이러니다.

놓으셨는가? 아니다. 그렇다면 탁월하고 흠 없는 사람만을 왕으로 세우셔서 그분의 통치를 수행하셨는가? 사울은 탁월한 전쟁 수행으로 왕이 되었고 전쟁 중 전사한다. 그는 이상적 왕으로 여겨질 이유가 충분했기에 사울을 보며 하나님이 왕정을 허락하신 이유가 있었다고 판단할 법도 하다. 하지만 그 기대에는 좌절이 뒤따른다. 성경은 사울이 생애 대부분 동안 자신의 경쟁자를 없애는 일에 그의 전쟁 능력을 사용하고 말았다고 말해 준다. 솔로몬은 어떤가? 그는 지혜로운 재판관으로서 사법적 정의를 집행했다는 점에서 이상적 왕의 역할을 수행했다고 볼 수 있다. 하지만 그 역시 자신의 지혜와 판단력을 정치적 세력 확장에 이용한다. 다윗은 자신의 왕권이 견고해질 때까지 이상적 왕의 역할인 전쟁 지도자로 그 역할을 감당한다. 그러나 왕권이 견고해지고 하나님의 언약궤마저 궁정에 들어오자 전쟁을 통해 찾아온 평화 속에서 부패의 늪에 빠진다. 그 와중에 그의 재판 수행 능력 역시 자신을 재판하고 자신의 치부를 드러내는 일에 사용된다.

　이것이 성경이 드러내는 이스라엘 왕들의 이중성이다. 그들은 이상적 왕의 기준에 부합하는 것 같지만 결국 그 왕들의 전쟁 수행 능력과 지혜는 오히려 자신과 나라를 위기에 빠뜨리는 원인이 된다. 이스라엘 왕은 백성들의 이상적인 기대 속에서 세워졌지만 그 기대와 이상은 현실에서 산산이 부서진다. 좀 더 온건하게 말하자면 이스라엘의 왕들은 이상과 현실 사이를 왔다 갔다 한다.

하나님의 역전의 통치 능력
그러면 이스라엘 왕의 역사는 인간에 대해 절망하게만 만드는가? 아니다. 하나님의 계획과 상관없이 인간의 고집으로 어떤 일이 진행될 때, 하나님은 "이제 너희가 알아서 하라"고 하시며 그 상황에서 손 놓고 있지 않으신다. 순종하는 백성들 가운데서 일하실 때와는 분명 다른 모습일 테지만 인간의 고집으로 뒤죽박죽된 상황에도 하나님은 개입하시어 당신의 뜻을 이루어 가신다.

먼저 그분은 인간의 이상을 허무신다. "모든 나라와 같이 우리에게 왕을 세워 우리를 다스리게 하소서"라는 백성의 요구에서 시작된 왕정 체제 아래 등장한 초기 세 왕의 모습을 통해 백성들이 왕에 대해 가진 이상은 허상임을 역사 속에서 알려 주신다. 백성을 위해 싸울 것이라 믿고 뽑았지만 오직 자기 자리만 생각하는 사울, 겨우 이룩한 평화를 범죄의 기회로 삼아 버리고 재판 능력이 있다고 하지만 자신의 문제도 제대로 보지 못하는 다윗, 지혜가 있다고 하지만 자신의 정치적 세력을 넓히는 일에 그 지혜를 사용해 버리는 솔로몬 앞에서 절망하는 우리에게 하나님은 그런 인간들 위에 계신 진짜 왕을 보도록 하신다. 사실 이 초대 세 왕을 통해 성경은 우리의 시선을 왕이 아닌 왕 위에 계시는 분에게 맞추게 한다.

깨진 유리처럼 이렇게 이상이 조각나 버릴 때, 그래서 그 잿더미에 앉아 인간 왕 위에 계신 진짜 왕에게 시선을 맞추기 시작할 때, 보이기 시작하는 것이 있다. 인간 역사의 난맥 속에서 진짜 왕이신 하나님이 행하고 계시는 통치 행위다. 그때 우리는 사람들의 기대를 한 몸에 받던 인간 왕의 실패를 오히려 하나님 나라를 위한 재료로 바꾸시는 하나님의 역전의 통치 능력을 보게 된다.

하나님의 "마음에 맞는 사람"(삼상 13:14)이자 또 후에 메시아의 원형(행 13:32)이 된 다윗이 등장한 시점이 언제인가? 사울이 자신의 왕위를 잃어버릴까 봐 정신적 고통에 시달리고 있을 때다. 심적, 영적 고통에 시달리는 사울을 위로하고자 수금(기타)을 들고 다윗은 처음으로 왕궁에 발을 디딘다. 잿더미 위에서 새로운 시작이 진행된 것이다. 그러나 성경은 그렇게 잿더미 위에서 시작한 다윗 역시 잿더미가 되는 역사를 정확히 보여 준다. 그러면서 하나님은 다윗 왕조 시대에도 다시 한 번 우리의 눈을 진짜 왕과 그분의 다스림에 고정시키시는 것이다.

하나님에게만 시야를 고정시킬 때 보이는 것이 바로 하나님의 통치의 역전 능력이다. 밧세바를 범한 후에 자정 능력을 상실한 다윗에게 나단을 보내어 다른 사람의 불의를 재판하게 한 후 그 재판 결과를 도리어 다윗 자신에게 향하게 한다. 영적 어둠에 빠져 스스로를 판단하지 못하고 있는 다윗으로 하여금 왕으로서 다른 사람을 재판하게 한 후 그 판결을 다윗 자신에게 적용하도록 재판을 역전시킨 것이다. 나단을 통해 다윗의 사법적 정의와 판단력으로 그의 허물을 깨우치시고 다시 하나님 앞에 바로 서게 하는 기회를 만드신다.

솔로몬이 등장할 때 모든 사람은 열광했다. 그가 일천번제를 드릴 때 그를 우러러보았다. 그가 지혜로운 재판을 할 때는 감탄해 마지 않았다. 이처럼 지혜로운 왕의 이상을 실천하는 것 같다가도, 결국 그 역시 정치적 야망이 동기가 된 정략결혼으로 온 나라를 우상 숭배의 온상으로 만들어 버린다. 이 순간 우리의 눈은 다시 하나님을 바라볼 수밖에 없다. 하나님은 우리로 하여금 진짜 다윗의 아들이 오기를 그와 같은 방식으로 기다리게 하신다.

인간 왕에 대한 절망에서 하늘 왕에 대한 소망으로

성경이 말하는 역사는 인간 통치자에 대한 절망을 하늘의 통치자에 대한 소망으로 바꾸도록 유도한다. 하나님만이 진정한 왕으로서 싸워야 할 적이 누군지 아시고 그 적과 전쟁을 수행하실 수 있으며, 하나님만이 옳고 그름을 분간하여 이 땅에 정의를 내리실 수 있고, 하나님만이 인간의 모든 악을 선으로 바꿀 수 있는 역전의 통치자이시다. 이 말은 인간 재판관을 세우지 말라거나 그들을 불신하라는 말이 아니다. 인간 제도는 불가피하고, 지도자에 대한 신뢰는 칭찬받아 마땅한 자세다. 그럼에도 그들에게 지나치게 큰 기대를 걸지 말자. 세우고 믿되 그들의 장점과 단점, 그 모두를 하나님의 뜻을 이루어 나가는 일로 바꾸시는 진짜 통치자를 보라는 것, 이것이 이스라엘 왕정 체제에 담긴 하나님의 뜻이다.

7장   일상의 하나님과 성전의 하나님

구약의 주된 제도 중 하나는 제사 제도다. 앞서 살펴본 것처럼 왕정 제도와 달리 제사 제도는 하나님이 직접 세우신 제도라고 레위기는 말한다. 물론 제사는 유대(성경)만이 아니라 고대 다른 종교에서도 보편적으로 행해진 제도다. 사실이 그러함에도 하나님이 이스라엘 가운데에 제사 제도를 제정하신 까닭은 그들과 맺은 언약 관계를 유지하기 위해서였다. 시편 50편 5절은 말한다.

나의 성도들을 내 앞에 모으라 그들은 제사로 나와 언약한 이들이니라.

하나님이 그분의 백성과 맺으신 언약은, 비유로 말하자면, 상업적 계약이라기보다는 한 남자와 한 여자가 맺는 인격적 연합, 곧 결혼과 같은 것이다. 언약에도 일이 부과되지만 그것은 인격적 관계 체결의 결과로 일어나는 일이다. 결혼이 그러하듯 하나님과 그분의 백성이 언약을 맺은 주된 이유는 같이 살기 위해서다. 이것이 시내산에서 언약을 체결한 후 하나님이 모세에게 회막(함께 만나는 천막)을 짓도록 지시하신 이유다(출 26장, 35장, 39:32-40:38). 비유하자면 회막은 결혼한 신랑, 신부가 함께 살 신혼집과 같은 것이다. 하나님이 백성 가운데 머무시고 그 백성은 하나님을 중심에 모시고 살아가는 삶은 언약이 가져온 삶의 방식이며, 그런 삶의 방식은 지성소가 있는 회막(성막)을 중심으로 이뤄졌다(민 2:2).

언약 관계에 들어간 두 당사자 사이에는 상호간에 지켜야 할 규칙이 세워진다. 사랑과 충성이다.[1] 하지만 사람이 살다 보면 이 약속을 지키지 못하기도 하고, 그럴 때 관계는 상처를 입는다. 하나님이 세우신 제사는 상처 입은 관계를 복원하는 제도적 장치다.[2] 언약 관계는 인격적이지만, 그 인격적 관계를 유지하고 강화하기 위해서는 제도가 필요했던 것이다. 형식 없이 내용만 있을 수 없는 것과 같은 이치다.[3]

---

1 하나님은 히브리인들과 언약을 맺으셨는데, 그들은 '전직' 노예였다. 하나님은 전직 노예들을 언약의 파트너로 삼으신 것이다. 비유적으로 말하자면 하나님은 전직 노예와 결혼하신 것이다. 그러고는 "나는 너희의 하나님이 되어 너희에게 충성할 테니 너희는 나를 너희의 하나님으로 삼아 날마다 만나고 전심으로 섬기고 일심으로 충성하며 무엇보다 온 세상을 향한 나의 계획을 자신의 소명으로 삼아 살라"며 언약을 맺으셨다. 사람 편에서 반복적으로 드리는 제사는 이 언약을 유지하는 수단이다.

2 물론 제사는 관계 복원용이기만 한 것이 아니라 관계를 더 강화하기 위한 것이기도 하다. 아래에서 살펴볼 것처럼 감사 제사나 서원제가 그 예다.

3 하지만 언약 관계 속에서 하나님이 회복하기를 원하시는 관계는 하나님과 사람 사이만은 아니다. 하나님은 언약 백성이 죄를 범하면 자신과 백성의 언약만이 아니라 백성 상호간의 관계도 깨진다고 보셨다. 레위기 6장에 따르면 "누구든지 여호와께 신실하지 못하여 범죄하되 곧 이웃이 맡긴 물건이나 전당물을 속이거나 도둑질하거나 착취하는" 사람은 죄를 범한 것인데(2-3절), 이 죄는 분명 이웃에게 죄를 범하는 것이지만 하나님은 도둑질이 '여호와께 신실하지 못한' 것이라고도 말씀하신다. 하나님과 언약을 맺은 백성은 하나님에게 신실해야 하는 것뿐만 아니라 하나님이 언약 당사자로 삼은, 옆에 있는 사람에게도 신실해야 한다. 이것이 언약이다. 하나님과 언약을 맺어 하나님에게 신실하겠다고 약속한 사람은 사람에게도 신실하고 신의와 정의를 지켜야 했다. 언약 공동체의 삶의 방식은 이런 것이다. 그렇기에 누가 누구를 속이거나 착취한 죄를 용서받기 위해서는 두 가지를 해야 했다. 먼저, 속인 사람에게 그 물건을 돌려주되 본래 물건의 5분의 1을 더하여 돌려보냄으로 용서를 구하고, 다음으로 하나님에게도 용서를 구하되 하나님에게는 "흠 없는 숫양을 속건제물"(레 6:6)로 드려야 한다. 이 둘 중 무엇을 먼저 하라고 하는가? 레위기 7장 1-7절에 따르면 사람에게 용서를 구하는 일을 먼저 하고(2-5절), 그 다음 하나님께 속건 제사를 드리라고 한다(7절). 이것은 무엇이 더 중요하기 때문이 아니라 하나님께 드리는 제사는 사람과의 회복을 배제하는 것이 아니라는 점을 분명히 하고 있는 것이다.

감사로 제사드리며

사실이 이러한데 시편 50편 8-13절에서 하나님은 그런 제사 행위를 부정적으로 말씀하신다. 특히 12-13절에서 이 점이 분명히 드러난다.

> 내가 가령 주려도 네게 이르지 아니할 것은 세계와 거기에 충만한 것이 내 것임이로다 내가 수소의 고기를 먹으며 염소의 피를 마시겠느냐.

하나님의 뜻은 어디에 있는 것일까? 언제는 직접 세우시더니 이제는 그 제도를 폐지하시겠다는 뜻인가? 신약의 관점에서는 그렇다고 말할 수 있지만 시편 50편에서는 하나님이 거기까지 나가신 것 같지는 않다. 제사에 대해 부정적인 말씀을 하시는 데에는 다른 뜻이 있다. 이어지는 14절과 23절을 보자.

> 감사로 하나님께 제사를 드리며(14절).

> 감사로 제사를 드리는 자가 나를 영화롭게 하나니(23절).

하나님은 다른 번제에 대해서는 부정적인 반면, 감사 제사에 대해서만큼은 긍정적이시다. 감사로 제사드리는 자가 하나님을 영화롭게 한다고 말씀하시기 때문이다. 영화롭게 한다는 것은 하나님을 하나님으로 인정한다는 뜻이다. 감사 제사가 하나님을 하나님으로 인정하는 제사라는 것이다. 다른 제사에 대해서는 부정적이신데 왜 감사 제사에 대해서는 이렇게 호의적이신 것일까?

하나님이 기뻐하시는 감사 제사가 무엇인지에 대한 해석은 두 가지다. 하나는 감사 제사가 감사 '찬송'을 뜻한다고 보는 것이고(시 26:7, 42:4, 69:30), 다른 하나는 레위기 7장 12절과 22장 29절이 말하는 것처럼 말 그대로 감사를 표현하고자 드리는 '제사'로 보는 것이다. 하나님이 기뻐하시는 감사 제사가 감사 찬송인가, 아니면 제사 행위인가? 둘 중 하나를 택할 필요는 없지만 "감사로 제사드리며"가 가리키는 것은 감사 '제사'인 것 같다. 14절과 23절 모두에 사용된 "제사를 드리며"라는 말이 구약 성경에서는 '제물을 드리다'라는 뜻으로 한정되어 사용되기 때문이다.[4]

그러면 왜 다른 번제보다 감사 제사를 더 기뻐하신 것일까? 감사 제사의 제물 때문은 아니다. 사실 감사 제사 때 드리는 제물은 다른 제사 때 드리는 제물보다 그 값이 훨씬 저렴하다. 레위기 7장 12-13절에 나와 있는 감사 제물의 목록을 보자.

> 기름 섞은 무교병과 기름 바른 무교전병과 고운 가루에 기름 섞어 구운 과자를 그 감사 제물과 함께 드리고 또 유교병을 화목제의 감사 제물과 함께 그 예물로 드리되.

감사 제물은 기름에 구운 과자와 빵이다.[5] 하나님이 이거 하나 더

---

4 A. A. Anderson, *Psalms (1-72)* vol. 1 (NCBC; Grand Rapids, Michigan: Eerdmans, 1972), 386-87쪽.
5 감사 제사는 화목 제물의 한 부분으로 화목 제사를 드릴 때 감사 제사를 포함하고 싶으면 위의 제물을 포함시키면 된다.

받으려고 "감사 제사가 나를 영화롭게 한다"고 하셨을 리는 없다. 하나님은 제물에 관심이 없으시다.

하나님이 감사 제사를 기뻐하신 이유는 감사 제사의 성격 때문일 가능성이 높다. 다른 제사와 감사 제사의 주된 차이는 하나님께 제사를 드리는 이유에서 드러난다. 일반 제사를 드리는 사람에게 하나님은 '앞으로의 하나님'이다. 제사드리기 이전에 범한 자신의 잘못에 대한 용서를 구하고자 제단에 나오는 것이 제사의 주된 동기이기 때문이다. 제사를 통해 하나님의 용서를 받겠다는 뜻이 제사의 주된 목적이다. 하지만 감사 제사는 다르다. 감사 제사는 앞으로 어떤 일을 하실 하나님을 바라보며 드리는 것이 아니라, '이미 일하신 하나님'을 보고 드리는 것이다. 그래서 감사 제사다. 제단에 오기도 전에 하나님을 이미 만난 사람만이 감사 제사를 드린다. 속죄 제사는 제단에 오기 전에 범한 죄를 해결하고자 제단에 나아가는 것이지만, 감사 제사는 제단에 오기 전에 하나님의 돌보심과 베푸신 은혜를 경험하고 감사드리고자 나아가는 것이다. 그렇기에 감사 제사자에게는 하나님을 섬기고 만나는 일에 있어서 삶과 제단이 분리되지 않는다. 하나님이 감사 제사를 기뻐하시는 이유는 여기에 있다.

더불어 감사 제사에 드려야 할 제물이 기름 섞은 무교병이나 전병과 구운 과자라는 점도 기억할 만하다. 이런 종류의 감사 제물은 다른 번제물에 비해 일상에서 쉽게 구할 수 있는 것들이다. 그만큼 감사가 일상이 되라는 뜻이 있었을 것이다. 밥 먹듯이 감사하고, 밥 먹듯이 하나님을 만나라는 뜻 말이다.

일상과 성전이 만나는 지점

> 감사로 하나님께 제사를 드리며(시 50:14).

> 환난 날에 나를 부르라 내가 너를 건지리니 네가 나를 영화롭게 하리로다(시 50:15).

"감사로 …… 제사를 드리[라]"(14절)는 말과 "환난 날에 나를 부르라"(15절)는 말이 병행되고 있다. 감사 제사를 드리는 자에게는 하나님의 은혜를 받는 일에 있어서 일상과 성전이 구분되지 않는다. 그렇다면 그들에게 환난의 때는 어떠할까? 감사 제사를 즐겨 드리는 자에게 환난은 하나님이 부재한 시간이 아니라 오히려 하나님이 베푸시는 구원의 은혜를 맛보고 그분께 영광을 돌리는 시간에 지나지 않는다. 환난 날은 또 다른 감사 제사의 이유를 발견하는 날이 되는 것이다. 이런 점에서 15절에 등장하는 세 동사("부르라", "건지리니", "영화롭게 하리로다")의 마지막이 "영화롭게 하리로다"인 것은 의미심장하다고 할 수 있다. 감사 제사자에게 닥친 환난은 하나님께 '기도하게' 하여 결국 하나님의 '구원을 맛보고' 그분을 '영화롭게 하는' 것으로 끝날 것이라고 하나님 역시 예측하신다.

일상에서 하나님을 영화롭게 하는 일은 이렇게 일어난다. 제사 제도에 대한 강조는 하나님은 성전에서만 만날 수 있는 분이고, 일상에는 환난만이 기다리고 있다고 생각하게 만들 수 있다. 하지만 성경은 이런 이분법적 영성을 허락하지 않는다. 오히려 환난이 기다리고 있는 일상은 하나님의 구원을 맛보고 그분을 영화롭게 할 수 있는 영역이고, 성전은 그 하나님께 감사 제사를 드리는 곳이라는 것이 시편 50편의 요지다. 물론 환난 날에 하나님을 영화롭게 하는 일은 말처럼 쉽지 않다. 그러하기에 환난 날에 간구와 응답이라는 영적 선순환이 일어나려면 평소에 일상과 성전 모두를 하나님을 만나고 섬기는 영역으로 만드는 감사 제사가 몸에 배어야 한다.

    오해하지 말자. 환난의 때에 하나님의 도움을 받으려면 평소에 제사를 잘 드려야 한다는 말이 아니다. 성실한 제사는 환난 때 하나님이 나를 돕도록 하는 보험이라는 생각은 이교도적인 것이다. 본문은 "환난 날에 나를 부르라 내가 너를 건지리니"라고만 한다. 그냥 하나님을 부르기만 하면 된다. 하나님은 당신의 이름을 부르는 자에게 응답하신다. 환난에 처해 큰 소리로 기도할 힘마저 없을 때는 그저 "하나님 아버지, 하나님 아버지", 이 한마디면 족하다. 이 한마디면 하나님은 일어나셔서 우리를 건지신다. 그럼에도 환난 때에 그 같은 외마디 기도가 자연스럽게 나오기 위해서는 일상을 하나님과 동행하고 하나님이 베푸시는 은혜를 맛보는 원천으로 삼는 경건 훈련이 평상시에 이뤄져야 한다.

    일상에서 하나님의 영광과 일하심을 경험한 사람은 그곳에만 머물지 않는다. 성전에 찾아가 감사 제사를 드린다. "하나님, 이곳에 오기 전에 당신의 은혜를 경험했습니다. 감사합니다! 여기에 드리는 우리의 제사를 받아 주시옵소서." 이것이 삶을 통과하여 제단에 도착한 감사 제사자의 고백이다. 이 제사에 대한 하나님의 반응은 시편 50편 23절에 나온다.

감사로 제사를 드리는 자가 나를 영화롭게 하나니.

물론 하나님을 영화롭게 하는 말은 15절에서 이미 나온 말이다. 하지만 15절과 23절은 의미상 약간 차이가 있다. 15절에서는 환난 때에 드리는 기도를 듣고 구원을 베푸시는 하나님을 영화롭게 한다. 23절에서는 감사로 제사를 드리며 하나님을 영화롭게 한다. 시편 50편은 하나님을 영화롭게 하는 일은 일상과 성전 모두에서 이뤄질 수 있는 것임을 보여 준다. 그리고 누구에게 그것이 가능한 일이 되는지 말한다. 감사 제사를 드리는 자가 그 주인공이다.

감사, 하나님을 기억하는 길
두 감사 제사 이야기(시 50:1-15, 22-23)의 중심 부분(시 50:16-22)에 "하나님을 잊어버린 너희"가 나온다.

하나님을 잊어버린 너희여 이제 이를 생각하라 그렇지 아니하면 내가 너희를 찢으리니 건질 자 없으리라(시 50:22).

그들이 누군지는 8절에 암시되어 있다.

나는 네 제물 때문에 너를 책망하지는 아니하리니 네 번제가 항상 내 앞에 있음이로다.

문맥상 하나님을 잊어버렸다고 책망 듣는 그들은 많은 번제를 하나님께 드린 자들이다. 많은 번제를 드렸음에도 하나님은 그들을 "하나님을 잊어버린 [자들]"이라고 하신다. 그 많은 번제가 다 하나님께 드려지는 것이 분명함에도 하나님은 제사자가 하나님을 잊었다고 말한다. 제사 행위 때는 하나님을 기억했을지 모르지만 제사드리러 성전에 오기 전의 삶에서는 하나님을 잊었기 때문이다. 그 증거는 시편 50편 16-21절에 나온다. 그곳에는 "네 입을 악에게 내어 주고 네 혀로 거짓을 꾸미며 앉아서 네 형제를 공박하며 네 어머니의 아들을 비방하는" 사람이 나온다. 그들은 형제를 협박하는 일에 동참하고, 도둑을 보고도 징계하지 않고 협력한다. 우리 시대 관점에서 보면 이것은 다 하나님이 아니라 이웃에게 범한 죄다. 하지만 하나님은 그것이 모두 하나님을 잊었기 때문에 일어난 일이라 하신다.

하나님과 언약을 맺은 공동체는 하나님만이 아니라 이웃과도 언약을 맺은 것이다. 이것이 언약 공동체의 모습이다. 그러니 형제를 협박하는 일은 하나님을 무시하는 일이고, 정의를 저버리는 것은 하나님의 말씀을 저버리는 것이 된다. 일상에서 그렇게 살던 사람이 성전에 찾아와 살진 짐승들로 제사를 드린다고 해서 하나님이 그와 그 사람을 통해 영광을 받으시겠는가? 성전과 동네가 분리되고 제사와 일상이 나누어지고 신앙과 삶이 분리된 것은 하나님이 받으시는 삶, 하나님이 받으시는 제사, 하나님이 받으시는 신앙이 아니다.

그러면 하나님을 잊어버린 자가 해야 할 일이 무엇인가? 시편 50편 22절이 말한다.

하나님을 잊어버린 너희여 이제 이를 생각하라.

생각해야 할 "이"가 무엇인지는 이어서 나온다.

감사로 제사를 드리는 자가 나를 영화롭게 하나니 그의 행위를 옳게 하는 자에게 내가 하나님의 구원을 보이리라(23절).

하나님을 잊어버린 자가 해야 하는 일은 감사의 제사를 드리는 일이다. 앞서 묵상한 것처럼 감사의 제사를 드리는 일은 일상에 살아 계신 하나님을 만나는 일이고, 제단과 삶이 분리되지 않는 일이기 때문이다. 하나님의 임재 앞에서 모든 일을 하고 하나님을 대하듯 사람을 대하고 하나님께 제사드리듯 사람을 섬기면서, "하나님이 계시기에 내가 이렇게 산다"고 말하는 것이 하나님을 영화롭게 하는 일이다. 그리고 성전에 찾아와 "하나님 당신 때문에 내가 이렇게 살아왔고 나로 이렇게 살도록 하신 것은 당신의 은혜 때문입니다"라고 고백하며 감사의 제사를 드릴 때 그 제의가 하나님을 하나님으로 영화롭게 하는 예배가 된다.

내 삶에 임한 하나님의 은혜를 발견했다면

성경은 제사를 드려야 하는 경우를 자세히 알려 준다. 예컨대 감사 제사 직전에 나오는 속건제만 하더라도 어떤 경우에 그 제사를 드려야 할지 상세히 나열하고 있다(레 6:1-7). 하지만 감사 제사는 언제 드려야 할지를 말하지 않는다. 이런 침묵에는 감사 제사를 드려야 하는 경우를 '네가 알아서 결정하라'는 뜻이 있다. 곧 우리더러 감사 내용을 결정하라는 것이다. 각자가 가진 기준에 따라 모든 삶이 감사가 될 수도 있고, 감사한 것이 하나도 없을 수 있다. 그럼에도 감사 제사를 드려야 할 경우를 인위적으로 정하지 않고 스스로 발견하도록 하신 것은 진정한 감사 제사가 자발성에 근거하여 진심으로, 그리고 전심으로 드려져야 하고, 이를 바라셨기 때문일 것이다.

무엇이 자발성에 기초한 진심과 전심이 담긴 감사 제사를 드리게 할까? 그것은 내 삶에 임한 하나님의 은혜를 발견하는 것이다. 은혜는 받을 자격이 없는 자에게 거저 주어지는 선물이다. 따라서 내 삶에 주어진 모든 것이 내가 자격 있어 받은 것이 아니라 하나님의 선물임을 알 때 삶이 감사가 된다. 그렇다. 감사 제사의 횟수는 내 삶에서 하나님의 은혜를 발견하는 만큼 증가하고, 감사 제사의 진정성과 일상성은 모든 것이 하나님의 은혜인 것을 깨닫는 사람의 것이다.

8장 돌 하나 위에 세워질 하나님 나라

스가랴는 이스라엘이 바벨론 포로 생활을 끝내고 돌아왔을 때[1] 예언 활동을 한 선지자다. 그의 선포 대상은 포로 생활을 끝내고 돌아와 황폐해진 성전을 마주해야 했던 사람들이었다. 스가랴의 주된 사역은 대제사장인 여호수아와 다윗 계열의 마지막 왕족 스룹바벨을 독려하여 폐가가 된 성전을 재건하도록 예언하는 것이었다(슥 1:16).[2]

예언자적 상상력과 하나님의 계획

하나님의 말씀이 스가랴에게 임한 시점은 스룹바벨과 여호수아가 성전 재건을 위해 성전의 기초 돌 하나를 놓았을 때다. 스가랴 3장 9절과 4장 9-10절을 보자.

---

1 스가랴서에는 '돌아옴'이라는 어휘가 반복되고 있는데 하나님의 돌아옴(1:3, 16), 백성의 돌아옴 또는 회개(1:4, 6), 이방인들의 돌아옴(8:20-23)이 그것이다. 성전은 그 모든 돌아옴이 지향하는 목표점이다.

2 이스라엘 사회를 이끌던 세 가지 주된 직분은 제사장, 선지자, 왕이었다. 제사장과 왕은 제도권 내에서 각각 종교와 정치를 이끈 반면, 선지자는 제도권 밖에서 그들을 견제하는 역할을 했다. 그렇기에 선지자는 제사장이나 왕과 여러 갈등을 겪을 수밖에 없었다. 하지만 스가랴가 예언 활동을 하는 동안 왕과 대제사장, 그리고 스가랴 선지자는 협력 관계를 유지한다.

만군의 여호와가 말하노라 내가 너 여호수아 앞에 세운 **돌을 보라** 한 돌에 일곱 눈이 있느니라(3:9, 강조는 저자).

스룹바벨의 손이 이 **성전의 기초**를 놓았은즉 그의 손이 또한 그 일을 마치리라 하셨나니 만군의 여호와께서 나를 너희에게 보내신 줄을 네가 알리라 하셨느니라 **작은 일**의 날이라고 멸시하는 자가 누구냐(4:9-10, 강조는 저자).

돌 하나를 놓고 예언하는 사람이 선지자다. 폐허가 된 땅에 세워진 돌 하나를 보며 그 위에 세워질 하나님 성전(나라)을 볼 수 있는 것이 선지자의 상상력이다. 사람들이 그것을 "작은 일"이라고 조롱할 때도 선지자는 그것이 '하나님의 일'이라 말하는 사람이다. 선지자의 이런 상상력은 어디서 오는 것일까? 돌이 단단해 보였기 때문일까? 아니면 스가랴의 지성이 뛰어났기 때문일까? 돌 하나를 보며 하나님 나라를 상상할 수 있는 것은 돌이 단단했기 때문도, 선지자의 상상력이 남달랐기 때문도 아니다. 이스라엘 역사를 관통해 온 하나님의 계획과, 그 계획을 이루시려는 하나님의 신실한 성품을 알아서다. 예언자적 상상력의 배후에 있었던 하나님의 계획이 무엇인지는 결론부인 스가랴 14장이 암시한다.

여호와께서 천하의 왕이 되시리니 그날에는 여호와께서 홀로 한 분이실 것이요 그의 이름이 홀로 하나이실 것이라(9절).

스가랴에게 성전 재건은 단순한 벽돌 쌓기가 아니라 하늘 아래 살고 있는 모든 이의 왕으로 좌정하실 하나님의 자리를 만드는 일이었다. 돌 하나 붙잡고 그런 예언을 할 수 있었던 것은 이스라엘의 하나님은 창조주이시기에 반드시 온 세상을 다스리는 왕으로 등극하실 것이고, 세상 또한 그분을 왕으로 인정하는 날이 올 것이라는 믿음이 있었기 때문이다. 물론 하나님이 스가랴에게 당신의 계획을 말씀하셨기 때문에 그런 예언이 가능했다는 것은 더 말할 필요가 없는 사실이다. 그럼에도 하나님의 계획에 대한 지식과, 그 계획을 이루실 신실한 하나님에 대한 믿음이 스가랴 선지자 자신에게 없었다면 '하나님의 계획'이 '스가랴의 예언'이 되는 일이 어찌 가능이나 했겠는가! 이런 식으로 하나님의 계획은 스가랴의 예언이 되고, 스가랴의 예언은 백성들의 상상력으로 자리 잡아 간다. 하나님 뜻의 최종 도착지는 그것에 따라 손과 발을 움직이는 백성들의 상상력이다.

네 가지 환상(상상)

스가랴는 하나님의 계획을 백성들의 기억에 각인시키고자 네 가지 그림 언어를 머릿속에 그려 준다. 먼저 샘 이야기를 들어 보자.

> 그날에 생수가 예루살렘에서 솟아나서 절반은 동해로, 절반은 서해로 흐를 것이라 여름에도 겨울에도 그러하리라 여호와께서는 천하의 왕이 되시리니(슥 14:8-9).

생수가 솟아날 곳으로 "예루살렘"이 언급되었다. 스가랴서의 주된 주제가 '성전 재건'이라는 것을 고려하면, 명시된 "예루살렘"은 새로 건축될 '성전'을 가리키는 환유적 표현으로 이해할 수 있다. 또한 생수가 여름과 겨울, 동쪽과 서쪽으로 항상 흐르게 될 것이라 하는데, 두 대조적 방향과 계절이 특별히 언급된 것은 생수의 솟구쳐 오름이 중단 없이 계속될 것을 말하기 위해서다.[3] 생수 환상은 여호와께서 천하의 왕이 될 것이라는 예언으로 종결된다. 생수 환상과 여호와의 왕 되심의 연결은 새롭게 지어질 성전의 역할이 하나님의 왕적 통치의 실현이며, 그 모습 또한 마치 생수가 온 세상으로 흘러들어가 그곳을 소생시키는 일과 같을 것이라고 알려 준다.

앞으로 지어질 성전을 향한 하나님의 계획은 두 번째 그림 언어에서 더욱 구체화된다. 스가랴 2장 1-5절에서 스가랴는 환상 중에 측량줄을 지닌 채 건축을 준비하는 한 청년을 본다. 이어서 천사가 나타나 그 청년에게 가서 어떤 성전을 지어야 할지를 알려 주라고 스가랴에게 말한다.

> 이르되 너는 달려가서 그 소년에게 말하여 이르기를 예루살렘은 그 가운데 사람과 가축이 많으므로 **성곽 없는** 성읍이 될 것이라 하라 여호와의 말씀에 내가 불로 둘러싼 성곽이 되며 그 가운데에서 영광이 되리라 (4-5절, 강조는 저자).

---

[3] David L. Petersen, *Zechariah 9-14 and Malachi A Commentary* (Louisville, Kentucky: WJKP, 1995), 146쪽.

천사를 통해 스가랴에게 전달된 하나님의 메시지는 새로 건축될 예루살렘의 모습이 성곽, 곧 담이 없는 성읍이어야 한다는 것이다. 천하의 왕으로 좌정하실 하나님의 보좌를 가진 예루살렘은 성벽 없는 성읍이 되어야 한다.

성벽 없는 성읍 건축에 담긴 뜻이 무엇일까? 예루살렘 성읍은 그 안에 있는 성전에 대한 환유 표현이라는 것을 고려하면("여호와가 이처럼 말하노라 내가 불쌍히 여기므로 예루살렘에 돌아왔은즉 내 집이 그 가운데에 건축되리니" [슥 1:16]), 담이 없는 성읍을 지으라는 것은 이 세상 전체가 하나님의 영광이 머무는 성전이 될 때를 상징적으로 보여 주는 건축을 하라는 것이다. 이 세상 전체가 하나님의 집이 될 때, 그때에 성소와 비성소를 구분하는 담이 무슨 소용이 있겠는가! 그때 하나님은 어느 곳에나 계실 것이고, 모든 사람과 함께하실 것이기 때문이다. 그래서 하나님은 스가랴에게 말씀하신다. "여호와의 말씀에 내가 불로 둘러싼 성곽이 되며 그 가운데에서 영광이 되리라"(5절). 앞으로 재건될 성읍(성전)은 그때를 맛보여 주는 건축물이어야 한다는 것이 스가랴가 측량줄을 잡은 청년(스룹바벨)에게 해야 할 예언이었다.

스가랴가 본 셋째 환상은 4장 2절에 나오는데, 그것은 새로 건축된 성전에 들어갈 촛대에 놓인 일곱 등잔대였다.

그가 내게 묻되 네가 무엇을 보느냐 내가 대답하되 내가 보니 순금 등잔대가 있는데 그 위에는 기름 그릇이 있고 또 그 기름 그릇 위에 일곱 등잔이 있으며 그 기름 그릇 위에 있는 등잔을 위해서 일곱 관이 있고.

일곱 등잔이 무엇을 가리키는지 천사에게 물었을 때 스가랴는 "이 일곱은 온 세상에 두루 다니는 여호와의 눈이라"는 응답을 듣게 된다(4:10). 새로 지어질 성전의 등잔불 일곱은 하나님의 눈빛이어야 한다. 그것도 내 가는 길만 비추기보다 천하의 길을 두루 비추는 하나님의 눈빛 말이다.

그 성전은 하나님의 공간과 세상을 구분하는 담이 없으며, 겨울과 여름 내내 동서로 생수를 흘려보내는 샘이 있고, 온 세상을 돌아보시는 하나님의 눈빛을 닮은 등불이 있는 곳이었다. 넷째 환상은 그런 성전이 완공되었을 때 일어날 일을 보여 준다. 이방인들이 새로 지은 성전에 계시는 하나님을 예배하겠다고 제 발로 찾아 올라오는 것이다.

> 많은 백성과 강대한 나라들이 예루살렘으로 와서 만군의 여호와를 찾고 여호와께 은혜를 구하리라 만군의 여호와가 이와 같이 말하노라 그날에는 말이 다른 이방 백성 열 명이 유다 사람 하나의 옷자락을 잡을 것이라 곧 잡고 말하기를 하나님이 너희와 함께하심을 들었나니 우리가 너희와 함께 가려 하노라 하리라 하시니라(슥 8:22-23).

성전과 관련된 세 가지 환상을 본 후, 스가랴는 그의 책 말미에서 성전을 통한 하나님의 뜻이 무엇인지 최종 결론을 내린다. "여호와께서 천하의 왕이 되시리니"(슥 14:9). 그러므로 지어질 성전의 샘터, 담, 등불은 모두 하나님이 천하의 왕이라는 믿음이 담긴 구조물이어야 한다. 성전은 그것에 관한 소식을 들은 이방인들이 '하나님이 그들을 돌아보고 계시는 신임을 알게 되어 그를 섬기고자 자발적으로 성지 순례를 떠나게 만드는' 상징적 건축물이다.

그 성전은 건축되었는가

담이 없는 성전, 세상을 살리는 생수가 끊임없이 솟아오르는 성전, 온 세상을 돌아보는 하나님의 눈빛을 닮은 등불이 있는 성전, 이방인들이 자발적으로 하나님을 섬기겠다고 찾아오는 그런 성전은 건축되었는가? 아니다. 스가랴 이후 제2성전 시기 유대 사회에서는 성전(성읍) 재건과 성전 정화 시도가 여러 차례 있었지만 스가랴의 예언에 등장하는 것과 문자적으로 일치하는 건축물이 올라간 적은 없다.[4]

그러면 성전을 중심으로 하나님이 천하의 왕이 되겠다는 예언은 미완성으로 남을 수밖에 없는 것인가? 예언이 진짜 미완성으로 남아 있어서 온 세상에 두루 다니는 여호와의 눈 역할을 하는 등잔불이 세워지지 않았다면, 지금 우리 그리스도인들이 보고 있는 하나님의 눈빛은 대체 무엇일까? 생수가 솟아오르는 샘터를 가진 성전이 세워지지 않았다면, 지금 우리가 맛보는 것과 같은, 영혼의 갈증을 채우는 생수는 또 어디에서 솟아 오른 것인가? 하나님이 친히 담이 되시는 성전이 건축되지 않았다면, 예루살렘 성전과 천길 만길 떨어져 온 세상에 흩어져 살고 있는 우리 그리스도인들이 가진 몸으로서의 성전 의식은 도대체 어디서 생겨났을까?

우리가 하나님의 눈빛을 보고 있고, 생수를 마시고 있으며, 그리스도인의 모임이 성전이라는 믿음을 가졌다는 것은 천하의 왕 되신 하

---

[4] 오히려 느헤미야와 에스라 시대에는 성벽 건축에 열심을 내기도 한다!

나님의 성전이 세워졌다는 뜻이다.

새로운 성전, 그리스도

예수께서는 요한복음에서 자신의 몸을 성전이라 하셨다.

> 너희가 이 성전을 헐라 내가 사흘 동안에 일으키리라 …… 예수는 성전 된 자기 육체를 가리켜 말씀하신 것이라(2:19, 21).

마찬가지로 요한복음 7장 37-38절에서는 예수 자신이 생수의 근원이라 하셨다.

> 누구든지 목마르거든 내게로 와서 마셔라 나를 믿는 자는 성경에 이름과 같이 그 배에서 생수의 강이 흘러나오리라.

또한 예수께서는 "내가 …… 세상의 빛"(요 9:5)이라고 하셨다. 빛은 요한복음 1장 1-4절에서 하나님을 대신하는 은유다. 이처럼 요한복음에는 스가랴가 내다본 새 성전의 특징(담이 없고, 생수가 솟아오르고, 온 세상을 비추는 빛이 있는)이 모두 등장한다.

스가랴가 본 "온 세상에 두루 다니는 여호와의 눈"의 더 적실한 에코(echo, 반향)는 요한계시록 5장에서 이뤄지고 있다. 요한은 예수를 "일찍 죽임을 당한 어린양"에 빗댄 후, 그 어린양에게 일곱 눈이 있는데 "그 눈들은 온 땅에 보내심을 받은 하나님의 일곱 영"이라 소개한다(계 5:6).

그러므로 초기 교회, 특히 요한복음과 요한계시록에 따르면 예수께서 성벽 없는 성전이자, 목마른 사람들에게 생수를 주는 샘이며, 온 세상을 돌보시는 하나님의 눈빛이었다. 그렇기에 예수를 주로 믿는 모든 사람은 예수 때문에 영혼의 갈증이 채워졌고, 자신의 몸이 하나님의 성전이 되었고, 하나님의 눈빛이 자신을 비추며 돌보고 있다고 믿을 수 있게 되었다.

그리스도의 몸, 교회

예수께서 생수가 흐르는 샘이자 성벽 없는 성전이고 하나님의 눈빛이라면, 교회 또한 생수가 흐르는 샘이고 성벽 없는 성전이며 하나님의 눈빛이다. 그리스도께서는 교회를 자신의 몸으로 삼으셨을 뿐 아니라 자신의 영으로 교회에 내주하시기 때문이다. 스가랴가 본 환상이 예수 안에서 성취되었고, 예수 때문에 교회 안에서 성취되었다고 말해야 하는 까닭은 이것이다. 교회가 생수가 흐르는 샘이고, 교회가 성벽 없는 성전이며, 교회가 바로 온 세상을 두루 보살피는 하나님의 눈빛이다.

사람들이 예수의 이름으로 교회에 모일 때 영혼의 갈증이 채워지는 것은 생수이신 그리스도께서 내 안에 흐르고 계시기 때문이다. 그렇다면 그리스도께서 하나님의 생수가 우리에게 흐르도록 하는 수로 역할을 하신 것처럼 교회 또한 그리스도의 생수가 세상으로 흐르도록 수로 역할을 해야 한다. 이것이 세상 한가운데 교회를 세우신 이유다.

또 교회는 담 없는 성전이다. 담 없는 성전인 교회를 통한 하나님의 뜻은 세상과 '성전'을 구분하는 담이 사라지게 하는 것이다. 이것이 또 교회를 세상 한복판에 두신 이유다. 교회는 세상이 교회로 찾아오기를 기다리기보다 세상 한복판으로 성지 순례를 떠나는, 움직이는 성전이다. 그렇게 사회에 들어가 온 세상이 하나님의 임재와 왕 되심이 실현되는 거룩한 성지임을 선포하는 것이 교회다.

마찬가지로 교회는 하나님의 눈빛이다. 사람이 교회에 오면 새로운 빛을 발견한다. 정오의 태양 빛보다 밝게 타오르는 그리스도의 빛을 내면에 모신다. 그러기 위해서는 세상이 교회를 볼 때 하나님의 눈빛을 볼 수 있어야 하지 않을까? 교회의 눈을 보면 하나님이 자신을 돌보고 있다는 것을 깨달을 수 있는 눈빛 말이다.

환상과 현실이 부딪칠 때

하지만 교회에 주어진 이런 사명을 깨닫는 일은 쉽지 않다. 우리는 모두 자신의 문제와 내면의 어둠, 몸의 고통을 두고 매일 씨름하고 있기 때문이다. 자신이 짊어진 무게, 교회 내부적인 무게만으로도 매우 힘겨워하며 살아가고 있는 것이 우리의 현실이다. 그렇기에 내 문제, 우리 교회의 일도 처리하기 힘든 마당에 세상을 돌아본다는 것은 이상에 불과하다고 말할 수 있다. 그러면 하나님의 환상과 사람들의 현실이 부딪칠 때 하나님의 뜻은 어떻게 실현될까?

우리는 스가랴는 선지자이기에 여호와께서 천하의 왕이 되실 것이라고 고백하는 것이 마땅하다고 생각한다. 하지만 모든 선지자가 그 같은 시야를 가진 것은 아니다. 같은 선지자여도 이스라엘이 바벨론에 포로로 잡혀가기 전에 활동한 선지자들은 좀처럼 이런 고백을 하지 않는다. 반면 스가랴 선지자와 마찬가지로 포로기 막바지 혹은 포로에서 돌아온 에스겔은 스스럼없이 성전 물이 밖으로 새어 나가 강도 살리고

바다도 살리고 죽어가던 나무가 약초로 바뀔 것이라는 환상을 본다(겔 47:1-12).[5]

포로 전에는 이스라엘의 하나님만 보던 이들이 포로 후에는 천하의 왕이신 하나님을 보기 시작하고, 성전도 백성과 열방 모두를 위한 장소로 보기 시작한다. 선지자들의 확장된 시선을 어떻게 설명할 수 있을까? 사실 포로 전에도 그들은 창세기를 통해 하나님이 창조주이심을 배웠다. 하지만 포로 전의 그것은 머릿속 고백이었다. 그러다가 그들의 몸이 고향에서 뿌리 뽑혀 강제로 온 세상에 내던져지자 그들 머릿속에만 있던 창조주 하나님을 온몸으로 만나게 된다. 책으로만 하나님을 세상의 창조주이고 돌보는 이로 만났다가 그들의 삶이 세상 한복판에 내던져지자 책 속의 하나님을 현실 속의 하나님으로 만나게 된 것이다. 보통 종교사에서 나라를 잃으면 그 나라가 섬기는 신도 잃어버리게 되는데, 이스라엘에서는 그 반대 일이 일어난 것이다. 전쟁에 패하여 포로로 잡혀가 뿌리를 잃고 온 세상으로 떠돌아다니게 된 그 시기의 경험이 오히려 하나님은 내 하나님이기만 한 것이 아니라 온 세상의 하나님이라는 선지자의 비전의 촉매가 되었다.

---

[5] 하지만 이사야는 포로 전 선지자인데도 스가랴나 에스겔과 유사한 시야를 가진다. 이사야 56장 6-7절은 말한다.
"나의 언약을 굳게 지키는 이방인마다 내가 곧 그들을 나의 성산으로 인도하여 기도하는 내 집에서 그들을 기쁘게 할 것이며 그들의 번제와 희생을 나의 제단에서 기꺼이 받게 되리니 이는 내 집은 만민이 기도하는 집이라 일컬음이 될 것임이라."
이사야는 하나님의 성전으로 열방이 모여들 것이라는 전 세계적 시야를 갖는다. 그는 포로 전에 활동한 선지자인데도 말이다. 이사야는 포로 전에 살았지만 그의 환상은 포로 후 시기를 내다본다. 하나님은 그에게 포로 후 시기에 일어날 일을 보여 주신다.

하나님의 왕 되심을 선포하는 길

포로로 잡혀간 세상에서 오히려 살아 계신 하나님을 만나게 한 하나님의 섭리가 새 이스라엘의 정체성을 가진 교회에 주는 깨달음이 있다. 교회는 하나님 나라의 교두보 역할을 하는 소명을 받았다. 하지만 현실에서 교회는 교회 자체의 문제, 성도 각자의 고통, 내면의 어둠과 슬픔과 씨름하며 하루하루 힘겹게 살아간다. 이것이 현실이다 보니 사회가 과연 교회를 통해서나 교회 안에서 도래했고 도래할 하나님 나라를 맛볼 수 있을지 두려움이 앞서는 것이 사실이다. 하지만 스가랴서에서 말하듯이 하나님 나라는 어둠 한복판에서, 또한 그의 백성이 사회적으로나 영적으로 위기를 만나 변방으로 밀려났을 때 시작되어 왔다는 사실을 기억할 필요가 있다. 이런 사실을 기억할 때 교회는 겸허하게 하나님이 다만 교회를 도구로 써 주시도록 무릎 꿇을 수 있다. 하나님이 우리의 헌신이나 넘어짐 모두를 사용하셔서 당신의 왕 되심을 드러내시도록 말이다.

새 이스라엘 된 교회의 이런 이상한 선포 방식은 전례 없는 것이 아닌데, 이스라엘 선지자가 하나님이 천하의 왕이시라는 사실을 고백한 시점 역시 포로 후기였기 때문이다. 그러니 문제 많은 한국 교회의 아픔과 슬픔 역시 자기 연민으로 끝나지 않을 것이다. 적어도 교회가 시대의 가치가 아닌 그리스도를 왕으로 섬긴다면 말이다. 그분은 교회의 부끄러움을 영광으로 바꿀 수 있는 분이다. 이는 이스라엘의 포로 경험을 재료로 하나님이 천하의 왕이 되실 비전을 잉태케 하신 그 하나님이기 때문이다.

9장   정원사 하나님[1]

구약 성경은 하나님을 종종 '인간적'으로 소개한다. '인간적'이라는 말은 엄연히 인간과 다른 영적 존재이신 하나님("하나님은 영이시니"[요 4:24])을 인간의 모습에 빗대어 표현하기에 나온 말이다. 창세기 2장에 나오는 하나님이 사람을 땅의 흙으로 "지으시고 생기를 그 코에 불어 넣으[셨다]"(7절)는 본문을 읽고 들을 때면, 어느덧 우리 머릿속에는 구체적인 하나님의 형상이 만들어진다! 흙을 빚으시는 하나님의 손과 우리에게 다가와 코에 생기를 불어 넣으시는 하나님의 입모양 말이다. 이런 소개 방식을 비유나 은유[2]라고 말해도 좋고, 신인동형론적 표현이라 해도 좋다.

인간과 다른 존재인 하나님을 알고자 성경의 하나님에게 주목하면 하나님은 인간적 모습으로 우리에게 다가오고 있는 것을 발견할 수 있다.[3] 하나님을 그렇게 생생하게 묘사한 것은 성경의 문학적인 특징

---

[1] 성경에 등장하는 '정원사 하나님'에 대한 본 글은 Jennifer Metten Pantoja, *The Metaphor of the Divine as Planter of the People: Stinking Grapes or Pleasant Planting?* (Leiden; Boston, Brill, 2017)을 참고했음을 밝혀 둔다.

[2] 은유는 '이것'을 말하기 위해 '저것'을 말하는 언어적 장치다. 예컨대, '내 마음은 호수다'에서 '내 마음'을 '호수'로 표현하는 것이 은유 표현이다.

[3] 하나님의 사역에 대한 이런 생생한 표현의 결과, 당황스러운 현상이 벌어지기도 한다. 성경은

이라 볼 수도 있지만 신학적인 의미가 없는 것은 아니다. 하나님은 자신을 계시하시되 인간의 수준에서 인간이 이해하고 알아들을 수 있도록 자신을 드러내신다는 것이다.

정원사 하나님

하나님에 대한 '인간적 표현'(은유) 중 성경 전체에서 반복적으로 등장하는 것 가운데 하나가 '정원사 하나님'이다. 첫 시작은 창세기 2장에 나온다. 하나님은 "동산[4]을 창설"하신다(창 2:8). 1장에서 하나님은 천지를 만드셨지만, 2장에서는 정원을 만드신다. "천지"는 동산을 포함하는 개념인데도 하나님이 작은 동산을 만드신 분이라는 설명을 덧붙이는 것은 왜일까? 하나님은 자신이 만든 천지를 정원 가꾸듯 손질하고 돌보실 것이라는 뜻을 전하기 위해서일 수도 있다. 이런 뜻은 창세기 1-2장에 두 번 등장하는 사람 창조 언급에서도 확인할 수 있다. 1장에서 하나님이 사람을 말씀으로 창조하셨다는 것을 알려 주지만, 2장에서 다시 하나님은 '흙을 일구어 농사짓듯이' "흙으로 사람을 지으[신]다"(창 2:7). 농부가 씨를 땅에 뿌려 생명을 일구듯 하나님은 생명을 땅에서 빚어내신 것이다.

창조주 하나님을 생각할 때, 그분은 저쪽 멀리서 그저 말로만 세

하나님을 형상으로 만들지 말라고 하셨는데 이상하게도 성경을 읽다 보면 우리 머릿속에 하나님의 모습이 매우 생생하게 그려지고 구체화되는 것이다! 억지로 하나님을 그렇게 상상하려고 해서가 아니라 성경을 진지하게 읽다 보면 자연스럽게 그렇게 된다. 이것은 성경의 언어 자체가 생생하고 은유적인 까닭이다.

[4] "동산"에 사용된 헬라어는 누가복음 23장 43절과 고린도후서 12장 4절에서 "낙원"을 가리킬 때 사용한 헬라어와 동일하다.

상과 사람을 창조하신 분이라고 생각지 말자. 창조주 하나님은 정원사이시다. 쟁기와 가위를 들고 온 세상을 정원 가꾸듯 심고, 캐고, 돌보고, 손질하며, 그분이 창조하신 세상을 계속 가꾸고 계신다. 그 동산은 신의 정원이기 때문이다.

후에 아담과 하와가 범죄한 후 처음으로 하나님을 대면할 때 하나님은 그 동산에서 산책하고 계셨다. "그들이 그날 바람이 불 때 동산에 거니시는 여호와 하나님의 소리를 듣고"(창 3:8). 세상은 인간만 사는 곳이 아니다. 하나님의 산책 장소이기도 하다. 하지만 범죄로, 하나님의 정원은 산책로에서 정글로 바뀌었고, 하나님과 동행하는 곳에서 인간이 자신을 숨기는 곳으로 되어 버렸다. 창세기 3장 18절을 읽어 보자.

땅이 네게 가시덤불과 엉겅퀴를 낼 것이라.

동산이 정글이 되었다. 그렇게 된 이유는 토질이나 나무의 품종이나 동물의 습성 때문이 아닌 대리 정원사 인간 때문이었다. 인간이 대리 정원사임에도 그 정원을 사유화했기 때문이다. 대리인이 주인 행세를 하자 그 대리인의 손을 거쳐 간 모든 것은 가시나무로 바뀌었다.

새로운 정원 수립 계획

하나님은 이제 어떻게 하실 것인가? 그 정원사를 에덴동산에서 쫓아내시고 아무도 접근하지 못하게 하셨다. 그러나 그것이 끝은 아니다. 하나님은 새로운 정원 수립을 계획하신다. 인류의 조상 아담으로 주춤해진 정원 수립 계획은 이스라엘의 조상 아브라함을 통해 새롭게 시작된다.

> 내가 네 **자손**(직역하면, **씨**)이 **땅의 티끌** 같게 하리니 사람이 땅의 티끌을 능히 셀 수 있을진대 네 자손도 세리라(창 13:16, 강조는 저자).

하나님은 아브라함의 자손을 땅의 티끌에 비유하신다. 땅의 티끌을 셀 수 없듯이 아브라함의 자손도 매우 많아져서 세는 것이 불가능해질 것이라 약속하신다. 아브라함의 자손을 생명의 씨로 삼아 온 땅을 가꿀 하나님의 정원 수립 계획을 비록 간접적이기는 하지만 씨(자손)에 빗대고 있다.

이후 아브라함의 손자이자 열두 지파로 구성된 이스라엘의 아버지 야곱에 이르면 그 심상은 더 구체화된다. 야곱이 아버지와 형 에서를 피해 그의 할아버지 아브라함의 고향인 하란으로 도망가는 중 벧엘에 도착하여 돌베개를 베고 잠을 잘 때 하나님이 그의 꿈에 나타나신다. 그러고는 그의 자손의 앞날을 말씀해 주신다.

> 네 **자손**(직역하면, **씨**)이 **땅의 티끌**같이 되어 네가 서쪽과 동쪽과 북쪽과 남쪽으로 **퍼져 나갈지며** 땅의 모든 족속이 너와 네 자손으로 말미암아 복을 받으리라(창 28:14, 강조는 저자).

하나님은 야곱의 자손이 "땅의 티끌"같이 될 것이라 말씀하신다. 땅의 티끌은 흙먼지다. 흙먼지는 바람이 불어오면 그 바람에 날려 사방으로 날아간다. 그것이 티끌의 운명이다. 하지만 이스라엘은 바람이 불면 이리 날리고 저리 날리는 흙먼지이기만 하지 않고, 그들의 날아감 혹은 날려감으로 사방 땅이 복을 받을 것이라 하신다. 흙먼지가 복이 될 수 있는 이유는, 그 흙 안에 생명의 씨가 있기 때문이다. 이것이 하나님께서 날려갈 야곱의 자손을 가리켜 "네 자손(씨)"이라고 말씀하신 이유다. 여기서 사용된 "자손"은 히브리어로 '곡식을 기르기 위해 뿌린 씨'를 뜻한다. 야곱의 자손은 생명의 씨를 그 안에 품은 "땅의 티끌"같이 "퍼져 나[간다.]" 그렇기에 바람이 불어와 그들을 날려 보내면 그 날아감이 생명의 퍼뜨림이 될 것이다. 에덴동산을 폐쇄한 후 하나님은 온 세상을 하나님의 정원으로 가꿀 계획을 다시 세우신 것이다.

이 계획은 이스라엘의 출애굽을 통해 구체화된다. 출애굽기 15장 17절을 읽어 보자.

> 주께서 백성을 인도하사 그들을 주의 기업의 산에 **심으시리이다**(강조는 저자).

하나님은 애굽에서 종노릇하던 히브리인들을 빼내시어 가나안 땅으로 옮기셨는데, 모세는 이 사건을 하나님이 그분의 백성을 하나님의 정원에 심으신 것이라 설명하는 것이다.

씨는 토양에 따라 그 식물을 낸다. 애굽 제국은 그 땅에서 자라는 모든 것을 공룡으로 만들었다. 제국의 땅은 그곳에 심긴 모든 생명을 바로를 닮은 사람으로 만들 뿐, 생명 친화적인 환경이 아니었다. 하나님의 숲을 위해서는 새로운 땅, 새로운 환경이 필요했다. 그래서 그들을 뽑아 새로운 땅으로 옮겨 심으신 것이다. 그곳은 가나안 땅이었다.

포도원지기 하나님

땅이 바뀌자 심겨질 이스라엘과 하나님에 대한 은유에도 변화가 생긴다.[5] 지금까지 하나님은 정원사였고 그분의 백성은 씨 또는 이식이 필요한 나무 등으로 비유되었는데, 일단 가나안에 들어가자 이스라엘은 포도밭, 유대인은 포도나무, 하나님은 포도원 농부로 비유되기 시작한다.[6] 대표적인 본문이 이사야 5장 1-2절이다. 비유가 정원에서 포도밭으로 바뀐 것은 환경적인 이유 때문이기도 하다. 가나안의 주된 농업이 포도 재배였기 때문이다. 그러나 이스라엘이 구속받은 후에 그들을 가리키는 비유의 심상이 씨에서 포도나무로 바뀌기 시작한 데에는 환경적인 이유 그 이상의 뜻이 있다.

하나님이 언제나 씨만 뿌리신 것은 아니다. 어느 시점에서는 뿌린 씨가 열매 맺기를 기대하신다. 포도밭 비유의 핵심은 여기에 있다. 이스라엘이 애굽에서 뿌리 뽑혀 가나안이라는 새로운 땅에 심겨진 후 포도밭과 포도나무로 비유된 것은 하나님의 정원 수립 계획이 이제 구체적인 단계에 접어 들었다는 것을 반영한다. 이스라엘과 모든 사람이 하나님의 정원 안에서 하나님과 동행하며 하나님의 선하심이라는 열매를 맛보게 하려는 하나님의 숲 계획이 이제 구체적인 실행 단계에 들어간 것이다.

열매를 바라시는 농부 하나님은 이제 자신이 심은 포도나무를 지극정성으로 손질하고 돌보신다. 물을 주고 망대를 쳐서 짐승이 오지

---

5   Pantoja, *The Metaphor of the Divine as Planter of the People*, 81-82쪽 참조.
6   Pantoja, *The Metaphor of the Divine as Planter of the People*, 81-111쪽 참조.

못하도록 하셨고, 또 지킴이를 따로 세워 그곳을 돌보게 하셨다. 농부 하나님의 책임이 얼마나 성실하게 진행되었는지 이사야 5장 4절에서 이렇게 말한다. "내가 내 포도원을 위하여 행한 것 외에 무엇을 더할 것이 있으랴."

그런데 시간이 지나면서 포도밭에 뭔가 문제가 생기기 시작했다. 포도 알맹이가 작아지고 색깔이 바뀌더니 나중에는 먹을 수도 없는 포도를 맺는다. 이스라엘이 뭔가 잘못되어 가고 있었던 것이다. 포도밭 농부 하나님의 탄식이 터져 나온다.

그들에게 정의를 바라셨더니 도리어 포학이요 그들에게 **공의**를 바라셨더니 도리어 **부르짖음**이었도다(사 5:7, 강조는 저자).

또 한 번의 실패

이스라엘이 열매 맺기에 실패했다. 정의라는 열매 대신 피눈물이, 공정함이라는 열매 대신 울부짖음이 터져 나온다. 무엇이 문제인가? 이사야 5장 4절에서 이미 농부의 문제는 아니라고 밝혔다. 대신 13절이 포도나무가 그 품종에 맞는 열매를 맺지 못하는 원인이 어디에 있는지를 암시한다.

내 백성이 무지함으로 말미암아 사로잡힐 것이요.

이스라엘은 하나님으로 말미암아 존재하게 되었기에 그에 합당한 열매를 맺으려면 하나님을 아는 지식에서 자라야 하는데, 백성은 가나안에서 하나님을 알아 가기를 중단해 버렸다. 백성이 열매를 맺지 못한 것은 열매를 맺을 능력, 곧 하나님을 아는 지식이 그들에게 없었기 때문이다. 그들을 그곳에 있게 하신 하나님의 공의, 하나님의 거룩, 하나님의 긍휼을 모르니 공의와 거룩과 긍휼이라는 열매를 소출하지 못했다는 것이 선지자 이사야의 판단이었다.

이사야는 여기서 한 발 더 나아간다. 백성들이 하나님에 대해 무지하게 된 원인을 놓치지 않는다. 이사야 3장 14-15절을 읽어 보자.

> 여호와께서 자기 백성의 장로들과 고관들을 심문하러 오시리니 포도원을 삼킨 자는 너희이며 가난한 자에게서 탈취한 물건이 너희의 집에 있도다 어찌하여 너희가 내 백성을 짓밟으며 가난한 자의 얼굴에 맷돌질 하느냐.

하나님의 포도밭인 백성을 짓밟아 백성을 망친 원인은 그들에게 하나님을 알리고 가르쳐야 할 지도자들에게 있다고 하신 것이다.

모든 인간이 부패하기 시작한 것은 인류의 조상인 아담이 하나님의 정원을 사유화했기 때문이다. 그 결과, 그 아래에 있던 모든 사람이 죄 가운데 들어갔다. 이스라엘에도 동일한 일이 일어났다. 하나님의 성품을 실천하고 가르쳐야 할 지도자들이 하나님의 성품과 원리, 그리고 주신 소명에 따라 살고 다스리기보다 가나안 사람처럼 힘의 원리에 따라 살았다. 그러니 어떻게 백성들이 하나님을 알고 하나님의 소명을 실천할 수 있겠느냐고 이사야는 책망한다. 유대 지도자들의 죄는 이사야 5장 8절에 구체적으로 나온다.

가옥에 가옥을 이으며 전토에 전토를 더하며 빈틈이 없도록 하고 이 땅 가운데에서 홀로 거주하려 하는 자들은 화있을진저.

당시 힘 있는 자들이 소규모의 포도밭을 헐값에 매입하여 대규모의 포도밭을 만들기 시작했다(사 5:8, 23).[7] 이런 현상은 21세기 한국 사회의 현상(동네 상권은 죽어 가고 거대 자본을 가진 대기업만 살쪄 가는 일)을 닮았다. 이제 유대 사회는 하나님의 소명이 아닌 자본의 원리에 따라 돌아가고 있었다. 포도밭은 커지는데 그 소유자는 단일화되어 간다. 하나님의 선물이자 아버지의 자랑이고 자녀들을 공부시키며 가족들을 먹여 살리던 아름답고 소박한 포도밭은 전부 대작농 소유주에게 귀속되어 사라져 간다. 포도밭이 하나님의 선물이라는 신학적 의미는 사라지고 이윤 생산의 도구로 전락하게 된 이면에는 기업화된 포도 농사꾼이 있었다. 그들은 포도주 제조를 통해 이익을 챙기고자 소규모 포도밭을 사들여 거대 농장을 만들었다. 그러고는 포도주를 대량 생산하여 그 판매금으로 이익을 챙기고자 한 것이다. 권력자의 욕심은 사회적 불평등을 낳았고, 결국 예언자의 비난을 일으켰다(암 5:11, 사 10:1-4, 미 2:2).[8]

종교 지도자들은 하나님을 알고 그분의 성품을 배워 실천하여 포도밭인 이스라엘에 정의와 공의를 실천하도록 부름받았지만, 그들의 행동 원리는 하나님의 성품이나, 그분이 다스리는 원리와 원칙이 아니라 탐심이었다. 정원사 하나님이 왜 정원을 가꾸려 하셨는지, 하나

---

7 Pantoja, *The Metaphor of the Divine as Planter of the People*, 95-99쪽 참조.
8 Pantoja, *The Metaphor of the Divine as Planter of the People*, 95-99쪽 참조.

님이 포도밭을 왜 심었는지를 알아 가는 데는 관심이 없었다. 하나님에 대해서는 무지하고 자기 내면에서 들려오는 탐심의 소리에만 예민하였다. 그러니 그들로부터 하나님을 배워야 할 백성이 하나님에 대해 무지한 것은 당연한 결과였다. 하나님의 정원은 이렇게 다시 유린되기 시작했다. 하나님을 모르는 가운데서 그들이 맺은 것은 자기 증대와 타자 착취라는 고약한 열매뿐이었다.

사람에게 해악을 끼치는 열매를 맺는 나무에 대한 하나님의 입장은 단호하다. 하나님은 포도나무를 뽑아 다른 나라에 던지신다(신 29:28, 렘 12:14, 45:4). 에덴동산에서 사람을 내쫓으신 후 새로운 정원을 만들어 온 세상이 하나님과 함께 쉬고 산책하고 그 정원에서 나오는 생명의 열매를 따 먹으며 살도록 하고자 했음에도, 그 정원은 다시 열매 없는 정원과 포도밭이 되어 버렸다. 현실의 눈으로 보면 이스라엘의 포도밭은 열매 없는 곳이 아니라 포도 소출이 가장 많은 곳이었다. 하지만 하나님 백성의 포도밭이 특정 부류의 사람에게만 집중화되고 나머지는 자신의 포도밭을 가꾸지 못하고 있다면, 하나님도 그것을 성장으로 보실까?

소수의 사람만 결실을 맛보고 다수는 자신의 포도밭을 빼앗긴 채 굶주림 가운데 지내는 것은 하나님의 포도밭을 유린하는 일이다. 하나님의 정원 가꾸기 프로젝트의 목적은 지면의 모든 사람이 하나님의 선하심을 맛보도록 하는 것이기에 소수의 특정 사람만 포도 맛을 즐기는 것은 하나님의 정원을 파괴하는 것과 같았다. 결국 하나님은 포도나무를 뿌리째 뽑아 광야로 다시 내던져 버리신다.

이전에 없던 세 번째 정원

하지만 하나님은 뽑기만 하지 않으시고 다시 새로운 포도밭을 건립하실 것이라고 이사야는 예언한다(사 27:1-6). 특히 이번에 건립될 포도밭은 이전 밭과 다를 것이라 확신한다. 이 포도밭은 결실을 풍성히 내되, 그 결실을 소수의 사람만이 아니라 땅의 모든 사람이 골고루 맛보게 될 것이다.

> 후일에는 야곱의 뿌리가 박히며 이스라엘의 움이 돋고 꽃이 필 것이며 그들이 그 결실로 지면을 채우리로다(사 27:6).

이사야는 후일에는 온 누리가 이스라엘의 포도밭에서 나온 결실을 맛보고 흡족하게 되리라 예언한다. 이 세 번째 밭은 어떠하기에 이전의 밭과 다를 것이라 예언하는가? 세 번째 밭의 독특성은 이사야 27장 1절에 암시되어 있다. 그 나무는 병충해에 면역력을 가지고 있다. 이사야에 따르면 포도밭을 망치는 근본적인 병균은 바로 "날랜 뱀 리워야단"이자 "바다에 있는 용"이다.

> 그날에 여호와께서 그의 견고하고 크고 강한 칼로 날랜 뱀 리워야단 곧 꼬불꼬불한 뱀 리워야단을 벌하시며 바다에 있는 용을 죽이시리라 그날에 너희는 아름다운 포도원을 두고 노래를 부를지어다 나 여호와는 포도원지기가 됨이여 때때로 물을 주며 밤낮으로 간수하여 아무든지 이를 해치지 못하게 하리로다(사 27:1-3).

아름다운 포도원에 대한 노래는 용이 죽는 "그날"(1절)에 드려지는 것이었다. 이사야에 따르면 "그날"에 포도나무가 풍성한 열매를 맺을 수 있는 것은 그것을 방해하는 용이 패하였기 때문이다. 그 결과 심긴 포도나무는 면역 체계가 완벽하여 그 본질대로 풍성하고 생명력 있는 포도를 열매로 맺을 수 있다.

풍성한 열매를 맺는 참 포도나무

요한복음 15장에서 예수께서는 말씀하신다. "나는 참 포도나무요 내 아버지는 농부라"(1절). 자신을 참 포도나무라 하실 때 말씀하신 "참"은 무엇을 뜻할까? 포도나무와 관련하여 참과 거짓의 구분은 열매를 맺을 수 있느냐 없느냐에 따라 결정된다. 그러므로 예수께서 "나는 참 포도나무"라 하셨을 때는 자신이야말로 열매를 맺을 능력이 있는 나무라 단언하신 것이다. 온 세상이 농부 하나님의 공의와 사랑, 긍휼과 성실을 맛볼 수 있는 열매를 자신이 맺을 수 있으며, 그분에게 붙어 있는 가지마다 동일한 열매를 맺을 능력을 공급해 주는 참 포도나무라고 선언하신 것이다. 예수의 이러한 자신감의 기원은 무엇인가?

참 포도나무 예수께서는 그 옛날 포도나무와 같지 않으시다. 예수께서는 자기주장을 하던 첫째 아담과 달리 하나님께 온전히 순종하시기에, 농부 하나님의 손길은 그분에게, 또 그분을 통해 신실하게 일하신다. 그 결과 그분에게 붙어 있는 모든 가지가 농부 하나님의 섬세하고 자상한 손질을 받아 풍성한 열매를 맺어 갈 수 있다(요 5:26 참조).[9]

---

[9] "열매를 맺지 아니하는 가지는 아버지께서 그것을 제거해 버리시고 무릇 열매를 맺는 가지는

또 예수께서는 하나님에 대해 무지하고 자신의 탐심에만 순응하며 살던 유대 지도자들과는 달라서, 하나님의 뜻을 제대로 알고 모든 것을 그분의 뜻대로 하신다(요 5:30). 따라서 그분에게 붙어 있는 각 가지에 하나님을 아는 지식을 공급해 주어, 결국은 그 가지로 하여금 하나님을 아는 데서 자라나 온 지면에 공급할 수 있는 풍성한 열매를 맺을 수 있게 하신다.

예수께서 자신에게 붙어 있는 가지마다 열매를 맺게 하실 수 있는 더 근본적인 이유가 있다. 예수께서는 나무를 병들게 하는 치명적인 병균에 대한 면역력을 가지셨기 때문이다. 이사야가 이미 예언한 것처럼 포도밭의 승부는 포도밭 바깥에서 결정된다. 온 세상을 부패로 이끌던 리워야단을 무너뜨려야 포도밭에 생명이 꽃필 수 있다. 예수께

더 열매를 맺게 하려 하여 그것을 깨끗하게 하시느니라"(요 15:2). 농부의 일은 거름을 주는 일도 포함한다. 하지만 지금은 부정적인 면에 집중되어 있다. 가꾸던 포도나무를 제거하고 있기 때문이다. 농경 문화에서는 이런 '가지 제거'를 전지 작업이라 부른다. 풍성한 열매에 장애가 되는 잔가지를 잘라 포도나무가 더욱 풍성한 열매를 얻도록 하기 위함이다. 이런 가지 제거 작업이 성도의 삶에서 의미하는 바는 분명하다. 우리가 넘어지는 것은 우리에게 잘하는 것이 별로 없어서가 아니라 나쁜 것 하나가 여전히 남아 있기 때문이다. 나무에 붙어 있는 가지가 열매를 맺기 위해서는 나쁜 것 하나를 잘라 내는 일이 중요하듯, 그리스도에게 붙어 있는 성도의 삶이 풍성한 열매로 이어지기 위해서는 성도의 성장에 방해가 되는 '나쁜 것' 하나를 잘라 내는 일이 중요하다. 그래서 농부는 잘라 낸다. 우리가 보기에 큰 것이나 작은 것 모두 잘라 낸다. 그러면 잘라 내는 기준은 무엇일까? 엄격한 의미에서 본다면 많은 열매를 맺게 하거나 극상품 포도 생산 때문만은 아니다. 오히려 그 가지가 포도나무 예수께 어울리는 열매를 맺도록 하기 위해서다. 제자들의 삶에서 전지 작업은 구체적으로 무엇과 같은가? 제자들의 불필요한 야망을 축소시켜 그들에게 주어진 소명에만 집중하게 하시고, 삶의 태도, 성품, 몸의 습관과 생각의 습관에서도 예수께 속한 '자답지 않은 것', 그것을 제거하는 것이다. 예수 안에 있는 가지들이 생명력을 유지할 수 있는 것은 농부가 그 나무에 전지 작업을 끊임없이 하시기 때문이다. 그러면 자르고 깨끗하게 하는 농부의 손 가위는 무엇일까? 예수의 말씀이다. 말씀을 묵상하고 그것을 배우면 깨달음을 주신다. 무엇을 잘라 내야 하는지, 무엇을 절제해야 하는지, 선택과 집중을 해야 할 부분은 또 무엇인지 깨닫게 하시고, 무엇보다 잔가지를 자르는 데까지 나아가게 하신다. 말씀은 포도나무 예수에게서 나오는 진액이다. 거기에 붙어 있으면 내 안에 진액이 들어오고, 내 생각 또한 그 포도나무에 들어가 진액으로 바뀌어 내게로 다시 흘러들어 온다.

서는 이것을 아셨기에 리워야단과 싸움을 벌이신 후 그를 대패시키셨다(계 12:1-17, 특히 7-12절 참조). 그래서 요한복음 16장 33절은 말한다.

> 이것을 너희에게 이르는 것은 너희로 내 안에서 평안을 누리게 하려 함이라 세상에서는 너희가 환난을 당하나 담대하라 내가 세상을 이기었노라.

또 12장 31절은 말한다. "이제 이 세상에 대한 심판이 이르렀으니 이 세상의 임금이 쫓겨나리라." 그분에게 머무는 가지마다 열매를 맺게 하는 능력이 예수께 있는 것은 예수께서 포도나무를 병들게 하는 죄악의 세력을 이기심으로 병충해에 대한 면역력을 가지셨기 때문이다.

이제 가지 된 우리가 해야 하는 일은 단 하나, 포도나무에 붙어 있는 것이다. 아니, 그냥 남아 있는 것이다. 그대로 남아 있을 때 뿌리에서 줄기로 올라와 가지로 흘러들어 가는 영양분을 공급받을 수 있다. 무엇보다 남아 있을 때, 농부 하나님의 손의 전지 작업이 이뤄진다.

그러면 참 포도나무 예수께 붙어 있다는 것은 무엇인가? '붙어 있어야 할 그리스도의 몸'은 어디 있는가? 교회가 그리스도의 몸이다(엡 2:23, 고전 12:12, 27-28). 그렇기에 1세기 그리스도인에게는 예수께서 "내 안에 거하라"(요 15:4)고 하신 말씀이 그리스도의 몸 된 교회 안에 머물러 있으라는 말로 들렸을 것이다. 그리스도의 생명력으로 그리스도인이 열매를 맺으려면 그리스도의 생명이 살아 움직이는 몸 된 교회에 뿌리를 내리고 있어야 한다는 것이 신약 성경의 지지를 받는 결론이다.

에덴동산에서 교회에 이르기까지

에덴동산에서 시작하여 구약 성경 전반에 걸쳐 발전되어 온 '정원사 하나님' 비유는 참 포도나무 예수와 농부 하나님의 비유에서 그 절정에 도달했다. 이 땅에 신의 정원을 가꾸어 그 숲에서 사람들이 하나님과 동행하는 삶을 살고, 그곳에서 열리는 포도 열매가 온 지면에 있는 사람에게 공급되어 그들로 하나님의 성품인 정의와 사랑, 공평을 맛보게 하려는 하나님의 계획은 예수를 통해 성취되었고, 그분의 몸 된 교회를 통해 계속 실행되어 간다. 하나님의 이런 새로운 정원 수립 계획에 참여하여 하나님의 선하심과 아름다움을 맛보는 일은 그분의 몸 된 교회 안에 남아 있을 때 주어지는 은혜다.

2부

○

이미 도래했으나
아직 완성되지 않은
나라

1장 이미 도래한 나라, 천년 왕국

요한계시록 20장은 성경에서 거의 마지막에 위치해 있다. 그 내용도 세상 마지막 날에 일어날 일에 관한 것이다. 천사가 하늘에서 내려오는데 그 손에 열쇠와 큰 쇠사슬이 들려 있다(1절). 용을 잡기 위해서다. 잡으려는 용은 옛 뱀으로 불리고, 마귀와 사탄이라고도 설명된다(1절). 마귀와 사탄이 왜 옛 뱀으로 불릴까? 에덴동산에서 인간이 하나님을 향해 반역죄를 짓는 데 한몫한 그 뱀 뒤에는 사탄이 있었다는 것이 요한의 해석이라 볼 수 있다. 이처럼 천사는 모든 부패와 범죄 배후에 있었던 세력, 곧 마귀를 잡고자 하늘에서 내려온다. 그런데 포획 과정에서 놀라운 일이 일어난다. 용이 어떤 저항도 없이 그냥 천사에게 잡히는 것이다!

용은 그렇게 순순히 잡힐 존재가 아니다. 그런데도 전령의 역할을 하는 천사[1]에 의해 그냥 잡힌다는 것은 그 시점에서 이미 힘을 잃고 (쓰러져) 있었다는 것을 말한다. 천사는 용과 싸워 이긴 후에 결박하러 지상에 온 것이 아니라 이미 싸움에 패한 용을 잡아가고자 온 것이다.

---

1   천사에 해당하는 헬라어 '앙겔로스'는 전령과 천사 모두를 가리킬 때 사용된다. 예컨대, 마가복음 1장에서 '앙겔로스'는 세례 요한(2, 4절)과 천사(13절) 둘 모두를 가리킨다.

대장이 적을 무너뜨리고 나면 포졸들이 와서 결박하여 옥에 가두는 것과 같다. 그러면 용을 무력하게 만든 대장은 누구인가? 바로 예수 그리스도다. 요한계시록 20장 4b절을 보자. "그리스도와 더불어 천 년 동안 왕 노릇 하니." 용은 예수에 의해 격퇴당한 것이다. 천사는 그런 용을 쇠사슬로 결박한 후 무저갱에 던진다. 무저갱은 어딜까?

무저갱과 천년 왕국

무저갱이 마귀와 귀신들이 마지막으로 들어가게 될 감옥이라는 것은 누가복음 8장 31절에도 나온다. 이름이 군대라 불린 거라사 귀신이 나오는데 그가 예수께 나아와 자신을 "무저갱으로 들어가라 하지 마시[도록]" 간구한다. 귀신도 자신의 마지막이 어떠할지를 알았던 것이다.

"무저갱"이라는 말이 성경에서 처음 언급된 곳은 창세기 1장 2절이다. 2절은 땅의 상태를 묘사하는데, 아직 하나님의 창조의 말씀(3절 이하)이 닿지 않았을 때 땅의 상황이다. 그때 땅은 "혼돈"(형태가 없음)하고 "공허"(내용이 없음)했고, 다만 "흑암"만이 "깊음" 위에 있었다. 창조의 말씀이 닿기 전, 땅은 형태도 없고 내용도 없었다. 있는 것은 다만 흑암과 깊음이었다. 있는 것도 실제로 있는 것이 아니라 없음을 드러내는 상징적인 있음이다. 그러므로 깊음 위에 있는 흑암이나 흑암 아래 있는 깊음은 모두 창조 전의 혼돈을 드러내는 개념이다. 그런데 혼돈 중의 혼돈은 깊음이다. 흑암이 깊음 위에 있다는 말이 말해 주듯 혼돈 가장 밑바닥에는 깊음이 있기 때문이다. 깊음은 창조의 아름다움과 선함을 맛볼 수 없는 혼돈 중의 혼돈이었다. 헬라어로 번역된 구약 성경인 칠십인경에서 '깊음'(아뷔소스)을 가리키는 단어는 요한계시록 20장

1, 3절에 등장하는 "무저갱"(아뷔소스)과 동일한 단어다.[2] 그러하기에 무저갱은 창조 전의 혼돈을 가리킨다.

오직 흑암만 있어 하나님의 아름다움과 선함을 맛볼 수 없는 곳, 그곳이 바로 무저갱이다. 마지막 날, 사탄이 쇠사슬에 매여 갇히는 곳이 바로 이 무저갱이다. 옛 뱀, 곧 사탄이 무저갱에 갇혔다는 것은 하나님의 아름다움과 선한 세상을 맛볼 자격을 박탈당했다는 뜻이다. 그가 자격을 잃은 이유는 창조주를 반역했기 때문이고, 사람들로 창조주께 반역하도록 했기 때문이다. 결국 하나님의 아름다움과 선함을 왜곡시켜 곡해한 그것은 하나님의 아름다운 창조 세상이 새롭게 될 때 결코 그곳에 참여할 수 없고 다만 아름다운 세상 밖, 곧 무저갱으로 내쫓김을 당한다.

마귀가 무저갱에 갇히는 구체적인 기간은 천 년이다.

> 무저갱에 던져 넣어 잠그고 그 위에 인봉하여 천 년이 차도록 다시는 만국을 미혹하지 못하게 하였는데 그 후에는 반드시 잠깐 놓이리라(계 20:3).

---

[2] '깊음'은 구약 성경에서 총 36번 나오는데 대부분 '깊은 물', 곧 심해의 뜻으로 사용된다(예를 들면 창 7:11, 출 15:8, 신 8:7, 시 104:6, 잠 8:27-28). 노아 홍수 때 "큰 깊음의 샘들이 터졌다"(창 7:11)고 한다. "큰 깊음의 샘들"과 '깊음'은 같은 단어다. 또 출애굽 때 이스라엘이 홍해를 건넌 후 산 위에서 찬양을 부를 때 "주의 콧김에 물이 쌓이되 파도가 언덕같이 일어서고 큰물이 바다 가운데 엉기니이다"(출 15:8)라고 할 때도 '큰물'이 나오는데 역시 '깊음'과 같은 단어다. 창세기 1장은 하나님의 창조의 말씀이 땅에 닿기 전, 땅은 오직 깊음 혹은 깊은 물만 있었고 그 위에는 온통 흑암만이 있었다고 말한다. 그러므로 혼돈, 공허, 흑암, 깊음(큰물)은 모두 창조 전의 혼돈을 가리키는 이미지다. 그런데 이곳에서 '무저갱'은 어디에 있는가? 깊음이 바로 무저갱과 같은 단어다.

비록 후에 잠시 놓이는 때가 있지만 마귀는 천 년 동안 무저갱에 갇히고 그가 없는 땅에서는 그리스도께서 왕 노릇을 하신다. 그런데 왕 노릇은 그리스도 홀로 하지 않으신다. 그리스도는 그런 분이 아니시다. 그분은 모든 좋은 것을 나누시는 분이다. 순교당한 영혼들과, 순교하지는 않았지만 짐승이 강요하는 우상 숭배 압력에 끝까지 굴복하지 않고 오직 하나님께만 충성하던 자들도 그분이 하는 왕 노릇에 동참한다. 성도들이 그리스도와 함께 왕 노릇 하는 것이다. 용은 사람을 종으로 삼지만 그리스도는 사람을 왕으로 세우신다. 요한계시록 20장 4절이 이 점을 분명히 하고 있다.

예수를 증언함과 하나님의 말씀 때문에 목 베임을 당한 자들의 영혼들과 또 짐승과 그의 우상에게 경배하지 아니하고 그들의 이마와 손에 그의 표를 받지 아니한 자들이 살아서 그리스도와 더불어 천 년 동안 왕 노릇 하니.

요한계시록은 그리스도께서 성도들과 함께 천 년 동안 왕 노릇 하는 이 종말론적 사건을 "첫째 부활"이라 부른다(20:6). 첫째 부활이라 함은 둘째 부활도 있다는 말이다. 둘째 부활이 무엇인지는 20장 13절에 나온다. 둘째 부활은 죽은 자들이 최후 심판을 받기 위해 일으키심을 받는 것을 말한다. 이 둘째 부활과 함께 모든 자는 심판을 받고 어린양의 생명책에 이름이 없는 자들은 둘째 사망 곧 불 못에 던져지고 (14절) 어린양의 생명책에 이름이 기록된 자들은 새 하늘과 새 땅을 기업으로 물려받는다(21:1-7). 요한계시록 21장 5, 7절을 읽어 보자.

보라 내가 만물을 새롭게 하노라 하시고 …… 이기는 자는 이것들을 상속으로 받으리라 나는 그의 하나님이 되고 그는 내 아들이 되리라.

첫째 부활은 사탄이 무저갱에 들어가 있는 천 년 동안 성도들이 그리스도와 함께 왕 노릇 하는 삶을 말하고, 둘째 부활은 첫째 부활에 동참한 자들이 심판을 통과한 후 새 하늘과 새 땅에 참여하는 것을 가리킨다. 그렇다면 첫째 부활에 참여한 자에게 둘째 사망, 곧 심판받아 불 못에 던져지는 일이 일어날까, 일어나지 않을까? 일어나지 않는다. 요한계시록 20장 6절을 보자.

이 첫째 부활에 참여하는 자들은 복이 있고 거룩하도다 둘째 사망이 그들을 다스리는 권세가 없고 도리어 그들이 하나님과 그리스도의 제사장이 되어 천 년 동안 그리스도와 더불어 왕 노릇 하리라.

첫째 부활에 참여하는 것은 이런 점에서 둘째 부활, 곧 새 하늘과 새 땅을 물려받는 자격을 얻는 일이다.

천년 왕국은 언제 도래하는가

이제 중요한 질문을 할 때가 되었다. 지금까지 남겨 둔 질문이다. 천년 왕국은 언제 도래하는가? 그때는 마귀가 쇠사슬에 잡혀 무저갱에 들어가고 어린양을 따라온 자들은 하나님의 제사장이 되어 그리스도와 함께 왕 노릇 하는 때인데, 그때가 언제인가?

지난 2,000년 기독교 역사 동안 크게 두 가지 견해가 있어 왔다.

첫째, 천년 왕국을 예수께서 재림하신 후 가져오시는 나라로 보는 견해다. 재림하시어 마귀를 무저갱에 넣고, 짐승에게 굴복하지 않고 하나님께 믿음을 지킨 자들과 함께 이 땅에 천년 왕국을 이룩하신다고 보는 것이다. 이것을 '(역사적) 전천년설'이라고 말한다. 천년 왕국 전에 재림하시고 재림 후에 천년 왕국을 건설한다는 견해다. 많은 사람이 이 견해를 따르고 있다. 하지만 이 견해에는 해결해야 할 여러 문제가 있다. 먼저, 천 년이라는 형 집행 후에 무저갱에 갇힌 마귀가 잠시 놓이는 기간이 있다고 했는데(계 20:3, 7), 그리스도께서 재림하셔서 종말의 완성을 이루시어 세상에 하나님 나라가 온전히 도래한다면 어떻게 다시 사탄이 활개 치는 일이, 비록 '잠시'지만 일어날 수 있는가? 이 견해를 지지하는 이들은 천 년을 문자 그대로 천 년이라는 기간으로 보는데, 이것도 문제가 있다. 요한계시록에 나오는 모든 문자와 이미지를 상징적으로 해석하다가 이 기간만 문자적으로 천 년을 가리킨다고 보는 것은 모순이기 때문이다.

둘째, 더 성경의 지지를 받을 수 있는 견해가 있다. 이 견해는 아우구스티누스, 루터, 칼뱅을 비롯하여 신약 성경을 연구하는 다수의 학자가 따르는 것으로, 천년 왕국을 그리스도의 초림과 재림 사이의 때로 보는 견해다. 이 견해를 '무천년설'이라고 하는데, 이 견해의 요지는 천년 왕국, 곧 그리스도의 왕국이 이미 도래했다는 것이다. 이것은 고린도전서 15장 20-25절, 특히 25절의 지지를 받는다.

그가 모든 원수를 그 발아래에 둘 때까지 반드시 왕 노릇 하시리니.

그리스도의 부활로 사망 권세를 잡고 있던 사탄과 죄의 허리는 부러졌고, 온 세상의 왕으로서 그리스도의 통치가 시작되었다는 것이 고린도전서의 증언이다. 초림하신 예수의 사역으로 하나님 나라가 이미 임하기 시작했고, 사탄은 그 허리가 꺾인 채 무저갱에 들어갔다. 누가복음에 나오는 거라사 귀신 역시 무저갱을 뜻하는 바다에 들어간다! 그러므로 지금이 바로 그리스도께서 교회와 함께 왕 노릇 하시는 천년 왕국이다. 특히 그리스도의 통치에 참여한 자들은 순교당한 자들과 "짐승과 그의 우상에게 경배하지 아니"한 자들이라 한다(계 20:4). 그러므로 순교자들이나 예수를 주로 믿는 신앙을 지키며 사는 자들은 이미 그리스도와 함께 왕 노릇 하고 있는 것이다.

무엇보다, 이미 그리스도의 천년 왕국이 시작되었다는 것은 요한계시록 자체에서도 지지를 받는 견해다. 5장 9-10절을 보자.

> 그들이 새 노래를 불러 이르되 두루마리를 가지시고 그 인봉을 떼기에 합당하시도다 일찍이 죽임을 당하사 각 족속과 방언과 백성과 나라 가운데에서 사람들을 피로 사서 하나님께 드리시고 그들로 우리 **하나님 앞에서 나라와 제사장들을 삼으셨으니** 그들이 땅에서 왕 노릇 하리로다 (강조는 저자).

그리스도께서 피로 우리를 값 주고 사시어 하나님의 제사장으로 이 땅에서 왕 노릇 하도록 만드셨다. 이 구절은 요한계시록 20장 6절과 유사하다.

이 첫째 부활에 참여하는 자들은 복이 있고 거룩하도다 둘째 사망이 그들을 다스리는 권세가 없고 도리어 그들이 **하나님과 그리스도의 제사장이 되어** 천 년 동안 그리스도와 더불어 **왕 노릇** 하리라(강조는 저자).

그리스도인이 이미 왕 같은 제사장이 되었다는 것은 베드로전서 2장 9절 역시 말하는 바이기도 하다.

그러나 너희는 택하신 족속이요 왕 같은 제사장들이요 거룩한 나라요 그의 소유가 된 백성이니.

이처럼 그리스도를 주로 믿는 이는 왕이요 제사장이 된다는 것이 신약 성경의 일관된 주장이다. 그렇다면 요한계시록이 말하는 바와 같이 천년 왕국에서 성도들이 "하나님과 그리스도의 제사장이 되어 천 년 동안 그리스도와 더불어 왕 노릇" 하게 된다는 것은 예수를 주로 믿는 자의 현재적 현실이라고 보는 것이 타당하다.

그러면 '천 년'이라는 숫자가 사용된 이유는 무엇일까? 유대와 구약에서 천 년이라는 숫자는 다양한 의미로 사용되었다.[3] 특히 유대 문헌과 초기 기독교는 칠 일간의 창조 각 날을 천 년으로 보면서, 세상의

---

3 정용성 교수는 그의 책(「요한계시록 강의」 [서울: 홍성사, 2018], 390-91쪽)에서 숫자 '1,000'이 구약과 유대 문헌, 그리고 초기 기독교 문헌에서 다음 세 가지 뜻으로 사용되고 있다고 말한다. 첫째 비시간적인 비유적 사용(신 1:10-11, 32:30, 수 23:10, 욥 9:3, 33:23, 시 68:17, 50:10, 사 7:23, 30:17, 60:22 등), 둘째 시간적인 비유적 사용(신 7:9, 시 84:10, 전 6:6, 7:28, 희년서 30:20, 대상 16:15[=시 105:8-10]), 셋째 '속량을 입은 자들의 영원한 복을 위한 표상'(희년서 23:27-30, 바나바서 15, 이삭의 증언 6-8장)이다.

역사는 안식 후 팔 일째 날 곧 또 하나의 천 년의 시기에 이를 때 완성된다고 본다(에녹이서 32:2-33:3, 바나바서 15, 시 90:4 참조). 요한계시록에서 하나님은 예수 그리스도를 통해 새 하늘과 새 땅을 창조하시어 그분의 세계에 구원을 가져오신 분이다(4:11, 5:13, 14:7, 21장). 따라서 요한계시록이 그리스도의 왕 노릇을 천 년이라는 숫자로 표현한 것은 그리스도의 삶과 죽음, 그리고 부활로 말미암아 시작된 왕국이 하나님이 이루신 새 창조의 시대라는 것을 말하기 위함이라 볼 수 있다(사 65:17-20 참조).[4]

사탄이 패했는데도 왜 공격이 있는가

그리스도의 천년 왕국이 시작되었다고 보는 견해가 해결해야 할 가장 큰 질문은 그리스도와 성도들이 왕 노릇 하고 있는 천년 왕국이 임했음에도 교회를 향한 사탄의 공격이 왜 현재적 현상인가이다. 요한계시록은 이에 대한 답을 가지고 있다.

20장 3, 7-8절은 천년 왕국이 시작되었지만 여전히 사탄이 놓이는 때가 있다고 말한다. 그리스도의 사역과 죽음, 그리고 부활로 하나님 나라가 도래하고, 사탄이 결정적으로 패하였지만 완전히 멸망하지는 않았다. 사탄이 잠시 놓인다는 것은 바로 이것을 말하는 것이다. 따라서 사탄이 그리스도의 부활과 승천 후에 잠시 놓여 지금도 교회를 미혹하는 것이 현실이다. 그러나 그의 미혹은 결코 성공할 수 없다. 마귀

---

[4] 이필찬 박사는 천 년을 그리스도의 초림과 재림 사이의 기간으로 보면서 천 년이라는 숫자가 사용된 것은 유대 문헌에서 그 숫자가 "통치의 개념과 밀접하게 관련되기 때문이다"라고 주장한다 (「요한계시록 어떻게 읽을 것인가」 [서울: 성서유니온선교회, 2012], 219쪽).

는 승리한 용사가 아니라 패잔병에 불과하고(계 12:7-9), 무엇보다 통치권은 패한 마귀가 아니라 이기신 그리스도께 있기 때문이다. 왕 노릇을 하는 것은 마귀가 아니라 그리스도와 그리스도께 속한 성도들이다. 그래서 바울도 그리스도께서 왕으로 다스리시는 동안 원수(죄와 사망)를 그 발아래에 굴복시키는 일을 하신다고 했다(고전 15:25-26).

잠시 놓인 용은 그리스도께 속하는 것이 자유를 잃어버리고 종 노릇하는 일이라고 미혹한다. 하지만 그것은 속임이다(계 12:9). 자유의 길은 그리스도와 상관없이 이뤄진다는 미혹은 용이 사람을 그의 종으로 삼으려는 꾐에 지나지 않는다(계 13:14 참조). 진실은 그리스도께 속할 때 왕이 되지만 짐승에게 속하면 종노릇을 한다는 것이다. 따라서 이미 임한 천년 왕국이 일곱 교회에 주는 메시지는 세상의 종이 되거나 우상에게 종노릇하지 말고 왕 같은 제사장으로 살라는 것이다.

누가 천년 왕국에 참여하는가

천년 왕국에 참여하는 자는 누구인가? 4절에 따르면 두 부류가 있다. 순교당한 영혼들과, 순교당하지는 않았지만 끝까지 하나님과 그분의 어린양 예수에 대한 신앙을 지킨 자들이다. 그리스도의 천년 왕국에 참여하여 왕 노릇 하는 자들은 순교자와, "살아서" 신앙을 지킨 자다. 그 두 부류는 모두 첫째 부활에 참여한 자들이라 한다. "살아서"를 문자적으로 볼 필요는 없는데 바울은 첫째 부활에 참여한 자들에 대해 골로새서 3장 1절에서 유사한 표현을 사용하고 있기 때문이다.

그러므로 너희가 그리스도와 함께 다시 살리심을 받았으면 위의 것을 찾으라 거기는 그리스도께서 하나님 우편에 앉아 계시느니라.

이미 예수를 믿는 자들은 "다시 살리심을 받[은]" 자들로서 그리스도의 부활이 자신의 부활이 되었다. 죽고 부활하신 그리스도를 믿는 자들은 그리스도의 부활이 자신의 부활이 되기 때문이다. 더불어 그리스도의 부활에 동참하는 자들은 그리스도의 다스림에도 동참하여 그리스도와 함께 왕 노릇 하는 것이다. 사실 "죽었다가 살아나신 이가" 서머나 교회에 하신 말씀의 결론이 "이기는 자는 둘째 사망의 해를 받지 아니하리라"(계 2:11b)라는 것은 중요하다. 요한계시록 20장 6절에서 둘째 사망이 해할 권세가 없는 이들은 첫째 부활에 참여한 자들이라고 밝힌다. 이 까닭에 "죽도록 충성"(계 2:10b)하면서 신앙을 지킨 서머나 교회가 둘째 사망의 해를 받지 않게 될 것이라는 말은 그 교회가 이미 첫째 부활에 동참하고 있는 상태라는 것을 함의한다.

요한계시록 20장 4절은 그리스도의 천년 왕국에 신자와 더불어 순교한 성도들도 동참한다고 말한다. 이것은 어떻게 이해해야 할까? 다시 바울은 말한다.

우리가 예수께서 죽으셨다가 다시 살아나심을 믿을진대 이와 같이 예수 안에서 자는 자들도 하나님이 그와 함께 데리고 오시리라(살전 4:14).

내가 확신하노니 사망이나 생명이나 천사들이나 권세자들이나 현재 일이나 장래 일이나 능력이나 높음이나 깊음이나 다른 어떤 피조물이라도 우리를 우리 주 그리스도 예수 안에 있는 하나님의 사랑에서 끊을 수 없느니라(롬 8:38-39).

그리스도 안에서 살다가 죽음을 맞이한 자들은 죽더라도 여전히 그리스도의 품 안에 있다. 죽음은 우리를 그리스도와 분리시킬 수 없다. 이것이 하나님의 사랑이다. 그러므로 죽든지 살든지 우리는 그리스도 안에 있는 것이다. 그렇다면, 살아 있는 교회만이 아니라 그리스도 안에서 죽은 이들 역시 그리스도와 함께 지금 왕 노릇 하고 있는 것이다.

이미 시작된 하나님 나라

그리스도의 나라, 그리스도의 왕 노릇은 이미 시작되었다. 교회가 살고 있는 지금이 천년 왕국이다. 그리스도의 삶과 죽음, 부활로 사탄은 그 권세를 잃어버렸고 그리스도께서 왕 노릇 하고 계시기 때문이다. 천년 왕국은 그리스도만 왕 노릇 하는 나라가 아니다. 그리스도는 독차지하시는 분이 아니다. 그분을 주로 믿는 자 역시 그리스도와 함께 왕 노릇 한다. 그러므로 그리스도께서 우리에게 주시는 말씀은 "교회여, 이 시대에 종노릇하지 말라"는 것이다.

잠시 놓인 사탄이 지금도 활동하며 교회로 왕 노릇이 아닌 종노릇하며 살게 하려 한다. 잊지 말아야 할 것은 미혹하는 세력은 힘 있는 존재가 아니라 힘을 잃어버린 존재이고, 곧 완전히 결박당하여 이제는 무저갱이 아니라 불과 유황 못에 던져질 존재다. 사탄은 패잔병이고 그리스도가 왕이시다. 그러므로 이미 쓰러진 용을 무서워하지 말고 왕만 믿고 세상을 통과하자.

2장   하나님 나라의 총체성

갈릴리 예수는 무엇을 그분의 소명으로 삼았을까? 교회 밖은 말할 것도 없고 심지어 교회 안에서도 예수를 도덕 선생이나 진보적인 사회 개혁가로 생각하는 경향이 있다.[1] 이런 그림이 완전히 그르다고 말할 수 없는 것은 복음서의 예수께서 많은 경우 삶의 윤리와 당시 종교, 사회 제도의 모순을 지적하시기 때문이다. 하지만 1세기 유대 사회의 전망에서 본다면 예수를 윤리적 혹은 사회적 전망에서만 이해하는 것은 반쪽 진리다.

당시 유대는 일신론 사회였다. 이 신론에 따르면 세상에 신은 오직 이스라엘의 하나님 한 분뿐이며, 그분 홀로 온 세상을 창조하셨고 섭리하시며 종국적으로는 새롭게 창조하실 것이다. 윤리나 사회 제도는 모두 이 신론을 바탕으로 형성되었다. 복음서의 예수의 말과 행동과 의도를 이해하는 더 상위의 틀은 유대 신관이다.[2] 하나님이 무엇을 하셨고 무엇을 하고 계시며 앞으로 무엇을 하실 분인지에 대한 이해가

---

[1] 이 점은 보캄(Richard Bauckham, *Jesus a Very Short Introduction* [Oxford: Oxford University Press, 2011], 35쪽. 「예수: 생애와 의미」, 비아 역간)과 라이트(N. T. Wright, *Jesus and the Victory of God* [Minneapolis: Fortress Press, 1996]. 「예수와 하나님의 승리」, 크리스챤다이제스트 역간)에 의해 적절하게 지적되었다.

[2] Wright, *Jesus*, 173쪽. 「예수와 하나님의 승리」.

예수의 소명을 결정했다.³ 따라서 현대의 많은 예수 연구가가 예수의 소명은 '하나님 나라'를 선포하는 것이라고 내린 결론은 정당하다.⁴

예수의 가르침에 다양한 주제가 등장하는 것은 사실이지만, 그분의 모든 가르침은 하나님 나라가 이미 도래했고(마 12:28, 13:31-33, 눅 16:16, 17:20-21, 막 4:26-29, 30-32) 또 도래할 것(막 1:14-15, 14:25, 눅 21:31. 눅 19:11 참조)이라는 전제 아래 진행되었다. 예수의 갈릴리 사역이 '하나님 나라'라는 열쇠 말로 요약된 것은 결코 우연이 아니다(막 1:14-15). 비단 갈릴리만이 아니라 바다와 길 위, 그리고 예루살렘 성전과 골고다, 심지어 무덤에서 예수께 일어난 일이나 그분이 하신 말, 가르침, 행동, 결정, 선택, 태도는 모두 하나님 나라를 (맛)보여 주고 드러내는 데 초점이 맞추어져 있다.

본 장의 관심은 예수의 치유다. 복음서가 보여 주듯이 예루살렘에 올라가시어 잡히기 전까지 예수의 가장 두드러진 사역은 사람을 치료하는 일이었다. 병자가 치료를 요청하든, 제삼자가 중재하든, 예수께서 먼저 나서시든 치료는 예수의 활동을 특징짓는 주된 사역이었다.

---

3 이런 질문에 대한 답을 주는 것이 종말론이다. 예수 시대 유대인들의 세계관은 종말론적 세계관이었다. 예수를 이해한다는 것은 종말론적 세계관에서 예수의 말과 사역을 이해하는 것이기도 하다. 예수를 이해하는 일에 있어서 유대 종말론의 중요성에 대해서는 헤이스(Richard Hays)의 날카로운 지적에 잘 담겨 있다. "예수를 …… 이스라엘의 운명에는 아무런 관심 없고, 그의 동시대 유대인들에게 영감을 불어 넣었던 열망과 희망에도 무심하고, 성경 해석에도 흥미 없고, 다가오는 하나님의 종말론적 심판에 관해 전할 어떤 메시지도 없는 인물로 묘사하는 것은 (간단히 말해서) 1세기 유대 상황으로부터 그를 도려내 버림(a surgical removal)으로 만들어진 비역사적 소설(an ahistorical fiction)에 불과하다"(Richard Hays, "The Corrected Jesus," *First Things* 43 [1994], 43-48쪽).

4 예수 연구가 대부분의 일치된 견해이기도 하다. 학자들의 견해에 대해서는 E. P. Sanders, *Jesus and Judaism* (Philadelphia: Fortress Press, 1985), 124-56쪽 (「예수와 유대교」, 크리스챤다이제스트 역간); Wright, *Jesus*, 101, 198-243쪽 (「예수와 하나님의 승리」); Bauckham, *Jesus*, 35-83쪽 (「예수」)을 보라.

소명은 하나님 나라를 가져오는 것인데, 사역은 사람을 고치시는 것이었다. 사람을 고치는 일과 하나님 나라가 분명 어떤 깊은 관련이 있다는 판단이 예수께 있었기 때문일 것이다.

 사복음서는 예수의 치유를 "표적"(세메이온)이라고 말한다. 헬라어 '세메이온'은 '어떤 것을 가리키고자 사용하는 표'를 가리킨다. 예수의 소명이 하나님 나라 선포였다는 것을 고려하면 예수의 치유(세메이온)가 가리키는 바는 '하나님의 나라'라고 볼 수 있다. 예수께서 사람을 고치는 일에 집중하신 것은 그것을 통해 하나님 나라의 어떤 것을 보여 주시기 위함이라는 말이다. 사실 말은 많이 하지만 '하나님 나라'가 실제로 무엇인지 알기는 쉽지 않다. 하지만 '치유'는 그것이 무엇인지 모르기가 더 어렵다. 예수께서는 모두가 아는 치유를 통해 어려운 하나님의 나라를 맛보여 주려 하신 것이다.

 예수께서는 하나님 나라의 어떤 모습을 보여 주고자 사람 고치는 일에 집중하셨을까? 이것을 알려면 치유가 무엇인지 알아야 한다.

치유가 무엇인가

치유는 아픔을 해결하는 일이다. 해결해야 하는 아픔은 또 무엇인가? 치유가 무엇인지 알기 위해 아픔이 무엇인지를 먼저 알아야 하는 이유가 있다. 치료받고자 병원에 가면 의사는 가장 먼저 어디가 어떻게 아픈지를 묻는다. 어디가 어떻게 아픈지를 알아야 무엇을 어떻게 치료할지가 결정되기 때문이다. 이와 마찬가지다. 예수께서 어떻게 치유하셨는지 알려면 예수께 아픔이 무엇이었는지 알아야 한다. 그리고 아픔에 대한 예수의 이해는 예수의 치료 과정을 통해 어느 정도 알 수 있다. 치료 과정에는 아픔에 대한 이해가 반영되기 때문이다.

예수께서 이해하신 아픔과 그 치유 과정을 알려면 우리 시대의 아픔과 치유에 대한 이해와, 예수와 그 시대의 이해가 다를 수 있다는 것을 기억해야 한다. 현대 의학은 아픔을 생의학적 전망에서 이해한다. 생의학적 전망에 따르면 아픔(illness)은 박테리아 혹은 세균 감염에 의해 유발된 질병(disease)이다. 이에 따르면 통증은 통증 신호를 뇌에 전달하는 신경 세포(또는 신경종말[nerve ending])의 작용이며, 통증 정도는 통증의 양에 비례하여 뇌가 일으키는 수동적 반응이다.[5] 그러하기에 치유는 병균을 제거하여 통증을 줄이거나 없애는 것이다. "이제 안 아프지?"라는 말은 "이제 (생물학적으로) 질병이 나아 통증이 없지?"라는 말로 이해된다. 반면 예수와 그분 시대의 아픔에 대한 이해는 현대 의학만큼 세분화되거나 전문화되지 않았다. 하지만 아픔을 이해하는 범위는 (아픔[illness]을 질병[disease]으로 보는) 현대 의학보다 훨씬 넓었다. 아픔에 대한 이런 이해 때문에 예수께서는 치유를 위해 다양한 영역을 건드리신다.

치유를 통해 보이신 하나님 나라

마가복음 2장 1-12절을 보면서 예수께서 아픔을 어떻게 이해하셨는지, 그래서 치유를 위해 무엇을 하셨는지를 보려고 한다. 이것을 묵상하는 이유는 치유를 통해 예수께서 보여 주시려 한 하나님 나라의 모습이 어떠한지를 알기 위해서다.

---

5 멜러니 선스트럼, 노승영 옮김, 「통증 연대기」 (서울: 에이도스, 2011), 15쪽.

"믿음을 보시고"

마가복음 2장 1-12절에는 예수께서 한 중풍병자를 치료하는 이야기가 나온다. 병의 성격상 중풍병자는 네 사람에 의해 실려 예수께 온다. 하지만 예수께서 계신 집에는 문 앞까지 꽉 찰 정도로 사람이 매우 많았다. 이제 어떻게 할 것인가? 그들은 뜻밖에도 옥상으로 올라간다. 지붕을 뚫어 구멍을 낸다. 그런 후 그리로 중풍병자를 내려 보낸다. 모든 사람이 보는 가운데 천장이 뚫리고 들것에 실린 사람이 공중에서 아래로 내려온 것이다. 예수께서는 그렇게 내려온 중풍병자를 보신다. 그런데 그분은 중풍병자만 보신 것이 아니라 다른 무엇을 함께 보신다. 5절을 보자.

그들의 믿음을 보시고.

믿음은 보이지 않는 내면의 태도라지만 본문은 믿음을 '봤다'고 한다. 더불어 예수께서 보신 믿음은 "그들의 믿음", 즉 중풍병자만의 것이 아니라 중풍병자와 네 친구의 믿음이었다. 한 명(사건) 안에서 다수의 믿음을 보신 것이다. 공중에서 내려오는 중풍병자를 보시며 그들의 믿음을 봤다고 하셨을 때, 예수께서 보신 것은 구체적으로 무엇일까?

사람이 매우 많아 문 앞까지 꽉 찼다. 문이 막혔다. 이제 그들은 집으로 돌아가거나, 다른 사람들이 다 떠나기를 기다렸다가 문으로 통행할 수 있을 때 예수께 가야 했다. 다른 사람의 집을 방문할 때는 문으로 들어가는 것이 상식이기 때문이다. 하지만 그들은 상식과 문화적 지식을 뛰어넘는다. 문이 막혔을 땐 지붕도 문이 될 수 있다고 본 것이다. 보이지 않는 내면의 것이라 알려진 믿음이 눈으로 드러난 지점이 바로 여기다.

항상 그래야 하는 것은 아니다. 하지만 때로 믿음은 문화적 지식에 매이지 않고 그것을 초월하는 행동을 통해 드러난다. 그들이 그런 행동을 하도록 한 것, 지붕도 문이 될 수 있다는 상상을 하게 한 것이 믿음, 예수에 대한 믿음이다. '사람을 지으신 하나님은 사람을 치유하시되 예수를 통해 하신다. 그러니 예수께 다가가면 하나님의 치유 능력이 내게 온다'는 믿음이 그들로 문화적 지식을 뛰어넘는 행동을 하게 한 것이다. 현대 사회에서는 돈이 병원 치료의 조건이지만, 예수의 경우는 믿음이 치료의 조건이었다.

"네 죄 사함을 받았느니라"

그런데 그렇게 내려온 중풍병자를 보시며 예수께서 하신 첫 마디는 '일어나 걸어라'가 아니라 "네 죄 사함을 받았느니라"(막 2:5)였다. 온몸이 마비된 사람을 보고 왜 먼저 죄가 용서되었다고 말씀하셨을까?

당시 유대인들은 몸의 병이 죄 때문에 찾아온다고 믿었다. 하지만 예수께서는 죄와 병의 필연적 연결고리를 끊으셨다. 요한복음 9장 1-3절이 대표적인 본문이다. 그렇다고 죄와 병이 항상 무관하다고 주장하지도 않으셨다. 이 중풍병자의 경우에는 그의 병이 죄 때문에 생긴 것이라 판단하신 것이 틀림없기 때문이다. 이 경우 예수께서는 치료 전에 "네 죄가 용서되었다"는 말씀을 먼저 하신다. 그러면서 하나님 나라의 어떤 성격을 드러내려 하신 것이다. 곧 예수께서는 병의 증상(symptom)부터 치료하신 것이 아니라 병을 일으키는 근본 원인인 '영적 병균'부터 제거하시는 것이다. 질병을 가져온 근본 뿌리를 고쳐 그를 누르고 있었을 죄의 짐에서 그 사람을 해방시키신 것이다. 하나님 나라는 인간 문제의 근본부터 해결하는 방식으로 도래한다.

"일어나 네 상을 가지고"

하지만 이것은 치료의 시작일 뿐이다. 질병을 가져온 뿌리인 죄를 용서하신 후, 예수께서는 이제 그 뿌리에서 파생된 아픔을 두 단계로 치료하신다.

첫 단계는 "일어나 네 상을 가지고"(막 2:11)라고 하신다. '일어나 네 상을 가지라'는 말이 치료의 말일 수 있는가? 그가 중풍병자라는 것을 생각해 보자. 중풍병의 육체적 증상은 손발의 마비다. 그는 걸을 수 없고, 무언가를 들 수도 없다. 그러니 '일어나 네 상을 가지라'는 선언은 그의 마비된 손과 발이 제 기능을 수행하도록 하는 치료의 소리다. 예수의 치유는 영적인 치료만으로 끝나지 않는다. 내적인 것만 중요시하고 외적인 것은 무시하지 않으신다. 몸과 마음, 영혼과 육체 모두를 고쳐 나가신다.

"집으로 가라"

더 나아가 치유 마지막에 예수께서는 그 병자에게 "집으로 가라"(막 2:11)고 하신다. 이 말도 치료라고 볼 수 있는가? 요즈음 우리 사회에서처럼 퇴원을 앞둔 환자에게 의사가 의례적으로 하는 말 아닌가? "이제 집에 가셔도 좋습니다"라는 인사말 말이다. 그러나 인간의 삶이 다차원적이듯 그런 인간을 고치는 예수의 치유 역시 다차원적이라는 사실을 기억하면, 나은 중풍병자에게 집으로 가라는 말이 다른 뜻으로 들린다.

그 병자는 아마 한 집안의 가장이었을 것이다. 네 명이 그를 들고 왔다는 것은 그가 성인이었다는 것을 알려 준다. 무엇보다 만일 그가 한 집안의 가장이라면, 성인 가장의 마비된 몸은 그가 돌보고 먹여 살려야 할 한 가정을 궁핍에 빠뜨렸을 것이다. 또 그렇게 해서 마비된 가정은 사회적으로도 고립된 채 살 수밖에 없었을 것이다. 이것을 고려하면 예수께서 그 사람의 팔다리에 힘을 주신 후 "집으로 가라"고 하신 것은 건강해진 몸으로 그가 수행해야 할 책임, 곧 다시 가정을 세우고 사회적 활동을 할 수 있는 현장으로 보내신 것이다. 치유는 한 사람을 공동체를 책임지는 사람으로 세워 나가는 것이다.

치유가 이끄는 곳, 하나님 나라

예수의 치유는 병의 근본 뿌리로 여겨진 죄를 용서했다. 영적인 치유를 먼저 하신 것이다. 그런 후 이어서 팔다리에 힘을 주시어 몸을 강건케 하셨다. 영과 몸 모두를 고쳐 한 인간을 전인으로 치유하신 것이다. 그리고 마지막으로 그를 집으로 돌려보내며 가정을 책임지고 다른 사람과 관계 맺는 사회적 삶을 살도록 하신다. 이런 점에서 예수의 치유는 총체적이었다.

예수께서는 자신이 행한 총체적 치유를 '통해서' 무엇을 보여 주려 하신 것일까? 예수의 선포의 핵심은 하나님 나라(통치)다. 그분의 총체적 치유를 통해 보여 주려 하신 것은 그분이 가져온 하나님 나라의 총체적 측면이다. 예수께서 중풍병자를 앞에 두고 죄를 용서하신 것은 한 사람에게 하나님 나라가 임한다는 것은 그의 죄 짐에서 그를 해방시켜 심판주 하나님 앞에서 의로운 자라 인정받도록 하는 것이다. 그리고 중풍병자의 팔과 다리에 힘을 주신 것은 한 사람에게 하나님 나라가 임한다는 것과 사람의 몸이 강건케 되는 것이 서로 무관한 것이 아님을 보여 주신 것이다. 또한 그를 가정으로 보낸 것은 하나님 나라는 한 사람이 다른 사람을 돌보고 책임지는 공동체를 세우고 만들어 나가는 나라라는 것을 보여 주는 것이다. 만일 한 사람이 자신의 죄를 용서받고 하나님 앞에서 의로운 자가 되었다면 그곳에 하나님 나라가 임한 것이고, 만일 한 사람이 자신의 몸을 하나님의 성전으로 알고 귀하게 여기기 시작했다면 몸에 하나님 나라가 임한 것이며, 갈등의 연속이던 가정이 화목한 가정으로 회복되고 뿔뿔이 흩어진 존재들이 함께 모여 '더불어 숲'을 만들며 살아가기 시작한다면 가정과 사회에 하나님 나라가 임하기 시작한 것이다.

교회의 치유

교회의 하나님 나라 선포 사역은 어떠해야 할까? 왜 교회는 생명의 양식인 하나님 말씀도 전파하고, 육의 양식을 베푸는 자선도 실천해야 하는가? 왜 교회는 선교사를 후원하여 복음 전파에 집중하면서, 시리아 난민 아이들의 교육에도 관심을 가져야 하는가? 왜 우리는 북한 교회의 자생력만 아니라 남북한의 화해를 위해서도 애써야 하는가? 그것은 예수의 치유가 보여 주었듯이 하나님 나라는 총체적으로 임하기 때문이다. 첫째, 구원은 내 존재가 죄에서 해방되어 하나님의 자녀로 거듭나는 것이고, 둘째, 그렇게 거듭난 자가 자신의 몸을 성전으로 여기며 몸과 몸의 모든 활동으로 하나님에게 영적인 예배를 드리는 사람이 되는 것이며, 셋째, 외롭게 홀로 살던 사람이 공동체 안에서 서로 의지하고 서로 격려하며 살아가는 것이다. 이것이 구원의 총체성이다.

 죄를 범하면 영혼이 아프고, 영혼이 아프면 몸이 아프다. 그리고 내 몸이 아프면 가족이 아프고, 가정이 아프면 사회가 아프다. 아픔은 반대로도 일어난다. 사회가 아프면 가정이 아프고, 가정이 아프면 내가 아프고, 몸에 병이 생기면 영혼도 시들 수 있다. 하나님은 당신의 나라를 이 땅에 도래케 하시어 하나님의 선하심과 아름다우심과 영광을 사람들이 맛보도록 하시되 내 영혼과 몸과 가정과 사회 모두가 함께 그곳에 참여하도록 하신다. 그러하기에 한 개인의 영혼을 위해 기도하고 전도하면서, 이 한반도가 화해의 현장이 되도록 기도하고 실천하는 것이 교회의 소명에 부합하는 사역이라 할 수 있다.

 어떤 사람은 너무 많은 것을 하려 하지 말고 하나에만 집중하라고 한다. 하지만 이것이 바로 하나를 하는 것이다. 하나, 곧 하나님 나라를 선포하고 그 나라를 살아가는 것, 그 하나 말이다.

3장   더 풍성한 생명을 얻는 길

요한복음 10장 10절에서 예수께서는 자신이 온 이유를 설명하고자 도둑과 자신을 대조하신다. 도둑은 빼앗고 죽이고 멸망시키기 위해 오지만, 예수께서는 "양으로 생명을 얻게 하고 더 풍성히 얻게 하려[고]" 오셨다. 도둑은 양들을 희생시켜 자신의 유익을 챙기지만 예수께서는 양들의 유익을 위해 자신을 희생하신다. 어찌 보면 도둑의 인물 됨은 예수와의 비교를 무의미하게 한다고 볼 수 있다. 하지만 요한복음의 수난 기사에서 유대인들은 예수와 강도 바라바 중 바라바를 풀어 주라고 빌라도에게 요청했다(요 18:40). 이런 점에서 예수께서 자신과 도둑을 비교하신 것은 역사적 맥락이 없다고 볼 수 없다. 어쨌든 간에 이런 극단적 비교를 통해 예수께서 부각하고자 하신 것은 자신이 온 이유다. 관심이 오직 자기 유익인 도둑과 반대로 예수의 관심은 양들이라는 것이 초점이다.

예수께서 오신 목적

예수 그리스도와의 사귐은 그분을 오해하는 만큼 멀어지고 아는 만큼 깊어지며, 그리스도의 사랑은 그분의 말씀을 무시하는 만큼 우리 안에서 식고 깨닫는 만큼 뜨거워진다. 그래서 자신이 온 이유를 밝힌 예수

의 말씀을 아는 것이 중요하다. 그 말씀의 핵심에 해당되는 요한복음 10장 10절에서 예수께서는 양들이 생명을 얻되 "더 풍성히 얻게 하려[고]" 오셨다고 말한다. 양이 생명을 얻도록 하겠다는 말은 이해할 수 있지만, 그것을 "더 풍성히 얻게" 하겠다는 말은 무슨 뜻일까? 생명을 여러 개 주겠다는 말은 아닐 것이다. 생명은 하나 밖에 없기 때문이다. 예수께서는 생명의 양(量, quantity)이 아니라 생명의 질(質, quality)을 두고 말씀하신 것이다. 예수께서는 양들이 질 높은 삶(생명)을 살게 하고자 오셨다. 웃는다고 다 웃음이 아니듯이 밥 먹고 산다고 다 사는 게 아니다. 삶에는 질적으로 다른 차원의 생명이 있다. 예수께서 양들에게 주고자 하신 것이 그런 높은 질의 삶이다.

요한복음의 첫 표적인 가나 혼인 잔치(2장)는 이것을 비유적으로 보여 준다. 혼인 잔치가 벌어지는 동안 포도주가 떨어진다. 이에 예수께서는 물로 포도주를 만들어 주신다. 예수께서 만드신 포도주를 맛본 연회장이 신랑을 불러 말한다. "사람마다 먼저 좋은 포도주를 내고 취한 후에 낮은 것을 내거늘 그대는 지금까지 좋은 포도주를 두었도다"(요 2:10). 그의 요지는 '처음 것보다 나중 포도주가 더 맛있다'는 것이다. 더 맛있는 그 포도주를 누가 만들었는지 우리는 알고 있다. 포도주를 생명에 빗대어 이 이야기를 이해해 보자. 예수께서 주시는 삶의 맛은 남다르다. 삶의 질이 깊고 그윽하여 이전 삶과는 질적으로 확연한 차이가 있다는 것이다. 예수께서는 양들이 이런 고품격의 삶을 얻고 누리도록 하고자 오신 것이다.

풍성한 삶의 의미

예수께서 주시려 한 더 풍성한 삶은 무엇일까? 요즈음 우리 사회의 화두는 삶의 질이다. 경제협력개발기구(OECD)의 "2020년 삶의 질"(How's Life? 2020) 보고서가 나왔다. 특히 주목할 만한 것은 삶의 만족도를 묻는 질문이다.[1] 자신의 삶의 질이 어떠한지를 묻는 질문에는 다음과 같은 내용이 포함되었다. "필요할 때 도움을 줄 수 있는 친구나 친척이 있는가?",[2] "부모와 자녀가 함께하는 시간은 얼마인가?", "일과 삶의 균형은 이뤄지고 있는가?", "자신의 건강에 대해 만족하는가?" 등이다. 삶의 만족도를 묻는 그 같은 질문에 대한 답변에서 대한민국은 OECD 국가 중 최하위권(33개국 중 32위)을 차지했다. 따라서 한국 사회의 물질적 삶은 나아졌지만 삶의 질은 떨어졌다는 데에 이의를 제기할 수 없을 것 같다.

삶의 질이 나아졌다고 체험되는 때는 통상 네 가지 조건이 충족될 때다. 첫째, 건강하고, 둘째, 스트레스가 없고, 셋째, 힘들 때 의지하고 마음 터놓고 이야기할 사람이 많고, 넷째, 자신이 하는 일의 의미를 찾을 때다. "내가 온 것은 양으로 생명을 얻게 하고 더 풍성히 얻게 하려는 것이라"고 하신 예수의 말씀은 물질적으로 부요해졌을지라도 삶의 질이 낙후된 대한민국 사회를 살아가는 우리에게 여전히 진리일 수 있을까?

---

1 www.oecd.org를 참조하라.
2 우리나라는 필요할 때 의지할 가족이나 친구가 없다고 답한 사람이 응답자의 19퍼센트로, OECD 평균(9퍼센트)의 두 배가 넘었다. 이는 조사 대상 41개국 중 그리스(22퍼센트) 다음으로 낮은 수치다.

스트레스가 없어야 삶이 풍성해진다고 했는데, 예수께서 자신의 양들에게 주시는 풍성한 생명은 스트레스 없는 삶과 무슨 관계가 있는가? 요한복음 10장의 맥락에서 본다면 양들이 스트레스를 받는 것은 강도들 때문이다. 들어가면 돌보아 주겠다고 해놓고서는 일단 들어오고 나면 빼앗고 죽이고 멸망시킨다. 예수의 양들이 되면 이런 스트레스가 사라진다. 참 목자 예수의 관심은 자신의 유익이 아니라 양들의 행복이기 때문이다. 예수를 믿는 일은 예수의 이런 말씀의 진정성을 믿고 그분에게 내 삶을 맡기는 것이다. 그런 맡김의 결과는 예수의 양들이 되는 것이고, 예수의 양들이 된 결과, 모든 스트레스를 이기는 힘이 생긴다. '내게 일어나는 어떤 일도 결국에는 더 풍성한 삶으로 끝난다'는 믿음의 힘 말이다.

좀 더 면밀히 살펴보자. 스트레스의 원인이 되는 강도가 우리에게는 누구일까? 믿고 맡기면 약탈하는 강도는 '탐심에 이끌려 사는 자아', '불의한 사회 구조', 그리고 그 모든 배후에 있는 '사탄'이라는 것이 성경의 일반적 가르침이다. 예수께서 오신 이유는 한 영혼을 탐심으로부터, 불의한 사회 구조로부터, 사탄의 억압으로부터 해방시켜 풍성한 삶을 살게 하기 위해서다.

몸의 건강을 지키는 것이 삶을 풍성하게 한다고 했는데, 예수께서 주시려 한 더 풍성한 생명은 우리 몸의 건강과 무슨 관계가 있는가? 복음은 우리 몸에 대한 새로운 인식을 가져오고, 신앙은 몸을 돌보는 삶과 결코 분리되지 않는다. 예수께서는 우리 몸이 하나님의 성전임을 알려 주셨기 때문이다. 그래서 바울은 "너희 몸을 하나님이 기뻐하시는 거룩한 산 제물로 드리라"(롬 12:1)고 했다. 하나님이 받으시는 예배는 우리 몸의 예배라는 것을 안다면, 하나님을 알아 갈수록 몸에 대한 우리의 자세 역시 바뀌어 갈 수밖에 없다. 과식, 과음, 흡연은 물론이고 몸의 자세, 몸 돌봄, 몸 사용 등 모두가 기독교 영성에서 부차적인 문제가 될 수 없다.

어느 시인이 말한 것처럼 저녁 먹고 나서 고무신 신고 스스럼없이 찾아가거나 어려울 때 의지하며 마음 터놓고 이야기할 주변 사람이 많을 때 삶의 질은 올라간다는데, 예수께서 주시려 한 더 풍성한 생명은 이것과 무슨 관계가 있을까? 예수께서는 "너희는 …… 나의 친구"(요 15:14)라 하셨다. 예수께서는 비 오는 날 고무신 신고 찾아갈 수 있는 친구일 뿐 아니라, 우리를 위해 기꺼이 자신의 목숨을 내려놓으신 친구다. 또한 예수께서는 당신을 주로 믿는 자를 홀로 살도록 하지 않고 교회 공동체로 보내신다. 모든 마음의 짐을 함께 서로 나누도록 하셨다. 어려울 때 마음 터놓고 이야기할 수 있는 친구가 있는 것으로 삶의 질이 올라간다면 그리스도인은 삶의 질이 올라갈 수밖에 없다. 그리스도인이 된다는 것은 친구를 위해 기꺼이 자신의 목숨을 버리신 예수와 친구가 되는 것이 때문이다.

내가 하는 일의 의미를 찾을 때 삶의 질이 올라간다면, 예수를 믿는 것은 일의 의미를 찾는 것과 무슨 관계가 있을까? 우리 시대는 자본의 많고 적음으로 노동의 의미를 평가하는 경향이 있다. 하지만 교회에는 자본의 역할을 무시하지 않으면서도 사회의 기준과는 다른 노동의 의미 평가 기준이 필요하다. 예를 들어 보자. 교회는 그리스도께서 하늘 양식과 육의 양식이라는 두 양식을 주신다고 믿는다. 교회의 머리 되신 그리스도께서 오병이어 기적으로 육의 양식을 공급해 주시고,

자신의 목숨이라는 영의 양식도 주셨기 때문이다(요 6장). 그러므로 교회는 성찬을 집행하는 사역자의 손이나 밥을 하는 주방 봉사자의 손이 모두 그리스도의 손이라 믿는다. 이처럼 교회는 노동의 가치를 하나님 나라 시각으로 재조정하도록 하고 또 해야만 한다. 일의 의미를 자본의 논리로만 평가하다가 결국 '물질적으로는 풍요하지만 삶의 질은 떨어진 우리 사회'에서 교회가 대안적 삶의 질을 제시할 수 있는 이유가 여기에 있다.

기독교는 예수의 양들이 됨으로 스트레스가 극복될 수 있는 길을 제시하고, 건강을 관리해야 할 신학적 이유를 제공하며, 교회 공동체를 통해 더불어 살 수 있는 길을 열어 주고, 내 노동의 가치를 하나님 나라 시각에서 새롭게 발견하도록 도와줌으로써 한 사람으로 하여금 더 풍성한 삶을 살 수 있도록 하는 일에 기여할 수 있다.

더 본질적이고 풍성한 삶, 하나님의 생명

하지만 이것이 다가 아니다. 예수께서 주시려 한 더 본질적이고 더 풍성한 삶이 있다. 하나님의 생명이다.[3] 예수께서 주시는 삶이 이전의 모든 삶보다 질적으로 차원이 다른 삶인 이유는 그분이 주시려 한 생명이 하나님의 생명이기 때문이다. 세상 어디에 인간이 하나님의 생명을 맛본다는 이야기가 있는가? 예수께서 오신 이유는 단지 스트레스 없

---

3 지금까지 본 것은 삶의 수평적 차원이었다. 스트레스에서 해방되는 것, 몸의 건강, 진실한 친구들과의 만남, 노동의 가치에 대한 새로운 시각 등은 모두 수평적 차원에서 이뤄지는 삶의 질 향상이다. 그러나 예수께서 양들에게 주시려 한 '생명의 풍성함'은 수평적 차원의 삶의 개선만이 아닌 수직적 차원에서 주어지는 생명도 포함한다. 풍성하다는 말 자체가 수평적 차원과 수직적 차원 모두를 포함하기 때문이 아니겠는가!

는 삶만을 위해서가 아니라 우리로 하나님의 생명, 곧 영생을 맛보고 살아가도록 하기 위해서다!

그러나 아무리 좋은 생명이라도 그것을 얻어야 삶의 질이 올라간다. 이 생명을 어떻게 얻을 수 있는가?

두 영역의 결합[4]

예수께서는 자신을 만나기 위해 찾아온 나다나엘에게 더 풍성한 생명을 어떻게 얻을 수 있는지를 암시하신다.

> 하늘이 열리고 하나님의 사자들이 인자 위에 오르락내리락하는 것을 보리라(요 1:51).

이 말씀 속에서 예수는 사다리다. 하나님의 사자들이 예수를 딛고 하늘로 올라갔다가 내려오고 있기 때문이다. 나다나엘에게 소개된 예수는 하늘과 땅이라는 두 공간을 연결하는 통일체이시다.

요한복음에는 두 가지 공간적 이동이 있다. 하나는 하늘의 것이 땅으로 내려오는 것이다. 하늘의 빛이 땅을 비추고, 하늘에 계시는 하나님의 말씀이 육신이 된다. 그러나 내려오기만 하는 것이 아니다. 땅에 오신 빛이자 말씀이신 예수께서는 다시 하나님에게로 올라가신다. 요한복음 13장 1절은 "예수께서 자기가 세상을 떠나 아버지께로 돌아

---

[4] 이어지는 글은 예수의 성육신 사건에서 하늘과 땅, 시간과 영원, 생명과 죽음, 하나님과 사람의 통합을 보는 박호용, 「요한복음」, (서울: 쿰란출판사, 2012), 506-508쪽에서 통찰을 얻었음을 밝혀 둔다.

가실 때가 이른 줄 아시고"라고 말한다. 그래서 예수께서는 내리락오르락하신다. 올라가실 거면 왜 내려오셨는가? 하늘을 땅에 가져오고자 내려오셨고, 땅을 하늘로 끌어올리고자 오르신 것이다. 하나님의 생명을 땅에 심고, 인간의 생명을 하나님 생명의 차원으로 끌어올리기 위해서다. 예수께서는 우리 없는 하늘을 원치 않으시기에 우리가 있는 땅에 오시어 이 땅을 하늘과 연결시키신 것이다.

예수께서는 땅과 하늘을 연결하는 사다리다. 땅은 예수를 통해 하늘로 갈 수 있고, 하늘은 예수를 통해 땅으로 내려올 수 있다. 예수께서 하늘 생명을 땅에 주시는 분이다. 그러므로 더 풍성한 생명, 곧 하늘에 계신 하나님의 생명을 얻는 길은 예수 자신을 얻는 것이다.

두 시간의 결합[5]

예수 안에서는 공간(하늘과 땅)만 아니라 시간(영원과 현재)도 통합된다. 요한복음 1장에 따르면 예수께서는 창조 전부터 계셨다("태초에 말씀이 계시니라 이 말씀이 하나님과 함께 계셨으니"[1절]). 예수께서는 영원부터 계셨던 것이다. 그런데 예수께서 몸을 입고 시간 속으로 들어오셨다. 하나님의 성육신은 '영원'과 '시간'의 만남이 이뤄진 사건이다. 그런 후 예수께서는 시공간의 제한을 받지 않는 부활의 몸을 입으신 후 다시 하나님께로 가신다(요 20:17). 다시 영원 속으로 들어가신 것이다. 영원을 시간 속에 가져오시고 다시 시간을 영원 속으로 가지고 가신 것이다.

예수를 통해 하늘이 땅이 되었을 뿐만 아니라 영원이 시간과 만

---

5 박호용, 「요한복음」, 507쪽 참조.

난다. 그러므로 예수를 얻는 것은 이 땅에 살면서 영원을 맛보는 삶이기에 더 풍성한 삶을 사는 길이다.

죽음과 생명의 통합

하늘과 땅, 시간과 영원뿐 아니라 생명과 죽음도 예수에 의해 통합된다. 생명과 죽음은 서로 만날 수 없다. 그 둘 사이에는 건널 수 없는 계곡이 있다. 예수 역시 소명에 따라 사시다가 죽으셨다. 하지만 예수께서는 부활하셨다. 부활을 통해 죽음과 생명 사이의 메워질 수 없던 간격이 메워졌다. 죽음은 끝이 아니라 부활로 들어가는 입구임을 예수께서 친히 증명해 보이셨기 때문이다. 이로써 예수 안에서 죽음과 생명의 구분이 사라졌다. 이것이 예수께서 마르다에게 "나를 믿는 자는 죽어도 살겠고 무릇 살아서 나를 믿는 자는 영원히 죽지 아니하리니"(요 11:25-26)라고 말씀하실 수 있었던 이유다.

예수를 중심에 모실 때 우리는 죽어도 살고, 살아서 믿는 자는 영원히 산다. 예수 안에서 죽음과 삶의 경계선이 무너졌기 때문이다. 그렇다면 예수를 얻을 때 누릴 수 있는 생명은 살면서 영원을 맛보고 죽음의 순간에도 그 죽음의 힘을 이기는 질 높은 삶이다.

두 존재의 통합

뿐만 아니라 예수를 통해 사람과 하나님마저 통합된다. 예수께서는 하나님인데 인간이 되셨기 때문이다. 예수 안에서 하나님과 인간이 통합된 것이다. 예수를 알 때 우리는 참 인간이 무엇과 같은지를 알 수 있고, 예수를 알 때 참 신은 또 어떠한지를 알게 된다.

이처럼 예수께서는 하늘과 땅, 영원과 시간, 죽음과 생명, 하나님과 사람을 통합하는 중보자시다. 에베소서 1장 10절에서 바울은 "하늘에 있는 것이나 땅에 있는 것이 다 그리스도 안에서 통일되게 하려 하심이라"고 했다. 그렇다면 하나님이 양들에게 주시려는 더 풍성한 생명을 얻는 길은 그리스도를 얻는 것이다("그리스도를 얻고 그 안에서 발견되려 함이니"[빌 3:8-9]). 바울이 왜 그렇게도 "내 주 그리스도 예수를 아는 지식이 가장 고상"(빌 3:8)하다고 말했는지 우리는 이제 이해할 수 있을 것 같다. 그 안에서 하늘과 땅이 연결되고, 영원과 시간이 통합되고, 죽음과 생명의 경계선이 무너지고, 하나님과 사람이 통합되고 있기에 그분을 얻는 일이 맛 좋은 삶으로 나아가는 길이다.

그리스도를 믿을 때

우리는 제한적인 존재로 평생 불안과 초조, 스트레스와 두려움에 노출된 채 살아간다. 이런 우리에게 예수께서는 생명을 주시되 더 풍성히 주려 하신다. 예수께서 주시려 한 '더 풍성한 생명'은 인간에 의해 자체 생산된 생명이 아니라 하늘로부터 오는 하나님의 생명, 곧 영생이다. 예수를 믿을 때 스트레스를 이길 수 있는 역량이 생기고, 어려울 때 의지할 수 있는 친구가 생기고, 몸의 가치를 새로 발견하고, 일상의 의미를 재발견할 수 있는 근본적인 이유는 예수를 통해 하나님의 생명이 주어지기 때문이다. 그 하나님의 생명을 얻는 길은 예수를 얻는 길이다. 예수 안에서 나뉘어져 있던 하늘과 땅이 통합되고, 영원과 시간이 만나고, 죽음이 생명으로 들어가는 입구가 되고, 예수 안에서 하나님을 볼 수 있게 되기 때문이다.

물론 이런 삶을 현재에 다 누릴 수 있는 것은 아니다. 가나 혼인 잔치가 말해 주듯, 분명 나중에 나오는 포도주가 더 맛있다. 마지막 부활 후 우리에게 새로운 생명이 온전히 빛을 발할 것이다. 하지만 그럼에도 지금 예수를 믿을 때 역시 그날의 맛이 어떠한지를 미리 맛볼 수 있는 축복을 받을 수 있다. 그렇다면 삶의 질이 언제 높아지는지는 분명해졌다. 그리스도를 얻고 그 안에서 나를 새롭게 발견할 때다.

4장   하나님 나라의 담지자, 예수의 삶의 자리

한 사람을 알아 가는 일은 그가 한 말과 행동에 대한 지식을 포함한다. 그가 하는 말은 듣지 않고 그 행동만 보면 오해와 편견이 생길 수 있고(예를 들면, '왜 저런 옷을 입고, 왜 저런 사람들과 같이 지내는가'와 같은 생각), 반대로 몸의 삶은 보지 않고 말만 들으면 말의 진정성과 적실성을 잃어버리게 된다(예를 들면 '그래서 어떻다는 말인가?'라는 생각). 예수를 아는 일도 예외가 아니다. 예수는 하나님 나라 선포를 소명으로 여기셨기에 예수의 말과 삶을 아는 일이 하나님 나라를 아는 일이다. 하나님 나라는 예수의 말의 언어로 선포되고 몸의 언어로 실현되었기 때문이다.[1] 그러므로 이 장에서는 예수의 삶의 자리를 들여다보면서 하나님 나라가 어디로 어떻게 도래하는지를 보고자 한다.

예수의 삶의 무대

예수께서 길을 가실 때 한 사람이 다가와 "어디로 가시든지 나는 따르리이다"라고 했다(눅 9:57). 그러자 예수께서 그 사람이 따라올 때 보게

---

[1] 우리가 예수를 믿고 따르는 것은 예수야말로 말과 삶, 언어와 몸이 따로 움직인 분이 아니기 때문이다. 그분의 삶의 방식은 그분의 말씀이 만들어 낸 것이고, 또 그분의 말씀은 그렇게 살아가던 그분의 삶에서 나왔다. 그렇기에 예수를 알려면 그분이 전하신 말로 된 가르침과 몸의 흔적 모두를 알아야 한다.

될 자신의 삶의 자리에 대해 말씀하신다.

> 예수께서 이르시되 여우도 굴이 있고 공중의 새도 집이 있으되 인자는 머리 둘 곳이 없도다(눅 9:58).

"인자는 머리 둘 곳이 없다.]" 예수께서는 어딘가에 머무르기 위해 길을 떠나신 것이 아니다. 길 위의 삶이 자신의 여정이고 목적이었던 것이다. 유랑민의 삶이 예수께서 택한 사역과 삶의 방식이었다. 물론 예수께서는 집에서 가르치시고 그곳에서 식탁 교제도 즐겨하신 것이 사실이나 한 집에만 머물지 않으시고 이 집 저 집 돌아다니셨고, 고향에만 머물지 않고 이 마을 저 마을을 다니셨다(막 1:38-39). 바다, 해변, 산, 길, 들, 광야, 회당, 예루살렘 성전 등 모든 곳이 하나님 나라를 가르치는 장소였다.

예수의 그 같은 삶의 방식은 여러 차원의 함의를 가진다. 현대 사회는 그(그녀)가 이룩한 성취에 따라 한 사람을 평가하는 경향이 있지만, 고대 사회는 그(그녀)가 속한 집안 혹은 마을이 어딘지를 근거로 삼아 평가하곤 했다. 그런데 복음서가 보여 주는 예수의 삶의 무대는 그분의 집안(household)이나 고향이 아니었다.

가족들과의 관계에서

마가복음 3장 21절에 따르면 "그가 미쳤다"는 소문이 나돌자 '친척들이' 예수를 붙들러 집에서 나선다.[2] 이윽고 31절에서는 예수께서 계신

---

2   예수의 가족관에 대해서는 박윤만, 「마가복음 : 길 위의 예수, 그가 전한 복음」 (서울: 감은사,

곳에 온 어머니와 동생들이 안으로 들어가지 못하고 문 밖에 서서 사람들을 대신 보내어 예수를 불러내려 한다. 친척과 가족이 등장한 이유는 예수를 집으로 데려가기 위해서일 것이다.

당시의 전통적 가족관에서 보았을 때 예수는 결코 가정적이지 않으셨다. 공생애 시작 후 예수께서는 줄곧 하나님의 새로운 가족의 탄생을 알리는 데 주력하신 것으로 보인다. 이것은 마가의 내러티브 배열 구조에도 나온다.

> A 친척들이 예수를 잡고자 함(막 3:20-21)
> 　　B 예수의 새로운 가족 선포(막 3:34-35)
> A′ 가족들이 예수를 데려가고자 함(막 3:31-35)

친척들(막 3:20-21)과 가족들(막 3:31-35)이 그분을 붙잡고자 하는 두 에피소드(A와 A′) 중앙(B)에서 예수는 자신의 새로운 가족이 누군지를 밝히신다.

> 둘러앉은 자들을 보시며 이르시되 내 어머니와 내 동생들을 보라 누구든지 하나님의 뜻대로 행하는 자가 내 형제요 자매요 어머니이니라(막 3:34-35).

이 말씀을 자신 주위에 "둘러앉은 자들"에게 하실 때 혈연에 의한

2021), 299-316쪽 참조.

가족들은 밖에 서 있었다(막 3:31-32)는 점이 중요하다. 이것은 예수에 의해 탄생된 하나님의 새로운 가족은 혈연이 아닌 하나님의 뜻에 대한 깨달음과 실천을 근거로 한다는 믿음이 예수께 있었다. 예수는 전통적인 가족의 범주에 매이는 분이 아니셨던 것이다.

고향 사람들과의 관계에서

한 사람이 속한 마을이 그 사람의 가치를 평가하는 기준이 되던 사회에서 예수에 대한 고향 사람들의 인식은 어떠했을까?[3] 예수께서 고향을 방문하신 후 회당에서 가르치기 시작했을 때 고향 사람들은 그분께 이렇게 반응한다.

> 많은 사람이 듣고 놀라 이르되 이 사람이 받은 지혜와 그 손으로 이루어지는 이런 권능이 어찌됨이냐 이 사람이 마리아의 아들 목수가 아니냐 야고보와 요셉과 유다와 시몬의 형제가 아니냐 그 누이들이 우리와 함께 여기 있지 아니하냐 하고 예수를 **배척**한지라(막 6:2-3, 강조는 저자).

고향 사람들은 "그 누이들이 우리와 함께 여기 있지 아니하냐"라고 말하며 예수를 배척한다. 예수를 보면서도 '누구의 형제자매'로 볼 뿐이다. 고향 사람들은 자신에게 익숙한 '고향의 눈'으로만 예수를 보느라 예수 안에서 예수를 통해 드러나고 있는 하늘나라를 보지 못한다. 하나님 나라를 보고 맞이하기 위해 고향이 부정되어야 하는 것은

---

[3] 더 상세한 주석을 위해서는 박윤만, 「마가복음 : 길 위의 예수, 그가 전한 복음」, 431-422쪽 참조.

아니지만, 때로는 그것을 뛰어넘어야 한다. 하지만 고향 사람들은 익숙한 고향의 눈을 뛰어넘기보다 하나님 나라를 배척한다.

결국, 예수께서는 고향 사람들에게 배척받아 안정적인 정착민의 삶에서 더욱 멀어진다. 그 결과 마가복음 6장 6절 후반부에서 말하듯 우리가 보고 있는 예수의 독특한 삶의 방식이 만들어진다. "이에 모든 촌에 두루 다니시며 가르치시더라." 예수의 떠돌아다니는 삶의 방식은 이처럼 스스로 택한 것이기도 하고, 또는 고향 사람들에 의해 배척받아 택한 삶이기도 했다.

여우와 새, 그리고 인자

누가복음에서 예수께서는 자신의 그 같은 삶의 방식을 여우와 새의 주거 방식과 비교하면서 더욱 부각시키신다. 여우도 굴이 있고 공중의 새도 집이 있는데 인자는 머리 둘 곳이 없다는 것이다. 머리 둘 곳 없는 예수와 비교된, 굴을 가진 여우는 그냥 동물을 가리킬 수도 있고 특정 인물을 가리키는 비유로 볼 수도 있는데, 둘 중 특정 인물을 가리키는 표현이라 보는 것이 더 나은 이유가 있다. 먼저는 예수께서 자신의 주거 형태를 동물의 그것과 비교해야만 하는 이유를 전후 문맥에서는 발견할 수 없기 때문이다. 무엇보다 앞서 언급된 동물이 특정 인물을 지시한다는 본문상의 증거와 역사적 근거가 있다. 누가복음 13장 31-32절에서 어떤 사람이 "헤롯이 당신을 죽이고자 하나이다"라고 알려 주었을 때 예수께서는 이렇게 답하신다.

이르시되 너희는 가서 저 **여우**에게 이르되 오늘과 내일은 내가 귀신을 쫓아내며 병을 고치다가 제 삼 일에는 완전하여지리라 하라(강조는 저자).

예수께서는 당시 갈릴리를 통치하고 있던 헤롯(왕)을 여우라고 말한다. 헤롯은 왕궁에서 왕 노릇 하며 백성을 다스리고 있었기에 여우도 굴이 있다는 말은 은밀한 왕궁을 본부 삼아 왕적 통치를 수행하고 있던 헤롯의 통치 방식을 염두에 둔 표현일 가능성이 높다. 헤롯과 달리 인자는 머리 둘 곳도 없다는 것이다.

마찬가지로 공중의 새도 비유적 표현으로 볼 수 있다. 시저의 통치를 지중해 지역으로 확장해 나가던 중심 세력인 로마 군대의 상징은 독수리였다(Vegetius, *Later Roman Empire* 2.6.2).[4] 로마 군대의 본부는 로마 황제가 있는 이탈리아였다. 로마는 이탈리아 반도를 본부 삼아 모든 지중해 지역에 새(독수리), 곧 로마 군대를 보내 세력을 넓혀 가고자 했다. 그러므로 "새도 집이 있으되"라는 말은 로마 군인도 이탈리아라는 본부를 근거지 삼아 점령과 전쟁을 하고 있다는 사실을 가리킨다고 볼 수 있다.

이처럼 여우 헤롯은 왕궁을 본부 삼아 갈릴리 지역을 다스리고, 로마는 이탈리아를 본부 삼아 온 지중해 지역을 통치하려 하지만, 하늘 통치를 땅에 심으려는 인자 예수께서는 고정된 거주지 없이 이곳저곳 떠돌아다니고 있다.

4　Oliver Stoll, "The Religions of the Armies," in *A Company to the Roman Army*, ed. Paul Erdkamp (John Wiley & Sons: West Sussex, 2011), 458쪽.

하나님 나라와 유랑자의 삶의 방식

예수의 이 같은 삶의 방식이 가리키는 바가 무엇일까? 이것을 이해하려면 예수의 소명이 하나님 나라를 이 땅에 가져오는 것이었다는 사실을 다시 기억해야 한다. 그러한 주거 방식이 이 땅에 도래시키려는 하나님 나라와 맞지 않았다면 예수께서는 떠돌이의 삶을 택하지 않으셨을 것이다. 그러나 예수께서는 그런 삶을 택하셨다. 유랑하는 삶의 방식이 그분이 도래시키려 한 하나님 나라를 잘 보여 줄 수 있다고 판단하셨기 때문이다. 그런데 예수의 유랑하는 삶과 하나님 나라는 무슨 관계가 있을까?

왜 인자인가

미리 둘 곳 없이 유랑하는 자신을 "인자"로 표현했다. 인자이신 예수께서 돌아다니셨다는 것은 놀라운 사실을 내포하고 있다. 예수께서 자신을 인자라고 하실 때 그 인자는 다니엘 7장 9-14절에서 다니엘이 환상 중에 본 인자를 가리킨다.

> 내가 또 밤 환상 중에 보니 인자 같은 이가 하늘 구름을 타고 와서 옛적부터 항상 계신 이에게 나아가 그 앞으로 인도되매 그에게 권세와 영광과 나라를 주고 모든 백성과 나라들과 다른 언어를 말하는 모든 자들이 그를 섬기게 하였으니 그의 권세는 소멸되지 아니하는 영원한 권세요 그의 나라는 멸망하지 아니할 것이니라(13-14절, 강조는 저자).

다니엘은 환상 중에 "인자 같은 이"를 보는데, 그 "인자 같은 이"

는 하늘 구름을 타고 와서 "옛적부터 항상 계신 이", 곧 하나님께 인도된다. 하나님이 계신 곳은 하늘 보좌였기에 인자가 인도함을 받아 간 곳도 역시 하늘 보좌다(다니엘 7장 9절의 문자적 번역은 이렇다. "내가 보니 왕좌들이 놓이고……"). 그곳에서 하나님은 인자에게 자신의 권세를 주어 인자가 온 열방을 다스리도록 하신다(14절).

예수께서 왜 자신을 인자로 표현하셨는지는 분명하다. 자신이 바로 다니엘이 환상 중에 본 그 인자로, 인자가 받은 것처럼 자신도 하나님께 모든 권세를 받아 "모든 백성과 나라들"(단 7:14)을 통치하는 존재라는 것을 드러내려 하셨기 때문이다. 그런데 놀라운 것은 다니엘의 인자는 하늘 구름을 타고 와서 하나님이 계신 하늘 보좌에서 다스리는데, 인자 예수께서는 땅에서 머리 둘 곳 없는 유랑자의 삶을 살며 하나님의 통치를 실행하신다. 다니엘의 인자는 하늘에 있고, 인자 예수는 땅에서 떠돌아다니신다.

예수께서 보이신 하나님 나라의 특징

자신은 움직이지 않고 다른 사람을 움직이게 하는 사람이야말로 권세 있는 사람이라는 것이 사회 정치적 상식이다(성전에 머무는 대제사장과 왕궁에서 사는 왕을 생각해 보라). 그러나 예수께서는 한곳에 머무르지 않고 끊임없이 움직이신다. 게다가 유랑자는 당시 사회적 관점에서 볼 때 일단 의심해야 할 낯선 사람이라는 사회적 편견을 지닐 수밖에 없었는데도 예수께서는 떠돌이의 삶을 사신다.

창세기 4장에 등장하는 가인을 생각해 보자. 그에게 유랑 생활은 일종의 벌이었다(14절). 다윗 역시 유랑자의 삶을 살던 시기는 사울 왕의 적이 되었을 때였다. 반면 예수 시대의 종교 및 정치 지도자들은 모두 한곳에 머무르며 영향력을 행사하고 있었다. 왕은 왕궁에, 제사장과 서기관은 성전에 머물면서 자신들에게 찾아오는 사람을 가르치고 지도했다. 그러하기에 예수께서 떠돌아다니는 삶의 방식을 택하셨을 때, 사람들은 예수를 이해하기보다 오해하기 쉬웠을 것이다. 그런데도 그분이 그러한 삶의 방식을 거부하지 않으신 것은 일정한 거주지 없는 삶의 방식이야말로 하나님이 이 세상에서 왕 노릇 하시는 방식에 일치한다고 판단하셨기 때문이다.

그분의 떠돌이 삶을 통해 드러난 대로 하나님 나라는 특정 장소와 영역에서만 실현되는 것이 아니라 이곳저곳, 곧 모든 곳에서 드러나고 경험될 수 있는 실체다. 적어도 예수를 통해 도래하게 된 하나님 나라가 실현되고 체험되는 영역은 높이 솟은 고립된 왕궁이나 세속과 분리된 성전이 아닌 일반 백성의 삶 한복판이라는 점이 분명하다. 하나님 나라 선포자가 한곳에 머물지 않았다는 것은 모든 영역과 공간이 하나님의 통치가 실현되는 장소여야 한다는 의지의 표현이다.

예수께서는 하나님의 다스림을 받으려면 어떤 특정 지역으로 와야 한다고 하지 않으셨다. 오히려 예수께서 그들이 있는 곳으로 가셨다. 바다, 해변, 산, 길, 들, 광야, 회당, 예루살렘 성전 등 모든 곳으로 돌아다니신 것은 모든 곳이 하나님 나라가 임하는 곳임을 말해 주시기 위해서였다.

고향이 그분을 배척한 결과, "모든 촌"이 그분을 만날 수 있게 되었다(막 6:6b). 당시 중심에 머물던 종교 지도자들에 의해 변방으로 밀려난 부정한 자들과 죄인들이 예수를 통해 도래하는 하나님 나라의 수

혜자의 일 순위가 된 것은 우연이 아니었다. 나병환자(막 1:35-38), 거라사의 귀신 들린 사람(막 5:1-20), 북쪽에 있는 두로 지역의 수로보니게 여인은 모두 예수께서 떠돌아다니는 삶을 통해 만난 이들이다. 또한 예수를 따르는 사람들은 특정 지역, 특정 계층, 특정 성별에만 속한 사람이 아니었다. 다양한 지역(막 3:8), 다양한 신분(막 1:16-20, 40, 15:43, 요 12:42)이 그분을 추종했고, 당시 남성의 권위 아래 종속되어 있던 여성 역시 그분을 따르는 데에서 배제되지 않았다(막 15:40-41, 16:1-8).[5] 추종자들의 다양성은 하나님 나라와 그분의 삶의 방식을 일치시킨 예수의 선택이 만들어 낸 결과이기도 하다.

온 세상이 그분의 집이다

헤롯과 시저를 떠올리면 높이 솟은 왕궁이 생각나지만, 하나님을 생각하면 들, 강, 해변, 산, 바다, 배, 집, 회당이 떠오른다. 하늘의 하나님을 생각하는 데 다양한 장소가 낯설지 않은 것은 예수 때문이다. 예수께서는 떠돌아다니시며 하나님의 왕 되심을 선포하셨다. 예수께서는 내 집이라고 할 만한 집이 없으셨다. 하지만 그러한 삶의 방식은 예수로 하여금 모든 곳이 그분이 계시는 곳이 되게 하였다. 특정 거주지를 선택하지 않으신 것은 어디에나 계시는 하나님을 삶의 방식으로 선포하신 것이다.

살면서 자의에 의해서든 타의에 의해서든 한곳, 한 영역에 오래

---

5 결혼 전에는 아버지에게, 결혼 후에는 남편에게 종속되어 있었던 여성들 역시 예수를 따른다(막 15:41, 47, 16:1). 마가복음에서 예수를 따랐던 여성들의 특징에 대해서는 박윤만, 「마가복음 : 길 위의 예수, 그가 전한 복음」, 1179-1183쪽 참조.

머물지 못하고 이곳저곳을 돌아다니는 일이 일어날 때 기억해야 할 일이 있다. 그것은 우리 삶이 불안정하다는 증거가 아니라 지금도 살아 역사하고 계신 하나님의 통치하심을 다양하게 경험할 수 있는 삶의 자리이고 시간이다. 어떤 조건, 어떤 환경, 어떤 장소에서도 하나님의 통치를 인정하고 맛보고 선포하는 것이 영적인 성장이라면, 예수처럼 머리 둘 곳 없이 이곳저곳 돌아다니는 삶의 방식이 그런 영적 성장의 환경이다. 정치인과 종교인은 하나님을 한곳, 한 자리에만 머무는 분이라 생각하게 만들지만, 예수께서는 모든 곳이 하나님의 자리임을 알려 주신다.

5장   씨와 땅[1]

마가복음 4장에는 하나님 나라를 보여 주는 다섯 개의 비유가 나온다. 첫째는 네 가지 땅에 떨어진 씨 비유이고, 둘째는 등불 비유, 셋째는 헤아림(측정) 비유, 넷째는 스스로 자라나는 씨 비유이며, 마지막 다섯째는 겨자씨 비유다. 이 다섯 개의 비유를 이해할 때 보통은 각 비유를 따로 해석했다. 하지만 이 다섯 개의 비유는 하나의 덩어리로 자리 잡고 있다는 점을 간과해서는 안 된다. 그러한 배열에는 각 비유를 이해할 때 다른 비유와의 관계 속에서 보라는 뜻이 담겨 있기 때문이다. 하나를 보더라도 전체 속에서 보라는 뜻이다. 그러므로 본 장은 다섯 개의 비유가 전체적으로 어떻게 흘러가고 있는지를 보면서 큰 흐름 안에서 각 비유의 뜻을 헤아려 보려 한다.

네 가지 땅에 떨어진 씨 비유(막 4:1-20)

첫 번째는 한 사람이 땅에 씨를 뿌리는 비유다. 뿌려지는 씨는 전달되는 하나님 나라의 말씀이고, 씨를 받는 땅은 하나님 나라 말씀을 접하

---

[1] 마가복음 4장에 등장하는 비유들에 대한 보다 상세한 주석을 위해서는 박윤만, 「마가복음 : 길 위의 예수, 그가 전한 복음」, 317-374쪽 참조.

는 사람들이다. 그런데 씨가 땅에 안착하고 나서 보니 땅이 다 같은 땅이 아니었다. 선포된 하나님 나라의 말씀에 대해 사람들의 반응이 같지 않았다는 말이다. 같은 사람인데 반응이 다르다. 길가와 같은 반응이 있고, 돌밭과 같은 반응도 있으며, 가시떨기와 같은 반응, 그리고 좋은 땅과 같은 반응이 있었다.

길가는 씨가 떨어진 그 땅이 매우 딱딱한 까닭에 새가 와서 씨를 주워 먹어 버린다. 문제는 땅의 딱딱함이다. 사람들에게 매우 많이 밟혀서인지, 아니면 많은 실망 때문에 더는 기대를 하고 싶지 않아서인지, 그것도 아니면 너무 많이 들어 익숙해져서인지 씨가 먹히지 않는다. 그래서 길가에는 씨가 떨어져도 그냥 통통 굴러다니다가 한 점 바람이 불어오는 어느 날 어디론가 날려가 버리거나, 아니면 바람 따라 날아온 새가 삼켜 버린다. 땅이 삼키지 않자 새가 삼켜 버리는 것이다.

이어지는 돌밭은 길가와 같지 않다. 돌밭에 떨어진 씨는 싹을 빨리 낸다. 그런데 빠른 싹 돋음이 항상 긍정적인 것만은 아니다. 돌밭의 경우, 흙 속에 있는 돌 때문에 뿌리를 아래로 깊이 내릴 틈이 없어 뿌리를 내리는 둥 마는 둥하다가 그냥 위로 빨리 싹을 튼 것이기 때문이다. 빨리 싹을 내게 하는 것은 돌밭의 장점이라 할 수 있지만, 그 장점은 곧 약점이 된다. 태양이 내리쬘 때는 흙이 깊지 못해 씨가 뜨거운 태양을 견디지 못하고 말라 버린다. 길가는 겉이 딱딱하지만 돌밭은 속이 딱딱하다. 씨를 받지만 깊이 품지 못한다. 깊이 오랫동안 품지 못한다는 것, 그것이 돌밭의 문제다. 태양, 곧 환난과 박해가 오면 영혼 깊숙한 곳에 자리 잡지 못한 말씀은 사라져 버린다.

가시떨기가 있는 땅은 수용성이 좋다. 뭐든지 심기만 하면 잘 자란다. 덕분에 가시까지 잘 자라게 한다! 당연히 그곳에 떨어진 씨도 잘 자란다. 높은 수용성 때문에 씨도, 가시도, 잡초도 다 함께 잘 자라는 것이다. 그러다가, 처음에는 모르지만 어느 정도 시간이 지났을 때 문제가 발생한다. 분별력 없는 땅의 수용성 덕분에 무럭무럭 자란 가시는 때가 되면 그 끝이 뾰족하고 날카로워진다. 이윽고 옆에서 자라는 '생명'을 쿡쿡 찌르기 시작한다. 한두 번도 아니고 가시의 찌름이 그렇게 반복되다 보면 씨의 숨은 한숨이 되고, 결국 기운이 다 빠져 말라 죽는다. 예수께서는 가시가 염려라고 말씀하셨다. 가시떨기와 같은 땅은 식별 없는 개방성과 수용성 덕분에 온갖 생각과 염려거리를 다 받아들여 묵상하고 또 묵상한다. 자신이 한 모든 말과 다른 사람이 한 모든 말을 하나님의 말씀 묵상하듯이 묵상하고 또 묵상한다. 그러다 보면 염려가 염려를 낳고, 근심이 근심을 낳는다. 이제 복잡해진 생각으로 말씀을 묵상할 시간이 없다. 들어온 말씀의 씨는 묵상으로 숨을 쉬고 자라는데도, 그 씨를 품은 이가 묵상은 없고 한숨만 쉬며 염려하다 보니 씨의 숨구멍은 점점 좁아져서 갈수록 시들시들해지다가 어느 날 숨통이 꽉 막혀 죽어 버린다.

이처럼 길가에 떨어진 씨는 새(사탄)에 의해 빼앗기고, 돌밭에 떨어진 씨는 태양(환난)에 의해 말라 버리고, 가시떨기에 떨어진 씨는 가시(염려)에 의해 숨통이 막혀 말라 죽는다. 오직 단 하나만 살아남는다. 좋은 땅에 떨어진 씨다. 좋은 땅의 조건이 무엇인지는 본문에서 말하지 않지만, 분명한 것은 좋은 땅은 길가의 딱딱함이 걷어 내어지고, 돌밭에 있던 돌이 캐내어져 흙이 깊어지고, 가시떨기의 무조건적인 수용성은 분별력으로 대체된 상태라는 것이다.

그러나 질문이 생기지 않을 수 없다. 씨의 생존율이 4분의 1이라는 사실 말이다. 창조와 새 창조의 능력을 가진 말씀이 어떻게 그리 쉽게 죽을 수 있단 말인가! '그래도 하나가 어디인가'라며 위안 삼을 수도 있다. 하지만 이 씨가 어디 그냥 씨인가? 생명의 말씀이다. 그런데도 하나님 나라가 땅의 상태에 따라 그렇게 맥 한 번 못 추고 죽어 버릴 수 있는가? 말씀이 그렇게도 힘이 없단 말인가라는 의문이 생기고 또 생긴다. 4분의 1이라는 불안한 생존 확률은 결국 예수께서 선포하신 하나님 나라의 생명력에 의문을 갖게 만들기도 한다. 하나님 나라가 그렇게도 힘이 없는가? 이 질문에 대해서는 곧이어 나오는 등불 비유(4:21-23)와 헤아림 비유(4:24-25)가 답해 주고 있다.

등불 비유(막 4:21-23)

먼저 등불 비유다. 등불 비유는 길가, 돌밭, 가시떨기에 떨어졌다가 사라져 버린, 없어져 버린 씨 이야기를 주제로 삼는다. 그 첫 문장은 이렇다.

> 사람이 등불을 가져오는 것은(막 4:21).

> 등불이 온 것은(막 4:21, 저자 직역).

보통 등불은 사람들이 들고 오거나 옮기는 것임에도 등불이 직접 왔다고 한 것은 등불이 가리키는 바가 있기 때문이다. 마가복음 4장에 나오는 비유들의 주제가 '하나님 나라'인 것을 생각하면, 등불은 하나님 나라 혹은 하나님 나라를 선포하신 예수 자신을 가리키는 것이 틀림없다. 그러하기에 그 뜻을 풀이하면 이렇다. "예수께서 오신 것은 혹은 하나님 나라가 도래한 것은 말(통) 아래나 평상(침상) 아래에 있기 위함이 아니라 등경(등잔대) 위에 있기 위함이다." 예수께서 이 말씀을 네 가지 땅에 떨어진 씨 비유 직후에 하신 이유가 있다. 씨가 사탄에 집어 삼켜지고, 태양에 의해 말라 버리고, 가시에 의해 숨통이 조여지더라도, 그렇다고 해서 씨의 생명이 완전히 끝난 것은 아니라는 말씀을 하시기 위함이다. 말씀이 선입견에 의해 받아들여지지 않고, 환난에 의해 날려가 버리고, 근심에 의해 눌려 버리더라도 그것은 말씀의 종국적 도착지가 아니다. 씨의 생명력, 하나님 나라는 그렇게 쉽게 끝나지 않는다. 그러면 왜 그렇게 사라져 버리는가? 22절을 보자. 22절을 쉽게 번역하면 이렇다.

> 숨겨진 것은 반드시 드러나게 될 것이고
> 비밀스러운 것은 반드시 명백해지게 될 것이다.
> 들을 귀 있는 자는 들으라(저자 번역).

등불 비유는 말한다. "씨가 사라진 것은 드러나기 위함이고, 죽은 것은 다시 되살아나기 위함이다." 그러므로 등불 비유는 앞선 비유를 다시 해석하게 하고, 우리 삶에 떨어졌다가 사라져 버린 것 같은 하나님 나라를 다시 내다보게 한다. 씨의 사라짐은 멸망이 아니라 열매 맺을 준비인 것이다. 새에 삼켜져 버린 씨는 배설물과 함께 다시 나와 그 자리에서 생명의 꽃을 피울 것이다. 태양에 의해 말라 버린 씨도 파종

감이 될 준비를 하고 있다. 가시에 의해 죽어 버린 씨 역시 한 알의 밀알이 되어 많은 열매의 밑거름이 될 준비를 한다. 생명은 죽지 않는다. 다만 장소와 모양만 바뀌어 역사할 뿐이다.

헤아림 비유(막 4:24-25)

헤아림 비유는 4장에 나오는 다섯 개 비유의 중앙에 있다. 이 비유 앞에 두 개의 비유가 있고, 이 비유 뒤에 두 개의 비유가 있다. 그래서 예수께서는 이 비유를 가지고 한편으로는 앞서 말씀하신 두 비유를 되돌아보시고, 다른 한편으로는 뒤에 나올 두 비유의 내용이 무엇이 될지를 예고하신다. 앞선 두 비유의 첫째 비유인 네 가지 땅의 비유는 듣는 사람(땅)의 마음의 중요성을 말했고, 그 다음 나온 등불 비유는 씨가 사라진다고 해서 사라지는 것이 아니라고 말하면서 씨의 생명력을 강조했다. 그래서 헤아림 비유는 앞에 나온 두 주제, 곧 사람의 책임과 하나님 말씀의 능력 둘 다 중요함을 말하고 있다.

첫째 비유: 네 가지 땅에 떨어진 씨 비유 〈수용자의 책임〉

둘째 비유: 등불 비유 〈씨의 생명력〉

셋째 비유: 헤아림 비유 〈사람의 책임과 하나님의 능력〉

넷째 비유: 저절로 자라나는 씨 비유 〈씨의 자생력〉

다섯째 비유: 겨자씨 비유 〈사람의 예상을 뛰어넘는 씨의 성장〉

아래 마가복음 4장 24-25절은 필자의 의역이다.

그대들이 듣고 이해하는 만큼 하나님이 깨달음을 주실 것입니다. 게다가 이해하는 자에게는 이해하는 양 그 이상의 풍성한 깨달음을 주실 것입니다. 그 말씀을 듣고 품는 자는 깨달음을 얻을 것이지만 품지 않는 자에게서는 그 들은 것조차 사라지게 될 것입니다.

비유가 말하는 바는 하나님이 깨달음을 주시는데, 우리가 듣고 이해하는 만큼 주신다는 것이다. "듣고 이해하는 만큼 하나님이 깨달음을 주신다"면 사람이 해야 하는 일은 무엇이겠는가? 들어온 씨를 이해하고자 끝까지 품는 것이다. 빨리 싹을 내려고 서두르거나, 싹이 났는지 어쨌는지 알아보려고 땅을 파보고 싶은 마음을 버리고, 그저 씨의 생명력을 믿고 끝까지 품고 있는 것이다. 이것을 듣는 사람의 책임이라 말한다. 앞에 나온 등불 비유가 말했듯이 '씨가 사라져도 사라진 것이 아니'라면 하나님 나라 말씀의 그 같은 생명력이 사람에게 역사하는 길은 그 씨를 끝까지 품는 것이다. 비록 온전하지는 않을지라도 말씀을 이해한 만큼은 가슴에 품고 있어야 한다. 씨를 통한 역사는 하나님이 하실 것이다. 이런 점에서 헤아림 비유는 인간의 책임과 하나님의 주권이 동시에 강조되고 있다고 말할 수 있다.

헤아림 비유는 예수께서 모든 비유적 가르침의 결론으로 말씀하실 마지막 두 비유의 내용을 예고한다. 예수께서는 깨닫는 만큼 하나님이 깨달음을 준다고 하셨다가, 24절 끝에서 "더 받으리니"라고 말씀하신다. 이 말씀은 우리가 품고 깨달으면 하나님은 깨닫는 만큼만 은혜를 주시는 것이 아니라 사실 더 풍성하게, 깨달은 양보다 훨씬 풍성한 양을 주신다는 것이다. 이것을 은혜라 부른다. 헤아림 비유는 처음에는 인간의 책임과 하나님의 주권의 균형을 말했다가 그것을 무너뜨린다. 하나님은 우리가 하는 만큼 일하시는 것이 아니라 그 이상의 역사를 베푸시는 은혜로운 분이기 때문이다. 우리가 이해하는 만큼 받는다면 우리가 어찌 하나님 나라의 비밀을 깨달을 수 있겠는가? 따라서 씨의 운명은 인간의 태도에 달려 있다는 말은 반쪽 이야기다. 씨의 성장과 자라남은 오직 하나님의 역사에 의해 진행된다.

저절로 자라나는 씨 비유와 겨자씨 비유(막 4:26-32)

마지막 비유는 저절로 자라나는 씨 비유와 겨자씨 비유다. 예수께서는 이 마지막 두 비유를 통해 앞선 세 가지 비유의 최종 결론을 내리신다. 비유 시작 전에 이 비유가 "하나님 나라"에 관한 것이라 밝히신다(막 4:26). 하나님 나라가 어떻게 역사하는지를 보라는 말씀이다. 우리는 지금까지 이것을 보기 위해 여기까지 온 것이 아닌가! 먼저, 저절로 자라나는 씨 비유의 요지는 '농부의 무지'와 '씨의 자생력'을 비교하는 데 있다. 농부의 무지는 "그가 밤낮 자고 깨고 하는 중에 씨가 나서 자라되 어떻게 그리 되는지를 알지 못하느니라"(막 4:27)라는 말씀에 담겨 있고, 씨의 자생력은 "땅이² 스스로 열매를 맺되"(막 4:28)라는 말씀에 담겨 있다. 요지는 땅에 들어간 씨는 스스로 자란다는 것이다.³

마가복음 4장의 비유 중 마지막은 겨자씨 비유다. 겨자씨 비유의 요지는 씨는 인간의 예상을 벗어나서 역사한다는 것이다. 이런 역 예

---

2 여기서 "땅이 스스로 열매를 맺는다"는 것은 '씨가 스스로 열매를 맺는다'라는 뜻의 다른 표현이다. 씨가 들어간 곳이 땅이기에 땅을 가지고 씨를 말하는 비유(환유법)다.

3 물론 과장이다. 씨가 자라기 위해 농부가 얼마나 많은 수고를 하는지 우리는 알고 있기 때문이다. 하지만 과장법을 통해 예수께서 말씀하시려 한 핵심이 있다. 그것은 하나님 나라를 가리키는 씨에는 생명력이 있기에 사람의 어떤 영향과도 상관없이 그 생명력은 결국 싹을 단계적으로 피워 간다는 것이다.

상은 겨자씨가 땅에 심길 때에는 땅 위의 모든 씨보다 작지만 일단 심긴 후에는 모든 풀보다 커지며 큰 가지를 내어 결국 공중의 새들이 그 그늘에 깃들일 만큼 된다는 말씀에 담겨 있다. 하나님 나라의 진행은 인간의 기대를 넘어선다. 우리는 씨가 사라지면 생명이 꺼졌다고 생각하지만 예수께서는 겨자씨 비유를 통해 그런 예상을 뒤엎으라고 하신다. 씨는 죽었다고 죽은 것이 아니고, 사라졌다고 사라진 것이 아니다. 씨는 죽지 않고 스스로 자라되 우리가 모르는 가운데, 우리 예상과 다르게 그렇게 자란다. '염려'라는 가시에 찔려 말씀의 기운이 죽어 버린 것 같지만 그렇다고 내 안에 심겨진 말씀이 죽는 것은 아니다. 오히려 그 죽음이 한 알의 밀알이 되어 염려를 죽이고, 나와 가족, 그리고 이 땅에 하나님 나라를 이루는 계기로 하나님은 바꾸실 수 있다고 믿으라는 것이다.

우리 안에 심겨진 하나님 나라의 말씀

마가복음 4장에는 총 다섯 개의 비유가 있다. 그것들은 모두 한 덩어리이다. 그 가운데 어떤 흐름이 있다. 그 흐름은 인간의 태도가 갖는 중요성과 하나님 나라의 말씀의 능력이다.

첫 번째 비유인 네 가지 땅에 떨어진 비유는 인간의 태도에 따라 씨의 운명이 달라지는 것을 통해서 말씀이 역사하는 데, 그리고 하나님 나라가 진행되는 데 인간이 그것을 대하는 태도가 얼마나 중요한지를 보여 준다. 그러나 마지막 두 비유에서는 말씀이 역사하고 하나님 나라가 역사하는 데 인간의 무지와 예상의 한계가 강조되면서, 하나님 나라는 오직 하나님의 능력과 생명력에 따라 단계적으로 성장해 나간다는 것을 말한다. 그리고 4장에 나온 비유들의 중앙에 나오는 두 비유는 인간의 불성실한 태도에 따라 말씀이 사라지는 문제에 대해 이야기하는데, 말씀이 사라지고 없어진다고 영원히 사라지는 것이 아니라 오히려 그 사라짐이 결국은 열매 맺는 과정이라 말한다. 중간의 두 번째 비유는 인간의 책임을 말하면서 말씀이 들려올 때 깊이 이해되지 않더라도 끝까지 붙들라고 한다. 그러면 하나님이 그것을 통해 깨달음을 주기 시작하신다는 것이다. 떨어진 말씀이 하나님 나라의 문이라는 것이다.

문이 열려야 은혜가 들어온다. 하지만 열린 문으로 들어오는 하나님의 은혜는 열린 문만큼만 들어오는 것이 아니라 더 풍성히, 더 많이 쏟아져 들어온다. 하나님은 품은 그 말씀을 문으로 삼아 은혜를 쏟아 부어 주실 것이고, 어느 날 그렇게 들어온 하나님의 나라는 우리도 모르게 큰 가지를 내어 수많은 공중의 새들이 그 그늘에 깃들일 것이다.

6장　　　　빛과 어둠의 만남

요한복음 11장 35절에는 나사로가 죽은 후 그의 누이들을 만나러 온 예수께서 대화 중에 눈물을 흘리시는 모습이 나온다. 내 안에 슬픔과 기쁨의 감정이 복받쳐 올라오면 눈물이 난다. 비록 나는 아니더라도 다른 사람이 그런 감정 중에 있고 내가 그 사람과 하나가 되면 나도 눈물이 난다. 눈물을 흘리는 것은 이런 점에서 인간미(美)를 볼 수 있는 모습이기도 하다. 내 감정과 마음, 내 존재가 살아 있다는 증거, 우리 인간이 다른 사람과 연대하며 살아가고 있다는 증거는 눈에 있는 것이다.

예수께서 눈물을 흘리신 순간

예수께서 우셨다. 무엇 때문인지는 예수께서 눈물을 흘린 시점이 말해 준다. 예수께서 우신 시점은 죽은 나사로를 조문하러 온 사람들에게서 무슨 말을 들었을 때다. 나사로 집에 도착하여 마리아에게 죽은 오빠를 어디에 두었느냐고 예수께서 질문하시자, 그곳에 모여든 사람들이 일제히 한목소리로 대답한다.

　　와서 보옵소서(요 11:34).

개역개정 성경에는 "이르되 주여 와서 보옵소서"라고 되어 있지만 원어에는 복수 주어가 뚜렷하다. "그들이 이르되 주여 와서 보옵소서"로 되어 있기 때문이다. "그들"은 그곳에 모여든 조문객을 가리킨다. 예수께서는 슬픔에 젖은 이들이 한목소리로 "와서 보옵소서"라고 외치는 말을 들었을 때 우셨다. 한 명의 외침이 아니라 모인 무리가 합심해서 내는 소리를 듣고 우신 것이다. 사람들이 외친 그 말이 무엇을 뜻하는지 예수께서 아셨다는 것을 말한다.

'와 보라'는 말이 무엇을 뜻할까? 이것을 알기 위해서는 선행 본문에서 '와 보라'의 쓰임이 어떠했는지를 살펴보아야 한다. 내러티브에서 열쇠 말이 지닌 의미는 이야기가 진행됨에 따라 축적되어 형성되기 때문이다.

빛과 생명으로의 초청

요한복음 전체에서 '와 보라'는 말을 처음으로 한 사람은 예수셨다. 1장 37-39절을 보면 예수께서 길을 가실 때 세례 요한의 두 제자가 쫓아온다. 예수께서 뒤를 돌아보며 물으셨다. "무엇을 구하느냐." 그렇다. 요한복음에서 예수께서 하신 첫 말씀은 답이 아니라 질문이었다! 그러자 그들은 "랍비여, 어디 계시오니이까"라고 되묻는다. 이에 예수께서는 그 두 사람에게 대답하신다. "와 보라." 예수께서 나사로를 어디 두었느냐 물으셨을 때 사람들이 "와서 보옵소서"라고 한 것과 동일한 방식이다. "와 보라"는 말을 들은 그 두 제자는 "가서 계신 데를 보고 그날 함께 거[한다.]" "와 보라"는 말은 그 말을 들은 사람이 그 말을 한 사람과 함께 그 장소에 가서 머물게 한다.

이야기는 이어진다. 이후 예수께서 갈릴리로 가시다가 빌립을 만나 말한다. "나를 따르라"(요 1:43). 내러티브는 빌립이 따랐는지 그러지 않았는지를 설명하기보다 예수를 다른 이에게 소개하고자 그가 친구를 찾아갔다고 말한다. 나다나엘을 찾아간 빌립이 말한다. "모세가 율법에 기록하였고 여러 선지자가 기록한 그이를 우리가 만났으니 요셉의 아들 나사렛 예수니라"(요 1:45). 이에 대한 나다나엘의 반응은 냉소적이다. "나사렛에서 무슨 선한 것이 날 수 있느냐"(요 1:46). 나다나엘의 그 같은 반응은 구약 성경에 대한 지식을 바탕으로 했을 것이다. 구약 성경 그 어디에도 메시아나 위대한 선지자가 나사렛에서 나온다는 기록이 없기 때문이다. 성경과 현실의 불일치로 현실에 냉소적 반응을 보이는 나다나엘에게 빌립이 말한다. "와서 보라"(요 1:46). 이 말에는 '현실의 예수를 보면 구약이 새로 보일 것이다'라는 의미가 함축되어 있다. 이 말을 듣고 나다나엘은 예수를 보러 간다. 그리고 가서 예수를 보았을 때 변화가 일어난다. 변화의 내용은 나사렛 예수에 대한 나다나엘의 고백에 나온다.

> 당신은 하나님의 아들이시요 당신은 이스라엘의 임금이로소이다(요 1:49).

나사렛 출신 예수를 "하나님의 아들"이자 "이스라엘의 임금"으로 고백한 것이다. 그 짧은 대면이 어떻게 이런 급진적인 변화를 가져올 수 있었는지는 논외로 하더라도, 기존의 성경적 지식으로 예수를 판단하기보다 일단 그분께 '가서 보면' 자신의 이해와 앎의 지평이 확장된다는 점은 분명해 보인다. 가서 볼 때 일어나는 지평의 확장이 무엇인가?

요한복음 1장 47-48절에 따르면 예수를 보러 가는 나다나엘을 예수께서 먼저 "보았다"는 말이 반복된다. 가서 볼 때 내 안에서 변화가 시작되는 이유는 '가서 보면' '와서 나를 이미 보고' 계신 그분을 볼 수 있기 때문이다! 가서 볼 때 내 시야에 예수가 들어오는 것이 아니라, 내가 예수의 시야에 들어가는 일이 일어난다. 그때 변화가 시작된다. 그리고 이런 변화의 시작이 "와 보라"는 말이다.

요한복음에서 "와 보라"는 말이 세 번째로 나오는 곳은 사마리아 여인과의 대화 에피소드에서다(요 4:3-26). 그 여인이 예수를 "메시아 곧 그리스도"(25절)로 만난 후 동네에 달려 들어가 사람들에게 예수를 증언할 때 말한 첫 마디가 "와 보라"였다.

> 와서 보라 이는 그리스도가 아니냐(요 4:29).

이 말을 듣고 동네 사람들이 나와 예수의 말을 듣고 많은 이가 그분을 믿었다(요 4:39). 사마리아 사람들의 집단적 회심을 일으킨 말이 바로 "와 보라"였다.

이처럼 요한복음이 보여 주고 있는 여러 변화의 중심에는 이 말이 있다. "와 보라." 변화의 힘은 그 말 자체보다 그 말을 듣고 갔을 때 만나게 되는 대상인 예수께 있다. 가서 예수를 보는 일이 왜 변화의 계기가 되는지를 요한복음은 자세히 설명한다. 요한복음 1장 5절은 "빛이 어둠에 비치되 어둠이 깨닫지 못하더라"라고 한다. 9-10절도 마찬가지다.

참 빛 곧 세상에 와서 각 사람에게 비추는 빛이 있었나니 그가 세상에 계셨으며 세상은 그로 말미암아 지은 바 되었으되 세상이 그를 알지 못하였고.

그러므로 예수의 "와 보라"라는 말이나, 빌립이 나다나엘에게, 사마리아 여인이 동네 사람들에게 한 "와 보라"는 말은 내가 빛을 찾아가겠다는 것이 아니라, 이미 찾아와 비추고 있는 빛에게 나아가 자신의 어둠을 맡겨 보라는 뜻을 함축한다. 어둠이 빛을 만나는 길은 빛에게 자신의 몸을 노출시킬 때라는 것이다. 나다나엘처럼 여전히 내 안에 편견이 있고 두 제자처럼 예수가 누군지 잘 모르지만, 일단 빛 가운데 들어가 그것에 내 몸과 내 영혼을 의탁하면 이미 비추고 있던 빛은 이제 내 몸에 스며들기 시작한다. 이것이 어둠이 빛을 만나는 길이다!

빛이 있는 곳은 어디인가
빛 되신 예수께서는 어디 계신가? 예수께서는 요한복음 12장 26절에서 이에 대한 해답을 주신다.

> 사람이 나를 섬기려면 나를 따르라 나 있는 곳에 나를 섬기는 자도 거기 있으리니.

예수에 따르면 그분을 섬기는 자들이 있을 곳은 그분이 머무시는 곳이다. 그러면 빛이신 예수께서는 어디 계시는가? 요한복음 12장 24절에서 예수는 "한 알의 밀이 땅에 떨어져 죽지 아니하면 한 알 그대로 있고 죽으면 많은 열매를 맺느니라" 하셨다. 예수께서 계신 곳은 땅 속이었다. 땅 속은 물리적으로 어두운 공간이기에 예수께서 말하는 빛은 땅 속 어둠 가운데 있다고 말할 수 있다.

이상한 일이 벌어진다. 어둠이 빛으로 와서 빛과 함께 머물러야 빛이 어둠 안에 스며들어 온다 했는데 어둠이 빛이 있는 곳에 막상 '와 보니' 빛은 어두운 땅 속에 있다. 죽음이 생명을 얻으려면 생명으로 나아와야 한다 했고 어둠이 빛으로 오려면 어둠을 뒤로 하고 나아와야 한다고 했는데, 막상 나아오니 생명은 어둠 한가운데에 있었던 것이다.

이런 역설은 우리를 당황시키는 것으로 끝나지 않는다. 예수께서 비추시는 참 빛은 어디서 빛나는지, 예수께서 주시려는 생명은 어디서 시작되는지, 예수를 믿을 때 시작되는 새 순은 어디서 돋는지 말해 주려는 데 그 참 뜻이 있다. 참 빛은 어둠 한복판에서 터져 나오고, 새 순은 땅 밑에서 딱딱한 지표면에 균열을 일으키며 위로 돋고, 부활은 아래 무덤에서 시작된다. 그러므로 어둠이 빛을 만나려면 어둠이 스스로 어둠이라는 사실을 받아들이는 것이 중요하다. 그래야 자신에게 비춰 오고 있는 빛을 수용할 수 있기 때문이다. 자신에게 빛이 있다고 믿는 순간 그는 참 빛을 만날 수 없다(요 9:39-41 참조).

예수께서 계신 곳은 어둠이고 죽음이며, 자신을 내어 주는 고통의 자리와 다른 곳이 아니다. 그러기에 그분을 따르는 자가 있어야 하는 곳도 한 알의 밀이 썩어지는 땅속, 곧 어둠이다. 이것은 예수께 나아가는 일은 자신 안에 어둠이 있음을 인정하고, 그 어둠을 끌어안고 그 앞에 나아가 자신이 죄인임을 인정하며, 자신의 죄인 됨을 끌어안는 일을 동반하는 것임을 말해 준다. 자신이 죄인임을 인정하는 것은 어쩌면 땅속으로 꺼지는 일처럼 느껴지고 죽음과 같은 일로 여겨질 수 있다. 하지만 빛이 어둠 한가운데서 비추고 있다는 사실을 기억한다면 믿음으로 나아갈 수 있는 용기를 얻을 수 있다.

어둠 속으로의 초청

요한복음 11장에서 "와 보라"는 말은 지금까지 살펴본 경우들처럼 예수께서 사람들에게 하시거나, 한 사람이 다른 사람을 예수께 초대할 때가 아니라 사람들이 예수를 초대하고자 사용한 말이다. "와서 보옵소서." 이번에 가서 보아야 할 사람은 예수였다.

지금까지의 "와 보라"는 주님이 어둠 가운데 있는 사람들을 빛으로 초대하는 말이었고, 죽음 가운데 있는 자를 생명으로 이끌어 내려는 말이었다. 하지만 이번에는 사람들이 빛 가운데 계신 주님을 죽음이 있는 곳, 나사로의 무덤으로 초대한 것이다. 어둠에게 빛으로 나오라는 말이 아니라 빛이 어둠속으로 들어가야 한다는 말이다.

사람들의 "와서 보옵소서"라는 합창에 담긴 뜻은 애매할 수 없다. "주님, 우리더러 오라 하지만 마시고 주님도 우리가 있는 이곳, 우리가 처한 현실에 와 보옵소서"라는 뜻이다. 더불어 "주님, 생명 가운데만 계시지 마시고 우리가 처한 이 죽음의 현실에 와 보옵소서. 와서 우리가 살고 있는 이 고통의 삶, 아니 죽음을 향해 가고 있는 우리네 삶을 체험해 보시옵소서"라는 뜻을 내포하고 있다.

예수를 향한 이런 초대가 가능한 이유가 있다. 우리 곁에는 주께 가고 싶지만 스스로 갈 수 없는 나사로와 같은 사람이 있는 까닭이다. 찾아온 어둠이 몹시도 짙어 어떻게 해서도 일어나 어둠을 뚫고 빛으로 나아갈 수 없는 이들이 있다. 그런 이들에게 "와 보라"라고만 한다면 어떻게 될까? 그들과 주님의 만남은 불가능하다. 오히려 그들을 두고는 "주님, 우리는 갈 수 없습니다. 주님 당신이 와 주옵소서"라고 외쳐야 한다.

주님을 향해 외친, "와서 보옵소서"라는 말에는 또 다른 의미가 함축되어 있다. 우리는 이미 예수의 초대에 응하여 예수께 가서 보는 것은 그분을 따르는 것이며 그분을 믿고 그분과 한 몸이 되는 것임을 묵상했다. 마찬가지로 사람들이 예수를 향해 "와 보라"며 초청할 때도 동일한 의미를 전달한다. "우리의 고통, 우리의 눈물, 우리의 아픔, 우리의 현실에 공감만 하지 마시고 우리의 현실이 당신의 현실이 되게 하옵소서. 우리의 고통이 당신의 고통, 우리의 눈물이 당신의 눈물, 우리의 아픔이 당신의 아픔이 되며, 우리의 현실이 당신의 현실이 되게 해주옵소서."

이 말을 들은 예수의 눈에서 눈물이 흐른다. 눈물은 원래 어둠에 있는 자, 고통 가운데 있는 자의 것이었는데 이제 주님이 우신다. 어둠 가운데 있는 자들의 눈물을 주님 자신의 눈물로 받아들이신 것이다. 사람의 눈에 눈물이 고이게 하는 현실을 주님은 자신의 현실로 삼으신다. 어둠에 있는 자에게 빛으로 오라고만 하지 않으시고 친히 어둠속으로 들어가신다. 사람을 구원하기 위해 저쪽 위에서 밧줄만 내리는 것이 아니라 직접 내려와서 우리를 품으신 것이다. 이것이 우리가 어둠 가운데 있다고 생각될 때 주님의 눈물을 기억해야 하는 이유다.

"와서 보옵소서", 빛을 초청하는 기도

구원은 어둠 가운데 있는 자가 "와 보라"는 말을 듣고 빛으로 갈 때 일어난다. 그리고 죽음 가운데 있는 자가 "와 보라"는 말을 듣고 생명 되신 예수께 갈 때 일어난다. 하지만 생명은 반대의 경우에도 주어진다. 생명이 죽음으로 들어가고 빛이 어둠 그 한복판에 올 때, 바로 그때 어둠이 빛을, 죽음이 생명을 발견할 수 있다. 어두운 땅으로 오시어 썩어지는 한 알의 밀알이 되고, 말씀이 육신이 되어 우리 가운데 거하고, 어둠이 받아들이지 않을 줄 알면서도 빛이 어둠 가운데 찾아올 때, 그때 어둠이 물러가고 빛이 비춰지는 것이다.

우신 예수께서는 이제 빛이 없는 무덤으로 직접 가신다. 가서 "나사로야, 나오너라"라고 부르신다. 가서 볼 때 나와서 보는 일이 일어난다. 우리의 나아옴은 예수의 찾아오심의 결과임을 말해 준다. 이것이 어둠이 생명을 얻게 되는 과정이다. 그리고 이것이 예수께서 생명과 빛을 비추는 방식이다. 예수의 빛은 어둠으로 찾아와, 죽음으로 찾아와 비춘다.

주님은 우리를 부르실 것이다. 우리가 처한 어둠과 두려움과 염려를 뒤로 하고 이제 "나에게 오라" 부르실 것이다. 이 부름에 신실하게 반응할 때 구원은 이뤄진다. 반대의 기도 역시 드려야 한다. 주님을 무덤으로 초청하는 기도를 드려야 한다. 어쩌면 몹시 아파 주님께 갈 수 없고, 매우 많은 실패 때문에 일어설 수 없을지 모른다. 그리고 우리를 둘러싼 어둠이 매우 짙어 앞이 보이지 않을 수 있다. 그때는 어떻게 해야 하나? "주님, 와서 보옵소서"라고 기도드려야 한다. "와서 죽어가는 영혼, 깨어진 가정의 아픔, 민족 분단의 현실에서 오는 고통, 인간의 탐욕으로 몸살을 앓고 있는 자연환경, 전쟁 중에 있는 인류의 아픔, 한국 교회의 아픔을 와서 보옵소서. 그래서 나사로에게 나오라 하신 것처럼 우리에게 이 어둠에서 나오라고 강권적인 목소리로 우리를 불러 주십시오." 이것이 이 어두운 현실을 살아가는 교회의 기도여야 한다.

7장 　　　　　상식적인 믿음

　　　　　　　예수께서 마태복음 13장 44-46절에 들려주신 이야기다. 한 사람이 있었는데 그는 자신의 농토가 없어 일정의 소작료를 지급하면서 다른 사람의 농지를 빌려 밭을 일구고 있었다. 그러던 어느 날, 그날도 여느 날처럼 밭에 나가 땅을 일구고 있었다. 어느 지점에서 곡괭이로 땅을 내리쳤는데, 땅에서 뭔가 '덜컹' 하는 소리가 났다. 하던 일을 멈추고 조심스럽게 파 보니 오래된 녹슨 상자가 나와 열어 보니 그 상자에는 엄청난 보화가 담겨 있었다. 놀란 농부는 주위를 살핀 후 상자를 다시 원래 있던 곳에 조용히 파묻어 두었다. 그리고 집으로 돌아와 자신의 소유물 전부를 팔아 그 돈으로 그 밭을 샀다.

　　이 이야기는 이 땅에 가져온(그리고 가져올) 하늘나라가 어떤 가치를 지니는지 보여 주시기 위해서다.[1] 예수께서는 "천국은 마치 밭에 감추인 보화와 같[다]"(마 13:44)고 하셨다. 그러하기에 보화를 발견한 농부의 태도는 보화의 가치, 곧 천국의 가치를 드러낸다. 보물은 먼저 농부의 삶의 태도를 바꾸는데, 소작인에서 주인으로 혹은 생계형 인간에서

1　하늘나라를 소개하려면 하늘을 소재 삼아 전해 주셔도 되는데 예수께서는 밭에 감추인 보화로 하늘을 소개하신다. 그 이유는 그분이 가져오는 하늘나라는 땅에 심겨지는 것이기 때문이다. 그런 점에서 예수께서는 하늘을 땅에 심는 농부였다.

주인 의식을 가지고 살아가는 주체적인 인간으로 바꾸었다. 삶을 대하는 자세의 변화는 밭의 가치를 재발견했기 때문에 일어났는데 그곳에 보물이 있었던 것이다. 따라서 밭에 내 모든 소유를 투자해도 그것은 낭비가 아니며, 내 모든 에너지를 쏟아 부어도 밑 빠진 독에 물 붓는 헛수고가 아닌 것이다.

예수께서는 하늘나라가 이와 같다고 하셨다. 그분은 하나님의 통치를 이 땅에 가져오셨다. 하늘을 땅에 심으셨고, 이 땅에서 하늘을 꽃 피우셨다. 이 땅에서 하늘이 자라고 있음을 발견한 사람에게 세상살이는 어떻게 될까? 이 땅은 먹고사는 곳 혹은 자아실현의 장 그 이상의 의미를 가진 곳이 된다. 보물이 심겨져 있다는 것을 발견했을 때 밭은 보물의 가치로 승격되듯이, 땅에 하나님의 다스림이 시작되었다는 것을 깨달은 사람에게 이 세상은 하늘의 가치를 지닌 곳이 된다.

하나님 나라의 본질

농부가 자신의 소유를 다 팔아 밭을 구입할 수 있었던 것은 그 보화의 가치를 알아서다. 자신의 소유를 다 팔아 구입해도 낭비일 수 없는 가치가 보화에 있다는 것을 알았기 때문이다. 그렇다면 보화로 비유된 하늘나라의 가치가 도대체 어떤 것이기에 예수께서는 땅에 있는 사람들이 모든 삶의 방향을 거기에 맞춰 재조정해도 결코 후회가 없을 것이라고 말씀하시는 것일까? 하나님 나라가 임하고 있는데도 사람들이 여전히 다른 것을 보물로 여기며 살아가는 것은 터무니없는 일이라고 말할 수밖에 없게 만드는 하나님 나라의 본질은 무엇인가?

삶의 이유와 방향을 전면 재조정하는 것이 불가피한 하나님 나라의 급진적 성격은 이 땅의 주인이 바뀌었다는 것이다. 그분이 창조한 세상을 죄로 오염시키고 그분의 형상을 닮은 사람들을 그릇된 길로 가게 만들던 근본적인 세력, 곧 죄악이 예수에 의해 무너지고, 하나님은 그분을 통해 종말론적인 통치를 세상에 펼치기 시작하셨다. 사람을 부패의 길로 이끌던 악의 세력이 무너지기 시작하고 죽음과 부패에 종노릇하던 사람이 생명의 주님을 섬기며 살게 되었다는 것, 지금 이곳에서 하나님의 선한 통치를 맛볼 수 있다는 것, 그것이 하나님 나라의 메시지다. 옛 세상 안에 하나님의 새 세상이 파고들어 왔으며, 옛 세상은 무너져 가고 새 세상은 동터 오고 있다. 하늘의 통치를 맛보기 위해서 이 땅을 버리지 않아도 된다. 땅, 그곳에 하늘이 도래하고 있고, 밭, 그곳에 보물이 심겨졌기 때문이다. 이것이 예수의 하나님 나라 선포의 핵심이다.[2]

하나님 나라가 임한 증거

하나님의 나라가 임하여 세상의 주인이 바뀌었기에 우리의 믿음과 충성의 대상을 바꾸는 일은 인생에서 가장 큰 변화다. 그러니 내가 그래야 하는 더 확실한 증거를 찾는 일은 당연하다. 사실 앞서 제시한 증거는 2,000년 전 예수께 일어난 증거이기에 그 나라가 지금도 계속 진행되고 있다는 증거가 무엇인지 고민해 보는 일이 필요하다. 사회는 교회에 묻는다. "너희는 늘 '하나님 나라, 하나님 나라' 하는데, 도대체 그

---

[2] 칼뱅도 빌립보서 3장 20절 주석에서 "신자들은 이 세상에서 하늘의 삶을 영위해야 한다"고 했는데, 이는 예수께서 가져온 하나님 나라에 대한 적절한 이해다.

나라가 임한 증거가 어디 있는가?" 그리스도인조차도 현실을 살면서 하나님 나라의 '이미성'(already-ness)에 대해 깊이 절망한 적이 있을 것이다. 세상이 돌아가는 모습뿐 아니라 교회의 모습, 무엇보다 자기 자신의 모습을 보면서 하나님 나라가 정말 이미 시작되었는지 의문이 들 때가 어디 한두 번이겠는가. 도대체 하나님 나라는 어디 있는가? 그 나라가 임했다면 그 증거는 무엇인가? 제자들도 부활한 예수를 만나 비슷한 질문을 했다.

> 이스라엘 나라를 회복하심이 이때니이까(행 1:6).

제자들이 하나님의 나라가 도래했다는 증거로 믿고 있던 "이스라엘 나라의 회복"은 흩어진 이스라엘이 다시 모여 하나의 나라로 회복되는 것이었다. 제자들의 질문은 정당하다. 하나님의 나라는 먼저 이스라엘이 회복되고, 그렇게 회복된 이스라엘을 통해 온 세상이 하나님의 통치 아래 살아가는 것이라고 선지자들이 말했고(사 40:1-5, 42:1-9, 49:1-7, 슥 8:1-3, 18-23, 14:8-9, 16-17), 당시 유대인들도 그렇게 믿고 있었기 때문이다. 세상을 치료하고자 의사를 세웠는데 그 의사가 아프다면, 세상을 치료하기 전에 의사가 먼저 회복되어야 마땅한 것이다. 제자들이 하나님 나라의 도래의 증거로 세상의 빛과 소금인 이스라엘 나라의 전면적인 회복을 말하고 있는 것은 이 까닭이다. 그런데 예수께서는 제자들이 기대한 것과 다른 증거를 말씀하신다. 제자들은 악의 세력이 무너지고 하나님의 선한 유대를 넘어 이방으로 그 통치가 확장되기 시작한 증거로 흩어진 사람들이 다 함께 모이는, 그야말로 '거국적이고 조직적이며 제도적인 변혁'을 기대했다. 예수께서는 그런 변혁을 부정하지 않으셨지만 그런 일이 일어나는 "때와 시기는 아버지께서 자기의 권한에 두셨으니 너희가 알바 아니요"(행 1:7)라고 먼저 말씀하신다. 대신 이어지는 1장 8절에서 하나님 나라가 시작된 더 근본적인 증거를 말씀하신다.

오직 성령이 너희에게 임하시면(행 1:8a).

세상에 하나님의 통치가 시작된 증거는 내 몸에 하나님의 영이 오신 것이고, 세상이 하나님의 성전이 되기 시작한 증거는 내 몸이 성전 된 것이며, 세상에서 악이 패하기 시작한 증거는 내 몸의 주인이 바뀐 것이고, 하나님의 통치의 경계가 인종과 지역을 넘어 확장되기 시작한 증거는 내 몸에 하늘이 임하기 시작한 것이다. 그러므로 하나님이 지으신 세상에서 악이 멸하고 하나님의 선한 통치가 세상 전체로 확장되기 시작했음을 보여 주는 '근본적인' 증거는 이 작은 몸이 하나님의 나라가 된 것이다. 이스라엘이 드디어 회복되었다는 말은 성령을 받은 몸을 가진 새 이스라엘이 탄생했다는 뜻이다. 몸에 임한 하나님의 통치는 세상에 임하는 하나님 통치의 시작이다. "그런 개인적인 것 말고 제도적이고 사회적이고 정치적인 증거는 없나요? 큰 증거 말입니다"라고 질문할 수도 있다. 예수께서는 그런 큰 증거, 거국적인 변혁과 같은 것을 부정하지 않으셨다. 하지만 그런 변혁은 하나님의 때에 하나님이 직접 이루실 결론이다. 그러니 예수께서는 우리로 그 결론보다 그러한 결론으로 나아가는 이야기가 시작된 증거에 집중하게 하신다. 그 증거가 바로 '네 몸', '네 몸에 하나님의 영이 찾아오신 것'이라 하신다. 예수의 몸이 하나님 나라를 도래시키는 현장이자 매체였던 것처럼 우리의 몸이 하나님 나라가 임하는 현장이자 전파하는 매체다.

성령은 우리 몸에, 교회에 오신다. "너희(복수형)에게 임하시면"이 말하는 바가 이것이다. 성령이 내주하시는 몸 하나하나가 모여 그리스도의 몸 된 교회가 탄생된 것, 그것이 초월적인 하나님의 나라가 이 땅에 임하기 시작한 증거다. 비록 '큰 증거'를 바라는 사람들에게 이런 증거는 개인적이고 주관적이며, 어쩌면 '아무것도 아니다'라고 말할 수도 있다. 예수께서는 사람들이 그렇게 말할 것을 아셨는지, 하나님 나라의 모습을 비유로 말씀하신다. 마태복음 13장 31-33절에 나오는 세 가지 비유다.

> 천국은 마치 사람이 자기 밭에 갖다 심은 겨자씨 한 알 같으니 이는 모든 씨보다 작은 것이로되 자란 후에는 풀보다 커서 나무가 되매 공중의 새들이 와서 그 가지에 깃들이느니라 또 비유로 말씀하시되 천국은 마치 여자가 가루 서 말 속에 갖다 넣어 전부 부풀게 한 누룩과 같으니라.

하나님이 결론 내리시기(완성하시기) 전의 하나님 나라의 모습은 작고 미미하다는 것이다. 왜 그런지 이해하기는 쉽지 않지만 그것이 살아 있는 생명의 특징이다. 겨자씨 한 알이 그러하고, 사람의 생명도 그러하며, 생명을 유지시키는 빵을 만드는 재료인 작은 누룩도 그러하다. 세상을 살리는 하나님의 나라도 세상의 관점에서 보면 작고 미약하다. 그러나 공중의 새들이 와서 쉴 수 있는 큰 나무의 시작은 밭에 심겨진 보이지 않는 겨자씨이며, 사람들이 먹고 살 수 있는 빵의 탄생은 밀가루 속에 숨은 한 작은 누룩이듯이, 온 세상이 하나님의 성전이 되는 증거는 내 몸 하나, 우리 교회가 하나님의 성전이 된 것이고, 온 세상의 악이 무너지기 시작한 증거는 내 몸에 죄의 세력이 해결된 것이다.

농부의 선택, 우리의 선택

이처럼 하나님 나라가 우리 몸의 삶에 임한 현실이라면 우리는 이제 이 땅을 어떻게 살아야 하는가? 다시 '밭에 감추인 보화' 비유로 되돌아가 보자. 밭에 보화가 감추어져 있다는 사실을 발견했을 때 농부의 삶의 방향은 보물이 있는 밭을 중심으로 재조정된다. 그런 재조정은 헌신인가, 아니면 상식인가? 당연히 상식이다. 그렇다면 하늘나라를 발견한 이들이 현실을 살아가는 상식적인 행동은 무엇인가? 옛 세상 한복판에 새 창조가 시작되어 옛 세상은 부서지고 새 창조는 성장하고 있는데도 여전히 썩어져 가는 현 세대의 것들을 기쁨과 행복, 삶의 의미로 삼는 것은 투자처를 잘못 선택하는 것이다.

피조물과 사람을 사망으로 끝나게 만들던 이 세상의 왕은 패하고, 피조물과 사람을 생명으로 이끄는 새로운 왕이 세워졌다. 그 증거는 죽음에서 부활하신 예수시며, 그의 영이 내주하시는 우리의 몸이다. 하나님 나라가 무엇인가? 예수께서 현 세상 한복판에서 생명을 주시며 왕 노릇 하고 있다는 것이다. 그렇다면 현 세상에서 우리가 누구에게, 어디에, 그리고 무엇에 헌신해야 할지는 상식선에서 판단해야 한다. 무너져 가고 있는 현 세상과 그 세상의 주권자에게 여전히 충성한다는 것은 얼마나 우스운 일이겠는가. 더 쉽고 더 상식적인 믿음은 죽음에서 부활하여 죽음으로 온 세상의 죄 문제를 해결하신 새로운 왕과 그분의 나라에 헌신하는 것이다.

예수께서 이루신 새 일

우리에게는 삶과 더불어 재정, 재능, 젊음, 체력도 함께 선물로 주어졌다. 사는 동안 그것들을 어디에 투자하는 것이 지혜로운가? 응당한 보상을 받으리라 믿고 현 세대의 유지와 흥망에 투자한다면 현 시대는 우리를 속일 것이다. 현 시대는 이미 힘을 잃고 부패로 돌아가고 있다는 것이 확정되었기 때문이다. 성경은 현 시대의 마지막에 심판이 있을 것이라 알려 준다. 그 심판 때는 반창조적이고 하나님의 선함과 아름다움을 거스른 것은 전부 불타 없어질 것이라 말하고 있기 때문이다. 고린도전서 3장 11-15절을 읽어 보자.

> 이 닦아 둔 것 외에 능히 다른 터를 닦아 둘 자가 없으니 이 터는 곧 예수 그리스도라 만일 누구든지 금이나 은이나 보석이나 나무나 풀이나 짚으로 이 터 위에 세우면 각 사람의 공적이 나타날 터인데 그날이 공적을 밝히리니 이는 불로 나타내고 그 불이 각 사람의 공적이 어떠한 것을 시험할 것임이라 만일 누구든지 그 위에 세운 공적이 그대로 있으면 상을 받고 누구든지 그 공적이 불타면 해를 받으리니.

마지막에는 심판이 있다고 말하는 이는 바울만이 아니다. 히브리서 역시 "한 번 죽는 것은 사람에게 정해진 것이요 그 후에는 심판이 있으니니"(9:27)라고 밝힌다. 생명을 창조하신 후 우리에게 주신 하나님은 우리가 사는 동안 어떻게 살았는지를 두고 심판하실 것인데, 그 심판은 어느 누구도 피할 수 없다는 것이 성경 전체의 가르침이다. 그런데 진짜 문제는 심판이 있다는 것이 아니다. 심판을 통과할 자격을 갖춘 사람이 아무도 없다는 것이다. 모두가 죄악을 범하고 모두가 죄에 감염되었기 때문이다. 상황이 이러한데도 우리의 목숨은 속절없이 소진되어 가고 있다.

죽음이 끝이 아니라 그 후에 심판이 있을 것인데 이제 어떻게 할 것인가? 이런 딜레마에 빠진 인간을 위해 역사 한복판에서 먼저 행동하신 분은 하나님이다. 하나님은 마지막 심판 전에 그리스도로 역사 한복판에 찾아오시어 최후 심판 때 죄인이 받아야 하는 형벌을 스스로 받으셨다. 그뿐만 아니라 죽음 이후 의인이 받는 부활의 몸을 이미 받으셨다. 하나님 자신을 위해서가 아니라 자신이 사랑하는 사람들을 위해서다. 심판을 향해 나아가고 있지만 사람들이 자신의 힘으로 심판을 통과할 수 없다는 것을 아시고, 사람들의 죄는 자신이 짊어지고 자신의 의는 그들에게 주시어 '자신을 믿는' 모든 사람이 의인이 되어 마지막 심판 때 영생을 얻도록 하시기 위함이었다. 그 일을 하신 분이 예수 그리스도시다. 현 시대에 예수께서 하신 새 일은 이것이다.

누구에게 충성할 것인가

그렇다면 우리는 누구에게 충성하며 살아야겠는가? 죄악으로 무너져 가는 현 시대의 구조와 사람들인가, 아니면 부패와 죽음을 무너뜨리고 지금도 생명을 주고 계시는 왕인가? 하나님 나라와 그 나라의 왕에게 맞추어 우리의 모든 것을 재조정하며 살아가는 것이 가장 현실적인 선택이다. 밭에 감추인 보화를 발견했다면 더 값어치 있는 것을 소유하고자 자신의 모든 것을 그것에 헌신하고 집중하듯이 우리가 살고 있는 인생의 모든 위엄과 아름다움과 선함을 결국 부패와 죽음으로 결론 나게 하던 죄와 사망의 세력을 그분의 부활로 대패시키신 후 세상의 주관자가 되신 분에게 헌신하고 충성하는 것은 상식이다. 우리가 추구하고 좇아가려는 세상은 믿는 자를 배반하지만 그분은 배반하지 않으시며, 하실 수도 없다.

밭을 매다가 땅에 감추어져 있던 보화를 발견한 농부는 조용히 돌아가 모든 재산을 팔고 보화가 묻힌 밭을 소유하는 일에 맞추어 새로운 삶을 시작했다. 우리는 어떻게 할 것인가?

8장　　　　"썩 물렀거라"[1]

　　　　　　　마태복음 8장 28-34절에서 펼쳐지는 이야기다. 예수께서 바다 건너편에 도착하시어 배에서 막 나오셨을 때였다. 낯선 두 사람이 나타나 그분의 길을 막아선다. 그들은 무덤 사이에 살고 있는 이들이다. 그 거주지가 암시하듯 그 둘은 죽음 곁에 다가선 사람들이고, 그들에게 삶과 죽음은 차이가 없었다.[2] 그들은 귀신 들린 자였다. 그들을 그렇게 살게 한 것은 귀신이었던 것이다. 결과적으로 그들이 머물고 있는 주변 길로는 사람이 다닐 수 없었다. "그들은 몹시 사나[웠기]" 때문이다(28절). 귀신은 그 두 사람을 사로잡아 죽음의 공포로 몰아갔을 뿐만 아니라, 사납고 폭력적으로 만들어 다른 사람의 길을 방해하게 만들었다.

　　예수께서 그곳에 오시자 귀신 들린 두 사람이 먼저 행동에 나선다. 그런데 이번에 귀신은 그 둘로 이전에 다른 사람에게 한 것과는 다른 일을 예수께 하도록 한다. 예수의 앞길을 막아 지나가지 못하도록 하는 것이 아니라 예수께서 자신에게 아무런 일도 하지 않고 그냥 지

---

[1] 거라사 귀신 들린 자들에 대한 보다 상세한 주석을 위해서는 박윤만,「마가복음 : 길 위의 예수, 그가 전한 복음」, 389-408쪽 참조.
[2] 르네 지라르,「희생양」(서울: 민음사, 1998), 276쪽.

나가게 한 것이다. 예수께서 사나운 풍랑을 잠잠케 하면서까지 바다 건너 이곳에 오신 것은 그 귀신이 사로잡고 있던 두 사람을 해방시키고자 함임을 알았던 것이다.[3] 이에 예수께 선제공격을 가하여 자기가 사로잡고 있는 사람들에게 손대지 못하도록 위협한다.

귀신의 선제공격, 네 가지 말

귀신의 선제공격은 네 종류의 '말'이었다. 그 말로 예수께 특정한 생각을 심으려는 뜻이 있었다. 그 네 가지 말을 하나씩 살펴보면서 귀신이 무슨 말로 어떤 생각을 심어 주려 했는지 보자. 귀신의 생각을 우리가 왜 알아야 하는지 의문이 드는가? 적을 이기는 길은 적의 전략을 아는 데서부터 출발한다.

"우리가 당신과 무슨 상관이 있나이까"

그 광인들이 예수께 어떤 생각을 집어넣고자 외친 첫 마디는 이것이다. "하나님의 아들이여 우리가 당신과 무슨 상관이 있나이까"(마 8:29). 이 외침은 질문 형태로 되어 있다.

질문에는 두 종류가 있는데, 진짜 질문과 수사적 질문이다. 진짜 질문은 상대방에게 어떤 정보를 알아내기 위한 것이고, 수사적 질문은 상대방과 자신이 이미 잘 알고 있는 내용을 떠올려 주기 위한 것이다. 귀신들이 한 질문은 수사적 질문으로, 예수와 자신이 이미 잘 알고 있

---

3 마태복음 8장 28절은 "예수께서 건너편 가다라(거라사) 지방에 가셨다"고 하며 목적과 방향을 나타내는 헬라어 전치사('에이스')를 사용한다.

는 내용을 떠올려 주기 위해 내뱉은 것이다. "우리가 당신과 무슨 상관이 있나이까"라는 질문의 본뜻은 '우리가 당신과 아무런 상관이 없다는 것을 당신도 잘 알지 않습니까'라는 의미다. '당신처럼 거룩하신 하나님의 아들이 우리 같은 더러운 영과 무슨 상관이 있습니까!'라는 뜻을 전하면서 지금 그들이 하는 일에 상관하지 않게 하려는 것이다.

하지만 이 질문에는 속임이 있다. 이 세상에 통치자 하나님의 다스림이 미치지 않는 시간과 공간이 어디에 있으며, 창조주 하나님과 상관이 없는 영역이 어디에 있는가. 예수께서 오신 이유야말로 하나님의 그 같은 통치와 상관이 모든 영역, 모든 사람에게 이르도록 하기 위해서다. 더군다나 귀신이 사로잡고 있는 것은 하나님이 사랑하시는 사람이다. 그럼에도 귀신은 이미 더러워진 세상과 이미 자신이 장악한 사람이 마치 하나님과 아무런 상관이 없는 영역인 것처럼 속이려고 그런 수사적 질문을 던진다. 그렇게 해서 예수께서 그냥 지나쳐 가도록 하고자 했다.

살면서 '하나님은 이 일에 아무 관심이 없으실 거야', '이 일은 하나님과 아무런 상관이 없을 거야'라는 생각이 스칠 때면, 그 생각이 그냥 지나가도록 내버려 두고 잡지 말자. 그 생각은 단연코 하나님에게서 온 것이 아니다. 하나님이 사랑하사 독생자를 주신 세상에서 하나님과 상관없다고 말할 수 있는 사람과 일은 없다. 오히려 그럴 때는 예수께서 그 일 때문에, 그 사람 때문에 오셨다고 말하고, 그 생각을 (주는 귀신을) 향해 "썩 물렀거라"라고 외치자.

"때가 이르기 전에 우리를 괴롭게 하려고 여기 오셨나이까"

귀신들은 계속 다른 질문을 이어가는데, 그 역시 수사적이다. 물론 수사적 질문 자체가 잘못된 것은 아니다. 문제는 그런 질문을 하면서 떠올려 주려는 생각(정보)이 거짓이라는 데 있다. 이번에 귀신들은 예수 당시 중요하게 다뤄지던 신학적 지식 하나를 떠올려 준다.

당시 유대인들은 물론이고 오늘날 그리스도인들도 사탄과 귀신들은 멸망할 때가 있으며, 그때는 미래이고 그 사건은 마지막 심판이라고 믿는다. 이 지식 자체는 정당하고 바르다. 그런데 사탄은 이 지식을 떠올려 주면서 "아직 마지막 심판 때가 이르지도 않았는데 왜 당신은 우리를 멸하려 하십니까? 이러시면 안 됩니다! 이건 반칙입니다"라고 말하는 것이다. 이 수사적 질문이 심어 주는 것은 '그렇지, 모든 악한 자와 귀신에 대한 심판은 마지막에 하나님이 한다 하셨지. 그냥 그때까지 기다리자'라는 생각이다. 하지만 귀신은 다시 속이고 있다.

그 속임은 이것이다. "마지막 때에 하나님이 하실 텐데, 왜 지금 우리를 괴롭게 하시는가"라는 말을 통해 마지막 때까지 하나님은 아무것도 하지 않고 그냥 기다리기만 하신다는 거짓된 생각을 심어 주어 "너도 그냥 손 놓고 있어라"라는 말을 하려는 것이다. 하나님이 마지막 때에 귀신들을 심판할 것이라는 사실은 지금 아무것도 하지 않으신다는 것을 뜻하지 않는다. 하나님은 "아직 시간이 안 되었다"고 말씀하시며 이미 활동하고 있는 귀신들이 계속 자신의 일들을 하도록 내버려 두는 무책임한 분이 아니시다. 사탄이 몰랐던 것은 예수 안에 역사하고 계신 하나님 아버지의 계획이다.

하나님은 악한 자들을 심판하시며 마지막 날에 온 세상을 구원하실 것이 분명하다. 그럼에도 그 마지막을 기다리지 않으시고 역사 한 가운데 지금 여기서 메시아 예수를 통해 그 종말을 시작하셨다! 하나님은 예수를 통해 지금 여기서 종말을 시작하셨기에 벌써 세상 왕들은 쫓겨나기 시작했다. 하나님 나라가 시작된 것이다. 예수의 귀신 축출은 하나님 나라의 '이미'의 전망에서 이뤄진다. "사람들을 장악한 그 손을 놓고 너는 멸해져야 한다! 하나님은 마지막 구원과 심판을 벌써 시작하셨기 때문이다."

"우리를 괴롭게 하려고 여기 오셨나이까"

사탄의 세 번째 질문에는 심리전이 담겨 있다. 귀신들이 예수께 "우리를 괴롭게 하려고 여기 오셨나이까"(마 8:29)라고 한 것은 예수로 하여금 '내가 지금 사람을 괴롭히고 있구나'라는 생각을 하도록 만들기 위해서다. 예수께서는 사람들에게 평안과 구원, 해방과 자유를 주기 위해 오셨는데 사탄은 예수께 거짓된 마음을 주려 한다. '당신이 사람에게 주는 것은 샬롬이 아니라 괴로움이다.' 이런 말을 마음에 심어 주어 예수를 위축시켜 결국 아무것도 하지 않고 그냥 고이 그 현장을 지나가게 만들려 한 것이다. 이것 역시 속임이고 거짓말이다.

사실 사람을 괴롭히는 일은 귀신들이 한 짓이다. "그들은 몹시 사나워 아무도 그 길로 지나갈 수 없을 지경이더라"(마 8:28). 사납고 폭력적인 것은 귀신들이고, 사람들로 겁에 질려 길을 나서지 못하게 한 것도 사탄이었다. 예수는 그 괴롭힘에서 사람을 구원하기 위해 오신 것이다. 그런데 귀신이 예수께 자신의 생각을 심어 주려 한 것이다. 실제로는 자신이 하고 있으면서 다른 사람이 그 일을 하고 있다고 말하며 자신을 숨기려 하는 것이 귀신의 일이다. 그 말을 아무런 비평 없이 그대로 수용하는 사람은 어떻게 되겠는가? '아, 나는 다른 사람을 괴롭히는 사람이구나'라고 생각하다가 결국 그 생각을 행동으로 옮기게 된다. 재미있는 것은 마가복음 5장 1-20절에 나오는 거라사 광인은 한 명이지만(2절), 마태복음은 두 명이라고 말한다는 것이다. 귀신 들린 사람이 또 하나의 짝패를 만들었을 수도 있다.[4] 그 말을 그대로 들어서는 안 된다.

실제로는 자신이 괴롭히면서 다른 사람이 괴롭히는 것이라고 생각하며 그 사람을 내쫓으려 하는 일은, 놀랍게도 후에 그 지역 사람들도 행한다. 마태복음 8장 34절을 읽어 보자. 귀신이 돼지 떼에 들어가 바다에 몰살된 후, 돼지 치던 자들이 시내로 가서 그 일을 이야기하자 온 시내가 예수를 만나려고 나가서는 예수께 "그 지방에서 떠나시기를 간구[한다]!" 예수를 내쫓으려는 행동 이면에는 그분이 있으면 이 동네 전체가 괴로움을 당할 것이라는 생각이 있었던 것이 아닐까? 다른 사람을 괴롭히던 광인들이 건강해진 것을 본 동네 사람들은 예수가 오히려 마을과 사람들에게 괴로움을 더할 것이라 생각하고 있는 것이다. 더러운 영은 그 두 사람만 사로잡고 있었던 것이 아니라 온 동네 사람들에게도 '우리가 편하지 않은 것은 저 두 사람 때문이다'라는 집단적 생각을 가지게 충동하여 둘을 '변방'으로 몰아내게 했다고 볼 수 있다.[5]

---

4 이런 해석에 대해서는 르네 지라르, 「희생양」, 280-83쪽 참조.
5 르네 지라르는 이런 집단의식을 그의 책, 「희생양」에서 잘 밝히고 있다.

"만일 우리를 쫓아내시려면 돼지 떼에 들여보내 주소서"

지금까지 귀신들의 속임에 예수께서 별 반응을 하지 않으신 것을 보자, 귀신들은 마지막으로 예수와 모종의 거래를 시도한다. "굳이 이 사람을 구원하길 원한다면 내가 이 사람에게서 스스로 나가겠다. 대신 저 돼지 떼에 들어가는 것을 허락해 달라." '돼지는 원래 부정한 것이라 생각하고 있으니 부정한 것에 부정한 영이 들어가게 하는 것은 합당하다'는 생각을 예수께 집어넣으려 한 것이다. 놀랍게도 예수께서는 "가라"(마 8:32)고 하신다. 그러자 귀신들은 나와서 돼지에게로 들어가고 온 돼지 떼가 비탈로 내리 달려 바다에 들어가 결국 몰사한다.

이 마지막 장면을 두고 수많은 질문이 생긴다. 예수께서는 어떻게 귀신들의 간청을 들어주실 수 있는가? 그러면 결국 애꿎은 돼지만 다 죽지 않는가? 이런 질문에 대해 어떤 사람은 사람을 자유케 하는 것이 수많은 돼지를 희생시켜서라도 이뤄야 할 일이라는 것을 보여 준다고 말할 것이다. 충분한 설명이다. 하지만 본문이 제기하는 가장 중요한 질문은 예수께서 어떻게 '귀신'의 간청을 들어주실 수 있느냐다. 그들의 간청을 들어주신 것은 예수께서 귀신의 잔꾀에 넘어가셨다고 보아야 하는 것 아닌가?

예수께서 귀신의 꾐에 속으셨다고 말하기 전에 기억해야 할 것이 있다. 돼지 떼에 들어간 귀신들은 결국 바다에서 몰살당했다는 사실이다. 돼지 떼의 죽음에 대한 경제적 판단은 잠시 뒤로 미뤄 두자. 귀신의 잔꾀를 그냥 허락하시며 예수께서 보여 주려 하신 것이 있다. 그것은 하나님이 귀신들 머리 위에서 일하신다는 것이다. 그들이 살고자 들어간 곳이 바로 죽을 자리가 된다. 남을 속여 자신이 살고자 한 일이 자기 멸망의 지름길이 된다. 예수께서는 하나님의 선한 통치를 이 땅에 실현시키시되, 존재 자체가 속임이고 거짓인 악한 존재를 만날 때면, 그들의 그 악한 전략을 그들이 멸망하는 계기로 만드는 방향으로 역사하신다는 것을 명백히 보여 준다.[6]

근신하고 깨어 있으라

베드로는 "근신하라 깨어라 너희 대적 마귀가 우는 사자같이 두루 다니며 삼킬 자를 찾나니"(벧전 5:8)라고 말한다. 그렇다. 그런 대적 마귀가 때론 두렵게 느껴지기도 한다. 과연 그런 존재를 능히 이겨 낼 힘이 우리에게 있을까?

우리는 사탄을 이길 필요가 없다. 예수께서 이미 사탄을 이기셨기 때문이다. 우리 삶은 예수의 승리 위에서 진행되고 있다. 다만 우리가 해야 할 일은 베드로의 말처럼 '근신하고 깨어 있는' 것이다. 근신하고 깨어 있는 것은 다름 아닌 예수께서 들추어내 보여 주신 것처럼 귀신의 전략을 잘 보고, 예수께서 말씀하신 진리로 그 생각을 물리치는 것이다. 귀신의 전략이 무엇인가? 귀신은 처음부터 끝까지 거짓말만 한다. 그러니 정신 차린다는 것은 귀신의 말이 거짓이라는 것을 식별할 줄 안다는 것이다(고전 12:10 참조).

귀신은 이 일, 이 사람, 이 문제가 하나님과 아무런 상관이 없다고 생각하게 만든다. 이것은 속임이다. 이 세상에는 하나님과 상관없는 일, 상관없는 사람, 상관없는 문제란 없다. 그리고 귀신은 자신이 멸할

---

6 이런 해석은 박윤만,「마가복음 : 길 위의 예수, 그가 전한 복음」, 399-400쪽 참조.

시점은 마지막 때이고 지금은 자신이 활동할 권한이 있다고 생각하게 만든다. 이것 또한 속임이다. 예수에 의해 이미 종말이 지금 여기서 실현되어 새 창조가 시작되었고, 이 세상 임금은 쫓겨나기 시작했으며, 그러므로 귀신에 대한 심판도 시작되었기 때문이다. 또한 귀신은 예수께서, 그리고 예수 믿는 일이 사람에게 괴로움을 준다는 거짓된 마음을 자꾸 심어 준다. 역시 속임이다. 이런 생각이 자꾸 들 때는 이렇게 외치자. "사람을 괴롭히는 존재는 바로 너다. 썩 물렀거라!"

지금은 사탄의 계획이 성공하는 것 같고 귀신의 장난이 끝나지 않을 것 같지만, 하나님은 악한 자들의 잔꾀 위에서 일하신다. 결국 악인은 그 악한 계획 때문에 멸망할 것이다. 이 땅에는 이미 하나님의 선한 다스림이 시작되었고, 우리는 그 다스림 한가운데에 있기 때문이다.

9장   하나님 나라에 들어가는 길

어떤 관리가 예수께 나아와 영생에 관해 질문한다. "내가 무엇을 하여야 영생을 얻으리이까"(눅 18:18). 관리가 영생을 얻기 위해 '내가 무엇을 해야 하는지'를 물었다는 점을 염두에 둔 채 먼저 "영생"이 무엇인지부터 생각해 보자.

공관복음에서 말하는 영생은 요한복음과는 조금 다르다. 당시 유대 사회와 공관복음에서 영생은 '하나님 나라가 도래했을 때 그곳에서 살아가는 삶' 또는 '부활하여 살아가는 삶'을 의미했다. 반면 요한복음에서 영생은 하나님의 생명을 가리킨다("그[하나님] 안에 생명이 있었으니" [1:4]). 공관복음에서 말하는 영생은 도래한 하나님 나라에서의 삶을 가리키고, 요한복음은 그러한 삶의 기원이 하나님임을 강조하는 것이다. 종합하자면, 영생은 '하나님 나라가 도래했을 때 인간이 받아 살게 될 하나님의 생명'이라는 정의가 사복음서의 영생에 대한 이해에 근접한 것이라고 볼 수 있다.

"내가 무엇을 하여야"

악의 창궐은 부인할 수 없는 인간 사회의 현실이지만, 그것은 영원한 현실이 될 수 없고 또 되어서도 안 된다. 마침내 사람과 세상이 그 지으신 분의 선함과 아름다움, 영광을 온전히 반영하게 될 때가 도래할 것이다. 그렇다면, 그 관리의 질문처럼 사람이 무엇을 해야 그때 그런 삶(영생)을 살 수 있을까? 예수의 대답은 '그대가 계명을 알지 않소'(눅 18:20a)로 시작한다. '계명을 알지 않냐'라는 말은 '계명을 알고 그것을 지킬 때 영생에 도달한다는 것을 알지 않느냐'라는 말의 축소판이다.

오해하지 말자. 예수께서는 지금 계명 준수를 구원의 조건으로 제시하신 것이 아니다. 이스라엘 사회에서 율법이 주어진 시점(출 19-40장)을 고려하면 계명은 구원(출애굽, 구속)의 조건으로 주어지지 않았다는 것을 알 수 있다. 오히려 이미 구원받은(출애굽한, 구속된) 자의 삶의 길로 주신 것이 율법이다. 따라서 십계명은 '구원받은 자의 삶의 길 안내서'라 말할 수 있다.[1] 시편에서 주의 말씀을 "내 발의 등이요 내 길에 빛"(시 119:105)이라고 한 것도 이런 맥락에서 이해할 수 있다. 그러하기에 '그대가 계명을 알지 않소'라는 말은 하나님의 말씀(계명)을 지키다 보면 도달하게 되는 삶이 영생이라는 뜻이다. 예수께서도 영생의 길로 계명의 역할을 인정하신 것이다.

예수의 답변을 들은 관리는 "이것은 내가 어려서부터 다 지키었나이다"(눅 18:21)라고 대답한다. "내가 어려서부터"라는 말에서 관리의 확신을 엿볼 수 있다. 그 확신은 자신은 계명을 다 지키었기에 영생을 얻을 수 있으리라는 자신감이다. 이제 예수께서 무엇이라 답하실까?

---

[1] 이스라엘 역사에서 십계명은 하나님의 백성이 되기 위해 지켜야 할 법이 아니라 하나님의 백성이 되었기에 주어진 삶의 길이다. 십계명이 이스라엘에 주어진 때를 기억해 보자. 하나님은 애굽에서 히브리인들을 해방시키기 전에 십계명을 주시고 그것을 지키는 자를 구원하신 것이 아니라, 은혜로 해방시키신 다음 법을 주셨다.

예상한 대로 그분은 확신으로 가득 찬 관리의 마음에 낭패감을 심어 주신다. "네게 아직도 한 가지 부족한 것이 있[다]"(눅 18:22)고 말씀하셨기 때문이다. '난 다 지켰다'는 사람에게 '넌 아직 부족하다'고 하신다. '이래서는 영생에 도달할 수 없다'는 뜻이다. 그야말로 절망적이다. 그러나 예수의 말씀은 낭패감을 목적으로 삼지 않는다. 관리가 어떻게 그 부족분을 채워 영생에 도달할 수 있는지를 이어서 알려 주신다.

> 네게 있는 것을 다 팔아 가난한 자들에게 나눠 주라 …… 그리고 와서 나를 따르라(눅 18:22).

하지만 이 말을 듣고 관리는 "심히 근심"(눅 18:23)한다. 안색이 바뀐 것이다. 영생의 길을 들은 사람의 얼굴색이 아니다. 예수께서는 여기서 끝내지 않으신다. 근심에 빠진 그를 보며 더 심한 말을 하신다.

> 재물이 있는 자는 하나님의 나라에 들어가기가 얼마나 어려운지 낙타가 바늘귀로 들어가는 것이 부자가 하나님의 나라에 들어가는 것보다 쉬우니라(눅 18:24-25).

그가 하나님 나라에 들어가는 것은 불가능하다는 선언이다. 예수께서는 영생을 찾는 구도자를 절망에 빠뜨리셨다.

"있는 것을 다 팔아 나눠 주라"

초기 네 제자를 부르실 때는 조건 없이 "나를 따르라"고 하셨다(눅 5:10-

11, 막 1:16-20, 마 4:18-22). 물론 그들이 부모와 배를 버린 것은 사실이지만 그것은 자발적 선택이었다. 게다가 부모를 버리고 배를 버렸다는 말도 문자적으로 가족을 떠나거나 직업을 버렸다고 볼 수 없다. 그들은 예수의 제자가 된 후에도 계속 가족과 함께 살고[2] 고기잡이도 했기 때문이다.[3] 그런데 재물이 많은 이 관리에게는 왜 이렇게 가혹하신 것일까?

여기서 주목해야 할 것은 '관리'가 하나님 나라에 들어가기 어렵다고 한 것이 아니라 "재물이 있는 자"와 "부자"가 영생을 얻기가 어렵다고 했다는 것이다. 그러하기에 문제는 재물이다. 하지만 본문이 재물을 가진 것 자체를 잘못이라고 보고 있다는 증거는 없다. 그러면 문제는 탐심인가? 나눠 주고 나를 따르라 했는데도 관리가 탐심 때문에 재물을 나눠 주지 못해 결국 예수를 따르지 못했다면 탐심이 걸림돌이다. 하지만 본문은 탐심을 문제 삼고 있는 것처럼 보이지 않는다. 그 관리가 예수를 따르지 못한 것이 탐심 때문이었다면 '탐심'은 어떤 식으로든지 언급되었을 것이다. 하지만 예수께서는 오직 재물에 대해서만 말씀하셨다. 그렇기 때문에 이 이야기에서의 중심 주제는 재물과 관리가 재물을 포기할 수 없었던 이유에 있다.

관리를 향한 예수의 요청은 두 단계로 이뤄졌다. 먼저 '재물을 가난한 자들에게 나눠 주고', 그런 후 '그분을 따르는' 것이다. 먼저 하신 말씀을 보자. '영생을 얻으려면 재물을 가난한 자들에게 나눠 주라'는

---

2 베드로가 제자로 부름받은 후에 예수와 제자들이 베드로의 장모 집에 들어간 경우(막 1:29-31)를 고려해 보라.
3 요한복음 21장 1-14절이 말하듯 부활 후 예수께서는 제자들이 갈릴리 바다에서 고기잡이를 하고 있을 때 재회했다.

말씀은 하나님 나라에 들어가려면 재물을 포기해야 한다는 말이다. 하지만 왜 재물은 포기해야 하는 것인가? 직설적으로 물어보자. 포기해야 할 돈이 과연 그 관리에게 무엇을 의미했는가?

우리 사회에서 돈은 힘이고 에너지이며 기쁨이고 또한 여유다. 그러나 이스라엘 사회에서는 달랐다. 우리 사회에서 재물은 경제적, 사회적 차원에서 이해되지만 당시 유대 사회는 거기에 종교적인 의미를 덧붙였다. 유대 사회에서는 계명을 잘 지킨 대가로 하나님이 주시는 복이라 이해했다. 신명기 28장 1-19절에 따르면 복은 율법 준수의 결과였기 때문이다.[4] 많은 재물을 가졌다는 것은 율법을 잘 지킨 결과로 하나님께 받은 복이 많다는 함의를 가진다. 그러므로 '내가 어려서부터 계명을 다 잘 지켰다'는 관리의 말과, 그가 부자라는 예수의 지적은 그 같은 배경 아래 쉽게 이해할 수 있는 담화다. 그가 가진 많은 재물은 영생이라는 골인 지점으로 걷던 관리에게 '영생 확인증'과 같은 역할을 했던 것이다.

상황이 이러한데도 예수께서는 "네게 아직도 한 가지 부족한 것이 있으니 네게 있는 것을 다 팔아 가난한 자들에게 나눠 주라"고 하셨다. "너에게 있는 한 가지 부족함은 네가 너무 충만하다는 것이다. 그러니 다 비워라"라고 하셨다. 예수의 요구는 구원과 관련하여 재물이 그 관리에게 가져다준 영적 안정감을 포기하는 것이었다. 주의하자. 예수께서는 재물 폐기론자가 아니시다. 요지는 당시 유대인들이 생각

---

4   이것에 대한 좀 더 충분한 논의를 위해서는 박윤만, 「마가복음 : 길 위의 예수, 그가 전한 복음」, 707-719쪽 참조.

한 영생의 길과 관련하여 재물과 계명의 역할을 재정립하시는 것이다.

재물은 관리에게 자기 공로 신학을 만들어 냈다. '내가 어려서부터 (계명을) 다 지키었기에 하나님은 그 대가로 부를 주셨다. 그러므로 그 부는 내가 영생을 얻을 자격을 얻어 낸 사람이라는 것을 말해 주는 증표다'라는 신학 말이다. 예수에 따르면 폐기되어야 할 것은 이 공로 신학이다. 구원의 맥락에서 보면 관리가 부를 경계해야 하는 까닭은 부가 탐심을 유발해서가 아니라 구원을 대가로 이해하는 자기 공로 신학을 만들기 때문이다. '내가 어려서부터 계명을 다 지키었기에 하나님이 나에게 영생의 복을 주셨다'는 말에서 영생의 주체는 하나님이 아닌 '나'로 옮겨 갔다. 예수께서는 그런 관리의 영혼을 흔드신다. 아니 그런 영혼은 흔들려야 마땅하다. 재물을 보며 안정감을 누리는 영혼 말이다.

"나를 따르라"

예수께서 관리에게 하신 두 번째 말씀은 "나를 따르라"였다. "내가 무엇을 하여야 영생을 얻으리이까"라는 물음에 예수께서는 '재물이 의미하는 바를 버리고 나를 따르라'고 하신 것이다.[5] 여기서 주의해야 할 것이 있다. 예수께서는 지금 율법을 버리고 나를 따르라는 말씀을 하시는 것이 아니라는 것이다.

예수께서는 율법 자체를 부정하신 적이 없다. 관리가 "내가 무엇

---

[5] 물론 이것은 예수께서 하나님 나라에 들어가는 길이며 혹은 예수께서 바로 하나님 나라 자체라는 믿음이 있기에 가능한 말씀이다.

을 하여야 영생을 얻으리이까" 했을 때 예수께서는 "네가 계명을 아나니……"(눅 18:20)라고 대답하셨다. 이런 답변은 십계명을 지키는 것이 영생의 길이라는 점을 예수께서도 인정하셨다는 뜻이다. 포기해야 할 것은 '내가 율법을 지켜야 영생에 들어갈 수 있다'는 생각이다. 대신에 예수께서는 "나를 따르라" 하셨다. 이 말은 하나님의 뜻(율법)을 다 이루는 길은 예수를 믿고 따르는 것이라는 의미다.[6] 예수를 믿고 따르는 것이 율법을 다 지키는 길인 것은, 우리는 율법을 다 알 수 없고 지킬 수도 없지만, 예수를 믿고 따를 때 그분이 이루신 율법 성취가 바로 우리의 것이 되기 때문이다. 바울의 표현을 사용하면 예수를 믿고 '그 안에 거할 때' 예수의 의가 우리의 의로 전가되기 때문이다(롬 5:1, 18-19, 고후 5:21, 갈 2:16).

하나님의 뜻을 행하는 것이 영생의 길임은 변함없다. 그러나 문제는 어떻게 하나님의 뜻을 성취할지다. 예수께서는 하나님의 뜻이 담긴 계명을 지키는 일은 우리가 하는 것이 아니라 예수께서 하시는 것이라 하셨다. 그러므로 우리가 예수를 믿고 그분께 충성하는 것이 바로 하나님의 뜻을 이루는 길이다. 영혼의 안정감은 재물을 잡을 때가 아니라 예수를 믿고 따를 때 온다.

관리는 근심에 빠졌다. 그의 근심은 이해할 만하다. 자기 의(義) 전체를 포기해야 영생을 얻는다 하시니 말이다. 하지만 영혼이 흔들리

---

[6] 누가 이런 말을 할 수 있는가? 이런 말을 할 수 있는 사람은 극도로 교만하거나, 제정신이 아니거나, 진정으로 자신이 계명을 주신 하나님의 뜻을 온전히 알고 그 뜻을 온전히 행하는 존재다. 예수께서는 교만하거나 제정신이 아닌 사람이 아닌, 진짜로 하나님의 마음을 알고 하나님의 뜻을 온전히 실천할 수 있는 존재이시기에 그런 말을 할 수 있었다는 것은 의심할 수 없다.

는 이는 관리만이 아니었다. 듣는 이들도 마찬가지였다. 주위에서 듣던 사람들도 "그런즉 누가 구원을 얻을 수 있나이까"(눅 18:26)라고 말하며 놀란다. 예수의 말에 그들이 놀랬다는 것은 그들 역시 관리처럼 많은 재물은 율법을 지킨 대가로 하나님이 주신 영생 출입증이라고 생각하고 있었음을 말한다. 절망에 빠진 사람들에게 예수께서는 이 본문에서 가장 중요한 말씀을 전해 주신다.

> 무릇 사람이 할 수 없는 것을 하나님은 하실 수 있느니라(눅 18:27).

구원은 사람이 하는 것이 아니라 하나님이 이루시는 것임을 재천명하신 것이다. 우리 모두는 자기 의, 공로, 존재감으로 매우 충만해져 있다. 결국 자기를 비우지 못하고 자기를 부인할 수 없어서 예수를 따를 수 없는 사람이다. 그래서 하나님 나라에 걸어 들어가기가 불가능하다. 그렇다면 우리는 어떻게 구원받을 수 있고, 또 구원받았는가?

하나님이 구원하시는 길

누가복음 19장 1-10절 이야기는 사람이 하지 못하는 구원을 하나님은 어떻게 하시는지 보여 준다. 예수께서 여리고로 들어가 지나실 때 삭개오가 등장한다. 삭개오는 "세리장이요 또한 부자"(2절)였다. 그는 관리 중 관리였고 또한 부자였다. 이런 점에서 삭개오는 선행하는 단락에 등장한 관리를 떠올려 주기에 충분한 인물이다. 그렇다면 "무릇 사람이 할 수 없는 것을 하나님은 하실 수 있느니라"는 예수의 말씀이 어떻게 실현될 수 있는지를 삭개오를 통해 볼 수 있을 것이라는 기대가 생긴다.

예수께서 여리고에 들어가셨을 때 삭개오가 이 소식을 접하고 집에서 뛰쳐나온다. 그러나 사람이 많아 가까이 갈 수 없자 돌무화과나무에 올라가서 그분을 내려다본다. 이때 나무 위에 있는 삭개오를 쳐다보시며 예수께서 말씀하신다. "삭개오야 속히 내려오라 내가 오늘 네 집에 유하여야 하겠다"(5절). 이에 삭개오는 급히 내려와 예수를 영접한다. 예수와 삭개오가 집에 들어가는 것을 보고 사람들이 말한다. "저가 죄인의 집에 유하러 들어갔도다"(7절).

삭개오를 죄인이라 부르는 사람들의 수군거림이 암시하는 바가 있다. 앞선 관리에게 부는 자기 의를 드러내는 도구였지만, 세리장 삭개오에게 부는 그의 불의를 드러내는 표지였다. 부가 한 사람에게는 자신의 의를, 다른 사람에게는 자신의 죄인 됨을 말해 주고 있다. 이런 가운데 예수께서는 '재물이 많은 자가 하나님 나라에 들어가는 것은 불가능하다'고 하셨다. 부자 관리와 삭개오에게 부가 의미하는 바는 각각 달랐지만, 공통점은 둘 다 부의 늪에 빠졌다는 것이다. 관리의 많은 재물은 그로 '자기 의'라는 늪에 빠지게 했고, 삭개오의 많은 재물은 그로 '죄인'이라는 늪에 빠지게 했다. 이 둘은 그 늪에서 벗어날 수 있을까?

사람이 자기를 부인하고 예수를 따르는 것은 불가능하고, 사람이 제 발로 하나님 나라에 찾아 들어가는 것도 불가능하다. 그러나 예수께서는 하나님이 불가능을 가능케 하시는 분임을 보여 주시고자 직접 죄인의 집에 들어가신다. 죄인이 스스로 하나님 나라에 들어갈 수 없자 예수께서 그 집에 직접 찾아 들어가신다. "따르라" 할 때 따르지 못한 부자 관리는 영생에서 영영 멀어질 수밖에 없는 것이 아니었다. 하나님은 따르지 못하는 자를 구원하기 위해 직접 찾아가시는 분이기 때문이다. 이것이 예수께서 계시하신 하나님의 구원 방법이고, 이것이 "무릇 사람이 할 수 없는 것을 하나님은 하실 수 있느니라"(눅 18:27)는 말의 뜻이다.

영생, 은혜의 결과

영생은 자기 공로가 아닌 오직 하나님의 은혜의 결과다. 그러므로 영생이시자 하나님 나라 자체이신 예수께서 죄인의 집에 들어가신다. 사람이 영생에 들어가는 것이 아니라 영생이 한 영혼에 들어가고 한 사람에게 들어간다. 이런 일은 예수의 찾아가심, 예수의 낮아지심으로 이뤄졌고, 최종적으로 주님의 마지막 찾아오심인 재림으로 완성될 것이다. 그러므로 예수를 따르라는 말은 자기 공로를 버리고 다만 찾아들어오시는 예수를 영접하여 그분을 믿고 그분께 충성하며 살아가라는 말이다. 이것이 하나님의 말씀을 지키는 길이고 율법을 완성하는 길이다. 영혼의 안정감은 내가 이루어 내는 것이 아니라 그리스도께서 주시는 것이다.

10장   고통을 산통으로 바꾸시는 하나님

지나치게 단순화한다는 지적이 있을 수 있겠지만, 아픔은 두 종류로 나눌 수 있다. 하나는 고통이고, 다른 하나는 산통이다. 둘 다 아프기는 마찬가지다. 하지만 아픈 이유와 결과는 다르다. 단순하게 말한다면 고통은 병균과 스트레스 때문이고, 산통은 생명 때문이다. 고통은 아픔의 결과로 몸과 마음이 쇠약해지지만, 산통은 그 결과로 생명이 태어난다.

그리스도인이든 아니든 몸을 가진 이상 살면서 아픔을 피할 수 없다. 누구도 예외가 없다. 그렇다면 성도와 교회의 아픔은 고통일까, 산통일까? 원인이 무엇인지에 따라 다르다고 말할 수 있겠지만, 근본적으로 본다면 성도와 교회가 겪는 모든 아픔은 산통이다. 비록 원인이 그렇게 거룩해 보이지 않더라도, 그리스도인에게는 모든 통증을 산통으로 바꿀 수 있는 힘이 있다. 힘의 근원은 성도 안에 살아 계시며 교회의 머리 되신 그리스도시다.

우리는 그리스도, 특히 고통의 사람 예수를 바라보려 한다. 고통스럽지만 그리스도의 아픔을 기억하고 묵상해야 하는 이유가 있다. 그리스도는 이사야 선지자가 말한 것처럼 우리의 질고를 지셨다. 그러하기에 고통의 예수를 본다는 것은 왜 우리가 고통을 겪고 있는지를 알게 해주고, 우리가 어떻게 다른 사람에게 고통을 주는지를 보여 준다. 무엇보다 예수의 고통 중심에 들어갈 때 우리는 하나님이 고통을 어떻게 산통으로 바꾸시는지 깨달을 수 있기 때문이다.

예수께서는 왜 사셨는가

예수께서는 왜 죽으셨는가? 답하기 어렵지 않은 질문이다. 그러면 '예수께서 왜 사셨는가'라는 질문은 어떤가? 쉽게 답할 수 있는 질문이 아니다. 그만큼 기독교 진영에서 이 주제를 비중 있게 다루지 않았다는 방증이다. 예수께서 사신 이유를 알지 못한다면 그분이 죽으신 이유를 제대로 알 수 있을까? 그럴 수 없다. 삶과 죽음은 분리된 것이 아니기 때문이다. 죽음이 무엇인지 알려면 삶이 무엇인지 알아야 하고, 죽음의 의미를 알려면 삶의 의미를 알아야 한다. 무엇보다 예수께 삶과 죽음은 분리된 것이 아니었기 때문에 예수께서 죽으신 이유를 아는 일은 그분이 사신 이유, 곧 그분의 소명을 아는 일에서 시작해야 한다.

　복음서에 따르면 예수의 소명은 하나님 나라를 선포하고 이 땅에 실현하는 것이었다. 그분의 삶이 하나님 나라의 선포이자 실현 그 자체였다. 태초 이후 창조주 하나님이 다스리지 않은 시간은 단 일 초도 없고, 하나님의 통치권이 닿지 않는 영역은 단 한 뼘도 없다. 그런데 왜 예수께서는 하나님의 다스림이 이 땅에 도래해야 한다고 말씀하시고, 또 그렇게 사셨는가? 예수께서 하나님 나라를 선포하신 것은 그 전에 하나님의 다스림이 이 땅에 없었기 때문이 아니다. 다만 하나님의 통치가 계속되고 있음에도 그분의 다스림에 순응하지 않는 죄악이 이 땅에 존재하고 있어서다. 하나님의 통치가 이 땅의 엄연한 현실일지라도 그것을 거스르는 세력이 어떤 식으로든 해결되지 않는다면, 하나님의 통치가 실현되는 일은 공허한 외침일 뿐이다.

이제 다시 질문해 보자. 예수께서는 왜 사셨는가? 그 이유는 하나님의 통치를 거스르는 악의 세력을 무너뜨려 온 피조 세계와 사람이 하나님의 선하심과 아름다움을 맛보도록 하기 위해서다.

중풍병자가 예수 때문에 나음을 입은 순간은 하나님의 선하심이 한 사람의 몸에 임하기 시작한 때이며, 간음하다가 잡힌 여인을 정죄하던 사람들이 예수 때문에 하나둘 다 사라지고 예수조차도 그를 정죄하지 않겠다는 말이 들린 순간은 하나님의 아름다움이 한 여인의 존재에 회복되기 시작한 때이고, 고립된 나병환자가 치료받은 후 마을 공동체에 내디딘 첫발은 하나님 나라의 샬롬이 한 사람의 사회적 삶에 실현된 순간이다. 풍랑이 일던 파도가 그분 말씀으로 고요해진 것은 파괴로 얼룩져 가던 피조 세계가 제자리를 찾아가기 시작한 것이고, 과부의 죽은 아들이 되살아난 순간은 하나님 나라가 한 가정에 임할 때 무슨 일이 일어나는지를 맛보여 준 시간이었다. 그러므로 예수의 선포와 사역은 모두 창조주 하나님의 신실함을 의미한다. 하나님은 당신이 지으신 사람과 세상을 끝까지 책임지고 회복하신다는 것이 하나님 나라 선포자 예수께서 보이고자 하신 의미다.

문제는 하나님 나라 선포자의 고난과 죽음이다. 생명의 수여자가 죽음의 피해자가 된 것이다. 예수께서는 자신을 따르는 이들에게 "다만 악에서 구하시옵소서"(마 6:13)라고 기도하라 하셨지만 정작 자신은 악의 세력에 의해 죽음으로 끌려가신다. "누구든지 목마르거든 내게로 와서 마시라"(요 7:37)고 하셨지만 자신은 "내가 목마르다"(요 19:28)고

하시며 십자가에서 숨을 거두신다. 예수의 하나님 나라 사역은 실패한 것인가?

악의 공격

악은 예수의 존재와 사역에 큰 두려움을 느꼈다. 그분의 존재론적 신분이 예사롭지 않았기 때문이기도 했지만("나는 당신이 누구인 줄 아노니 하나님의 거룩한 자니이다"[막 1:24]), 무엇보다 악이 예수에게서 두려움을 느낀 실질적인 이유는 그분의 삶의 자리 때문이다. 당시 유대 지도자는 왕궁이나 성전이라는 특정 영역에 머물며 하나님의 뜻을 전하였는데 나사렛 예수는 산, 들, 집, 바다, 회당 등 일상 한복판에서 하나님 나라를 선포하셨다. 그러자 악은 그냥 당하고만 있지 않았다. 자신의 활동 공간이 예수에 의해 하나둘씩 점령당하면서 점점 숨통이 조여 오자 악은 모든 수단과 힘을 동원하여 저항하기 시작한다.

예상과 달리 사탄의 첫 공격은 약간 순진해 보인다. 광야에서 기도하던 예수께 직접 자신의 몸을 드러내 보이며 접근한 것이다. 결과는 3연패였다. 이 실패로 악은 치명상을 입고 예수의 활동 무대 뒤로 퇴각하는 듯했다. 하지만 아직 영구 제명되지는 않았다. 두 번째 나타날 때는 더 교묘해졌다. 자신은 숨고 대신 다른 사람을 앞세워 예수를 무너뜨리려 했다. 그것도 예수와 가장 가까운 사람 베드로를 내세워 그릇된 길로 밀어 넣고자 했다. 하지만 이것 역시 실패하고 그의 정체는 탄로 난다. "베드로를 꾸짖어 이르시되 사탄아 내 뒤로 물러가라"(막 8:33).

이제 악은 어떻게 할 것인가? 예수를 그릇된 길로 이끌려는 시도가 좌절되자 악은 이제 그분을 아예 없애려 한다. 자신을 뿌리 뽑으려는 시도 자체를 뿌리 뽑으려 한 것이다. 이를 위해 사탄은 이른바 힘 가진 이들을 이용한다.

뜻밖의 역습

누가 당했을까? 뜻밖에도 대제사장과 서기관, 산헤드린 장로와 같은 종교 지도자들이 전면에 나선다. 그들의 등장이 예상 밖인 것은 그들 모두 하나님의 이름으로 일컬음을 받으며 하나님을 위하여 일하는 자이기 때문이다. 예수를 없애고자 그들이 내세운 명분은 하나님의 거룩한 이름을 지킨다는 것이었다. 그래서 예수께 신성모독이라는 죄명을 부여한다. 그러나 우리는 그들이 하나님의 이름을 지킨다고 말하지만 결국 하나님의 이름을 욕되게 하고 있다는 것을 알고 있다. 그들의 숨은 동기 또한 가려질 수 없다. 빌라도가 밝힌 것처럼 그들의 숨은 동기는 "시기"였다("이는 그가 대제사장들이 시기로 예수를 넘겨준 줄 앎이러라"[막 15:10]). 악은 종교 권력자들을 자기편으로 만들고자 시기심을 이용했다. 종교적 위엄을 가진 대제사장이나 신학적 지식을 가진 서기관을 부패시키는 데는 시기심 하나면 충분했다. 명분은 하나님의 이름을 지키는 것이었다. 그들의 시도가 그래서 더욱 아이러니하다. 하나님의 이름으로 하나님 나라의 도래를 막고 있기 때문이다.

정치권력 역시 예수를 죽음으로 몰아가는 데 일조한다. 사실 빌라도는 예수를 재판하면서 그분에게 아무런 죄도 찾지 못했다고 고백한다. 누가복음 23장 4, 14절을 읽어 보라. 예수께서는 고소자들이 내세우는 것처럼 폭력적 저항 운동을 이끌던 메시아가 아니라는 것을 빌라도 역시 알고 있었다. 그런데도 그는 예수를 사형에 넘긴다. 정의를 집행해야 하는 정치인이 불의를 자행한다. 빌라도의 자기모순을 이해하기는 어렵지 않다. 예수를 재판할 때 빌라도가 취한 선택 기준이 무엇이었는지를 마태복음 27장 24절은 이렇게 말한다.

> 빌라도가 아무 성과도 없이 도리어 민란이 나려는 것을 보고 물을 가져다가 무리 앞에서 손을 씻으며 이르되 이 사람의 피에 대하여 나는 무죄하니 너희가 당하라.

무리의 요구를 들어주지 않으면 민란으로 이어질 수 있고, 실제로 소요가 발발하면 그 지역을 관할하는 정치인으로서 자신의 정치적 입지가 매우 어려워질 수밖에 없다는 판단이 빌라도의 재판 기준이었다. 빌라도의 관심은 정의 실행이 아니라 정치적 입지 강화였다. 악은 이처럼 자신을 뿌리 뽑으려는 예수를 없애 버리고자 종교 권력자의 시기심과 정치인의 야망을 이용한다.

무리들 역시 개입한다. 그러나 그들은 권력자들에게 이용당한다. 마가복음 15장 11절을 보자.

> 그러나 대제사장들이 무리를 충동하여 도리어 바라바를 놓아 달라 하게 하니.

대제사장들이 무리를 충동질한 것이다. 무리가 예수의 죽음에 개입한 것은 어떤 대의명분 때문이 아니었다. 오히려 아무런 생각이 없었기 때문이다. 그래서 선동된 것이다. 대제사장들은 자기의 시기심에 충동되어 악을 행하고, 빌라도는 정치적 야망에 충동되어 악에 개입하지만, 무리는 오히려 아무런 생각이 없어 힘 가진 이들에 의해 충동된 것이다. 어떤 이는 생각이 너무 많아 악을 행하고, 또 어떤 이는 생각이 너무 없어 악에 이용당한다. 무리는 아무런 생각이 없어 이용당하는 이들이다. 악은 무엇이 옳고 그른지에 관심 없는, 무심하고 모방하는 무리를 이용하여 진리의 도래를 막는다.

열한 명의 제자도 예외는 아니다. 그들은 모두 예수를 버리고 도망간다. 예수를 잡으려고 무리가 겟세마네 동산으로 올라올 때 칼까지 빼들던 제자들이었는데 왜 마지막에는 다 도망갔을까? 마가복음 14장 49절을 통해 추론할 수 있는 그들의 도망 이유는 매우 놀랍다. 예수께서 자기를 잡으러 온 무리를 앞에 두고 자신이 잡히는 것이 "성경을 이루려 함이다"라고 하셨을 때 제자들은 다 도망갔다. 그들은 칼 든 무리가 무서워서 도망간 것이 아니라 힘없는 예수가 부끄러워서 그분을 버린 것이다. 그들이 원한 메시아는 힘센 지도자였다. 그런데 칼 든 무리 앞에서 무력하게 당하기만 하고, 그것도 그렇게 당하는 것이 하나님의 말씀을 이루는 길이라는 '구차한 변명'을 늘어놓는 이는 하나님의 뜻을 이루는 메시아일 수 없다고 판단한 것이다.

죄악을 무너뜨리고 하나님의 선한 다스림을 이 땅에 가져오려는 예수에 맞선 연합 전선은 사회적으로 견고하고 단단했다. 종교 지도자의 시기심, 정치인의 야망, 무리의 생각 없음, 그리고 가까운 친구들의 힘 있는 메시아에 대한 욕망을 이용하여 악은 예수를 죽음으로 몰고 간다. 광야에서는 조금 순진하게 다가온 사탄이 이제 거의 승리를 거둔 것 같다.

이 극적인 순간에 우리의 시선을 예수께 돌려 보자. 지금까지 악을 멸함으로 하나님의 통치를 이 땅에 가져오고자 하신 예수께서는 고난과 악의 힘이 최고로 발휘되는 이 순간 어떤 태도를 취하셨을까?

역습의 절정

그날 밤, 예수께서는 겟세마네에서 기도하시며 선택을 내려야 했다. 이 상황에서 벗어날 것인지, 아니면 그대로 통과할 것인지 둘 중 하나를 택해야 했다. 심한 고민을 하신 흔적이 사복음서에 남아 있다. "할 수 있다면 이 잔을 옮겨 달라"는 간청이 대표적이다. 이런 기도 내용은 그 상황을 피하려는 유혹이 예수께 근접해 왔다는 신호로 볼 수 있다. 사실 예수께서는 일전에 오병이어 기적 이후 그분을 임금 삼으려는 무리를 피해 산에 들어가신 적도 있다(요 6:15). 그때처럼 지금도 겟세마네의 야음을 틈타 그 자리를 피하려는 생각을 하실 수 있었을 것이다. 물론 진노의 잔을 회피하고 싶은 이유가 죽음에 대한 두려움 때문만은 아니다.

예수의 입장에서 보면 도망 혹은 회피를 택할 충분한 신학적 이유가 있다. 그분은 하나님 나라를 선포하러 오셨다. 모든 악을 이기고 해결하고자 오신 것이다. 그런 예수께서 악의 힘에 사로잡힐 위험에 직면하신 것이다. '죄악을 이기러 온 내가 어떻게 그것에 당할 수 있겠는가.' 이런 생각이 들었을 수도 있다. 그래서 "이때"가 자기 '옆으로' 비켜 가기를 기도하신다(막 14:35). 그렇게 비켜 간다면 지금까지처럼 예수께서는 앞으로도 계속 병을 고치고, 귀신을 몰아내고, 죄인을 용서하고, 죽은 자를 살리는 방식으로 하나님의 승리를 선포해 나가실 수 있을 것이다. '죽은 자를 살리고자 왔는데 내가 죽는 것이 어찌 하나님 나라의 승리를 드러낼 수 있는 길이 될 수 있겠는가'라는 생각은 그 자체로 매우 합리적으로 들린다. 그렇지 않은가?

예수의 선택_ 앞서 내디딘 그 한 걸음
하나님의 승리보다 죄악의 승리를 확정시킬 인물들이 무기와 횃불을 들고 몰려 올 때 예수의 선택이 무엇이었는지를 요한복음 18장 4절은 생생하게 묘사한다. 제자들과 함께 섞여 있던 예수께서는 적대자들이 도착하자 이렇게 반응하신다.

> 그 당할 일을 다 아시고 **나아가** 이르시되(강조는 저자).

예수의 발에 주목해 보자. 그분은 모두가 주춤거리고 있을 때 한 발 앞서 나가신다. 앞서 내디딘 그 한 발에 예수의 소명과 뜻과 결단이 다 내포되어 있다. 그 발은 하나님의 승리를 선포해 오던 자가 악에 사로잡히는 상황을 그대로 받아들이기로 결단하셨음을 말해 준다.

예수로 발을 내딛게 만든 것은 무엇일까? 취하신 그 한 걸음은 지금까지 예수께서 해오신 하나님 나라 선포 방식과는 전혀 다른 모습이다. 지금까지는 악을 폭로하고 물리치는 일을 하신 반면, 지금 내디딘 발걸음은 악에게 자신을 내어 주는 것이기 때문이다. 그러면 예수께서는 악의 역습 앞에서 하나님 나라 선포를 포기하신 것일까? 만일 그러하다면 우리가 믿는 예수는 없다. 그것이 아니라면 하나님의 승리를 선포해 오던 자신이 악에 사로잡히는 상황을 어떻게 받아들이고 어떻게 뚫고 가려 하신 것일까? 그때 예수께서 가지신 믿음이 무엇인지는 한 발 내딛으며 하신 말씀에 암시되어 있다.

> 너희에게 내가 그니라 하였으니 나를 찾거든 이 사람들이 가는 것을 용납하라(요 18:8).

예수께서 가도록 용납하라 하신 "이 사람들"은 그분을 따라 그곳까지 함께 온 이들이었다. 그들은 가고 대신 예수께서 홀로 그 어둠 한 가운데로 들어가겠다는 것이다. 요한복음 15장 13절에서 예수께서는 자신의 행동을 이렇게 말씀하셨다.

> 사람이 친구를 위하여 자기 목숨을 버리면 이보다 더 큰 사랑이 없나니.

예수께서는 친구를 위해 목숨을 버리겠다는 말씀만 하신 것이 아니라 그 순간이 닥칠 때 실제로 그렇게 하셨다. 그러나 그들은 진짜 그분의 친구인가? 그 친구들은 다 도망갔다. 친구 중 하나는 배신자였고, 또 다른 친구는 그분을 부인했다. 그러나 예수께서는 친구 같지 않은 친구를 위해 목숨을 버리셨다. 그들이 친구가 아닐 때에도 예수께서는 친구로 남아 계셨다. 후에 바울은 예수의 이 모습 안에서 온 인류의 죄를 대신 담당하려는 메시아의 대리적 죽음을 본 것이다("내가 받은 것을 먼저 너희에게 전하였노니 이는 성경대로 그리스도께서 우리 죄를 위하여 죽으시고"[고전 15:3]).

악이 온 세상을 부패로 이끄는 경로가 있다. 죄악이 사람과 사회를 부패시키는 길은 '나 살겠다고 남 죽이는 방식'을 통해서다. 남을 희생하여 자신을 부요케 하는 길이 바로 악이 사람과 사회를 감염시키는 통로다. 가룟 유다, 대제사장, 빌라도, 무리, 베드로 등 모두 동일하게 예수를 죽이고 자신은 살겠다고 그 길을 갔다. 적어도 그들에게서 죄악은 승리했다. 하지만 예수만은 다른 길을 가신다. 죄악이 사람을 종노릇하게 만드는 그 길 반대로 걸으신 것이다. 남 죽이고 나 살겠다는 세상에서 남 살리고 내가 죽는 길을 선택하셨다.

예수의 길은 악이 사용하는 무기보다 더 강한 악을 사용하여 악을 무찌르는 것이 아니었다. 그것은 악을 이기는 것이 아니라 악에게 이용당하는 것에 지나지 않는다. 제자들이 예수를 잡으려는 사람들을 향해 칼을 빼들자 그분은 "칼을 칼집에 꽂으라 아버지께서 주신 잔을 내가 마시지 아니하겠느냐"(요 18:11)고 하셨다. 하나님의 승리는 죄악의 길이 아니라 악이 걷는 그 반대의 길을 걸을 때 도래한다는 것을 예수께서는 믿으셨다. 그렇다. 하나님의 길은 악의 반대 길이었다. 남 죽여 나 살겠다는 것이 악의 길이라면, 하나님의 길은 나를 희생하여 남을 살리겠다는 것이다. 예수께서는 죄악의 경로가 어떻게 해야 끊어지고, 하나님의 선한 다스림이 어떤 경로로 들어오는지를 알고 계셨기에 그 길을 홀로 묵묵히 가신 것이다.

한 발 앞서 나가신 예수의 대답

제자들을 뒤로 한 채 앞으로 한 발 내디디신 후 예수께서 하신 또 다른 말씀은 "내가 그니라"이다. 예수의 대답은 맥락상 '내가 너희가 찾는 예수'라는 뜻이다. 하지만 요한복음 내내 예수께서 드러내려 하신 것이 있다. 하나님이다. 예수께서는 하나님을 보여 주고자 오셨다. "본래 하나님을 본 사람이 없으되 아버지 품속에 있는 독생하신 하나님이 나타내셨느니라"(요 1:18)고 하셨다. 그러므로 "내가 그니라"라는 말을 통해 예수께서는 하나님이 어떤 분인지를 계시하신다.

"내가 그니라"는 헬라어로 '에고 에이미'인데, 이 말은 이사야서에 나오는 하나님의 말투다. 이사야 41장 4절에 보면 새 창조를 하실 하나님은 자신을 "내가 그니라"라고 소개하신다.

> 이 일을 누가 행하였느냐 누가 이루었느냐 누가 처음부터 만대를 불러 내었느냐 나 여호와라 처음에도 나요 나중 있을 자에게도 **내가 곧 그니라**(헬라어로 '에고 에이미', 칠십인경, 강조는 저자).

다시 이사야 51장 12-13절을 읽어 보자. 새 창조를 하신 하나님은 자신을 "내가 그니라"라고 소개하신다. 43장 10절을 보자.

> 나 여호와가 말하노라 너희는 나의 증인, 나의 종으로 택함을 입었나니 이는 너희가 나를 알고 믿으며 **내가 그인 줄**('에고 에이미') 깨닫게 하려 함이라(강조는 저자).

예수께서 내디딘 그 한 발은 바로 하나님의 걸음이었다. 사흘 후에 찾아온 새 창조의 아침은 예수의 자기희생적 발걸음으로 시작되었다.

하나님은 인간보다 항상 한 발 앞서신다. 어떤 이익을 챙기기 위해서가 아니다. 인간을 구원하기 위해서다. 죄인을 의인으로 만들고

자, 모든 죽음의 힘을 소진시키고자 앞서신 것이다. 반면, 악의 발걸음은 자기 살고자 남을 앞으로 밀치고 자신은 한발 뒤로 빠진다. 그러나 하나님은 남을 뒤로 빠지게 하고 자신이 앞서 가신다. 하나님의 길, 하나님의 발에 대한 예수의 믿음이 그분의 발을 앞서 딛게 만들었다. 이것이 예수께서 보여 주신 하나님이다.

생명을 낳는 산통으로

우리는 어느 방향으로 걷고 있는가? 세상에 난 교회의 발자국이 그리스도께서 걸으신 방향과 같기를 소망해 본다. 교회는 그리스도의 몸이기 때문이다. 예수를 통해 하나님 나라가 도래하기 시작했다는 사실을 믿는다면 하나님 나라의 교두보가 된 그리스도의 몸 된 교회 역시 예수의 삶의 궤도를 벗어날 수 없다. 물론 그 길을 택한다고 악이 금방 무너지는 것은 아니다. 그런 일은 예수께도 일어나지 않았다. 악이 무너지기는커녕 더 활개 칠 수도 있다. 따라서 예수의 길을 걷는 성도와 교회에 고통은 불가피하다. 정신적이든, 신체적이든, 관계적이든 그럼에도 고통 가운데 있는 교회와 성도가 믿어야 할 것이 있다. 사흘 후의 일이다. 시간은 끝이 있고, 역사의 주인은 하나님이다. 반드시 악은 무너진다. 그리고 예수의 길이 이긴다. 사흘 후에는.

　우리가 지금까지 보았듯이 예수께 찾아온 아픔은 모두가 악의 공격 때문이었다. 그런 점에서 모두가 고통 그 자체다. 그런데도 예수의 고통으로 우리가 태어났다. 예수의 고통이 산통이 된 것이다. 왜 그럴까? 그것은 예수 안에 있던 하나님의 생명 때문이다. 살아 계시는 하나님은 예수의 고통을 산통으로 바꾸셨다. 예수의 죽음으로 우리 죄를 씻어 주셨고, 예수의 무덤이 새 창조의 몸을 입는 하나님의 분만실이 되게 하셨다. 그렇다면 그리스도의 몸 된 교회와 성도에게 찾아오는 고통은 어떨까? 하나님은 교회의 고통도 산통으로 바꾸어 주실까? 하나님은 그렇게 하실 것이다. 우리 안에는 그리스도의 생명이 역사하고 있기 때문이다.

11장   부활의 몸에 남은 상처

        무덤에서 나오신 예수께서는 제자들을 찾아가신다 (요 20:19-23). 그분이 찾아갔을 때 제자들은 마치 무덤에 있는 것 같았다. 그들은 모인 곳의 방문을 걸어 잠근 채 숨죽이고 있었다. 유대인들에 대한 두려움 때문이었다. 예수께 가해진 해가 이제 자신들을 향할 수 있다는 두려움이 그들을 옥죄고 있었다. 유대인들이 그들을 가두기도 전에 그들 스스로 자신을 가두어 버렸다. 바깥세상과 단절된 그들의 공간은 이제 거의 무덤이 되었다. 그 무덤은 그들 스스로 판 것이었다. 두려움이 그들의 삶의 공간을 무덤처럼 만들었다.

    그런 그들에게 예수께서 오시어 그 가운데 서신다. 무덤에서 나오시어 무덤과 같은 방을 다시 방문하신 것이다. 제자들이 부활한 예수를 만난 공간은 예수의 무덤이 아니라 그들의 무덤이었다. 빛이 어둠 가운데 비취듯 부활의 주님이 두려움에 갇혀 제자들이 숨은 방 안을 비추며 찾아오신 것이다(요 1:9 비교). 예수의 부활은 제자들에게 그렇게 시작된다. 유대인들은 그들이 어디 있는지 모르고 또 그곳에 들어올 수 없을지 모르지만 예수께서는 들어오셨다. 그리고 그들 한복판에 서신다. 두려움의 중심에 부활한 예수께서 서신 것이다.

예수께서 전하신 샬롬

예수의 첫 마디는 "너희에게 평강이 있을지어다"(요 20:19)였다. '샬롬'을 전하신 것이다. 그리고 요한복음 20장 21절에서도 제자들에게 "너희에게 평강이 있을지어다"라며 같은 인사를 두 번 하신다. 샬롬 인사가 반복된 것은 의례적인 인사 그 이상의 의미가 있다는 것을 말한다. 부활한 예수께서 제자들에게 주고자 한 본질이 '평강'이라는 점은 의심할 수 없다. 그렇다면 예수께서 제자들에게 주길 바라신 평강은 어떤 종류의 샬롬일까?

요한복음에 따르면 제자들은 아직 부활한 예수를 만나 뵙지 못한 상황이다. 그 결과 예수께서 부활하셨지만 제자들은 여전히 '비현실적인' 죽음의 공포에 갇혀 있었다. 사실인즉 그들은 죽음 자체보다 죽음을 무기로 그들을 위협하는 힘 가진 자에 대한 두려움이 더 컸다. 예수께서 주시려 한 샬롬은 이런 점에서 '죽음과, 죽음을 무기로 위협하는 자들 앞에서도 위축되지 않는 평안'이다. 이는 그 평안의 주체가 죽음을 이기신, 부활하신 예수이기 때문이다. 일전에 예수께서는 제자들에게 "평안을 너희에게 끼치노니 곧 나의 평안을 너희에게 주노라"(요 15:27)라고 하셨다. 예수의 평안이 어떤 것인지는 부활이 말해 주고 있다. 죽음과, 죽음의 세력을 잡은 자도 어찌지 못하는 평안이 예수의 평안이다. 샬롬은 자신들에게 해를 가할 것 같은 외부 세계와의 관계를 끊어 버림으로만 오지 않는다. 참 평화는 자체 생산되는 것이 아니라 주어지는 것이기 때문이다. 예수께서 찾아오신 것은 이 평안을 제자들에게 주시기 위함이었다.

제자들은 예수의 평안 선언(요 20:19b)에 기쁨으로 반응한다. "제자들은 주를 보고 기뻐하더라"(요 20:20b). 그런데 예수의 평안 선언과 제자들의 기쁨의 반응 사이에 예수의 상처 제시가 나온다(요 20:20a). 즉 다음과 같은 구조로 이야기가 진행된 것이다.

    A 너희에게 평강이 있을지어다(요 20:19b)
        B 이 말씀을 하시고 손과 옆구리를 보이시니(요 20:20a)
    A´ 제자들이 주를 보고 기뻐하더라(요 20:20b)

제자들은 주님의 손과 옆구리를 보고 기뻐했는데 그곳에는 십자가에서 입은 상처가 있었다. 손에는 못 자국이 있었을 것이고 옆구리에는 예수께서 죽은 후 병사가 주검을 확인하고자 찌른 폭력의 자국이 있었다(요 19:34). 그럼에도 손과 옆구리를 본 제자들, 그렇게 두려움에 붙들려 있던 제자들이 "기뻐"한다. 이 기쁨과 평안이 예수의 손과 옆구리에 난 상처에서 흘러나와 상처받을까 봐 두려워하고 있던 제자들의 마음에 들어간 것이다. 평안의 원천은 예수의 몸에 난 상처가 가리키는 바였다.

손과 옆구리의 상처가 말하는 바

예수께서 그들에게 상처를 보여 주신 것은 자신이 누군지를 알려 주기 위해서였다. 그들 가운데 주님이 왔을 때 그들은 그분이 누군지 몰라봤다. 부활의 주님은 변화된 모습을 하고 있었기 때문이다. 상처를 보여 주신 것은 자신이 십자가에서 죽은 예수라는 것을 말하기 위해서다. 부활의 주님은 과거 혹은 과거의 상처와 단절된 분이 아니었다. 그러하기에 제자들이 상처를 보고 예수를 알아본 것이다. 제자들이 예수를 알아본 장면은 그냥 넘길 수 없다. 이는 요한복음이 강조하는 내용 중 하나가 예수를 알아보는 것이기 때문이다. 요한복음 1장 10-12절은 그분을 알아보지 못하는 자와 알아보는 자를 이렇게 말한다.

> 그가 세상에 계셨으며 세상은 그로 말미암아 지은 바 되었으되 세상이 그를 알지 못하였고 자기 땅에 오매 자기 백성이 영접하지 아니하였으나 영접하는 자 곧 그 이름을 믿는 자들에게는 하나님의 자녀가 되는 권세를 주셨으니.

세상은 그 창조자를 알아보지 못하지만 제자들은 알아본다. 제자들이 예수를 알아볼 수 있었던 것은 그분의 상처 때문이었다. 사실 제자들은 예수께서 부활하시어 변화된 모습으로 오셨기 때문에 쉽게 그분을 알아볼 수 없었지만, 이분이 바로 하나님이고, 창조주이시며, 예수시라는 것을 알게 된 것은 그분의 상처를 보고서다. 상처 난 몸을 가진 예수를 보고 그들은 평강을 얻은 것이다. 세상을 위해 상처받은 하나님, 나의 상처를 친히 담당하고 계신 하나님이 부활하신 예수께서 보여 주신 하나님이고, 제자들의 기쁨과 평강의 근원이었다. 부활하신 예수의 능력은 손과 옆구리에 난 상처를 통해 찾아온다.

제자들은 사람들이 두려워 외부 세계와 단절한 채 고립된 방에 있었다. 그런 제자들에게 예수께서 찾아오셨다. 부활했음에도 여전히 남아 있는 상처를 지닌 몸으로 말이다. 이런 방문은 무엇을 말하는가? 두려움 없는 참 평강은 상처 난 예수를 중심에 모시는 것이라고 말한다. 부활한 예수께 상처는 부끄러움과 수치가 아니라 치유와 생수의 근원이 될 수 있기 때문이다.

예수께서 이제 두 번째로 "너희에게 평강이 있을지어다"(요 20:21)라고 말씀하시고, 그들을 세상으로 보내는 말씀을 하신다. "아버지께서 나를 보내신 것같이 나도 너희를 보내노라"(요 20:21). 예수께서 처음에 말씀하신 평강(요 20:19)은 제자들 자신을 위한 것이지만, 두 번째 말씀하신 평강은 그들이 세상에 들어갔을 때 만나는 사람들에게 주어야 하는 것이다. 제자들처럼 상처받기 두려워하는 사람이나, 이미 난 상처로 괴로워하는 사람, 바깥세상이 자신에게 해를 끼칠까 두려워 방문을 걸어 잠그고 있는 사람에게 찾아가서 주어야 할 예수의 평안이다.

상처받은 사람들이 제자들에게 쉽게 문을 열어 줄 것이라고 생각하지는 말아야 한다. 그런 일은 예수께도 일어나지 않았다. 그래서 하나님이 상처받으신 것이다. 하지만 세상이 예수께 가한 상처가 오히려 세상을 치료하는 통로가 되었다는 것을 부활한 예수께서는 보여 주셨다. 예수께서는 이처럼 환대가 아닌 적대가 기다리고 있는 세상으로 자신의 제자들을 보내신다. 제자들은 그 세상에 들어가 죽음과 적대, 고통으로 떨고 있는 이들에게 죽음으로 죽음의 세력을 잡은 자를 멸하신 예수의 평화를 선포하도록 부름받은 것이다.

제자들은 세상에 홀로 보냄받지 않는다

예수께서는 "아버지께서 나를 보내신 것같이 나도 너희를 보내노라"(요 20:21)라고 말씀하신 후, 제자들을 향해 숨을 크게 내쉬신다. "이 말씀을 하시고 그들을 향하사 숨을 내쉬며 이르시되 성령을 받으라"(요

20:22). 그분이 내쉬신 "숨"이 뜻하는 바가 있다. 그리스도께서 돌무덤에 누워 계신 지 삼 일째 되는 날 새벽, 차가운 바위를 뚫고 들어오신 분이 계셨다. 성령이었다.

요한복음에서 성령은 살아 있고 살리는 영이다(요 6:63). 그 영이 무덤 속 예수의 몸 안으로 들어가신다. 그러자 예수의 죽은 몸은 부활의 몸으로 변화된다.[1] 그 후 예수께서는 무덤과 같은 어두운 방, 외부 세계와 차단된 채 그들끼리만 모여 있던 제자들 가운데 오셔서 그들을 향해 숨을 내쉬신다. 그 호흡은 여전히 두려움에 떨고 있는 제자들을 향한 탄식의 숨이 아니라 그들을 살리는 생명의 숨이다. 그 숨은 예수를 죽은 자 가운데서 살리신 하나님 아버지께서 불어넣으신 영이자, 상처를 치유의 근원으로 바꾼 숨이며, 죽음을 부활로 바꾼 하나님의 호흡이다.

예수께서는 제자들을 세상에 보내신다. 보내실 때 홀로 보내지 않으시고 자신 안에 있던 숨, 살리는 영, 하나님의 영을 주신다. 나가서 이 영의 통로가 되라고 하신다. 상처로 괴로워하고 있는 사람들에게 평강의 근원이 되는 길이 있다는 것을, 눌림으로 억압받고 있는 사람에게 해방의 길이 있다는 것을, 희망을 잃어버린 사람에게 소망이 있다는 것을, 죽음과 죽음의 세력을 잡은 자도 훼방할 수 없는 평안이 있다는 것을 말하라는 것이다. 하나님의 영은 눌림이 있는 그곳이 해방의 공간이 되게 하시고, 절망의 순간이 희망이 될 수 있게 하시고,

---

1 로마서 8장 11절에서 바울은 말한다. "예수를 죽은 자 가운데서 살리신 이의 영이 너희 안에 거하시면 그리스도 예수를 죽은 자 가운데서 살리신 이가 너희 안에 거하시는 그의 영으로 말미암아 너희 죽을 몸도 살리시리라."

무덤이 하나님의 모태가 될 수 있게 하는 분이라는 것을 전하라 하신다. 그 영은 예수를 죽은 자 가운데서 살리는 하나님의 영이다. 그 영은 사람들을 죽음 가운데서 살리실 것이고, 비록 죽지만 다시 살릴 영이며, 살아 있는 순간에서 영원을 맛보게 하는 부활의 영이다. 그 부활의 영 때문에 우리는 지금 여기 우리를 둘러싼 칠흑 같은 어둠 속에서도 미래에 주어질 새로운 삶의 그림을 그릴 수 있는 것이다. 아플 때 치유를 위해 기도할 수 있고, 죽음 한복판에서 생명을 노래할 수 있고, 장례식 때 찬송을 부를 수 있고, 불의가 득세하는 세상에서 정의를 위해 일할 수 있는 것은 모두 부활의 영이 우리 안에, 우리를 통해 역사하고 계시기 때문이다. 그러니 세상에 나가 상처받기를 두려워하지 말고 그리스도께서 가져오신 죄 사함과 평안의 복음을 선포하라 하신 것이다(요 20:23).

12장   만물, 동료 예배자

요한계시록 4장에서 요한은 하늘에서 "이리로 올라오라"(1절)라는 큰 소리를 듣는다. 이어서 하늘로 소환한 이유가 계시된다. "마땅히 일어날 일들을 내가 네게 보이리라"(1절). 지상에 있던 요한을 하늘로 올라오라 한 것은 하늘의 일을 보여 주기 위해서가 아니라 땅의 일을 보여 주기 위해서였다. 땅에 있다고 땅의 일을 잘 볼 수 있는 것은 아니다. 때로는 어떤 사물, 사람, 일에 우리가 지나치게 가까이 다가가 있거나 그것이 우리 앞에 밀접하게 붙어 있어서 그 실체를 제대로 보지 못하기도 한다. 요한과 일곱 교회가 살아가는 현실은 짐승이 그 힘을 휘두르고 있는 세상이다. 그러니 땅에 있다고 땅의 일을 제대로 보기는 쉽지 않다.

짐승은 하나님이 지으신 세상(계 14:7)을 오히려 왜곡하고 부패시키는 세력이기에 짐승과 세상을 제대로 보고 대처하며 살아가기 위해서는 '올라가는' 것이 급선무다. 그러면 올라가서 누구의 시각으로, 또는 어떤 각도로 아래를 보아야 할까? 올라온 요한은 보좌에 계신 이(계 4장)와 "일찍 죽임을 당한 어린양"(계 5:6)을 본다. 땅에 일어날 일을 바라보는 시각이 주어진 것이다. 일곱 교회는 그들이 살아가야 하는 세상과, 그 세상에 일어나는 일들을 보좌에 계신 하나님과, 일찍 죽임을 당함으로 승리하신(계 5:5) 어린양의 시각으로 보도록 초대받은 것이다.

하지만 요한은 보기 전에 먼저 듣는다. 올라간 후에 보좌에 계신 이와 어린양 주변, 그리고 하늘과 피조 세계 전체에서 들려오는 소리를 듣는다. 그 소리는 다양한 무리들(네 생물, 이십사 장로, 땅의 성도, 천사, 모든 피조물)이 보좌에 계신 이와 어린양에게 드리는 찬양 소리다. 요한과 일곱 교회가 짐승에 의해 장악된 세상(계 13장)을 통과하는 동안 눈과 귀로 기억해야 할 일은 두 가지다. 귀로는 결국 모든 만물이 구속받아 하나님과 어린양을 향해 돌릴 찬양 소리(환청)를 듣고, 눈으로는 하나님과 어린양의 전망(환상)으로 세상에 일어나는 모든 일을 본다. 요한이 하늘로 초대받은 이유는 그의 편지를 읽게 될 일곱 교회로 하여금 그들의 눈과 귀가 땅의 짐승이 아닌 하늘의 주에게 열려 있도록 하기 위해서다. 주목해야 할 것은 만물의 찬양 소리를 듣는 것(계 4-5장)이 만물에 일어날 '화'가 무엇인지를 보는 것(계 6장 이후)에 선행한다는 것이다. 이런 순서에는 하나님이 행하시는 일의 목적이 멸망이 아니라 정화와 구원에 맞추어져 있음을 요한으로 기억하도록 하려는 뜻이 있다.

영광스러운 다섯 찬양

우리의 관심은 요한이 들은 영광스러운 찬양이다. 총 다섯 개의 찬양이 요한계시록 4-5장에 펼쳐진다. 첫 번째는 네 생물의 경배로, 그 대상은 보좌에 계신 이에게 맞춰져 있다(4:7-8). 두 번째는 이십사 장로가 네 생물의 경배에 합류하여 스물여덟이 올리는 찬양으로, 그 규모가 확대된다(4:10-11). 세 번째 경배는 5장 9-10절에 나오는데, 예배 대상은 보좌에 앉으신 이와 더불어 그 앞에 선 어린양(5:6)으로 확대된다. 그리고 찬양 대원의 구성원 역시 기존의 네 생물과 이십사 장로뿐만 아니라, 그들이 성도의 기도를 담은 금 대접을 들고 찬양드린다는 묘사(5:8)가 말해 주듯이, 땅에 있는 성도들이 포함된다. 네 번째 찬양은 그 수가 만만이요 천천인 천사들에 의해 불리고, 대상은 오직 어린양에게 맞춰진다(5:11-12). 그런 후 마지막 찬양이 펼쳐지는데, 찬양 대원은 하늘 위와 땅 위, 땅 아래와 바다 위, 그리고 그 가운데 있는 모든 피조물을 포함하고, 경배 내용도 보좌에 계신 이와 어린양 두 분 모두를 포함한다(5:13). 이런 경배의 행진은 첫 찬양자였던 네 생물이 모든 피조물의 찬양에 아멘으로 화답하자 막을 내린다(5:14).

요한과 일곱 교회가 짐승이 장악한 세상에서 승리의 삶을 살기 위해 잊지 말아야 할 것은 세상 만물과 그 대표자들이 드리는 이 다섯 종류의 찬양 소리였다. 그 찬양은 세상이 짐승의 횡포와 장악으로 끝나지 않고 반드시 역전될 것이라 알려 주면서 교회가 누구에게 충성하며 살아야 하는지를 들려주는 예언자적 찬양이기 때문이다.

네 생물의 찬양

첫 번째 찬양은 보좌 주위에 있는 네 생물에게서 흘러나온다. 고대 근동은 물론 성경은 세상이 네 방향으로 구성되어 있다고 믿었다(렘 49:35-36, 단 7:2, 계 7:1). 따라서 네 생물은 세상 모든 피조물을 대표하는 존재로 보인다.[1] 그러니 그들의 찬양은 땅의 모든 피조물을 대신하여 드리는

---

1 이 생물은 각각 사자 모양, 송아지 모양, 사람 모양, 독수리 모양의 짐승이었다. 이레니우스(주후 130경-202경)는 네 생물이 사복음서를 상징한다고 해석했다. 사람은 마태, 독수리는 마가, 송아지는 누가, 사자는 요한으로 해석했다.

것이다.[2] 마지막으로 모든 피조물이 찬양을 드릴 때(계 5:13) 네 생물이 아멘으로 화답한 것(계 5:14)은, 그들이 모든 피조물의 대표자로 세워졌다는 점을 고려할 때 자연스럽게 이해될 수 있다.[3] 네 생물은 "밤낮 쉬지 않고"(계 4:8a) 다음과 같이 찬양한다.

> 거룩하다 거룩하다 거룩하다 주 하나님 곧 전능하신 이여 전에도 계셨고 이제도 계시고 장차 오실 이시라(계 4:8).

요한계시록에서 밤은 사라져야 할 실체다. 21장 25절은 새 예루살렘이 하늘에서 도래했을 때 그곳에 "밤이 없음이라"고 말하며, 22장 5절도 어린양이 마지막 승리를 거둔 후에는 "다시는 밤이 없겠고"라고 말한다. 밤은 흑암과 혼돈을 가져오기 때문이다. 하지만 만물의 대표자인 네 생물이 하나님의 거룩함을 찬양하는 데 있어서 밤과 낮의 구분은 사라진다. 모든 것이 잘 보이는 낮만이 아닌 아무것도 보이지 않는 밤에도 하나님을 찬양한다.

찬양이 밤낮 구분 없이 계속된다는 것은 그들 찬양의 깊이를 드

---

2 Richard Bauckham, *Living with Other Creatures* (Waco, Texas: Baylor University Press, 2011), 177쪽.

3 요한계시록 전체에서 이 네 생물은 13장에 나오는 짐승과 대조를 이루고 있다. 네 생물과 13장의 짐승 모두 동일한 '동물'이다. 하지만 하나는 '생물'이라 부르고, 다른 하나는 '짐승'으로 표현한다. 무엇이 생물과 짐승을 결정할까? 짐승은 늘 부정적이다. 우리는 사람을 향해서도 '짐승 같은 사람' 혹은 '짐승만도 못한 인간'이라 말한다. 짐승은 위험하고 길들여지지 않은 동물이다. 즉 길들여지면 가축이 되고, 제멋대로인 동물은 들짐승이 된다. 본문에서 생물과 짐승의 차이를 만드는 것은 누구를 섬기느냐다. 짐승은 자신과 용을 섬기는 존재였다. 그러자 짐승으로 변한다. 아니, 때로는 '짐승만도 못한 존재'가 된다. 하지만 하나님과 어린양을 섬기며 모든 영광을 그분께 돌리자 그들은 생물로 남는다.

러낸다. 곧 찬양의 이유가 되시는 하나님을 뵙고 하나님의 거룩한 성품을 경험하고 하나님의 일하심을 목도하는 일이 어둠 앞에서도 중단되지 않았다는 것을 말해 준다. 이런 깊은 찬양이 어떻게 가능한지를 알려면 네 생물의 찬양 자리가 "보좌 주위"(계 4:6)였다는 점에 주목해야 한다. 보좌 앞에 머무는 삶의 자리는 어두운 밤을 찬양의 순간으로 만든다. 그러므로 시편 139편은 말한다.

> 주에게서는 흑암이 숨기지 못하며 밤이 낮과 같이 비추이나니 주에게는 흑암과 빛이 같음이니이다(12절).

요한이 "이리로 올라오라"는 말을 듣고 보좌에 갔을 때 목격한 광경은 바로 이것이었다. 주에게는 어둠과 빛이 일반임을 깨달은 것이다.

네 생물은 하나님의 거룩하심을 찬양했을 뿐 아니라 "전능하신 이"로 찬양한다. "전능하신 이"(판토크라토르)의 문자적인 뜻은 '모든 것을 다스리는 자'다. 비록 짐승이 세상을 다스리고 있는 것 같더라도 그것은 허상이다. 실상은 진정한 통치자가 짐승 '위에서' 그 모든 것을 주관하고 계시는데, 만물의 대표자인 네 생물의 찬양은 바로 그 점을 드러내고 있다. 요한이 하늘 위에 올라가 들은 후 땅에 있는 교회에 들려주어야 하는 메시지가 바로 이것이었다.

또한 하나님께는 흑암과 빛이 같을 뿐 아니라 시간마저 동일하다.

> 전에도 계셨고(과거) 이제도 계시고(현재) 장차 오실(미래) 이시라(계 4:8b).

사람의 두려움은 시간과 관련된다. 과거는 돌이킬 수 없기에 쓰리고, 미래는 예측할 수 없어 걱정을 낳고, 현재 또한 복잡하여 종잡을 수 없다. 하지만 네 생물은 하나님을 어제도 다스리셨고 이제도 다스리시며 앞으로 만물을 회복하고자 오실 분으로 찬양한다. 과거, 현재, 미래, 그 어느 시간에도 하나님이 계시지 않은 때는 없다.

일곱 교회에 이 찬양이 어떻게 들렸을까? 하나님은 어제도 계시고 장차 오실 자라는 말에는 요한계시록 5장 14절에서 네 생물이 하듯 "아멘"으로 화답했을 수 있다. 그럼에도 고난과 압박의 시기(계 1:9, 2:10, 13, 12:17, 13:7, 15)인 현재는 교회의 믿음을 약하게 하는 시간일 수 있다. 이 까닭에 현재도 하나님이 '계시다'는 선언에 "아멘"으로 화답하려면 눈앞의 현실만이 아닌 그 위의 현실, 곧 전능하신 이가 다스리고 있는 현실을 볼 수 있어야 한다. 만물의 대표자 네 생물의 찬양은 일곱 교회에 '현재의 어둠을 뚫고 하나님의 현존을 보며 이 찬양에 코러스로 동참하라'는 뜻을 전해 주고 있음이 틀림없다.

찬양에 합류하는 이십사 장로

예배와 찬양은 이십사 장로들의 합세로 그 규모가 확대된다(계 4:10-11). 뒤늦게 합류한 이십사 장로들은 누구일까? "장로"가 '대표'역을 감당하는 위치의 사람이라면, "이십사"는 누구를 대표하는 숫자일까? "이십사"는 구약에서 하나님의 백성을 대표하는 이스라엘의 열두 지파와, 신약에서 하나님의 백성을 대표하는 열두 사도의 수를 더한 것으로 보는 것이 적절하다. 이것은 요한계시록 21장에 등장하는 새 예루살렘의 열두 문에 이스라엘 열두 지파의 이름이 있고(12절), 그것의 열두 기초석에 열두 사도의 이름이 기록되어 있다(14절)는 사실에서도 지지받는 해석이다. 그러므로 "이십사"는 구약과 신약의 하나님 백성을 대표하는 숫자를 가리킨다고 보는 것이 옳다.[4]

지금까지 만물의 대표자인 네 생물만 찬양을 드렸다면 이제 이십사 장로가 찬양에 합세한다. 찬양 내용(계 4:11)도 주님과 만물의 관계에 집중된다. 이십사 장로는 그들이 대표하는 하나님의 백성이 살고 있는 땅에 대한 신학적 고백을 찬양의 형식으로 올려 드린다.

  A 주께서 만물을 지으셨고
    B 만물이 주의 뜻대로 있었고
  A´ 만물이 지으심을 받았다.

"만물"이 세 번 반복되고 있다. 처음에는 주께서 만물을 지으셨다는 고백이고(주어가 '주'라는 사실에 주목하라), 두 번째는 만물이 주의 뜻대로 존재하게 되었다는 사실을 지적하며(주어가 '만물'로 바뀐다), 마지막은 지금 있는 만물은 스스로 있는 것이 아니라 지으심을 받은 것임을 강조하고 있다(의미상의 주어는 '하나님'이지만 문법적 주어는 '만물'이 되어 초점이 만물에 주어지고 있다). 장로들의 찬양은 만물을 지으신 이가 하나님이라는 사실(A)로 시작해서 만물은 지음을 받았기에 존재하고 있다(A´)는 선언으로 끝난다. 그리고 그 사이(B)에는 만물이 오직 주의 뜻에 순응하며 존재하고 있다는 선포가 자리 잡고 있다.

---

4 이필찬, 「요한계시록 어떻게 읽을 것인가」(서울: 성서유니온선교회, 2000), 66-67쪽.

이 찬양 역시 일곱 교회에 의미하는 바가 있다. 그들이 발 딛고 있는 땅은 짐승의 왕 노릇으로 얼룩져 있어서 만물의 가치에 대한 그들의 생각은 부정적일 수밖에 없었을 것이다. 하지만 이십사 장로들의 찬양은 만물에 대한 신적인 가치를 재조명했음이 틀림없는데, 이는 만물은 주께서 만드신 것이고 그 존재 역시 주의 뜻을 따르고 있다고 말하기 때문이다. 만물은 짐승이 말하는 것과 달리 짐승의 것이 아니다. 그것은 선하시고 거룩하신 하나님에 의해 창조되어 그분의 뜻대로 존재해 왔고 또 존재해야만 한다. 이 찬양을 드리는 자나 듣는 자의 만물에 대한 태도가 포기나 무관심이 될 수 없는 이유가 여기에 있다(만물에 대한 적절한 태도는 세 번째 찬양에서 구체적으로 다뤄진다).

이십사 장로들의 찬양은 말과 멜로디 그 이상을 포함한다. 그들은 구약의 하나님 백성과 신약의 성도를 대표한다. 그러하기에 그들이 드리는 예배는 모든 교회가 마지막으로 드릴 예배가 어떠할지를 예고한다. 이십사 장로들은 천상에서 하나님을 예배하되, 하나님 앞에 엎드려 경배한다. 무엇보다 엎드리며 손을 그들의 머리에 가져가 쓰고 있던 "관"을 벗어 하나님 앞에 드린다

> 이십사 장로들이 보좌에 앉으신 이 앞에 엎드려 세세토록 살아 계시는 이에게 경배하고 자기의 관(스테파누스)을 보좌 앞에 드리며(계 4:10).

그들이 보좌에 앉으신 이에게 돌려드리는 그 관은 사실 어려움 중에도 하나님에 대한 신앙을 지켰기에 하나님이 성도들에게 씌워 주신 관이다. 요한계시록 3장 10-11절을 보자.

네가 나의 인내의 말씀을 지켰은즉 내가 또한 너를 지켜 시험의 때를 면하게 하리니 …… 내가 속히 오리니 네가 가진 것을 굳게 잡아 아무도 네 면류관(스테파논)을 빼앗지 못하게 하라.

또한 요한계시록 2장 10절 말씀이다.

네가 죽도록 충성하라 그리하면 내가 생명의 관(스테파논)을 네게 주리라.

죽음의 위협 앞에서도 주 예수에 대한 믿음과 충성을 거두지 않는 자에게 하나님이 주시는 것은 관인데, 그 관을 수식하는 소유격 명사 "생명의"가 말하듯 관(스테파노스)은 생명 곧 영생을 가리킨다. 그런데 이십사 장로는 주께 면류관을 돌려드린다. 이것은 그들이 대표하는 성도를 비롯하여 모든 피조물이 드리게 될 마지막 예배가 어떤 것인지를 보여 준다. 우리가 마지막으로 드릴 최고의 경배는 기다리던 주님이 다시 오실 때 주 앞에 나아가 주님께 받은 면류관을 다시 주께 드리며 모든 영광을 하나님에게 돌려드리는 일이다. 내가 충성했다면 주님은 면류관을 주시지만 내가 그렇지 않다는 것을 우리는 안다. 그것은 충성이 아니라 은혜였고, 충성했다고 해도 내가 한 것이 아니었다. 내게 힘주시고 내게 능력 주시고 나를 거룩하게 하신 분은 바로 하나님이었다. 그러니 영광은 하나님이 받으셔야 하고 경배도 하나님이 받으셔야 한다.

이십사 장로와 교회의 예배는 짐승과 그를 따르는 자들의 아첨과 대조를 이룬다. 요한계시록 13장 4절에서 짐승은 사람들로 자신을 경배하도록 하고, 무리는 "누가 이 짐승과 같으냐"며 합창을 한다. 반면 이십사 장로는 우리의 믿음과 충성, 그리고 경배와 영광을 받기에 합당하신 분은 오직 한 분 하나님뿐임을 고백한다. 이것이 짐승에게 교회가 미움을 받을 수밖에 없었던 이유다.

네 생물과 이십사 장로, 그리고 성도들의 합창

5장으로 넘어가자 찬양은 더욱 확대된다. 찬양하는 사람은 앞선 두 찬양 때와 동일한 네 생물과 이십사 장로다. 하지만 이번 찬양에서 새롭게 부각된 것은 그들의 손에 들려진 무언가다. 그들은 한 손에 거문고를, 다른 손에는 향이 가득한 금 대접을 들고 있다. 이십사 장로 모두 각 손에 거문고와 금 대접을 가졌다. 스물 네 개의 금 대접과 스물 네 개의 거문고가 이번 찬양에 각각 동원된 것이다.

먼저 금 대접을 보자. 금 대접에는 향이 가득한데, 그 향은 성도들의 기도라고 말한다(시 141:2 참조). 그들이 드리는 세 번째 찬양에 성도들의 기도가 등장한 것이다. 찬양과 기도가 함께 보좌에 계신 이에게 올라간다. 이런 모습은 기도와 찬양이 구분될 수 없음을 말한다. 사실 지금까지의 찬양은 천상에서만 이뤄졌다. 네 생물과 이십사 장로는 천상에 있는 존재들이었기 때문이다. 그런데 세 번째 찬양은 다르다. 찬양을 드리는 사람의 손에는 땅에 있는 성도들의 삶에서 우러나오는 기도의 향이 담긴 금대접이 있기에 땅에 있는 성도의 기도 역시 찬양의 한 부분이 되는 것이다. 이제 찬양은 하늘과 땅 모두에서 울려 퍼지고 있다. 하늘과 땅이 찬양과 기도로 연결되기 시작한 것이다.

지금 이 시점에서 성도들의 기도가 찬양에 합류되고 있는 것은 왜일까? 땅의 성도들이 하늘에서 드려지는 찬양의 한 부분을 감당하고 있다는 것은 성도들 역시 하나님의 선함과 신실한 행동에 반응하기 시작했다는 것을 말한다. 예배와 경배가 하늘에 있는 자들만의 잔치가 아니라 여전히 땅에 있는 성도들도 동참할 수 있는 여지가 생겼음을 본 것이다.

성도들은 무엇을 보았기에 하늘 찬양에 동참하는 것일까? 세 번째 찬양의 가사에 답이 있다. 첫 번째와 두 번째 찬양은 보좌에 계신 이에게만 집중된 반면, 세 번째 찬양에서는 처음으로 '일찍이 죽임을 당한 어린양'이 찬양의 대상으로 등장한다. 이것은 성도들의 찬양 이유가 일찍 죽임을 당하신 어린양 때문이었다는 점을 말해 준다. 성도들은 땅에서 살 길을 하늘에 계신 어린양에게서 찾은 것이다.

첫째, 교회는 세상에서 어떻게 승리의 삶을 살 것인지를 보좌에 계신 어린양에게서 발견했다. 그리스도는 일곱 교회 모두에게 이기라고 하셨지만(계 2:7, 11, 17, 26, 3:5, 12, 21) 어떻게 해야 이길 수 있는지는 명시되어 있지 않다. 그 답은 5장에서 주어진다. 하늘 보좌 곁에 계신 어린양이 '이기신' 분으로 소개되고 있는 까닭이다("유대 지파의 사자 다윗의 뿌리가 이겼으니"[5절]). 누가 짐승을 이기고 성전 기둥이 되며(계 3:12), 누가 세상을 이기고 그리스도와 함께 보좌에 앉을 수 있는가?(계 3:21) 그 사람은 "어린양이 어디로 인도하든지 따라가는 자"(계 14:4)다. 짐승과 세상을 이기고 하늘에서 온 세상을 다스리고 있는 분은 그 어린양이기 때문이다.

둘째, 땅의 성도가 하늘의 찬양에 동참한 것은 하늘에 계시는 이의 모습 때문이다. 울고 있는 요한에게 짐승을 이기셨기에(계 5:5) 두루

마리를 펴서 볼 수 있는 한 분이 소개되는데, 그분은 "보좌와 네 생물과 장로들 사이에" 서 계시는 "한 어린양"이다(계 5:6). 요한은 승리하신 그분이 "일찍 죽임을 당한 것같[이]" 보였다고 서술을 덧붙인다(계 5:6b).

그리스도께서는 땅에서 승리하시고 하늘에 오르셨음에도 땅에 있을 때와 동일한 모습, 곧 '일찍 죽임을 당한 어린양'으로 계신다. 세상을 다스리는 분이라면 지상에 있을 때와 다른 모습을 하고 있을 것이라 기대했을 수 있다. 흰옷을 입고 금 면류관을 쓰신 모습 말이다. 하지만 승천하신 그리스도는 그런 모습으로 보좌에 계시지 않았다. 오히려 하늘에 오르시기 전, 땅에서의 모습 그대로인 어린양의 모습이셨고, 더 나아가 연약하고 부끄러울 수 있는 상처인 "일찍이 죽임을 당한"(수동태) 흔적을 그대로 가지고 계셨다. 어린양의 그 같은 모습은 여전히 땅에 있는 교회의 모습과 다를 바가 없었다(계 2:10, 13). 하늘에 계신 분은 땅에 있는 교회를 잘 알고 계신 분이자 그가 이기셨던(계 5:5) 것처럼 교회 역시 승리로 이끌 수 있는 분인 것이다. 역사를 주관하기에 합당한 자로 여김을 받은 분이 일찍 죽임을 당한 모습을 하고 있다는 것은 교회가 처한 고난과 죽음이 패배가 아니라 오히려 승리의 길이라는 사실을 알려 주었다.

셋째, 땅의 성도가 하늘 찬양에 동참할 수 있었던 이유는 요한계시록 5장 9-10절의 찬양 자체에 명시되고 있다. 어린양이 "각 족속과 방언과 백성과 나라 가운데에서 사람들을 피로 사서 하나님께 드리[셨기]"(5:9) 때문이다. 어린양이 땅의 성도들에게 한 일은 '사는 것'(아고라조)이다. '사다'가 사용된 당시 맥락은 시장에서 노예를 구입하는 행위를 떠올리게 한다. 당시 사람들은 노예 시장에 가서 돈을 지불하고 사람을 구입하여 자신의 노예로 삼든지 아니면 그를 해방시킬 수 있었다. 그런데 예수께서는 종 되었던 우리를 자신의 피, 곧 자신의 죽음으로 '사서'(구속하시어) 하나님에게 드렸다고 한다. 이제 땅에 있는 성도들은 어린양으로 인해 자신의 현재 가치를 새롭게 발견하게 된다. 그들은 짐승의 종이 아니라 하나님의 백성이 되었다. 이에 찬양을 드린다.

 어린양은 성도를 그냥 하나님에게 바치기만 하지 않으셨다. 먼저는 성도들을 "나라"로 삼으셨다(계 5:10). 백성들이 하나님의 나라가 된 것이다. 세상 나라가 만일 교회에게 '하나님 나라가 어디에 있냐'고 묻는다면 어린양 예수를 주로 믿고 따르는 자들이 바로 "나라"라고 말해야 했던 것이다. 또한 어린양은 성도들에게 하나님 앞에 나아가는 제사장의 신분을 주시어 그들로 "땅에서 왕 노릇" 하도록 하셨다(계 5:10). 제사장에게는 두 가지 임무가 있는데 특권과 책임이다. 특권은 하나님에게 나아갈 수 있는 권한이고, 책임은 하나님 앞에 나아갈 때 홀로 가지 않고 백성의 짐을 짊어지고 나아가야 하는 의무를 말한다.

 어린양이 사람들을 피로 사서 하나님에게 바친 이유는 그들이 하나님 앞에 나아가 하나님의 사랑을 받으며 살 수 있는 특권을 누리도록 하기 위해서였다는 것은 분명하지만 이것이 다가 아니었던 것이다. 제사장은 하나님 앞에 나아갈 때 뒤에 있는 연약한 백성의 죄를 짊어져야 한다. 왕적 책임이란 바로 이런 것을 두고 말한다. 그 모델은 하늘에 계신 왕이다. 그분은 우리 죄를 짊어지고 하나님 앞에 나아간 왕이셨다. 그렇게 오르신 왕은 다시 우리로 '땅에서' 왕 노릇 하며 살도록 우리를 자신의 피로 사신 것이다.

 왕 노릇 하는 길은 혼자 잘 먹고 잘 사는 것이 아니라 세상의 아픔을 돌아보는 것이다. 이것이 예수께서 하신 일이자, 또한 교회의 소명이고 교회의 기도여야 한다. 교회는 하나님을 섬기되 세상의 죄와 아픔을 짊어지라고 부름받은 것이다.

정리하자면, 땅의 성도들이 하늘에 계신 어린양에게 찬양을 드릴 수 있었던 세 가지 이유는 다음과 같다. 첫째는 일찍 죽임을 당한 어린양 안에서 짐승을 이길 수 있는 길을 보았기 때문이고, 둘째는 그들이 본 어린양은 지상 교회와 같은 고난당한 모습으로 역사를 이끌고 계셨기 때문이며, 셋째는 그들로 땅에 살면서 짐승의 종이 아니라 제사장이자 왕으로 살도록 해주셨기 때문이다.

천사들도 합류하는 찬양과 모든 피조물의 찬양
성도의 기도가 네 생물과 이십사 장로의 찬양에 합류하자 그들을 둘러선 수많은 천사가 이 찬양에 동참한다(계 5:12). 찬양의 대상은 "죽임을 당하신 어린양"(계 5:12a)이었고 찬양의 내용은 어린양이야말로 "능력과 부와 지혜와 힘과 존귀와 영광과 찬송을 받기에 합당하다"는 것이었다. 어린양이 그 같은 경배를 받기에 합당한 이유는 사람을 짐승의 종에서 하나님의 백성으로 바꾸시되 세상이 이해할 수 없는 방법, 곧 그의 죽음으로 세상 나라를 하나님의 나라로 바꾸셨기 때문이었다.

곧이어 마지막으로 거대한 합창이 뒤따른다(계 5:13). 이번에는 하늘 위와 땅 위, 땅 아래와 바다 위, 그리고 그 가운데 모든 피조물이 찬양에 동참한다. 찬양의 대상 역시 지금까지는 보좌에 계신 이(계 4:8, 11)와 어린양(계 5:9-10, 12)이 따로 찬양에 등장했는 데 반해 마지막 합창에는 두 분이 동시에 나온다("보좌에 앉으신 이와 어린양에게"). 짐승은 과장

(계 13:5)과 속임(14절)으로 모든 땅(계 11:18)과 사람을 유린하였지만 하나님과 어린양은 땅을 새롭게 하시는 분이다("내가 만물을 새롭게 하노라"[계 21:5]). 파괴자에 의해 신음하던 모든 창조물은 이제 그들을 재창조하셨고, 또 재창조하실 하나님 아버지와 그분의 어린양께 경배를 드린다.

요약하자면, 요한계시록 4-5장에 등장하는 다섯 개의 찬양은 찬양의 대상과 그 이유의 변화와 함께, 찬양에 참여하는 이들이 수적으로 점점 많아지고 있다. 처음 두 찬양에서 경배의 대상은 보좌에 계신 하나님이었고, 이어지는 두 찬양에서는 경배가 어린양을 향한다. 그리고 마지막 찬양에서는 하나님과 어린양 모두가 경배의 대상이 된다. 찬양에 참여하는 이와 찬양의 이유 또한 바뀐다. 첫 번째와 두 번째 찬양에서 네 생물과 이십사 장로는 거룩하신 보좌에 계신 하나님이 시간(과거, 현재, 미래)과 만물을 주관하시기에 경배를 올려 드린다. 이어서 어린양이 예배의 대상이 되는 세 번째 찬양에서는 네 생물과 이십사 장로만 아니라 땅의 성도들도 합류하여 그들로 "땅에서 왕 노릇"(계 5:10) 하며 살 수 있도록 하신 어린양의 속량 사역을 찬양한다. 네 번째 찬양에서 찬양대의 규모는 더욱 확대되는데, 네 생물과 이십사 장로, 그리고 땅의 성도들의 찬양 소리를 들은 수만의 천사가 그 찬양에 합류한다. 이윽고 마지막 찬양이 펼쳐진다. 이 마지막 찬양에서는 지금까지 찬양의 대상으로 각각 등장해 온 보좌에 계신 이와 어린양이 동시에 예배의 대상이 될 뿐만 아니라, 찬양하는 이들 역시 하늘 위(천상적 존재의 거주지)와 땅 위(인간과 피조물의 거주지), 그리고 땅 아래(죽은 자들의 거처)와 바다 위에 있는 모든 피조물로 확대되어 찬양은 절정에 도달한다.

경배받기 합당한 자를 경배하라

요한은 일곱 교회에게 우상화된 짐승이 통제하고 있는 세상을 보여 주기 전에 먼저 세상 모든 만물의 하나님과 어린양을 향한 찬양 소리를 들려주었다. 이런 찬양은 세상을 누가 창조하셨고 누가 재창조하셨는지 기억나게 하는 소리이며, 결국 누구에게 경배를 드리며 살아야 하는지를 깨닫게 해주기 위함이다. 요한계시록 4-5장의 찬양은 오늘날 성도들에게도 동일한 도전을 준다. 세상을 사는 동안 도처에는 '나를 높이라'는 우상화의 유혹이 산재해 있다. 이런 유혹은 사실 우리로 남을 누르고 그 위에 올라 자신을 높이는 요한계시록 13장의 짐승이 되라는 소리에 불과하다. 그 유혹을 이기는 길은 마땅히 받기에 합당하신 창조주와 재창조주에게 예배를 드리고, 또 이미 드리고 있는 만물의 경배 소리를 듣는 데 있다. 역사는 창조주가 또한 재창조주가 되실 날, 만물이 드리게 될 종말론적 예배를 향해 나아가고 있는 것이다.

13장   역사의 끝에 대하여

불교에 따르면 시간은 돌고 돈다(윤회). 반면 기독교는 시작과 끝을 가진 채 일직선으로 나아가는 것이 시간이라 말한다. 시간의 시작에는 창조가 있고, 그 끝에는 재창조(파멸이 아니다!)가 있다. 기독교는 창조로 시작된 시간(역사)이 재창조로 완성된다고 믿는다. 창세기에서 말하는 창조가 완성된 세상이라고 보는 경향이 있지만, 그것은 완성이 아니라 하나님의 원대한 경륜의 시작에 지나지 않는다. 하나님의 구속 경륜의 완성은 창조, 타락, 그리고 구속 후에 도래하는 새 창조를 통해 이뤄진다. 따라서 구원의 다른 말은 창조 질서 회복이 아니라 새 창조다(계 21:1, 5). (어떤 이는 그것이 헛된 낙관주의라고 말하지만) 우리는 이전보다 앞으로가 더 좋을 것이라 믿는다. 진보에 대한 그런 믿음은 역사와 시간의 주관자이신 창조주 하나님의 능력과 신실하신 성품에 기초하기에 확실하다.

마지막 심판

역사는 새 하늘과 새 땅의 시작으로 완성될 것이지만 그전에 옛 하늘과 옛 땅의 역사에 있어야 할 일이 있다. 심판이다. 정화와 쇄신을 위한 마지막 심판이 우리 모두를 기다리고 있다. 누구도 피할 수 없다.

옛 창조의 오염이 새 창조에 이어질 수 없기 때문이다. 하나님 앞에서 심판을 받기 위해 죽은 자는 살고, 살아 있는 자는 그대로 하나님의 심판대 앞에 나아가야 한다. 요한계시록 20장 13절을 보자.

> 바다가 그 가운데에서 죽은 자들을 내주고 또 사망과 음부도 그 가운데에서 죽은 자들을 내주매 각 사람이 자기의 행위대로 심판을 받고.

바다에서 죽은 자들은 바다에서 되살아나고, 음부, 곧 무덤도 죽은 자들이 심판받으러 나가도록 문을 열어 준다. 또한 모든 생명을 부패로 돌아가게 한 사망 역시 그 힘을 잃게 될 것이므로 사람들은 살아나 몸을 가진 채 심판대 앞에 서야 한다. 요한계시록 21장 1절이 말하는 새 하늘과 새 땅은 이 심판을 통과한 자들이 맞이하는 현실이다.

누가 심판하시는가

요한계시록 20장 11절에는 "크고 흰 보좌와 그 위에 앉으신 이"가 있고, 12절은 "내가 보니 죽은 자들이 큰 자나 작은 자나 그 보좌 앞에 서 있는데"라고 말한다. 사람들은 흰 보좌 앞에서 심판을 받는다. 흰 보좌에 앉은 이는 창조주이시자 재창조주이신 하나님이다. 하지만 하나님 아버지 홀로 심판하지 않으신다. 로마서 2장 16절은 심판에 참여하는 또 한 분을 소개한다.

> 곧 나의 복음에 이른 바와 같이 하나님이 예수 그리스도로 말미암아 사람들의 은밀한 것을 심판하시는 그날이라.

심판은 하나님 아버지께서 하시지만 예수 그리스도를 통해 하신다. 예수 그리스도를 통해 심판하신다는 말은 심판의 기준이 예수라는 말이다. 그리스도께서 심판의 기준이 되실 수 있는 것은 그분의 삶과 죽음과 부활을 통해 현 세상의 부패와 죄의 문제를 해결하심으로 세상을 새롭게 할 수 있는 진정한 주로 인정되셨기 때문이다. 그러므로 누가 부패로 가고 누가 새 창조에 들어갈 수 있는지 판단할 자격을 가진 분은 오직 그리스도 한 분뿐이다.

누가 심판대 앞에 서는가

믿는 자나 믿지 않는 자 모두 마지막 심판대 앞에 서야 한다. 로마서 14장 10절은 "우리가 다 하나님의 심판대 앞에 서리라" 하고, 고린도후서 5장 10절도 동일한 말을 한다.

> 이는 우리가 다 반드시 그리스도의 심판대 앞에 나타나게 되어 각각 선악 간에 그 몸으로 행한 것을 따라 받으려 함이라.

무엇을 심판받는가

로마서 14장 12절은 "우리 각 사람이 자기 일을 하나님께 직고하리라"고 했다. "자기 일"은 자기 행한 일이다. 특히 몸으로 행한 일이다. 고린도후서 5장 10절도 이 견해를 분명하게 밝힌다.

> 이는 우리가 다 반드시 그리스도의 심판대 앞에 나타나게 되어 각각 선악 간에 그 **몸으로 행한 것**을 따라 받으려 함이라(강조는 저자).

또 로마서 다른 부분에서도 비슷한 말을 한다.

하나님께서 각 사람에게 그 **행한** 대로 보응하시되 참고 선을 행하여 영광과 존귀와 썩지 아니함을 구하는 자에게는 영생으로 하시고 오직 당을 지어 진리를 따르지 아니하고 불의를 따르는 자에게는 진노와 분노로 하시리라(롬 2:6-8, 강조는 저자).

하나님이 심판하실 때 우리 몸이 행한 것을 보시겠다는 것은 그만큼 몸과 신체적 활동이 소중하다는 말이다. 몸은 천하거나 벗어나야 하는 거추장스러운 것이 아니다. 하나님이 주신 소중한 선물이다. 그러니 하나님이 주신 선물로 평생 어떻게 살았는지 우리는 하나님께 다 직고해야 한다. 신체 활동은 망각되지 않고 기억되고 직고해야 하는 일이다.

심판대 앞에 놓인 두 책_ 행위를 기록한 책과 생명책

요한계시록은 각 사람을 심판하는 보좌 앞에 책들이 놓여 있다고 말한다(20:12). 그 책들에는 각 사람이 몸으로 행한 행위가 기록되어 있다. 그러니 심판은 그 책에 기록된 내용에 따라 행하는 것이다. 그런데 책이 두 종류다. 하나는 각 사람의 행위를 기록한 것이고, 다른 하나는 생명책이다. 행위를 기록한 책은 하나님이 각 사람을 심판할 때 보실 것이다. 그 책에 기록된 행적에 따라 심판하실 것이다.

그러면 생명책은 무엇인가? 요한계시록 21장 27절을 읽어 보자.

무엇이든지 속된 것이나 가증한 일 또는 거짓말하는 자는 결코 그리로 들어가지 못하되 오직 어린양의 생명책에 기록된 자들만 들어가리라.

생명책에는 새 하늘과 새 땅을 유산으로 물려받을 자들의 명단이 기록되어 있다. 이 생명책은 어린양의 생명책이다(계 13:8). 그 생명책에 기록된 사람의 특징은 요한계시록 14장 1절에 나오는데, "그들의 이마에는 어린양의 이름과 그 아버지의 이름을 쓴 것이 있[다.]" 그들은 어린양과 하나님 아버지의 '인'이 찍힌 사람들이다. '인을 찍는다'는 말은 비유인데, 인 맞은 사람은 어린양에게 **속한** 사람(계 14:4b)이라는 뜻을 갖는다. 그들은 어린양을 주로 고백하여 짐승의 통치(계 13장)에서 속량[1] 받아 어린양에게 속한 자다. 그러므로 생명책에 기록된 자들은 짐승에게 경배하거나 그들을 따르지 않고 오직 어린양을 좇아 그가 어디로 가든지 따라 간다(계 14:1-4).

생명책의 역할

요한계시록 20장 15절은 "누구든지 생명책에 기록되지 못한 자는 불못(둘째 사망)에 던져지더라"고 한다. 생명책은 새 하늘과 새 땅에 들어갈 자들이 누구인지를 결정하는 책이다. 생명책에 기록된 자들은 갱신된 세계(계 21:1, 5)에 참여하는 반면 생명책에 기록되지 못한 자는 그들의 행위에 따라 심판을 받아 "둘째 사망 곧 불 못"(계 20:14)에 던져진다

---

[1] '속량'의 문자적인 뜻은 '시장에서 물건을 구입하다'(아고라조)이다. 요한계시록에서는 한 사람을 짐승의 다스림(13장)에서 '건져 내어 하늘과 땅을 만드신 분을 섬기게 하다'(14:6)라는 뜻을 가진다.

는 것이 요한계시록의 가르침이다.

생명책에 기록된 자들도 심판을 받는가

로마서 14장 12절은 심판대 앞에 서서 "우리 각 사람이 자기 일을 하나님께 직고하리라"고 했다. 그리고 고린도후서 5장 10절에서도 "이는 우리가 다 반드시 그리스도의 심판대 앞에 드러나 각각 선악 간에 그 몸으로 행한 것을 따라 받으려 함이라"고 말한다. 그러면 생명책에 기록된 자들도 행위에 따라 심판받는가? 그렇다. 생명책에 기록된 자들도 행위에 따라 심판받아 하나님 앞에서 의롭다 함을 받고 새 하늘과 새 땅에 들어간다.

그러나 중요한 것은 누구의 행위에 따라 재판을 받느냐다. 본문은 그들의 행위로 심판을 통과할 수 있다고 말하지 않는다. 생명책에 기록된 자들이 의롭다 하심을 받아 새 창조의 현실에 참여할 수 있는 것은 그들이 믿고 따라온 어린양, 곧 그리스도 예수의 행위 때문이다. 일찍 죽임을 당한 어린양 예수께서 십자가에서 그를 믿는 자들의 모든 불의에 대한 정죄의 심판을 이미 대신 받으셨기에 그 어린양에게 속한 자들은 둘째 사망에 들어가지 않는다. 그리스도를 믿기에 그리스도의 의를 전가받은 자들은 그리스도의 공로로 새 하늘과 새 땅을 유업으로 물려받게 된다는 것이다. 요한복음 5장 24절에서 예수께서는 이와 맥을 같이하는 말씀을 들려주신다. "내가 진실로 진실로 너희에게 이르노니 내 말을 듣고 또 나 보내신 이를 믿는 자는 영생을 얻었고 심판에 이르지 아니하나니 사망에서 생명으로 옮겼느니라." 하나님은 역사 끝에 있을 심판을 역사 한복판에 가져오셨고, 그 심판에서 예수께서는 죄인이 받아야 할 사망을 받아 죽으시고 의인이 받는 영생을 받아 부활하셨다. 그러하기에 지금 예수를 주로 믿는 자는 죄인의 심판을 받지 않고 의인이 받는 영생을 이미 받은 것이다. 이것이 믿는 자가 최후 심판을 통과하는 방식이다.

그러면 바울이 말한 "우리가 다 그리스도의 심판대 앞에 나타나게 되어 각각 선악 간에 그 몸으로 행한 것을 따라" 심판받는다는 말은 무슨 뜻인가? 여기서 말한 심판은 구원을 받을 것인지 받지 못할 것인지를 결정하는 심판이 아니라, 구원받은 자로 합당하게 살았는지를 판단하는 심판이다. 웨스트민스터 소요리문답 38문은 불신자의 심판이 형벌을 위한 것인 반면 성도의 심판은 상급을 위한 것이라 한다.

로마서 14장 12절은 "우리 각 사람이 자기 일을 하나님께 직고하리라"고 했다. 하나님 앞에 직고한다는 것은 하나님의 은혜로 예수를 주로 믿어 의인이 된 후, 주 예수께 충성하는 삶을 몸으로 살았는지 직접 자기 입으로 아뢰어야 한다는 것이다. 그렇게 직고된 행위에 따라 칭찬이 주어질 것이다. 하지만 하나님에게 칭찬받는 행위를 했더라도 성도들은 그 칭찬을 자기 것이라고 고백할 수 없다는 것을 안다. 이는 그런 삶을 가능케 하신 분은 성령이라는 사실을 알기 때문이다. 요한계시록 4장 10절에 등장하는 이십사 장로가 자신이 받은 면류관(계 2:10)을 벗어 보좌에 계신 이에게 드리는 행위는 모든 영광은 하나님이 받으셔야 한다는 것을 보여 주는 생생한 예다.

마지막 심판 때 의롭다 함을 받은 자의 일

생명책이 놓인 심판대 앞에 설 때 누가 예수를 믿는 자인지 아닌지는 예수께서 보고 결정하신다. 예수는 심판의 기준이시기 때문이다("하나님이 예수 그리스도로 말미암아 사람들의 은밀한 것을 심판하시는 그날이라"[롬 2:16]). 예수와 우리 사이에 놓인 생명책은 어린양의 기억이라고 봐도 무방하다. 우리가 살아온 삶은 어린양의 기억에 다 저장되어 있다. 그럼에도 그리스도의 심판대 앞에 서서 우리가 직고해야 할 내용이 있다. 직고 내용은 두 가지다. 첫째, 입으로 예수를 주로 시인하는 것이다. 바울은 로마서 10장 9-10절에서 말한다.

> 네가 만일 네 입으로 예수를 주로 시인하며 또 하나님께서 그를 죽은 자 가운데서 살리신 것을 네 마음에 믿으면 구원을 받으리라 사람이 마음으로 믿어 의에 이르고 입으로 시인하여 구원에 이르느니라.

생명책에 기록된 자는 모두 그리스도로 말미암아 하나님이 심판하시는 보좌 앞에서 입으로 예수를 주로 시인한다. 그러나 고백이 유효하려면 조건이 있다. 살아 있을 때 한 고백의 연속이어야 한다. 평생 다른 것을 주인 삼아 지내다가 죽은 후 심판대 앞에 섰을 때에만 예수를 주로 고백하는 것은 유효하지 않다. 일평생 예수를 주로 믿고 오직 그분께만 충성("죽도록 충성하라 그리하면 내가 생명의 관을 네게 주리라"[계 2:10])해 온 삶의 고백을 마지막 심판 때 할 수 있는 자가 생명책에 기록된 자들이다.

둘째, 심판대 앞에 서서 직고 때 몸으로도 말해야 한다. 몸의 열매로 말해야 한다는 것이다. 우리가 예수를 주로 믿어 생명책에 기록된 자라면 그 삶의 증거가 있어야 한다는 뜻이다. 다시 한 번 기억하

자. 우리 삶의 행실 때문에 생명책에 기록된 것이 아니라 예수를 주로 믿었기에 생명책에 기록되었다. 우리의 고백에는 생명책에 기록된 자로서 합당한 삶을 살았는지, 예수를 주로 믿고 충성하는 삶을 살았는지 그렇지 않은지가 포함되어야 한다. 충성은 말로만 하는 것이 아니라 몸과 삶으로 표현하는 것이기 때문이다.

하나님은 우리 입술의 고백과 몸의 고백을 보신다. 진정으로 예수를 주로 믿는 사람은 예수께 일평생 충성해 온 사람일 것이고, 그렇다면 반드시 몸의 열매가 열려야 하고, 몸의 흔적 속에 어린양의 인이 있어야 한다. 이것이 야고보 사도가 "행함이 없는 믿음은 죽은 것"(약 2:26)이라 한 이유다. 믿음이 살아 있다면 믿음은 열매로 말한다.[2] 바울에 따르면 몸의 열매는 성령의 열매다. 그러므로 갈라디아서 5장 22-24절은 이렇게 말한다.

> 성령의 열매는 사랑과 희락과 화평과 오래 참음과 자비와 양선과 충성과 온유와 절제니 그리스도 예수의 사람들은 육체와 함께 그 정욕과 탐심을 십자가에 못 박았느니라.

---

2   비슷한 말이 요한계시록 19장 7-9절에도 나온다.
"우리가 즐거워하고 크게 기뻐하며 그에게 영광을 돌리세 어린양의 혼인 기약이 이르렀고 그의 아내가 자신을 준비하였으므로 그에게 빛나고 깨끗한 세마포 옷을 입도록 허락하셨으니 이 세마포 옷은 성도들의 옳은 행실이로다 하더라 천사가 내게 말하기를 기록하라 어린양의 혼인 잔치에 청함을 받은 자들은 복이 있도다."
어린양의 혼인 잔치에 참여할 수 있는 사람, 생명책에 기록된 자들의 특징은 세마포 옷을 입었다는 것이다. 이 옷은 성도들의 옳은 행실이다. 옳은 행실이란 자기 의의 흔적이 아니라 어린양의 흔적이다. 요한계시록 7장 14절은 그래서 세마포 옷이 희고 깨끗한 이유가 "어린양의 피에 그 옷을 씻어 희게 하였기" 때문이라 한다.

성령으로써 몸의 행실을 죽이는 삶

결론적으로 본다면, 마지막 심판 때 우리가 생명책에 기록된 자들임을 드러내야 하는 증거는 첫째, 예수를 주로 고백하는 입술의 고백이다. 둘째, 입술의 고백이 참된 고백이려면 죽기 전 삶에서 지속된 고백의 연속이어야 한다. 셋째, 그 고백은 몸의 열매, 곧 성령의 열매로 그 진정성이 뒷받침되어야 한다. 그러므로 내 행위에 따라 하나님의 칭찬이 주어질 때 성도는 그 칭찬을 받을 자격이 없다고 고백할 수밖에 없는데, 이는 그 행위가 내가 한 것이 아니라 성령이 맺으신 것임을 알기 때문이다. 그러므로 성도 된 자가 땅에 사는 동안 해야 할 일은 분명하다. 죄에 감염된 바 있는 몸이 다시 죄에 종노릇하려는 경향을 날마다 죽이고 우리의 신체 안에 계신 성령께 복종하는 삶을 살아가는 것이다 (롬 8:12-13).

14장　　　우리 안에 빚어지는 삼위 하나님의 형상

　　　　　　하나님은 인간을 왜 창조하신 것일까? 창세기는 이렇게 말한다. "하나님이 자기 형상 곧 하나님의 형상대로 사람을 창조하시되"(1:27). 없었던 우리를 있게 하신 것은 자신의 형상을 우리에게 나눠 주시기 위해서다. 창조 목적은 재창조 때도 이어진다. 고린도후서 3장 18절은 말한다.

> 우리가 다 수건을 벗은 얼굴로 거울을 보는 것같이 **주의 영광을 보매 그와 같은 형상으로 변화**하여 영광에서 영광에 이르니 곧 주의 영으로 말미암음이니라(강조는 저자).

　　하나님이 그리스도를 통해 하고자 하신 재창조는 사람들을 주의 형상으로 변화시키는 일이다. 이런 변모(變貌, transformation)는 주님을 '볼' 때 일어난다. "주의 영광을 보매 그와 같은 형상으로 변화"한다고 말하기 때문이다. 보아야 할 "주"는 누구인가? 고린도후서 4장 5절("우리는 우리를 전파하는 것이 아니라 오직 그리스도 예수의 주 되신 …… 것을 전파함이라")이 말하듯 맥락상 "주"는 그리스도를 가리킨다.

　　그리스도를 보고 또 보는 사람은 그리스도의 형상을 닮아 가게 된다. 이것만이 아니다. 고린도후서 4장 4절은 "그리스도는 하나님의 형상이니라"고 하기에, 그리스도를 봄으로 그리스도의 형상을 닮아 가는 것은 결국 하나님의 형상을 닮는 일과 다르지 않다. 창조 때는 하나님 아버지께서 직접 사람을 자신의 형상대로 창조하셨는데, 재창조 때는 그리스도를 통해 하나님의 형상을 닮도록 하신 것이다. 우리는 하나님을 닮도록 창조되었고, 재창조되었다.

하나님의 형상이란

그리스도를 볼수록 우리 안에 빚어지는 하나님 형상은 무엇인가? 하나님의 형상이 무엇인지 아는 것은 하나님이 어떤 분인지를 아는 것과 연결되어 있다. 하지만 우리 인간이 하나님을 알아 가는 데에는 문제가 따른다. 하나님은 무한하시지만 인간은 유한하다는 사실 때문이다. 유한한 인간이 하나님을 아는 길은 하나밖에 없다. 하나님이 자신을 우리에게 계시하시는 것이다. 하나님은 기꺼이 그리하셨다. 그리스도를 통해 우리에게 자신을 온전히, 그리고 최종적으로 드러내 보이셨다.

　신구약 성경에 함의되어 있고 후기 교회가 정립했듯이 그리스도를 통해 계시된 하나님은 삼위일체 하나님이다. 그러므로 그리스도를 통해 계시된 삼위일체 하나님이 어떤 분인지 알 때, 그리스도에 의해 우리 안에 빚어지는 하나님의 형상이 무엇인지 알 수 있다.

성부를 향한 성자의 태도

예수께 시험이 세 번 찾아왔다.[1] 사역 전, 사역 중간, 사역 말미에 찾아왔다. 사역 전에는 사십 일간 광야에서 계실 때 사탄을 통해 찾아왔고, 예수께서는 어떤 주저함도 없이 사탄을 물리치셨다. 사역 중간에 찾아온 시험은 베드로를 통해서였다. 그때 베드로는 예수의 길을 막아섰다. 그때 다시 "사탄아 내 뒤로 물러가라"(마 16:23, 막 8:33) 하시며 단숨에 유혹을 물리치셨다.

마지막 시험은 겟세마네 기도 중에 찾아왔다. 그런데 광야에서 마주한 사탄의 직접적인 시험이나 사역 중간에 베드로를 통해 온 시험 때와 달리 이번에는 예수께서 흔들리시는 것 같다.[2] 예수의 고백을 들어 보자. "내 마음이 심히 고민하여 죽게 되었으니 너희는 여기 머물러 깨어 있으라"(막 14:34). 누가 무엇을 시험하기에 예수를 흔들고 그 안에 갈등을 일으키기까지 하는가? 마가복음 14장 36b절에서 예수는 "이 잔을 내게서 옮기시옵소서! 그러나 나의 원대로 마시옵고 아버지의 원대로 하옵소서"라고 기도하신다. 예수의 시험은 세상을 구원하는 일에 있어서 자신의 뜻대로 할 것인지, 아버지 하나님의 뜻대로 할 것인지였다. 이 선택을 앞두고 예수께서 흔들리신 것이다.

사탄의 시험을 간단히 물리치시고 제자 베드로의 시험도 단숨에 물리쳤지만, '시험거리'가 자신의 뜻이 될 때 예수께서는 요동하신다.

---

[1] 찾아온 시험은 모두 예수로 자신이 메시아인 것을 의심하게 하는 것이 아니라 어떤 메시아의 길을 갈 것인지를 두고 진행된다.

[2] 겟세마네에서 예수께서 겪으신 산고에 대한 더 상세한 설명은 이 책 2부 10장 "고통을 산통으로 바꾸시는 하나님"에 나와 있다.

하지만 시험이 왔음에도 그 시험에 걸려 넘어지지는 않으신다. 오랜 기도 후에 예수께서는 자발적으로 마지막 결정을 내리셨다. "나의 원대로 마시옵고 아버지의 원대로 하옵소서"(막 14:36). 온 세상을 장악하고 있던 죄와 악의 허리가 부러지고 대신 하나님의 통치가 역사 속에 실현되기 시작한 그 배후에는 자기 비움이 동반된 예수의 자발적 순종이 있었다.

성자를 향한 성부의 태도

이렇게 아버지 하나님에게 자발적 복종을 하신 성자 하나님을 성부 하나님은 어떻게 대하셨을까? 빌립보서 2장 8-11절을 보자.

> 사람의 모양으로 나타나사 자기를 낮추시고 죽기까지 복종하셨으니 곧 십자가에 죽으심이라 이러므로 하나님이 그를 지극히 높여 모든 이름 위에 뛰어난 이름을 주사 하늘에 있는 자들과 땅에 있는 자들과 땅 아래에 있는 자들로 모든 무릎을 예수의 이름에 꿇게 하시고 모든 입으로 예수 그리스도를 주라 시인하여 하나님 아버지께 영광을 돌리게 하셨느니라.

하나님 아버지는 기꺼이 순종하는 아들에게 모든 이름 위에 뛰어난 이름, 곧 "주"(퀴리오스)라는 이름을 주신다. 구약 성경에서 모든 이름 위에 뛰어난 이름은 단연코 '여호와'이며, 헬라어 구약 성경에서 여호와는 '주'(퀴리오스)로 대체되어 표현된다(출 22:7, 사 40:5, 겔 20:39, 단 9:2 등).

하나님은 자신의 이름을 아들 예수 그리스도에게 주신다. 이름은 존재를 담고 있다. 따라서 아버지께서 아들에게 이름을 준 것은 아들에게 자신의 존재를 주었다는 것이다. 그 결과, 하늘 위에 있는 것들과 땅 위, 그리고 땅 아래 있는 모든 이가 주 예수께 순종한다. 사람들의 순종은 원래 하나님 아버지께서 받으셔야 하는 것인데 아들에게 이름을 주시자 아버지에게 돌아가야 할 영광을 아들에게도 돌린다!

아들은 아버지께 복종하고, 아버지는 아들에게 자신을 주신다. 이러한 상호 내어 줌, 상호 내려놓음이 하나님 나라의 사역을 이루는 핵심이었다. 죄와 악을 이기고 하나님 나라를 선포하는 근본적인 능력은 성부 하나님과 성자 하나님 사이의 상호 내어 줌에서 나온 것이다.

성령을 향한 성자의 태도

예수께서는 부활 이후 자신의 거취에 대해 제자들에게 이렇게 말씀하신다.

> 내가 너희에게 실상을 말하노니 내가 떠나가는 것이 너희에게 유익이라 내가 떠나가지 아니하면 보혜사가 너희에게로 오시지 아니할 것이요 가면 내가 그를 너희에게로 보내리니(요 16:7).

예수께서는 제자들에게 "내가 떠나가는 것이 너희에게 유익이라"고 말씀하셨다. '내가 없는 게 더 낫다'는 말씀은 그리스도께서 언제나 우리와 함께해 주시기를 늘 기도 중에 구하는 우리를 당혹케 한다. 그러나 그런 말씀을 하신 데에는 뜻이 있다.

예수께서는 자신이 떠나면 성령, 곧 보혜사가 그들에게 오실 것이라 하셨다. 자신은 떠나고 대신 성령이 오시는 것이 제자들에게 더 유익인 것은 예수께서는 그분의 육체성 때문에 우리 곁에만 계실 수밖에 없었지만 성령께서는 우리와 함께, 우리 안에 계시기 때문이다(요 14:17). 예수께서는 제자들의 유익을 위해 자신의 자리를 성령께 양보하신 것이다. 그 결과, 사도행전 전체에서 교회의 사역을 앞서 이끌어 가는 분은 성령이 되신다.

십자가 구원 사역 이면에는 성자의 자기 뜻 포기가 있었고, 온 세상이 예수를 주로 고백하는 이면에는 성부의 이름 내어 줌이 있었으며, 사도행전에서 성령의 주도적인 사역 그 이면에는 성자의 자리 양보가 있었다.

성자를 향한 성령의 태도

자리를 양보받으신 성령께서 교회 가운데 어떻게 일하시는지를 사도행전이 보여 준다. 특히 16장을 주목할 필요가 있다. 바울과 그 일행이 하나님의 말씀을 전하러 비두니아(지금의 터키 북쪽)로 가고자 할 때 이를 허락하지 않는 분이 나온다. 누가는 그분을 "예수의 영"이라고 소개한다(7절). 교회를 이끌고 계시는 성령은 결정적인 순간에 "예수의 영"이라 불린다. 지금 교회를 이끌고 계시는 분이 바로 예수의 영임을 잊지 않게 하는 것이다. 예수의 뜻대로 성령께서 일하고 있음을 그 이름이 알려 준다.

예수께서는 성령께 자신의 자리를 내어 드린 후 승천하시고, 남아 계시는 성령께서는 자신의 이름을 드러내기보다 예수의 이름으로 일하신다. 하나님 나라의 역사는 이처럼 성자는 성부의 뜻에 순응하시고, 성부는 자신의 이름을 성자에게 주어 모든 입이 성자 예수를 찬양토록 하시며, 성자께서는 자신의 자리를 성령께 내어 드리고, 성령은 자신의 이름보다 성자의 이름을 드러내며 일하시는 것이다. 이것이 바로 온 세상을 구원하기 위해 일하신 삼위 하나님의 존재 방식이다.

인간을 향한 삼위 하나님의 태도

사실인즉 삼위 하나님의 상호 내어 줌이 삼위 하나님만의 존재 방식이라고 생각하면 오해다. 마태복음 1장 23절은 삼위 하나님의 존재 방식이 인간에게까지 확장되고 있음을 보여 준다. 천사가 요셉에게 나타나 말한다.

> 보라 처녀가 잉태하여 아들을 낳을 것이요 그의 이름은 임마누엘이라 하리라 하셨으니 이를 번역한즉 하나님이 우리와 함께 계시다 함이라.

아버지 하나님은 아들 예수를 우리 인간의 품에 건네주신다. 하나님 아버지가 어떤 분인지 알게 되는 것은 예수를 통해서인데, 예수께서 보여 주신 하나님은 서로가 서로에게만 자신을 주시는 것이 아니라 인간에게도 자신을 내어 주신다. 하나님의 아들 주심을 '우주적인 아동 학대'라고 보지 말아야 한다. 갈라디아서 2장 20절을 읽어 보자.

> 이제 내가 육체 가운데 사는 것은 나를 사랑하사 나를 위하여 자기 자신을 버리신 하나님의 아들을 믿는 믿음 안에서 사는 것이라.

예수께서 자신을 우리에게 주신 것은 아버지의 강요가 아니라 자발적 선택에 따른 행동이었다. 뿐만 아니라 예수의 자기 주심은 하나님의 자기 주심인데, 그 까닭은 예수께서 하나님 자신이시기 때문이다.

　　인간 창조는 하나님의 자기 형상을 인간에게 내어 주시는 일이며, 재창조는 하나님이 아들을 우리에게 주신 결과이고, 성령께서 우리 안에 오신 것은 성자께서 성령께 자리를 양보하신 결과다. 삼위 하나님이 서로가 서로에게 자신을 주신 과정은 우리 인간을 구원하는 과정과 다르지 않고, 삼위 하나님의 상호 내어 주심은 우리 인간에게 자신을 주신 일과 구분되지 않는다.

삼위 하나님을 닮는 것이란

그리스도를 볼수록 우리 안에 빚어지는 하나님 형상이 무엇인지 분명해진다. 그것은 우리 그리스도인이 서로에게 자신을 주는 것이다. 갈라디아서 6장 2절에서 바울은 "짐을 서로 지라"고 한다. 교회 안에 빚어져야 할 그리스도의 형상은 어떤 점에서 내 삶에 다른 성도의 삶이 들어오고 내 삶이 다른 성도의 삶에 들어가며, 그들의 고민이 내 고민이 되고 내 고민이 그들의 고민이 되며, 내 안에 다른 사람의 뜻이 이뤄지고 내 뜻이 다른 사람의 삶에서 이뤄지는 것이다. 이것이 하나님을 닮은 모습의 삶이고, 이것이 그리스도의 몸인 교회의 삶의 원리다.

　　근대 사회가 태동한 이후 그리스도인은 자신의 존재 이유를 평범한 삶을 살아가는 한 개인을 불러내어 사회에서 기독교적 윤리를 실천하는 능력 있는 전사로 만들어 내는 데서 찾으려 했다.[3] 하지만 이것은

3　스탠리 하우어워스와 윌리엄 윌리몬은 그들의 책 『하나님의 나그네 된 백성』(서울: 복있는사람, 2018 [초판 2008])에서 교회의 이런 경향을 '콘스탄티누스주의'라고 비판하면서 교회의 목표는 사회의 대화 상대자로 자리매김하는 것이 아니라 하나님 나라의 교두보로서 하나님 나라를 살아가

성경의 주된 관심과 거리가 멀다. 성경의 관심은 한 사람이 사회에서 기독교적 삶을 살아가도록 하는 데 있기보다는 삼위 하나님의 존재 방식이 실현되는 교회를 설립하는 데 있다. 달리 말하면 이미 임했고 앞으로 완성될 하나님 나라를 맛보는 교회를 만드는 것이 성경의 관심이다. 그래서 교회로 하나님 나라의 교두보 역할을 하게 하는 것이다. 교두보는 "상륙, 도하(渡河) 작전에서 적군이 점령하고 있는 강기슭이나 해안선의 한 모퉁이를 점거하고 그곳에 마련한 작은 진지"다(국립국어원 표준국어대사전). 앞으로 하나님 나라가 온전히 도래할 것인데 예수께서는 그전에 이곳에서 하나님 나라를 살아 내는 교회를 창설하여, 사람들이 교회에 들어와 그곳에서 삼위 하나님의 자기 내어 줌을 받고 자신도 그처럼 다른 사람에게 자기를 내어 주며, 또 다른 사람의 자기 내어 줌 역시 받아들이는 하나님 닮은 삶을 사는 교회를 만들고자 하셨다.

    교회의 삶이 왜 그와 같아야 하는지를 알려면 하나님 나라의 교두보인 교회가 어떻게 탄생되었는지를 기억하면 된다. 예수를 통해 계시된 하나님을 보면, 성자는 성부의 뜻에 복종하셨고, 성부는 성자에게 '주'라는 이름을 주어 모든 만물이 성자에게 무릎 꿇게 하셨으며, 성자는 성령에게 자리를 양보하셨고, 성령은 성자를 앞세우신다. 그리고 삼위 하나님의 자기 내어줌은 삼위 안에서만 이뤄진 것이 아니라 우리 인간에게 확장되어 우리를 위해 자신을 내어 주셨다. 이 일을 하신 분이 하나님의 아들 예수시다. 그렇다면 예수를 통해 우리가 알게 된 하나님은 자신을 주시는 하나님이다. 하나님을 닮는 것은 바로 자신을

는 것이라 주장한다.

다른 사람에게 주는 것이자 다른 사람의 삶을 내 삶에 받아들이는 것이며, 내 영광을 다른 사람에게 주고 다른 사람의 짐을 내가 짊어지는 것이다. 그것이 하나님을 닮는 삶이고, 그리스도의 몸 된 교회의 삶의 원리이며, 도래할 하나님 나라에서의 삶의 방식이다.[4]

우리 사회는 '어른이 된다는 것' 혹은 '성숙한 사람이 된다는 것'을 홀로 설 수 있는 사람이 되는 것으로 이해하기도 한다. 자립할 수 있어야 어른이 되었다고 말한다. 남에게 아쉬운 말 하지 않고도 넉넉하게 살아갈 수 있는 상태에 도달할 때 성공한 사람이 되었다고 말한다. 하지만 삼위일체 하나님의 존재 방식은 다르다. 서로가 서로에게 자신을 주시고, 그러면서 서로 의존하셨다.

섬이 되어 버린 세상에서 교회가 살아 내야 할 삶

우리나라 말에 '서다'라는 동사가 있다. 움직이던 것이 멈출 때 쓰는 표현이다. 그런데 '서다'라는 동사를 명사로 만들면 '섬'이 된다. 서로가 서로에게 가다가 멈추면 섬이 된다.[5] 남에게 아쉬운 말을 하지 않아도 되고, 기대지 않아도 되고, 모든 지식이 갖추어져 굳이 남에게 물어 보지 않아도 되는 그때 우리는 섬이 되는 것이다. 이 땅에 홀로서기를 했

---

4 요한복음 17장 21절에서 예수께서는 말씀하셨다.
"아버지여, 아버지께서 내 안에 내가 아버지 안에 있는 것같이 그들도 다 하나가 되어 우리 안에 있게 하사 세상으로 아버지께서 나를 보내신 것을 믿게 하옵소서."
교회가 자발적 상호 내어 줌과 의존을 통해 하나 되어 삼위 하나님과의 연합에 들어갈 때, 세상은 우리 안에서 서로를 위해 자기를 내어 주는 삼위 하나님을 보게 될 것이다.

5 시인 문무학은 이런 시를 지었다.
"가다가 / 서 버리면, / 우린 뭍에서 멀리 떨어져, / 마냥 뭍을 그리는 섬이 되는 것이다. // 사람은 / 혼자 서는 그때부터 / 섬이 되는 것이다"(문무학, 「낱말」, 동학사, 2009).

다고 믿는 성숙한 현대인은 육지와 분리된 채 바다 한가운데에 있는 섬이 되어 버린다.

고립된 개인으로 살아가는 현대인에게 교회는 다른 삶을 제시한다. 부족하지만 내 짐을 동료 성도에게 맡기고 다른 성도의 삶을 내가 또 맡기도 하며, 내 자리를 양보하고 다른 사람이 또 자기 자리를 양보하는 그런 삶 말이다. 그런 삶이 삼위 하나님의 존재 방식이다.

교회는 홀로서기를 잘하는 '건강한' 사람들이 모인 곳이 아니다. 누가 건강한 사람인가? "난 괜찮아"라고 말하기보다는 "난 네가 필요해"라고 말할 수 있는 사람이다. 그리고 자신이 그렇게 말해야만 한다는 사실을 직시하고 그것을 고백할 줄 아는 사람들이 모인 곳이 교회라고 말해야 한다. 그 길이 우리 주 예수 그리스도와 우리의 아버지 하나님, 그리고 성령께서 일하시는 방법이기 때문이다.

3부

○

이미와 아직,
그 사이를 살아가는
그리스도인

1장　　　　　그리스도인의 두 현실

에베소서는 한 사람이 그리스도인이 되었을 때 맞이하게 되는 두 현실에 대해 말한다. 어찌 보면 상반되는 것 같아 보이는 두 현실은 이렇다. 그리스도인은 한편으로는 '하늘에 올라가 앉은 자'(2:5-6)이고, 다른 한편으로는 '이 땅에서 전쟁을 하는 자'(6:10-12)다. 먼저, 그리스도인은 '하늘에 앉은 자'라는 말이 무엇을 말하는지 보자.

> 허물로 죽은 우리를 그리스도와 함께 살리셨고 …… 또 함께 일으키사 그리스도 예수 안에서 함께 **하늘에 앉히시니**(엡 2:5-6, 강조는 저자).

하늘에 앉는 일은 죽고 살리심을 받은 두 선행 사건의 결론이다. 이 과정을 선(線)에 빗대면 그리스도인은 수평적 죽음의 상태에서 수직적으로 세움을 입는 부활을 경험하고, 최종적으로는 수직상승하여 하늘에 올라앉는다. 이렇듯 죽고 살림을 받아 결국 하늘 보좌에 앉는 그리스도인의 과정은 사실 그리스도의 여정이다.

> 그의 능력이 그리스도 안에서 역사하사 죽은 자들 가운데서 다시 살리시고 **하늘에서** 자기의 오른편에 **앉히사**(엡 1:20, 강조는 저자).

그리스도께 일어난 일이 그리스도인에게도 일어난다는 것은 그리스도인이 되는 일이 그리스도의 것을 우리의 것으로 받는 일임을 말한다. 그렇다면 그리스도인의 천상적 삶의 기원인 그리스도의 하늘에 앉으심이란 무슨 뜻일까? 에베소서 1장 22a절에 나온다. 그리스도는 하늘에 올라 "만물을 그의 발아래에 복종하게 하시고" 계신다. 그리스도께서 하늘에 오르심은 이 땅을 떠나 하늘로 가셨다는 뜻이 아니라 그 반대로 땅과 하늘, 곧 만물을 통치하는 자리에 오르셨다는 뜻이다. 사실 하늘은 하나님의 고유한 영역으로, 세상을 다스리는 자리다. 따라서 그리스도께서 하늘에 오르셨다는 것은 그분 역시 하나님의 통치에 참여하신다는 뜻이다. 그러므로 하나님이 교회를 "그리스도 예수 안에서 함께 하늘에 앉히[셨다]"(엡 2:6)는 것은 만물 위에서 만물을 다스리는 그리스도의 왕적 지위를 교회에도 허락하셨다는 것을 뜻한다.

그리스도인의 또 다른 현실, 영적 전쟁

하지만 그리스도인이 된다는 것은 이런 영광스러운 자리에 오르는 일이기만 한 것이 아니다. 에베소서 결론부는 그리스도인에게는 또 다른 현실이 있다고 말하는데, 그것은 싸움이다.

> 끝으로 너희가 주 안에서와 그 힘의 능력으로 강건하여지고 마귀의 간계를 능히 대적하기 위하여 하나님의 전신 갑주를 입으라 우리의 씨름은 육을 상대하는 것이 아니요 통치자들과 권세들과 이 어둠의 세상 주관자들과 하늘에 있는 악의 영들을 상대함이라(엡 6:10-12).

그리스도인이 된다는 것은 통치자의 자리에 앉는 영광을 얻는 일이기도 하지만 다른 한편으로 영적 싸움의 최전선에 들어가는 일이기도 하다. 그래서 전신 갑주를 입으라고 바울은 권면한다. 이 말은 악한 영과의 '영적 전쟁'을 준비하라는 말일 것이다. 그리스도인은 '하늘'에 앉아 그리스도의 왕적 통치에 참여함과 동시에 '지상'에서 악한 영들과 전쟁을 시작하게 된다. 여기서 질문이 생긴다. 그리스도인이 되었을 때, 그 성격상 서로 충돌되는 것처럼 보이는 두 현실을 살아가게 된다는 사실을 어떻게 이해해야 하는가?

그리스도인이 하늘에 오른 통치자이면서도 악의 영들과 싸움을 벌이는 전투자가 될 수밖에 없는 이유는 그리스도인이 앉은 하늘은 "공중의 권세 잡은 자"(엡 2:2)가 주인 행세하고 있는 이 땅 한가운데에 임한 것이기 때문이다.[1] 이 까닭에 세상의 진짜 주인의 통치를 선포하는 교회와 공중의 권세 잡은 자 사이에는 싸움이 일어날 수밖에 없다. 사실 고대 사회에서 왕에게 요구된 최고 임무는 백성을 위한 전투다. 영적 갈등(싸움)은 그리스도의 왕적 통치에 참여한 성도의 마땅한 바다. 세상에서 왕 노릇 하도록 구속받은 그리스도인(계 5:10)에게는 영적 전쟁 없는 영광만 있지도 않고, 영광 없는 전쟁만 있지도 않다.

그러나 그리스도와 함께 하늘에 앉는 것이 영적 전투를 시작하는 일이라는 사실 때문에 그리스도인이 되는 일을 두려운 일이나 비극적인 일이라 여길 필요는 없다. 이 싸움은 우리가 시작했거나 악한 영

---

[1] 예수께서 제자들에게 가르쳐 주신 주기도문에 "뜻이 하늘에서 이루어진 것같이 땅에서도 이루어지이다"(마 6:10)라고 하신 말씀을 기억할 때, 예수와 제자들의 궁극적 사역은 하늘과 땅이 통일되는 것이다(엡 4:6 참조).

이 우리를 공격하면서 시작된 것이 아니라 그리스도께서 시작하신 싸움이며, 그렇기에 그분이 주관하시고 마치실 것이기 때문이다(빌 1:6, 계 22:13). 그리스도께서 하나님 나라를 이 땅 한복판으로 가져오심으로 전쟁을 시작하셨기에 그리스도께서 완성하실 것이다. 유사한 가르침을 주는 바울의 또 다른 서신 고린도전서 15장 25-26절을 읽어 보자.

그가 모든 원수를 그 발아래에 둘 때까지 반드시 왕 노릇 하시리니 맨 나중에 멸망받을 원수는 사망이니라.

그리스도께서 부활하시고 나서 하나님 우편에 오르신 후 지금까지 하고 계시는 일은 모든 원수를 그 발아래에 무릎 꿇게 하는 것이다. 그리스도께서 '그리스도 안'에 있는 자에게 '하나님의 전신 갑주를 입으라'고 하신 것은 그분은 뒤로 빠지고 대신 우리를 전면에 내세우기 위함이 아니다. 우리의 주는 그런 분이 아니시다. 오히려 그리스도는 "내가 시작한 싸움이기에 내가 앞장서 가며 마무리 지을 테니 너희는 가만히 내 뒤에 따라 오면서 떨어진 이삭만 주우면 된다"고 말씀하신다. 이것이 이 본문에 대해 에베소서 1장 22절에 '그리스도는 교회의 머리'라는 말이 갖는 의미다.

이 영적 싸움을 그리스도께서 하고 계시다면 그 싸움에 참여한 우리가 승리를 거두기 위해 해야 할 일은 무엇일까? 대장 되신 그리스도 뒤에 바싹 따라 붙어 그분의 말씀을 듣는 것이다(전쟁 중 지휘관의 말을 듣는 것이 얼마나 중요한지, 또 그것이 승패에 얼마나 결정적 요인인지 생각해 보라). 이 싸움의 승리는 우리의 힘에 달린 것이 아니라 우리가 따르고 의지하는 대장에게 달려 있기 때문이다.

우리의 적은 누구인가

우리 앞에 나아가고 계신 그리스도께서 알려 주신 이 전쟁의 상황, 전쟁의 전략을 잘 들어 보자. 먼저 에베소서 6장 11-12절은 적의 정체를 탄로시킨다. 우리는 "혈과 육을 상대하는 것이 아니요", "마귀"(11절)와 "통치자들과 권세들과 이 어둠의 세상 주관자들과 하늘에 있는 악의 영들"(12절)을 상대한다고 한다. 적이 누군지를 아는 것이 중요한 이유는 자신과 싸우고, 주위 환경과 싸우고, 주위 사람들과 싸울 때 헛발질하지 않기 위해서다.

우리의 근본적인 적은 혈과 육이 아니라 어둠의 세상 주관자들, 곧 악한 영들이다. 이 말은 우리를 둘러싼 물리적 환경이나 사람들은 신경 쓰지 말라는 뜻이 아니다. 오히려 적이 악한 영들이라고 알려 주는 것은 매일의 삶에서 우리가 씨름하는 자신, 이웃, 직장 상사, 환경, 사회 제도에 더 잘 대처하기 위해서다.

씨름은 샅바를 잡고 한다. 씨름의 승패를 결정짓는 요소의 반은 상대방의 샅바를 어떻게 잡느냐에 달려 있다. 그래서 씨름 선수는 씨름할 때 샅바 싸움을 치열하게 한다. 샅바를 잡다가 얼마나 많은 신경전을 벌이는지 보라. 하지만 샅바 잡이가 이토록 중요하다고 해서 씨름을 샅바와의 싸움이라고 말하지는 않는다. 씨름은 샅바를 매고 있는 사람과 하는 것이다. 그러니 샅바만 연구해서는 씨름에 이길 수 없다. 샅바는 그 샅바를 맨 사람에 따라 움직이기에 씨름에서 이기려면 샅바를 맨 사람이 누군지 알아야 한다. 그의 기질, 특징, 약점을 알아야 샅바를 어떻게, 또 어디를 잡을지가 결정된다. 마찬가지로 그리스도인에게 혈과 육, 사람과 환경, 제도 등은 샅바이고, 어둠의 영들은 샅바를 맨 씨름 선수다. 그러므로 우리가 현실적으로 씨름하고 있는 나와 이웃, 사회 제도에서 승리하려면 그것을 이용하여 우리를 넘어뜨리려는 존재, 곧 악한 영을 알아야 한다.

적의 전략

악한 영은 어떤 전략으로 우리를 무너뜨리려 할까? 에베소서 6장 11절은 그 전략을 말해 준다. "마귀의 간계를 능히 대적하기 위하여." 간계는 속임이고 거짓말이다. 악인의 전략 또한 현실 왜곡이고 사실 조작이다. 죽음이 없을 때는 선악과를 먹어도 죽지 않을 것이라 거짓말하고, 범죄의 결과로 죽음과 부패가 현실이 되었을 때는 그것이 원래부터 인간의 운명이라 말하며 부패와 타협하게 한다. 이것이 "거짓의 아비"(요 8:44) 마귀가 사람을 속이는 방식이다. 이런 마귀의 속임을 이기고 대적하기 위해 우리가 무엇을 해야 할지에 대해 바울은 이렇게 말한다.

> 그런즉 거짓을 버리고 각각 그 이웃과 더불어 참된 것을 말하라 이는 우리가 서로 지체가 됨이라 분을 내어도 죄를 짓지 말며 해가 지도록 분을 품지 말고 마귀에게 틈을 주지 말고(엡 4:25-27).

마귀를 이기는 길은, 말하는 자나 듣는 자 모두 아플지라도 진실, 곧 참된 것을 이야기하는 것이다. 무엇이 진실인가? 인간의 죽음의 현실에서 죽음과 부활로 사망을 이기신 그리스도의 현실을 이야기하는 것이 마귀의 속임을 이기는 길이다. "세상은 원래 그랬고 앞으로도 그럴 거야"라고 속일 때, "아니다. 세상은 원래부터 그런 것이 아니라 죄와 부패 때문이고, 그 부패는 그리스도로 말미암아 고쳐지기 시작했고, 지금도 하늘에서 그 치료는 계속되고 있다"라며 진실을 말해야 한다.[2] 왜 이렇게 말해야 하는가? 마귀는 우리를 속여 그냥 현실을 체념하고 살아가게 한다. 하늘에 올라 그리스도와 함께 세상을 다스리도록 부름받은 우리 삶을 무력화하려 한다. 그래서 바울은 마귀를 이기는 '진실 말하기'를 6장에서는 좀 더 전투적으로 하나님의 전신 갑주를 입는 일이라고 말한다.

그리스도의 장성한 분량, 전신 갑주의 요소

허리_ 그리스도의 장성한 분량에 도달하기 위해 허리에 둘러야 할 것은 '진리의 허리띠'(엡 6:14)다. 허리를 조이는 띠는 사람 몸의 힘을 모으는 역할을 한다. 내 존재를 졸라매는 허리띠는 나에 대한 과장된 포장

---

[2] 그래서 에베소서 4장 13-14절은 사람의 속임수와 간사한 유혹에 빠지지 않기 위해 되어야 할 일을 이렇게 말한다.

"우리가 다 하나님의 아들을 믿는 것과 아는 일에 하나가 되어 온전한 사람을 이루어 그리스도의 장성한 분량이 충만한 데까지 이르리니 이는 우리가 이제부터 어린아이가 되지 아니하여 사람의 속임수와 간사한 유혹에 빠져 온갖 교훈의 풍조에 밀려 요동하지 않게 하려 함이라."

사람의 속임수와 마귀의 간계를 이기려면 그리스도의 장성한 분량에 도달해야 한다고 한다. 그런 후 바울은 6장 11절에서 계속 말한다. "마귀의 간계를 능히 대적하기 위하여 하나님의 전신 갑주를 입으라." 속임수와 간사한 유혹에 빠지지 않기 위해 4장에서는 그리스도의 장성한 분량에 이르라 하고, 6장에서는 하나님의 전신 갑주를 입어야 한다고 한다. 입기 위해 제시하는 여러 목록은 모두 그리스도의 장성한 분량에 이르기 위한 일이다. 그리스도의 장성한 분량인 하나님의 전신 갑주를 입을 때 사탄의 잔꾀를 이길 수 있다.

이나 반대로 빈약한 포장이 아닌, 주일마다 수도 없이 반복해서 듣는 그리스도 복음의 진리여야 한다. 주일은 허리띠를 졸라매는 날이다. 바울이 허리띠를 전신 갑주 목록에서 일 순위로 말한 이유가 있다. 무엇으로 나의 존재를 졸라매는지에 따라 싸움의 힘이 얼마나 오래 가느냐가 결정되기 때문이다. 복음의 진리는 그리스도의 싸움에서 이미 검증된 승리의 허리띠다. 그것을 매고 시작해야 한다.

가슴_ 가슴 보호막을 착용한다는 것은 마음을 "의"(엡 6:14)로 가득 채워야 한다는 것이다. '의'(디카이오쉬네)의 사전적 의미는 곧음, 바름이다. 에베소서 4장 24절("하나님을 따라 의와 진리의 거룩함으로 지으심을 받은 새 사람을 입으라")에서 의는 진리와 함께 하나님의 속성이자 하나님에 의해 새롭게 창조된 새 인류의 특성이며, 새 인류가 맺어야 하는 열매다 ("빛의 열매는 모든 착함과 의로움과 진실함에 있느니라"[엡 5:9]). 따라서 성도가 마음에 새겨야 할 의는 이러한 의(하나님의 속성이자, 새 인류의 특성이며 맺어야 할 열매)다.[3] '나는 내 의가 아니라 하나님의 의로 새 창조함을 입은 존재이며 그러하기에 하나님 성품의 열매를 나 또한 맺는 존재로 창조되었다'는 사실을 가슴에 늘 품고 살라는 것이 의로 가슴 보호막을 삼으라는 뜻이다. 나만이 아니다. 에베소서 전체 주제가 하나님이 만물을 그리스도 안에서 통일시키는 것이기에(1:10, 22-23, 4:6) 성도의 가슴에 품어야 할 것은 하나님은 나뿐 아니라 만물에게 그분의 의를 나눠 주시는 일을 지금도 하고 계신다는 것이다.

그러하기에 자신과 세상에 어떤 변화도 일어나지 않은 것 같아

---

[3] 길성남, 「에베소서 어떻게 읽을 것인가」 (서울: 성서유니온선교회, 2016), 523쪽.

이미 임한 하나님 나라에 대해 회의가 찾아올 때, 우리가 지켜야 할 것은 우리의 가슴이다. 이미 나를 의롭다고 선언하신 하나님은 새 인류에 맞는 열매를 맺는 사람으로 결국 '고치시고' 세상 또한 그러한 곳이 되게 하실 것(빌 1:6)이라는 믿음을 우리 가슴에 품고 견뎌 내는 일이 싸움에서 중요하다. 견디기 위해서는 무엇보다 의를 이루는 주체가 누구인지를 잊지 않는 것이 절대 중요하다. 그리스도께서 그 주체라는 사실 말이다. '나는 그리스도 덕분에 하나님에게 의롭다 함을 받은 사람이다. 하나님의 의를 만물에 나눠 주는 일은 교회의 머리이시자 만물의 통치자이신 그리스도께서 하시는 일이다.' 의롭게 하시는 주체가 나나 교회가 아니라 그리스도라는 사실을 가슴에 새기는 일은 우리 존재의 보호막이자 지치지 않고 영적 싸움을 계속하게 하는 비장의 무기를 품는 일과 같다.

발_ "평안의 복음이 준비한 것으로 신을 신[는다]"(엡 6:15)는 말의 뜻을 알기 위해서는 "준비"가 현 맥락에서 가지는 의미를 아는 것이 필요하다. 근접 본문은 악한 자들과 벌이는 영적 전쟁의 맥락을 만들고 있기에 여기서 "준비"란 그들을 대항할 준비를 의미한다고 보는 것이 자연스럽다. 교회와 개별 성도는 영적 전쟁을 위해 "평화의 복음"(엡 6:15, 새번역)이 준비시키는 준비물을 신 삼아 견고히 서 있어야 한다는 의미로 생각할 수 있다. 그러면 준비물이란 무엇인가? 교회를 견고히 서 있게 하는 신과 같은 준비물은 앞선 문장의 주어인 "평화의 복음" 그 자체다. 하나님과 사람의 화해, 사람 사이의 화해, 사람과 만물의 공존을 가능케 하는 것이 예수의 복음이라는 믿음과 확신이 성도와 교회의 활동과 이동을 가능케 하는 신이 되어야 한다. 악한 자가 분쟁과 혐오, 갈등을 조장할 때 교회는 평화와 화해, 공존을 말해야 한다. 그것이 복음의 중심 가치다.

이데올로기로 허리 잘린 한반도를 거니는 한국 교회가 어떤 복음의 신을 신어야 할지는 결코 애매하지 않다. 교회의 활동과 움직임은 화해와 평화, 그리고 공존을 위한 몸부림이어야 한다는 것이 에베소서의 가르침이기 때문이다.

머리_ 몸의 다른 부분도 마찬가지지만 머리 부상은 전쟁 중 치명적이다. 머리가 중요한 이유는 작은 충격에도 쉽게 상처를 입어 전투력 상실로 이어질 수 있어서다. 성도들은 자신을 해하려는 악한 자들과 싸울 때 머리를 "구원의 투구"(엡 6:17)로 보호해야 한다. 이것이 중요한 것은 머리는 생각하고 판단하고 결정하는 중요한 기능을 담당하기 때문이다. 생각과 반응, 판단, 결정을 담당하는 성도의 머리의 보호막은 "나는 이미 '공중의 권세 잡은 자'에게서 건짐받아 하늘에 앉아 그리스도와 함께 만물을 다스리는 권세를 부여받았다. 그러므로 앞으로의 싸움에서도 그리스도 때문에 승리를 보장받았다"는 구원의 확신이 있어야 한다. 구원과 관련한, 이런 구체적인 사실 이해가 성도의 생각과 판단, 그리고 결정을 이끌 때, 작고 사소해 보이지만 결정적인 부상으로 이어지게 하는 적의 생각과 회의, 불안의 공격에서 머리를 지킬 수 있다.

손_ 한 손에는 "믿음의 방패"(엡 6:16), 다른 한 손에는 "성령의 검"(엡 6:17), 곧 하나님의 말씀을 들어야 한다. 믿음이라는 방패는 손에 있어야 한다는 것을 기억하자. 손은 자유자재로 이곳저곳 움직일 수 있다. 사탄의 공격이 머리로 와서 구원의 문제를 흔들 수 있고, 평안의 복음이라는 신을 신은 발을 공격하여 우리로 분쟁에 휘말리게 할 수도 있다. 아니면 의의 흉배를 붙인 가슴을 공격하여 주의 공로보다 내 공로로 나를 교만하게 할 수도 있다. 이럴 때 이 모든 공격을 막는 유일한 방패는 믿음이다. 온몸이 공격당할 때, 공격이 오지만 내 몸과 영혼에 상처를 주지 못하게 막는 방패막이는 믿음이다. 믿음이 무엇인가? "예수께서는 온 세상의 통치자이시다. 그리스도는 신실하시다. 나는 주님을 믿는다. 그러기에 그분께 모든 것을 내어 맡긴다"는 고백이다. 이 고백이 모든 공격을 헛되게 하는 믿음의 방패다.

한 손에는 방패가 있고 다른 한 손에는 전신 갑주의 마지막 장치인 검이 있다. 지금까지 언급된 모든 장비는 방어용인데 단 하나 언급된 공격용 무기가 검이다. 검은 하나님의 말씀이다. 방어를 잘한다고 적이 물러가지는 않는다. 적을 물리치거나 더 공격하지 못하게 넘어뜨리려면 공격용 무기가 필요하다. 잘 막다가 결정적인 순간, 더 막을 필요도 없는 순간, 곧 승리의 순간을 만들기 위해서는 공격을 해야 한다. 그것이 바로 성령의 검, 곧 하나님의 말씀이다.

더불어 바울은 공격용 무기로 단 하나만 말하고 있다는 점을 간과하지 말아야 한다. 그만큼 하나님의 말씀이 가진 능력에 우리의 관심을 집중시켜야 한다는 뜻이다. 구체적인 말씀 사용법을 보기 전에 또 하나 기억해야 할 것이 그 말씀을 '성령의' 검이라고 부르고 있다는 점이다. 이런 수식어는 말씀이라는 검을 무기로 적과 싸우는 분이 바로 성령이시라는 사실을 기억하게 한다. 진리의 말씀으로 우리를 인치신 분이 성령이기에(엡 1:13) 그분은 자신이 인 친 교회와 개별 성도가 진리의 말씀을 붙들고 싸우도록 돕는 영이시다.

유일한 공격용 무기, 말씀의 검

말씀이 검이 되는 길이 있을까? 검을 잡는다고 검이 무기가 되는 것은 아니며, 휘두른다고 적을 물리칠 수 있는 것도 아니다. 검이 무기가 되려면 검을 다루는 훈련이 필요하다. 한번 생각해 보라. 검사나 검투사가 능수능란하게 검을 사용하기 위해 고된 훈련을 한다. 마찬가지로 영적 전투에서도 말씀을 그냥 소지하고 다니는 것을 넘어 진리의 말씀 사용법을 익혀야 한다.

검 자체의 특징을 앎

검을 잘 다루려면 검의 길이, 재질, 날의 모양 등 검 자체를 잘 알고 있어야 한다. 검의 날이 왼쪽으로 섰는지, 오른쪽으로 섰는지, 아니면 양 날인지는 검객의 기본 지식이다. 마찬가지로 말씀을 무기 삼아 악한 자들과 싸우려면 성경의 특징을 잘 알아야 한다. 특히 구약과 신약의 관계가 중요하다.

하나님의 계시는 점진적으로 드러난다. 하나님은 당신의 뜻을 조금씩 보이시다가 예수를 통해 온전하게 계시하셨다. 마치 칼날과 같다. 한쪽은 약간 둔탁하지만 갈수록 다른 쪽으로 예리하게 날이 서 있는 칼처럼 하나님의 말씀도 구약에서 신약으로 갈수록 그 뜻이 예리하게 제시된다. 그러므로 성경을 읽을 때는 내가 읽고 있는 본문이 계시의 역사에서 어디에 위치해 있는지를 알아야 한다. 부분을 읽을 때는 그것이 부분적이라는 것을 알고 뒤에 온전한 것이 있다는 것을 고려하면서 읽고, 온전한 것을 읽을 때는 앞서 어떤 부분적인 것이 있는지 알아야 온전한 것이 무엇인지 알 수 있다. 읽을 때 부분에서 온전한 것으로 읽어도 되고, 온전한 것에서 부분적인 것으로 거꾸로 읽어도 된다.

검과 하나가 됨

검객이 검을 잘 다루려면 검과 자신의 몸이 하나가 되어야 한다. 말씀이 나의 검이 되려면 말씀과 내가 하나가 되어야 한다. 말씀과 내가 하나 되는 방법은 많은 말씀을 암기하여 내 몸이 말씀을 기억하게 만드는 것이다. 아플 때, 기쁠 때, 위험이 닥칠 때, 유혹이 올 때 등, 온갖 상황이 닥칠 때 그 상황에 맞는 말씀이 떠올라 나의 등불이 되게 하려면 평소에 말씀이 내 몸에 들어와 말씀과 몸이 하나가 되어야 한다. 그리고 그 합일은 암기를 통해서 이뤄질 수 있다.

날을 세움

칼을 사용하려면 날마다 날을 갈아야 한다. 그래야 칼날이 선다. 성령의 검인 하나님의 말씀도 마찬가지다. 매일 규칙적으로 말씀을 곱씹고 또 곱씹어야 한다. 암기한 말씀을 수시로 암송하고 매일 새로운 말씀을 아침마다 묵상하고 또 묵상하는 것이 말씀의 날을 예리하게 세우는 길이다. 암기가 말씀을 내 몸에 가져오는 것이라면, 묵상은 날을 세우는 것이다. 묵상으로 예리한 날을 가진 말씀은 언제든지 내 삶의 요소요소에 들이대 내 몸을 해부하고 수술할 수 있다.

상황 파악 능력

말씀을 아는 만큼 말씀을 적용해야 하는 상황을 아는 일이 중요하다. 상황을 알아야 칼의 종류를 선택할 수 있기 때문이다. 단검이 필요한가, 양날이 필요한가, 아니면 장칼이 필요한가? 상황을 알아야 검을 선택한다. 여기서 말하는 상황이란 성경 각 권이 기록된 상황과, 그 성경을 읽는 내 상황이다. 성경 각 권이 어떤 상황에서 기록된 것인지 알고, 지금 내가 싸워야 할 상황이 어떤지를 알 때, 어떤 말씀을 지금 내 상황에 구체적으로 적용할 수 있는지 알 수 있다. 하나님 말씀의 상황은 잘 아는데 그 말씀을 적용해야 하는 내 상황을 모르면 그 말씀의 검이 자칫 해를 가하는 무기가 될 수 있고, 그 반대도 마찬가지다. 모든 말씀은 상황에서 나왔기에 그 상황과 내 상황이 일치할 때 성경 말씀이 내게 역사할 수 있다.

전신 갑주로 승리하라

성도를 넘어지게 하려는 악한 영의 전략은 "간계", 곧 속임이다(엡 6:11). 과장하고, 축소하고, 부분을 전부라 하고, 전부를 일부분이라 속인다. 그러하기에 바울이 앞서 성도들에게 "거짓을 버리고 각각 그 이웃과 더불어 참된 것을 말하라"(엡 4:25)고 한 것은 결코 우연이 아니다. 하지만 과장과 축소, 왜곡을 무기로 삼는 악의 세력을 대적하기 위해 바울이 전신 갑주를 취하라는 권면으로 결론 지은 이유는 거짓 앞에서 진실을 말하는 일은 단순히 입술의 일이기만 한 것이 아니라 전신의 훈련과 무장의 결과라는 것을 알았기 때문일 것이다. 그러므로 모든 힘의 근원인 허리는 진리의 말씀으로 붙들어 매고, 가슴은 예수 그리스도의 의로 채우고, 발은 평화의 복음이라는 신을 신어 어디를 가든 화해의 복음의 전파자가 되고, 손에는 예수 그리스도께서 온 세상의 통치자라는 믿음의 방패를 들고, 머리에는 구원을 시작하신 분이 구원을 완성하시리라는 확신의 투구를 쓰고, 무엇보다 손에는 진리의 말씀이라는 검을 들고 모든 거짓 앞에서 항상 진실과 진리를 말할 때 이미 승리하신 그리스도의 승리가 다시 한 번 교회를 통해 확인될 것이다.

2장　　　　영적 여행, 영광의 주인을 찾아가는 길

누가복음 9장 51절-19장 44절을 여행 단락이라 한다.

예수께서 승천하실 기약이 차 가매 예루살렘을 향하여 올라가기로 굳게 결심하시고(9:51).

성전에 들어가사 장사하는 자들을 내쫓으시며(19:45).

9장 51절은 예루살렘을 향한 여행의 출발을, 19장 45절은 성전 도착과 입성을 말해 주고 있다. 따라서 그 단락 안(9:51-19:44)에 나타난 예수의 어록과 사건은 모두 직간접적으로 길 여행을 배경으로 펼쳐진다. 본문(눅 17:11-19) 역시 여행 기사의 한 부분으로, 한 사람이 길 위의 예수를 만났을 때 삶의 방향이 어떻게 바뀌는지를 말해 준다.

나병 환자 열 명을 고치시다

예수께서 예루살렘으로 올라가시던 중 사마리아와 갈릴리 경계 지역에 도달하셨을 때다. 나병 환자 열 명이 무리를 지어 "멀리 서서" 예수를 부른다(눅 17:12). 그들과 예수 사이에 간격이 벌어져 있는 것은 레위기 법 때문이다. 나병 환자는 정결법상 부정하기에 일반 사람들에게 접근할 수 없었다(레 13장). 접촉은 감염을 유발할 수 있기 때문이다. 멀리서 들려오는 소리는 다음과 같다.

> 예수 선생님이여 우리를 불쌍히 여기소서(눅 17:13).

도달할 때 즈음에는 이미 약해졌을 수 있지만 오히려 그 희미한 소리가 그들의 간절함을 잘 담고 있었을 것이다. 간청의 요지는 '불쌍히 여겨 달라'는 것이다. 그들이 어떤 병을 앓고 있는지를 생각하면 그들의 간구는 위로 차원을 넘어 육체적 치료의 요청이다. 그런데 이상하게도 예수께서는 다른 치유에서처럼 직접적인 치료의 말씀('나음을 입어라'눅 7:14, 8:29, 48 등])을 하지 않으시고 "제사장들에게 너희 몸을 보이라"(눅 17:14)고 말씀하신다.

나병 환자가 제사장에게 몸을 보여야 하는 경우는 병이 피부에 퍼지기 시작할 때(레 13장)와 몸이 나았을 때(레 14장)다. 그들은 이미 '나병환자'로 명명되었기에 정황상 예수의 요구는 몸이 나았을 경우에 제사장에게 보이는 절차를 밟으라는 말이다. 이런 절차는 그동안 격리된 삶을 살던 환자가 이제 고향으로 돌아갈 수 있을 정도로 몸이 정상적인 상태가 되었다는 확증을 얻는 조처다. 그런데 예수께서는 치료받지도 않은 나병 환자들을 제사장에게 보내신다. 병중인데도 병 나은 자들이 취해야 하는 과정을 밟도록 하신 것이다.

치료는 제사장에게 가는 '도중에' 일어났다(눅 17:14). 변화받은 후 순종의 길에 들어선 것이 아니라 순종의 길에 서자 변화가 시작된 것이다. 예수의 말을 믿고 몸을 움직이자 움직이는 그 몸에 변화가 시작되었다. 제사장들에게 가는 길에서 그들이 붙든 것은 다만 "예수 선생"(눅 17:13)의 말뿐이었다. 그분의 말을 붙들고 가는 동안 변화가 시작되었다. 그들에게 주려는 깨달음은 '변화받고 시작하지 말고, 믿고 시작부터 하라. 변화는 그 뒤에 따라온다'이다.

눈뜬 사람의 삶의 방식

치유가 일어났지만 이야기는 끝나지 않는다. 오히려 치유가 끝났을 때 또 다른 이야기가 시작된다. 본문의 주된 관심이 치유가 아니라는 말이다. 새로운 이야기는 열 명의 나병 환자 가운데 한 명인 사마리아인에게 집중된다. 치유는 열 명 모두가 받았다. 그러나 돌아온 사람은 하나다.

> 그중의 한 사람이 자기가 나은 것을 **보고** 큰 소리로 하나님께 영광을 돌리며 돌아와(눅 17:15, 강조는 저자).

그 한 사람이 돌아오기 전에 한 일은 자기가 나은 것을 보는 일이었다. 나음은 다 받았지만("그들이 가다가 깨끗함을 받은지라"[눅 17:14]) 누가는 그중 한 사람만 자기 몸의 변화를 '보았다'고 말한다. 누가복음에서 '봄'(seeing)은 한 개인에게 일어난 '깨달음'(awakening)을 가리킨다.

누가복음 시작에 그 이야기가 있다. 예수께서 태어나고 팔 일쯤 되었을 때, 부모가 할례 시행을 위해 예수를 성전에 데리고 간다. 그곳 성전에서 나이 많은 선지자 시므온이 아이 예수를 끌어안고 말한다.

"내 눈이 주의 구원을 보았사오니"(2:30). 시므온에게 본다는 것은 육안을 통한 관찰 그 이상을 의미한다. 시므온은 아기 예수를 보면서 "주의 구원"과 "이방을 비추는 빛"(2:32)을 동시에 '보고' 있기 때문이다.

누가복음 끝에도 유사한 이야기가 나온다. 부활한 예수께서 엠마오로 가는 두 제자 곁에 다가가 그들과 함께 길을 걸어가신다. 하지만 그들은 예수를 알아보지 못한다. 예수께서 그들과 동행하고 계셨음에도 그분이 누군지 알아보지 못한 것이다. 누가는 그 이유를 그들의 눈 때문이라 한다. "그들의 눈이 가리어져서 그인 줄 알아보지 못하거늘"(24:16). 이후 그들의 눈은 떡을 먹을 때 열린다. "떡을 가지사 축사하시고 떼어 그들에게 주시니 그들의 눈이 밝아져 그인 줄 알아보더니 예수는 그들에게 보이지 아니하시는지라"(24:30-31).

그들의 눈을 뜨게 한 떡이 마지막 만찬의 떡을 기억나게 한다는 점(눅 22:14-23)은 제쳐 두고라도, 지금 우리의 주제와 관련하여 중요한 것은 누가에게 '참 봄'은 보이는 것(한 나그네)을 보는 것이 아니라 보아야 할 것(나그네 안에서 죽고 부활한 예수)을 보는 것이라는 점이다. 엠마오로 가는 두 제자가 눈을 떴을 때 더는 그들 눈에 예수가 보이지 않았다는 것 역시 보이지 않는 예수를 보며 사는 것이 '눈뜬' 사람의 삶의 방식이라는 메시지일 것이다. 그러므로 한 나병 환자가 자신의 나은 몸을 보았다는 것은 육체적 건강만 아니라 그것을 가능케 한 능력까지 보았다는 것이 분명하다. 그는 자신의 몸 안에 새롭게 움직이고 있는 하나님의 능력을 본 것이다.

그가 보았을 때 보인 첫 반응은 "하나님께 영광을 돌리는 것"이었다. 이것은 그가 자신의 몸에서 무엇을 보았는지를 알려 준다. 그 사마리아인은 자신의 몸 안에 역사하고 계신 하나님을 본 것이다. 나은 몸만 아니라 그것을 가능케 한 하나님의 능력을 보고 그분께 영광을 돌린 것이다. 그러나 여기서 더 주목해야 할 사실이 있다. 그가 하나님께 영광을 돌리기 위해 예수께로 '돌아왔다'는 점이다. 참 깨달음은 내 몸을 건강하게 한 것이 하나님의 능력이라는 사실을 인정하는 것뿐만 아니라 그것이 어디서 왔는지 보고 그 근원에로 발걸음을 돌리는 몸의 방향 전환 역시 포함한다.

예수께서는 제사장에게 가서 몸을 보이라 했지만 가다가 나은 몸을 본 사마리아인은 예수께로 되돌아온다. 나머지 아홉은 예수의 말대로 제사장에게 갔다가 치유를 확증받은 후 그들의 공동체로 돌아갔을 것이다. 치료받은 후 몸의 방향을 튼 사람은 그러므로 한 명뿐이다. 그가 예수께 되돌아올 수 있었던 것은 자신의 몸 안에 역사하고 있는 하나님의 능력의 근원이 예수시라는 것을 보았기 때문이다. 이런 점에서 그는 이후에도 몸만 보지 않고, 몸을 만드시고 재창조하시는 하나님을 보며 사는 길을 찾았다고 할 수 있다.

참된 영적 여행의 시작, 감사

우리에게 필요가 있을 때 그 필요를 위해 그리스도께 나아가는 것은 자연스럽고 인간적이다. 그것이 문제라고 말할 수는 없다. 이런 여행은 열 명의 나병 환자가 한 것이다. 그러나 또 다른 영적 여정이 필요하다. 필요가 채워진 후 그리스도께 되돌아가는 여정 말이다. 바라던 필요가 채워진 몸과 생활에 만족하고 그냥 눌러 있기를 좋아하는 것이 일반적이지만, 영적 여행의 종착지는 그곳이 될 수 없다. 그때부터 참된 여정이 시작된다. 필요가 채워진 내 몸을 보고 그것을 가능케 하신 분을 찾아가는 것이 진정한 영적 여정이다. 제사장에게 가서 마을로 돌아가 공동체와 함께 사는 것이 왜 나쁘겠는가. 하지만 참된 의미에서 "구원"(눅 17:19)은 그것을 가능케 하신 분을 잊지 않고 찾아갈 때, 한 사람의 몸의 현실과 사회적 삶에 찾아온다.

영적 여행은 내게 일어난 변화를 '보고', 그것이 그리스도 때문인 줄 알고 주께로 돌아가는 것이다. 무엇보다 참된 영적 여행이 시작되었다는 증거는 변화가 일어난 '감동'의 현장에서 하나님께 돌아가 감사를 드리는 것이다. 감사는 감동이 아니다. 열 명 모두 나은 몸 때문에 감동했을 것이다. 그러나 감사는 감동을 지나 그 변화를 가져온 자에게 돌아가 그분의 존재와 섭리를 인정하는 것이다.

먼저 내게 일어난 변화를 보는 자각이 필요하다. 기도한 내용이 응답되었지만 우리는 돌아보지 않기에 변화가 일어났다는 사실도 깨닫지 못한 채 넘어간다. 하지만 변화를 보고 기뻐한다고 해서 그것이 성경에서 말하는 감사가 되는 것은 또 아니다. 감사는 일어난 변화에 만족하지 않고 그 변화를 가능케 하신 분에게 찾아가 그리스도께서 그것을 가능케 하셨음을 인정하는 것이다.

감사하고자 하나님께 찾아가는 것은 육체적 필요를 위해 주님을 찾는 차원과는 의미가 다르다. 첫 방문에는 나의 필요를 위해 그리스도께 가는 것이지만, 감사를 위해 두 번째로 찾아갈 때는 그리스도 자신 때문에 나아가는 것이다. 감사할 줄 안다는 것은 나를 위해 사는 삶에서 하나님께 영광을 돌리며 사는 삶으로 변화가 일어났다는 것을 말한다. 그런 점에서 감사는 진정한 의미에서 영적 여정의 출발점이다.

인류 역사의 마지막 여행자

요한계시록 21장은 하늘에서 땅으로 내려온 새 예루살렘에 들어가는 자들이 누구인지 보여 준다. 그 사람들은 모두 손에 열매를 들고 있는데 곧 "자기 영광"이라 말한다(24절).

> 만국이 그 빛 가운데로 다니고 땅의 왕들이 자기 영광을 가지고 그리로 들어가리라.

"자기 영광"이란 일평생 수고하여 얻은 삶의 열매다. 모든 사람이 칭찬해 주는 열매, 자랑, 영광이다. 사람들은 영광을 가지고 마지막 새 하늘과 새 땅에 들어간다. 영광을 자랑하기 위해서는 물론 아니다. 오히려 그 영광, 그 열매가 내 것이 아님을 알기에 주인을 찾아 주려고 주인집에 가지고 가는 것이다. 일평생 내가 얻은 내 영광, 내 자랑, 내 기쁨, 내 삶의 열매가 내 것, 내 수고의 결과물이 아니라 하나님의 것임을 알기에 하나님께 갖다 드리기 위해서 천국에 간다. 그 영광은 결국 하나님의 영광이고 하나님의 은혜이며 하나님이 주신 것임을 알아 주인에게 돌려주고자 찾아가다 보니 그곳이 하나님 나라였다!

요한계시록 21장 11절이 말하듯이 새 성전은 "하나님의 영광"이 있는 곳이다. 하나님이 우리에게 주신 영광이 하나님의 것이기에 하나님께 갖다 드리는 것이다. 그러나 그곳에 오지 못하는 사람도 있다. 그들은 자기의 영광이 자기 것인 줄 알아 영광을 하나님께 돌려드리러 오지 않는다. 그러므로 그들이 새 하늘과 새 땅에 참여할 수 없는 것은 그 세상의 주인을 주인으로 인정하지 않는 까닭이다.

감사한다는 것, 곧 하나님께 영광 돌린다는 것은 하나님 나라의 시민 자격을 갖춘 이의 태도다. 내게 일어난 일이 하나님이 베푸신 은혜였고, 하나님의 작품이라는 것을 일평생 경험하다가 주님 다시 오실 때 주 앞에 나아가 삶의 열매를 하나님께 돌려드리며 "주님, 당신의 것을 당신께 돌려드리나이다"라는 고백은 평생을 하나님 나라의 시민으로 산 자가 드리게 되는 마지막 감사다. 이 땅에서 드리는 감사는 마지막 날 드리는 감사의 연습이다.

3장   용서와 화해에 대하여

심판이 아닌 구원을 위해 왔다(요 12:47)고 하신 예수시지만, 그럼에도 심판을 면치 못할 사람이 있다고 하신다. 마태복음 5장 22절이다.

> **형제**에게 노하는 자마다 심판을 받게 되고
> 형제를 대하여 라가라 하는 자는 공회에 잡혀가게 되고
> 미련한 놈이라 하는 자는 지옥 불에 들어가게 되리라(강조는 저자).

심판을 면치 못할 자는 형제에게 분을 내는 자다. 이 말씀이 "형제에게"라는 말로 시작하는 것은 그 가르침이 서로를 형제자매라 부르는 기독교 공동체에 주어진 것임을 말한다.

공동체 안에서 심판받을 자가 있다는 말도 엄중한데 말의 무게는 갈수록 더해진다. 이어지는 말씀은 "형제에 대하여 라가라 하는 자는 공회에 잡혀가게 [된다]"이다. "라가"는 히브리어로 '텅 빈 머리'라는 말이다. 다른 형제자매에게 "이 텅 빈 머리"라고 욕하는 자는 공회에 잡혀가게 된다는 것이다. 그뿐만이 아니다. 예수께서는 최종적으로 만일 형제자매에게 "미련한 놈이라 하는 자는 지옥 불에 들어가게 되리라"

고 선언하신다. 이처럼 예수의 경고는 그 강도가 점점 강해지고 있다.

점점 강화되는 예수의 경고는 형제를 향해 점점 세지고 있는 비난에 상응한다. 형제를 향한 노에서 시작했다가 사람의 특정 부분('텅 빈 머리')을 지목하며 욕하는 데까지 진행된 후, 마지막으로 그 사람 존재 자체를 욕하며 "미련한 놈"이라 판단한다. 그러자 예수의 경고도 어느 정도 애매한 심판 선언에서 더 구체적인 공회 회부를 언급하셨다가 마지막으로 지옥 불을 꺼낸 것이다.

특히 "미련한 놈이라 하는 자는 지옥 불에 들어가게 되리라"는 마지막 선언은 놀랍고 당혹스럽기까지 하다. 다른 사람에게 미련한 놈이라 했다고 지옥 불을 면치 못할 것 같으면 '하나님의 구원을 받을 사람은 과연 누구일까?'라는 의문이 생긴다. 따라서 그 말을 문자 그대로 취할 수는 없고 다른 독법이 필요하다. 예수께서 과장법을 사용하여 무언가를 강조하려 하셨다고 보는 것이 자연스럽다.

예수의 의도를 알려면 십계명의 여섯째 계명을 언급하는 맥락에서 그 말씀을 하셨다는 점을 기억해야 한다.

> 누구든지 살인하면 심판을 받게 되리라 하였다는 것(십계명)을 너희가 들었으나 나는 너희에게 이르노니 형제에게 노하는 자마다 심판을 받게 되고(마 5:21-22a).

예수께서는 자신의 가르침을 십계명과 대조하시는 듯하지만, 그렇다고 그분의 말을 '십계명은 필요 없고 내 가르침만 들으라'는 뜻으로 받으면 오해다. 예수의 의도는 살인하지 말라는 문자적 발화에 내포된 하나님의 속뜻을 알려 주는 데 있다. 이를 위해 예수께서는 살인의 자리에 분노를 넣으셔서, '살인하면 하나님께 심판받는다'는 말을 '형제에게 화내면 심판받게 된다'는 말로 바꾸신다. 현상적으로 보면 분노와 살인은 엄연히 다르다. 그럼에도 그렇게 하신 것은 결국 살인으로 끝나는 감정의 단초는 '노'(怒, anger)라는 것을 말씀하시기 위해서다. 살인 방지는 사실 분노 제거에서 시작된다. 살인이라는 (최)악의 뿌리에 노가 있다면, 분노를 제거하는 일은 살인을 막을 수 있는 더 근본적인 조치다. 예수의 점층적 경고 끝에 있는 지옥 불은 이 화를 꺼버리기 위한 조치다.

형제를 향해 "미련한 놈"이라 하는 자는 마지막 심판 때 지옥 불에 들어갈 것이라는 과장법이 때로는 '문자적'으로 맞을 때도 있다. 화(火)를 내는 순간 이미 화내는 사람과 화냄을 당하는 사람 모두 안에 '지옥 불'이 타오른다("속에서 천불이 난다!"는 말을 기억해 보라). 화를 내는 순간, 그 사람 안에 지옥이 들어선다. 끄지 않으면 점점 뜨거워지는 '지옥 불'로 이끄는 것이 화다. 따라서 예수에 따르면 여섯째 계명에 담긴 하나님의 속뜻은 화를 내는 사람과 그 화를 듣는 사람 모두를 (비유적으로나 문자적으로나) 파괴로 이끄는 그 감정이 결코 우리 안에 자리 잡지 못하게 하라는 것이다. 이것을 드러낸 것이 예수의 과장법에 담긴 뜻이다.

화에 대한 예수의 처방

그러면 개인에게는 화병(지옥 불)을 가져오고 기독교 공동체의 생명에는 치명적인 독이 되는 분노를 어떻게 처리해야 할까?[1] 예수의 해법은

---

[1] 먼저 기억해야 할 것은 지금 형제자매 사이에 분노를 일으키는 문제가 위중한 법적 문제라기보

"그러므로"로 시작하는 마태복음 5장 23-24절에 담겨 있다.

> 그러므로 예물을 제단에 드리려다가 거기서 네 형제에게 원망 들을 만한 일이 있는 것이 **생각나거든** 예물을 제단 앞에 두고 먼저 가서 형제와 화목하고 그 후에 와서 예물을 드리라(강조는 저자).

이 처방에는 제단에 예물을 드리러 온 경건한 사람이 예시되고 있다. 본문 흐름상 이 사람은 형제의 잘못을 보고 화를 내고, 텅 빈 머리라 하고, 결국 미련한 놈이라고 한 사람으로 보인다. 이번에 그는 예물을 드리려고 제단을 찾았다. 유대 사회에서 예물은 제사물이다. 하나님께 범한 죄에 대해 용서를 구할 때 드리는 제물이다. 그가 예물을 드리러 왔다는 것은 하나님께 대한 죄를 용서받고자 성전 제단을 찾았다는 것이다. 그런데 제단을 찾은 그에게 한 "생각"이 찾아온다. 헬라어 원어상으로 수동태로 표현된 "생각나거든"이 말하는 것처럼 그 생각은 자신이 만들어 낸 것이 아니라 주어진 생각이다. 하나님에게 제사드리러 왔다는 상황을 고려하면 그 생각을 심어 주신 분은 하나님이라 보는 것이 자연스럽다. 그러면 하나님이 어떤 생각을 주셨는가?

> 거기서 **네 형제에게 원망 들을 만한 일이** 있는 것이 생각나거든(23절, 강조는 저자).

다는 일상에서 겪는 사소한 시비 거리로 보인다는 점이다. 형제를 향해 미련한 놈이라 욕하는 것은 우리의 일상생활에서 겪는 잘잘못과 관련해서 하는 말이기 때문이다.

하나님께 잘못한 죄에 대한 용서를 구하고자 제단 앞에 찾아온 사람에게 하나님이 주신 "생각"은 '내가 다른 사람에게 저지른 잘못이 무엇인지에 대한 깨달음'이다. 여기서 중요한 변화가 있다. 다른 사람의 어떤 잘못 때문에 울화통이 터져 분노를 낸 사람이 하나님 앞에 나아왔을 때 그 사람에게 주시는 하나님의 은혜는 '내가 다른 사람에게 무슨 잘못을 했는지 생각나게 하는 것'이다. 하나님 앞에 서기 전에는 내가 피해자라고 생각했는데, 하나님 앞에 서자 나 또한 가해자라는 것을 깨닫게 하신다. 그러므로 가서 피해자에게 용서를 구하고 그와 화해하라는 메시지가 바로 하나님 앞에 섰을 때 생각난 깨달음이다.

예수께서는 주기도문에서 피해자인 우리가 해야 할 일을 가르쳐 주셨다. "우리가 우리에게 잘못한 사람을 용서하여 준 것처럼 우리 죄를 용서하여 주옵소서." 이번에는 하나님 앞에 서서 용서를 구하는 사람에게 '난 피해자이고 다른 사람이 가해자'라는 의식을 뒤집어 '나 또한 가해자이고 다른 사람 역시 피해자일 수 있다'라는 가능성을 열어 놓으라 하신다.

예수께서는 그런 생각이 날 때 해야 할 일을 이렇게 말씀하신다.

> 예물을 제단 앞에 두고 먼저 가서 형제와 화목하고(디알라게티) 그 후에 와서 예물을 드리라(24절).

그 일이 생각나면 하나님께 드릴 제물을 그냥 그대로 놔두고 먼저 고향으로 돌아가서 그 사람과 화목하라 하신다. '하나님께 드릴 예물은 돌아와서 드려도 늦지 않다' 하신다. 그만큼 사람과의 화목이 중요하다는 것이 예수의 뜻이다.

화목, 누가 먼저 시작할 것인가

'화목하다'(디알라소)란 '관계를 바꾸는 것' 혹은 '담쌓고 있던 관계가 친구 관계로 변화되는 것'을 말한다.[2] 서로 틀어져 있던 사람들이 화목하는 것이 중요하다는 것은 다 안다. 그런데 실제 화목이 어려운 것은 화해를 먼저 시도하기 어렵기 때문이다. 예수께서는 먼저 화목을 시작해야 할 사람을 지목하신다. 그 사람은 '내가 내 형제에게 원망 들을 만한 일을 했구나'라는 생각이 하나님 앞에서 떠오른 이다. "원망 들을 만한 일"의 내용은 22절에서 예수께서 말씀하신 것으로, 다른 형제에게 노한 것이자 그에게 텅 빈 머리라 한 것, 그리고 결국 미련한 놈이라 판단한 그 말이다. 예수에 따르면 먼저 화해를 시도해야 할 사람은 형제에게 노를 낸 그 사람이다!

물론 그 사람의 입장에서는 다른 사람이 먼저 화해를 시도해야 할 이유가 있을 것이다. "내가 그런 말을 한 것은 그 사람이 그런 말을 들을 만한 행동을 했기 때문이다. 어디 그게 한두 번인가! 벌써 몇 번째 같은 잘못을 반복하고 있지 않은가! 내가 그런 말을 한 것은 다 이유가 있고, 그의 잘못을 고치려는 뜻이 있었다"고 말할 수 있다. 맞다. 그가 잘못했기에 내가 그런 심한 말을 했다고 할 수 있다. 그렇기에 문

---

2   헬라어 '디알라소'는 문자적으로 '장소나 관계를 바꾸다'라는 뜻을 가진다(Franco Montanari, *The Brill Dictionary of Ancient Greek* [Leiden/Boston, Brill, 2015], διαλλάσσω). 흥미롭게도 한자어 역지사지(易地思之), 곧 '서 있는 땅(처지)을 바꾸어 생각하다'와 유사한 뜻을 가진다. 화해는 서로 처지를 바꾸어 보는 데서 시작될 수 있다.

제 해결 방식에는 나로 그런 말을 하게 만든 그의 잘못을 그가 인정해야 한다고 예수께 따질 수 있다.

아마 예수께서도 이 점을 알고 계셨던 것 같다. 그래서 예수께서도 그가 다른 형제에게 가서 해야 할 일을 용서가 아닌 화목이라 하신 것이다. 용서는 일방적으로 잘못을 인정하고 사과하는 것이다. 하지만 화목은 등을 돌리고 있던 둘이 만나 서로의 문제를 이야기하고 나누며 함께 잘잘못을 인정하고 결국에는 친구 관계를 회복하는 것이다. 예수께서 그 사람에게 가서 화목하라 한 것은 아마도 가해자와 피해자 관계가 일방적이지 않고 상호 문제라는 점을 알고 계셨기 때문일 것이다. 그러나 중요한 것은 누가 먼저 화해를 시작해야 하느냐다. 누가 먼저 찾아가야 하는가? 예수에 의하면 먼저 분 낸 사람이다. 원망 들을 만한 일을 한 사람, 곧 화내고, 텅 빈 머리, 미련한 놈이라며 점점 심한 말을 쏟아낸 그 사람이다.

화냄을 당한 그 형제는 아직 자신에게 화낸 형제에게 "나에게 왜 그런 말을 하느냐"고 대응하지 않은 것이 분명하다. 22절은 그냥 일방적으로 한쪽이 다른 쪽에게 분을 냈다고 말하고 있기 때문이다. 그런 말을 들은 형제는 자신이 상처받았다는 말을 할 처지에 있는 사람이 아닐 수 있다. 고대 사회에서 그런 심한 말은 보통 신분이 높은 사람이 자기보다 낮은 이에게 한다. 그렇기 때문에 텅 빈 머리이자 미련한 놈이라는 말을 들은 사람은 자신을 향해 미련한 놈이라 한 사람에게 섭섭한 마음을 직접 털어 놓지 못하고 아마 하나님께 자신의 상처받은 마음을 아뢰었을 수 있다. 그러자 하나님이 역사하셔서 그렇게 심한 말을 한 사람이 하나님 앞에 범한 잘못에 대해 제사를 드리러 왔을 때 그 사람 마음에 그가 다른 사람에게 잘못한 일을 생각나게 해주셨다고 본다면 맥락이 자연스럽게 이해된다.

예수에 따르면 누가 먼저 화목을 구해야 하는가는 이제 분명해졌다. 요즘 말로 하면 '갑'에게 먼저 사과하러 찾아가라 하신 것이다. 화목은 이럴 때 시작된다. 화를 낸 사람이 생각해 오던, '나를 화나게 한 그 문제들' 역시 자신이 먼저 가서 화해를 시도할 때, 그때 어쩌면 매우 쉽게 고쳐질 수 있다. 다른 사람의 문제를 고치겠다고 '텅 빈 머리'라 하고, '미련한 놈'이라 해왔다. 하지만 그런 식으로는 문제가 해결되지 않는다. 하나님의 해결 방식은 다르다. 하나님 앞에 자기의 허물을 보고 용서를 구하는 사람에게 제안하시는 예수의 길은, 다른 사람더러 어리석다고 말한 내가 그 사람에게 가서 "내가 어리석었습니다"라고 말하는 것이다. 화목은 그때 시작된다. 화목은 내가 다른 사람을 고치겠다고 하기 전에 나 자신이 고칠 것이 많은 사람이라는 것을 깨닫고, 내가 고치려 했던 사람에게 내게 잘못이 있다는 것을 말할 때 시작되는 것이다. 이것이 예수를 따르는 제자들의 공동체. 이것이 하나님 앞에 예배드리는 공동체의 문제 해결 방식인 것이다.

하나님과 우리 사이에 화목 제물이 되신 예수께서는 어떠하셨나? 예수께서는 마치 자신이 죄인인 것처럼 사람들 가운데 들어오셔서 그들의 죄를 자신의 죄처럼 짊어지셨다. 그러자 하나님과 우리 사이에 화목이 일어났다. 화해는 하나님이 먼저 하셔서 죄인의 변화로 이어졌다. 하나님과 인간 사이의 화해는 그렇게 이뤄졌다.

기독교 공동체가 화해의 삶을 사는 길

마태복음 5장 24절에 이르러 본문의 흐름은 바뀐다. 처음에는 다른 사람이 잘못한 문제로 내 안에 분노가 쌓여 가는 문제를 다루었는데, 이제는 내가 다른 사람에게 잘못한 사람이 되어 그에게 용서를 구해야 하는 상황이 되었다. 이런 변화 사이에는 내가 하나님 앞에 잘못한 사람이라는 깨달음이 있다. '내 주위에는 왜 이렇게 내게 잘못하는 사람이 많은가'라는 생각에서 '나는 왜 이렇게 다른 사람에게 잘못을 범하는가'라는 생각으로 변화하는 중심에는 '나는 하나님 앞에서 잘못을 저지른 사람이다'와 같은 참회가 있었다. 하나님을 향해 내가 저지른 잘못을 볼 때, 내가 다른 사람에게 잘못한 일이 보이기 시작한다! 하나님 앞에 갈 때 그가 내게 잘못한 것이 아니라 내가 그에게 잘못한 것이 무엇인지 보게 하신다. 그리고 그것을 두고 그에게 찾아가 용서를 구하며 화해하게 하신다.

이것이 내 안의 분노와 타자를 향한 분노를 처리하는 예수의 길이다. 예수께서는 다른 사람이 잘못한 일로 분노하고 있는 사람에게 하나님 앞에서 자기 잘못을 보게 하심으로 다른 사람에게 잘못한 것을 깨닫게 하셔서 상호 화해의 길에 들어서게 하신다. 기독교 공동체의 화해는 누구 하나가 일방적으로 사과하는 것이 아니다. 오히려 서로 자신의 잘못을 두고 용서를 구하는 공동체, 그것이 하나님 앞에 죄를 구하는 공동체의 길이다. 하나님 앞에 섰을 때 주어지는 은혜는 내가 다른 사람에게 상처 준 말들 때문에 괴로워하는 형제자매가 생각나는 것이다. 이것이 '모든 관계 해결의 시작은 하나님의 은혜'라는 말의 뜻이다.

4장   말씀 묵상에 대하여

그리스도인은 다시 태어난 존재다. 예수를 하나님의 아들로 믿을 때 그 아들의 영이 우리 몸에 오시어 우리 역시 예수처럼 하나님의 자녀가 된다. 그럼에도 우리는 왜 다시 태어나기 전의 삶의 모습대로 살아가기도 하는가? 그리스도인은 성령으로 거듭난 존재라는 것이 허상이어서인가? 아니다. 성령이 아니고는 하나님을 아빠 아버지로 부르지 못하는데, 우리는 하나님을 아버지로 부르며 산다. 하나님을 아빠 아버지라 부르는 우리의 고백은 우리가 성령으로 다시 태어났다는 것을 증명한다. 그러면 오신 성령의 힘이 약해서 자꾸 옛 성품대로 사는가? 그것도 아니다. 오신 성령께서는 전능하신 삼위일체 하나님의 한 위격이신 성령 하나님이다. 그러면 왜 다시 태어났는데도 태어나기 전의 삶의 모습이 나타나는가? 그 이유는 성령 하나님이 오셨지만 우리 몸이 아직 죄와 죽음과 상관없는 부활의 몸으로 바뀌지 않았기 때문이다. "죄의 삯(결과)은 사망이요"(롬 6:23)라는 말씀처럼 죄 때문에 찾아온 몸의 죽음이 내 몸에 진행되고 있는 이상, 새로운 부활의 몸을 입을 때까지는 죄의 유혹이 우리 몸의 현실일 수밖에 없다.

  당연히 몸이 가진 이러한 이중적 현실은 우리에게 좌절을 심어 준다. 유혹이 오고 그 유혹에 끌리면 '아, 내가 아직 이 정도밖에 되지 않았나'라는 자괴감이 들기도 한다. 하지만 내 몸에 갈등이 일어나고 있다는 것 자체를 부정적으로 볼 필요는 없다. 몸에 일어나고 있는 영적 싸움은 옛 몸에 새 생명이 시작되었다는 증거이기 때문이다. 옛 성품에 지배당하며 죽어 가는 몸과 함께 우리 영도 죽어 가고 있다면 어찌 이런 거룩한 갈등과 고민과 싸움이 있을 수 있겠는가! 다시 태어나지 않았다면 죄와의 싸움도, 갈등도 없다.

그러면 어떻게 살아야 하는가

어쨌든 한 사람이 그리스도인이 되면 두 현실에 들어가게 된다. 한 현실은 우리 신분이 하나님의 자녀로 변화되는 것이고, 다른 현실은 그럼에도 부활의 몸을 입을 때까지 죄의 경향에 노출되는 것이다. 그러면 이 두 현실 사이에서 어떻게 살아야 하는가?

어떻게 살아야 하는지에 대해 성경이 무슨 말을 하는지 보기 전에 조심해야 할 것이 있다. 두 현실 중 어느 한쪽으로 치우치지 않는 것이다. 한 극단은 자꾸 죄의 경향에 끌리는 자신을 보면서 '나는 성령으로 태어난 하나님의 자녀가 아닐 거야'라고 생각하고 그냥 몸(의 현실)이 전부라고 여기며 사는 것이다. 또 다른 극단은 그 반대다. 성령께서 내 몸에 오셨고 하나님이 몸의 삶을 기뻐하신다는 사실을 잊어버린 채 몸의 삶을 부정적으로 보면서 이른바 '영적인'(혹은 정신적인) 세계에만 몰입하는 것으로, 이것 또한 매우 조심해야 한다.

이 두 극단 모두 성경이 가르치는 길이 아니다. 로마서 12장 1절은 말한다. "너희 몸을 하나님이 기뻐하시는 거룩한 산 제물로 드리라 이는 너희가 드릴 영적 예배니라." 이것은 무슨 말인가? 하나님이 기뻐하시는 영적인 예배를 몸의 삶으로 드리는 것이 가능하다는 말이다. 성령께서 믿는 자의 몸에 찾아오신 결과로 가능해진 예배 형식이다. 따라서 하나님은 몸의 삶을 기뻐하신다. 그렇지 않다면 하나님이 왜 인간을 몸을 가진 존재로 창조하셨겠는가? 또 하나님이 왜 성령을 우리 몸에 보내기까지 하셨겠는가? 몸은 부정해야 할 것이 아니라 하나님 아버지께 드려야 하는 예배의 도구다.

중요한 것은 '어떻게'다. 끊임없이 시험이 찾아오는 우리 몸으로 어떻게 하나님이 기뻐하시는 예배를 드릴 수 있는가? 비유를 들어 보자. 학생에게 시험이 온다. 시험을 잘 치르려면 평상시에 시험을 준비해야 한다. 체력도 관리하고 예습과 복습도 평상시에 꾸준히 해야 한다. 마찬가지다. 몸의 욕구 때문에 영적 시험이 올 때 시험에 빠지지 않고 그때를 하나님을 예배하는 시간으로 바꾸려면, 평상시에 몸과 관련된 영적 훈련을 해야 한다. 평소에 공부하지 않다가 시험장에 들어가 좋은 점수를 얻으려는 것은 단지 희망사항일 뿐이다. 마찬가지로 평상시에 생각 훈련을 하지 않고 있다가 당황스러운 일, 급한 일이 생겼을 때 하나님 나라의 원리와 가치에 따라 하나님 뜻대로 판단하고 행동하고자 시도한다면 그것 또한 희망사항으로 끝날 가능성이 높다. 또 평상시에 건강한 음식을 먹으며 건강을 관리하지 않으면 몸에 면역력이 생기기 힘든 것처럼, 영적 양식을 꾸준히 골고루 잘 먹지 않으면 죄에 대한 영적 면역력을 갖추기 어렵다.

시험은 시험 날 전에 준비해야 하듯이, 영적 시험을 이기는 준비도 평소에 해야 한다. 몸이 무엇을 원하는지, 또 그 원함들 가운데 자신이 무엇에 더 취약하고 무엇에 강한지를 안 후에, 꾸준히 '몸의 원함을 하나님께 드리고'(롬 6:13) 성령의 인도하심에 순응하는 훈련을 해야 그러한 약점이나 강점 때문에 시험이 올 때 이길 수 있다.

그러면 몸으로 어떻게 경건 훈련을 할 수 있는가? 그리스도인의 최대 무기는 하나님이 우리에게 주신 진리의 말씀 그 자체다. 그런데 그 진리의 말씀의 '승리력(力)'이 내 것이 되려면 어떻게 해야 하는가? 말씀이 내 몸에 새겨져야 한다. 그렇게 하는 길은 말씀 묵상과 암송이다. 에베소서 6장 17절에 따르면 하나님의 말씀은 검이다. 그런데 검의 능력은 검객에 의해 발휘된다. 검객은 어떤 사람인가? 검과 몸이 하나가 된 사람이다. 하나님의 말씀인 검으로 나(의 영과 감정과 생각)를 베고 세상을 베려면 말씀과 내가 하나 되어야 한다. 감히 말하건대, 그리스도인들에게 그런 일은 내 몸이 말씀을 기억할 수 있을 때 일어난다.

말씀 묵상의 네 단계

말씀의 검과 내가 하나 되려면 총 네 단계를 거쳐야 한다.

성경 읽기 → 묵상 → 기도 → 하나님 바라보기

성경을 읽고, 읽은 말씀을 묵상하고, 묵상한 말씀을 근거로 기도드리고, 마지막으로는 말씀이 보여 주는 하나님의 모습과 행동을 가만히 바라보며 하나님을 즐거워하는 단계다.[1] 이 네 단계는 하나님께 올

---

1 웨스트민스터 대요리문답 1문 "사람의 첫째 되고 가장 높은 목적이 무엇입니까?"에 대한 답("사람의 첫째 되고 가장 높은 목적은 하나님을 영화롭게 하고, 그를 영원토록 온전히 즐거워하는 것입니다.")은 말씀 묵상의 마지막 단계, 곧 '하나님의 모습과 행동을 가만히 바라보며 하나님을 즐거워

라가는 과정이라 생각하지 말아야 한다. 기독교 영성은 우리가 이뤄 내야 하는 어떤 것이 아니라 하나님의 임재의 결과이기 때문이다. 그러하기에 말씀을 읽고, 묵상하고, 기도하고, 그렇게 알게 된 하나님을 바라보는 일은 내 생각과 몸이 말씀으로 찾아오시는 하나님을 맞이할 준비를 하는 것이다. 이런 점에서 네 단계는 하나님의 은총이 부어지는 과정이다.

첫째, 성경 읽기

이상적인 성경 읽기 방식은 천천히 눈으로 본 내용을 입술로 작게 소리 내어 읽는 것이다. 신명기 6장 4절은 말한다. "이스라엘아 들으라." 그리고 요한계시록 2장 7절에서도 "귀 있는 자는 성령이 교회에 하시는 말씀을 들을지어다"라고 말한다. 성경은 원래 들려지기 위해 기록되었다. 구약이나 신약이 기록될 당시 글을 읽고 쓸 수 있는 사람은 전체 인구의 10-15퍼센트뿐이었기에[2] 한 사람이 크게 읽고 나머지는 귀로 말씀을 들었다. 성경 기자들 역시 기록할 때 독자가 아닌 청자를 염두에 두고 기록했기에 성경을 소리 내어 읽는 것이 원래 소통 방식에 일치한다. 이처럼 우리가 성경을 조용히 소리 내어 읽을 때 말씀의 소리를 본인이 직접 귀로 들을 수 있다. 이처럼 성경은 시각(눈)과 청각(입과 귀)을 이용하여 읽는 것이 바람직하다.

더불어 성경을 읽을 때 주의해야 할 네 가지 요점이 있다.

하는 단계'에서 실현될 수 있다.
2 박윤만,「신약 성경 언어의 의사소통 기술」개정증보판 (서울: 그리심, 2019 [초판 2013]), 46쪽.

1. **읽기 전 준비_** 성경을 읽기 전에 잡담이나 다른 사람의 이야기를 많이 듣는 것은 결코 좋지 못하다. 잡념이 일어나 말씀 묵상을 방해할 수 있기 때문이다.

2. **읽는 자세_** 허리를 반듯하게 하자. 몸의 자세가 발라야 정신의 자세도 바르다.

3. **읽는 속도_** 소설책을 읽듯이 빨리 읽어 내려가지 않도록 주의하자. 대신 시를 읽듯이 한 자 한 자 읽어 내려가자.

4. **읽기 어려운 내용_** 성경 공부 때는 그렇게 해야 하지만, 하루하루 경건의 삶을 위해 말씀을 읽을 때는 지나치게 분석적이거나 관찰자의 자세로 읽지 않도록 주의해야 한다. 읽는 중 어려운 단어나 내용을 만나면 후에 따로 공부한다고 생각하고 넘어가자. 어머니가 해주시는 밥을 먹을 때 밥과 반찬을 분석부터 하지 않는다. 어머니의 손맛을 믿고 그냥 한 술 떠서 입에 가볍게 넣으며 식사한다. 마찬가지로 하나님 말씀의 진리 됨과 능력을 믿고, 밥 먹듯이 말씀 한 절 한 절을 마음에 받으며 읽는다.

둘째, 묵상

묵상은 성경 본문을 작은 소리로 반복하여 암송하면서 마음에 각인시키거나 내면으로 받아들이는 길이다. 성경 읽기는 눈으로 읽고 입술로 말하고 귀로 들은 말씀이 마음에 내려앉는 데까지 나아가야 한다. 묵상에 도움이 되는 세 가지 핵심은 다음과 같다.

1. **묵상할 말씀의 길이_** 묵상을 위해서는 긴 구절을 읽기보다 짧

은 구절을 반복적으로 읽는 것이 좋다.

　2. 묵상의 첫 단계_ 암송이다. 암송은 기억 속에 말씀을 아로새기는 것이다. 이렇게 기억 속에 말씀을 넣을 때 마음으로 말씀을 읽는 깊은 묵상 단계에 들어갈 수 있다.

　암송의 유익은 압도적이다. 예컨대 기도의 집중도가 많이 떨어지는 시점은 시작 부분인데, 잡념과 기도 전 말과 일들 때문에 기도에 집중하기 힘들다. 하지만 암송하는 말씀을 묵상하는 것은 이런 방해를 받지 않고 곧바로 깊은 기도에 들어가도록 돕는다. 암송의 또 다른 유익은 반복적 묵상으로 암송된 말씀은 성경책을 덮는 순간에도 결코 덮이지 않는 살아 있는 말씀이 되게 한다는 것이다. 기도 후 일터로 나갈 때 가슴에 품고 갔다가 일하는 중간중간 말씀을 마음에서 끄집어내어 다시 묵상할 수 있는 것은 암송된 말씀이 가져다주는 유익이다.

　사실 말씀이 개인의 삶에 울려 퍼지게 하려면 낮에 시간을 정해 놓고 암송된 말씀을 반복하여 묵상해야 한다. 이것을 되새김이라 한다. 되새김질은 소나 낙타가 처음 음식을 먹은 후 속에 저장했다가 살과 뼈에 스며들 때까지 천천히 씹고 또 씹는 과정이다. 마찬가지로 점심시간 후 잠깐, 오후 차 마시는 시간에 잠깐 말씀을 다시 마음에서 꺼내 곱씹어 보자. 그러면 처음에 골방에서 말씀을 묵상할 때와는 다른 의미가 전해져 올 수 있다. 아침에 조용한 골방에서 말씀을 묵상할 때와 달리 낮 동안 분주한 일터에서 되새김질하는 말씀은 그 의미가 넓어지고 깊어질 수 있다.

　3. 묵상 기간_ 가능하면 한 구절을 반복적으로 오랜 기간 묵상하여 내면화하는 것이 좋다. 삶에서 어려운 일을 만날 때, 몸이 아플 때,

개인적, 가정적, 그리고 사회적으로 위기가 찾아왔을 때, 여러분의 삶을 이끄는 말씀이 무엇인가? 주일에 예배당에서 들은 설교인가? 대부분의 사람에게는 마음 깊은 곳에 저장되어 있던 말씀일 것이다. 이것은 능력으로 역사하는 말씀은 반복적으로 암송되고 내면화된 말씀이라는 것을 보여 준다.

4. **호흡과 묵상**_ 말씀을 호흡과 같이 암송하면 유익하다. 예를 들어 고린도후서 5장 14절 내용("그리스도의 사랑이 우리를 강권하시는도다")을 가지고 호흡을 이용하여 암송할 때 다음과 같이 할 수 있다.

들이쉬며, "그리스도의 사랑이"를 묵상하고
내쉬며, "우리를 강권하시는도다"를 외운다.

셋째, 기도

말씀을 묵상하면서 기도할 수 있고, 먼저 묵상을 한 후 그 말씀에 따라 기도할 수 있다. 말씀 묵상 후에 기도할 때 우리는 하나님의 말씀보다는 이제 말씀하신 하나님 앞에 서게 된다. 말씀하시는 하나님 자신을 대면하며 그분의 사랑을 느끼고 체험하는 시간이 묵상 후 기도 시간이다. 성경 읽기와 기도의 관계는 아주 밀접하게 연결되어 있다. 성경 읽기 전에 기도를 한다. 그리고 성경을 읽고 묵상하다 보면 기도의 마음이 불러일으켜진다. 그러나 샘의 물을 들여다보면 어느 것이 왼쪽 물이고 어느 것이 오른쪽 물인지 분간할 수 없는 것처럼 사실 성경 묵상과 기도는 구분된 것이 아니다. 묵상과 암송을 하다 보면 그것이 곧 기도가 되는 것이다. 그리고 기도 중에 하나님의 말씀이 우리 기도의 맥을 이끌기도 한다.

넷째, 하나님을 바라보며 즐거워하기

이 단계는 하나님의 특별한 축복으로 누릴 수 있는 단계다. 다른 단계와 마찬가지로 이 단계 역시 인간의 노력이나 공로로 주어지는 것이 아니라 오직 하나님의 은총으로만 가능하다. 이 단계에서 인간적인 말이나 생각은 아무 쓸모가 없다. 단지 하나님이 내 곁에 현존하시며 내가 그분과 함께 머물러 있음을 느낄 뿐이다. "우리가 지금은 거울로 보는 것같이 희미하나 그때에는 얼굴과 얼굴을 대하여 볼 것이요"(고전 13:12)라는 바울의 말이나, "그가 나타나시면 우리가 그와 같을 줄을 아는 것은 그의 참모습 그대로 볼 것이기 때문이니"(요일 3:2)라는 요한의 말은 모두 종말의 완성 때 일어날 일을 말하고 있다. 그러므로 말씀이 보여 주고 있는 하나님의 모습을 가만히 바라보며 즐거워하는 것은 주님이 다시 오실 때 일어날 일을 지금 이곳에서 하나님의 은총으로 잠시 맛볼 수 있는 단계다. 사랑하는 사람을 마주보는 것 하나만으로 기쁨이 가득 차는 것처럼 그리스도의 모습을 바라보며 그리스도께서 나에게 말씀하시는 것을 받아들이고 오직 그리스도로 즐거워하는 은혜가 하나님이 주시는 최고의 선물이다.

몸 훈련의 정수, 말씀 묵상

하나님은 우리 몸의 삶을 기뻐하신다. 그래서 몸을 가진 인간을 창조하시고 그 가운데 성령을 보내시어 영적 예배를 드릴 수 있게 하셨다. 따라서 죄와 죽음에 노출되어 시험 많은 우리의 몸을 하나님이 기뻐하시는 산 제물로 드리기 위해서는 일상에서 우리 몸을 하나님과 그분의 영에게 내어 드리는 훈련을 해야 한다. 시험 준비는 평상시에 하는 것이다. 몸을 훈련한다고 해서 죽어 가는 몸이 자력 갱신되는 것은 아니다. 몸 훈련의 핵심은 진리 되신 말씀을 내 몸이 기억하도록 만드는 것이다. 우리가 말씀 묵상 훈련을 해야 하는 이유는 여기에 있다. 하나님의 말씀에 능력이 있기에 우리가 그 능력을 힘입어 살아가려면 말씀이 문자 그대로 우리 몸에 새겨져야 하기 때문이다. 말씀 암송은 우리 몸을 진리 자체에 잇대어 놓는 일이다.

5장　　　　　기도에 대하여

　　　　　기도가 무엇인가? 불교를 비롯하여 다른 종교에도 기도가 있다. 심지어 무속 신앙에도 기도란 것이 있다. 그들도 기도하고 우리도 기도한다고 해서 다 같은 기도라고 말할 수는 없다. 기독교의 기도와 다른 종교의 기도 사이에는 비교 자체가 불가능한 차이가 있다. 기도 대상이 다르다는 것은 말할 것도 없고, 가장 중요한 차이는 기도하는 목적이 다르다는 것이다.

　　종교를 가졌든 그렇지 않든 대한민국 사람들이 기도하는 이유에 알게 모르게 가장 큰 영향을 끼친 것이 무속 신앙이다. 무속 신앙에서는 기도를 보통 주술로 생각한다. 〈표준국어대사전〉에 따르면 주술은 "불행이나 재해를 막으려고 주문을 외거나 술법을 부리는 일. 또는 그 술법"이다. 신들을 달래어 자신에게 재앙을 내리지 않게 하거나 이미 내려진 화를 거두어 달라고 주문을 외거나 주술을 행사하는 것이다. 기독교의 기도가 주술과 같은가? 아니다. 주술은 내가 원하는 바를 이루기 위해 하나님을 움직이려 하지만, 기독교의 기도는 하나님을 움직이거나 바꾸는 것이 아니라 하나님을 바꾸려는 나를 바꾸는 것이기 때문이다.

　　기독교도 악이나 재해에서 벗어나도록 기도를 드리는 것이 사실이다. 예수께서도 악에서 구해 달라는 기도를 드리도록 제자들을 가르치기도 하셨다. 그럼에도, 기독교의 기도를 단지 환난을 피하고 좋은 일만 내게 일어나도록 하나님께 간청을 올리는 것 정도로 이해한다면, 그것은 마치 눈 감고 코끼리 발톱만 만져 놓고서는 사람들에게 코끼리는 이렇다 저렇다 말하는 것과 같은 이치다. 삼위일체 하나님 앞에 나아가 무릎 꿇는 일은 환난을 피하고 좋은 일만 일어나도록 간구하는 것 이상의 깊고 심오한 차원을 가진다.

기독교의 기도가 무엇인가

기도가 무엇인지 알기 위해서는 주기도문으로 시선을 돌려야 한다(마 6:9-13). 주기도문을 바탕으로 기도를 이해하고 기도 생활을 하는 것은 백전불패를 가져온다. 그 기도 방식은 예수께서 직접 가르쳐 주신 것이기 때문이다.

주기도문은 두 부분으로 나뉜다. 전반부는 하나님의 뜻을 구하는 내용이고, 후반부는 인간의 뜻을 아뢰는 내용이다. 하나님의 뜻을 구하는 전반부는 이렇다.

하늘에 계신 우리 아버지여 이름이 거룩히 여김을 받으시오며 나라가 임하시오며 뜻이 하늘에서 이루어진 것같이 땅에서도 이루어지이다 (9-10절).

그리고 후반부는 이렇게 이어진다.

오늘 우리에게 일용할 양식을 주시옵고 우리가 우리에게 죄 지은 자를 사하여 준 것같이 우리 죄를 사하여 주시옵고 우리를 시험에 들게 하지 마시옵고 다만 악에서 구하시옵소서(11-13절).

전반부를 구성하고 있는 하나님의 뜻에 대한 간구는 세 가지로, 하나님의 이름이 거룩히 여김을 받고, 하나님의 다스림이 이 땅에 실현되고, 뜻이 하늘에서와 같이 땅에서도 그대로 이뤄지는 것이다. 내 뜻에 대한 간구를 담고 있는 후반부는 먹고살 수 있는 양식 간구로 시작했다가 악의 감염에서 보호해 달라는 간구로 끝난다. 그리고 밥 공급과 악으로부터의 구원, 그 중간에는 '제가 다른 사람을 용서할 테니 저의 죄를 용서해 달라'는 간구와 함께 '우리를 시험(유혹)에 빠지지 않도록 지켜 달라'는 내용이 자리 잡고 있다.

하나님의 뜻과 내 뜻을 담고 있는 주기도문을 제대로 이해하려면 하나님의 뜻 간구가 먼저 나오고 그 후에 우리의 뜻 요청이 나오는 흐름을 잘 기억해야 한다. 하나님의 뜻이 먼저 나온 것은 단지 우선순위의 문제만이 아니며, 내 뜻은 뒷전이라는 뜻도 아니다. 오히려 모든 기도의 방향이 무엇이어야 하는지를 제시하기 위해서다. 기도가 방향을 잃지 않기 위해서 잡아야 하는 나침반이 전반부에 제시된 것이다.

기도의 근본적 방향
핸들이 자동차 방향을 결정하듯 주기도문 전반부의 세 가지가 그리스도인의 기도 방향을 결정한다.

첫째, 기도는 하나님의 이름이 땅에서 거룩히 받들어지기를 바라는 간청이다.

둘째, 기도는 하나님의 나라(통치)가 땅에 임하도록 해달라는 요청이다.

셋째, 기도는 하나님의 뜻이 땅에 이뤄지기를 바라는 간구다.

이 세 가지가 기도의 근본이자 기도를 이끄는 동력이다. 평생 이것만 기도하라는 것은 아니다. 기도가 다른 제목으로 확장해 가더라도 그 맥은 이 세 가지여야 한다는 것이다. 사실 우리는 기도 중에 길을 잃을 때도 있다. 기도하다 보면 지금 내가 무슨 기도를 왜 하는지 혼란스러울 때가 있다. 그럴 때 되돌아가야 할 기도의 근본이 이 세 가지다.

이어서 예수께서는 "일용할 양식"을 위해 기도하라고 알려 주신다. 먹고사는 문제를 두고 기도하는 것은 신앙이 아직 '저급한' 상태에 있음을 보여 준다는 이야기를 주위에서 혹 들을 수 있다. 하지만 이것은 예수를 몰라서 하는 말이다. 일용할 양식을 구하는 기도를 하라고 하신 분이 예수시다. 그럼에도 기독교의 기도를 먹고사는 문제를 해결하는 수단으로만 이해하는 것은 오해다. 일용할 양식을 위한 기도에 선행하는 기도의 세 가지 근본은 먹고사는 문제를 하나님 나라의 도래와 하나님의 뜻 실현의 연장선에서 이해하도록 한다. 곧 하나님 나라와 뜻이 이뤄지는 세상은 어떤 세상인가에 대한 답은 먹고사는 문제가 해결된 사회라고 말한다.

일용할 양식 이후의 기도는 용서와 죄와 악에 대한 승리로 나아간다. 우리의 기도에는 내게 잘못한 사람을 용서하겠다는 결단이 담겨야 한다. 그리고 죄책감에서 우리를 해방시켜 달라는 기도도 드려야 하고, 돈, 명예, 성(性)과 시기의 덫에 걸려 넘어지지 않도록 기도드려야 한다. 무엇보다 어디에서나 도사리고 있는 악에서 자신과 공동체를 보호해 달라는 것을 결코 빼먹지 말아야 한다.

이런 후반부 내용으로 기도하다 보면 자칫 기도의 길을 잃을 때가 있다. 일용할 양식의 문제가 해결되어 배가 부르고, 상호간에 용서가 이뤄지고, 하나님에게서 사죄의 은총을 받고, 유혹도 이기고, 맹렬한 악의 공격 또한 없는 것 같아 영육이 평안할 때 '도대체 이 모든 것이 무슨 의미가 있는가' 하는 생각이 들면 우리는 이렇게 답해야 한다. "이 모든 것은 하나님의 이름이 거룩히 여김을 받고, 하나님의 통치가 실현되고, 하나님의 뜻이 이 땅에 이루어지도록 하기 위함이다." 그러므로 기도의 길을 잃어버렸을 때 다시 들여다보아야 하는 나침판이 주기도문의 전반부라는 말은 아무리 강조해도 지나치지 않다.

기도와 주술의 차이를 생각해 보자. 내가 드리는 기도가 주술인지 아니면 예수께서 가르쳐 주신 기도인지는 기도의 결론이 무엇인지를 보면 알 수 있다. 주술적 기도는 '하나님이 내 뜻에 따라 움직여야 한다'고 믿고 끝내지만, 삼위일체 하나님께 드리는 기도는 '내가 하나님의 뜻에 따라 움직이고 나를 통해 하나님의 뜻이 이뤄지기를 원하나이다'라는 결론으로 끝난다. 그렇다고 '밥 문제나 건강 문제 혹은 자신과 가족의 행복을 위한 간구는 기도 시간에 아예 입 밖에도 내지 말라'는 소리에 귀 기울일 필요는 없다. 하지만 양식과 건강, 그리고 행복을 위한 기도가 방향을 잃지 않고 하나님께 상달되려면 기도의 목적이 '나의 만족'이 아니라, '하나님의 이름이 거룩히 여김을 받으시고, 내 뜻의 실현이 아니라 하나님의 뜻이 하늘에서 이뤄진 것같이 우리 가운데서도 실현되기를 바라나이다'라는 것이 되어야 함이 옳다. 하나님 아버지와 그분의 자녀 사이는 모든 것을 주고 모든 것을 받는 관계이기 때문이다. 아버지 하나님은 자녀에게 "온갖 좋은 은사와 온전한 선물"(약 1:17)을 주시고 자녀는 하나님 아버지의 기뻐하시는 뜻을 구하는 관계 말이다. 이런 가족의 특징이 잘 나타나는 것이 부자지간의 대화(마 7:11)와 같은 기도다. 아버지는 아들에게 좋은 것을 주겠다 하시고 자녀는 아버지의 뜻을 구하는 대화 말이다. "너희는 먼저 그의 나라와 그의 의를 구하라 그리하면 이 모든 것을 너희에게 더하시리라"(마 6:33)는 예수의 기도 가르침은 그 같은 하나님의 가족의 특징에 기초한다.

하나님의 뜻을 이루는 기도가 되려면

하나님은 어떤 장애에도 당신의 뜻을 이뤄 나갈 수 있는 분인데도 왜 우리에게 하나님의 뜻이 이뤄지도록 기도를 드리라 하시는가? 그렇다. 하나님은 우리의 기도 없이도 당신의 뜻을 주권적으로 이뤄 가실 수 있다. 그럼에도 우리에게 하나님의 뜻이 우리 안에서, 우리를 통해서 이뤄지도록 기도하라 하시는 이유는 우리의 유익을 위해서다. 하나님은 자신의 선함과 아름다움, 인자와 자비를 인간에게 나눠 주길 원하신다. 인간이 그것을 맛보는 길은 하나님을 선하신 분으로 알아 그분의 뜻을 간구하고 그 뜻에 순응할 때다. 기도 시간은 다름 아닌 하나님의 선하심을 맛보며 아버지의 뜻에 순응하는 과정이다. 그러니 하나님의 뜻이 우리에게 이뤄지도록 기도하라는 예수의 말씀은 인간으로 하나님의 선하심을 맛보아 알도록 하기 위한 가르침이다.

기도를 하나님의 뜻이 이뤄지기를 구하는 것이라고 정의 내리면, 기도는 어렵고도 힘든 일이자 심지어 제대로 기도를 드리는 것이 불가능하다는 생각까지 들 수 있다. 기도의 기초인 하나님의 뜻을 알기가 그만큼 어렵기 때문이다. 그럼에도 길은 있다.

첫째, 주기도문의 흐름을 따라 기도를 드리는 것이다. 그 기도는 백전불패다. 앞서 언급한 것처럼 하나님의 뜻을 가장 잘 알고 계신 예수께서 직접 가르쳐 주신 기도이기 때문이다. 하루 한 번씩 주기도문의 흐름을 붙들고 반복 기도를 드려 보자. 변화가 뒤따를 수밖에 없다. 내 생각과 삶의 관점이 하나님의 관점으로 재조정되는 변화 말이다.

둘째, 하나님의 뜻을 잘 모른다는 약점을 보완하기 위해서는 신앙의 선배들이 남겨 놓은 많은 기도문을 읽으며 기도를 드리는 것이 좋다. 「사귐의 기도를 위한 기도 선집」(IVP)과 같은 책이 도움이 된다. 신앙의 선배들이 남겨 놓은 기도문에는 하나님이 그들의 전 생애를 통해 알려 주신 뜻이 '엑기스'처럼 포함되어 있다. 그 기도 모음집을 우리의 것으로 소화한다면 그만큼 우리의 기도는 시행착오를 줄일 수 있다.

마지막 셋째, 틈틈이 기독교 고전을 읽고, 교리를 배우고, 성경을 공부하여 하나님을 아는 지식에서 자라 갈 필요가 있다. 기도의 깊이는 하나님을 알아 가는 깊이만큼 깊어지기 때문이다.

기도는 내가 깨어지는 시간

하지만 주기도문에 따라 기도하고, 기도 선집을 읽고, 성경 공부와 교리를 통해 하나님을 알아 가더라도 부인할 수 없는 사실은 우리가 하나님의 뜻을 온전히 아는 것은 불가능하다는 것이다. 인간은 제한적인 존재이기 때문이다. 그러하기에 하나님의 뜻에 맞는 온전한 기도를 드리는 일은 불가능하다는 말은 옳다. 우리의 기도는 언제든 그릇된 기도로 나아갈 수 있기 때문에 기도하는 것 자체가 때로는 두렵게 다가올 수 있다. 그럼에도 하나님을 신뢰하고 기도를 드려야 하는 이유가 있다. 우리가 하나님의 뜻을 몰라 "마땅히 기도할 바를 알지 못[할]" 때 기도하는 분이 계시기 때문이다. 로마서 8장 26절에 따르면 "성령이 말할 수 없는 탄식으로 우리를 위하여 친히 간구하[신다.]" 그것도 성령께서는 "하나님의 뜻대로 성도를 위하여 간구하[신]다"(롬 8:27). 우리는 하나님의 뜻을 아는 데 한계를 가지고 있지만 하나님의 뜻을 온전히 알고 계시는 성령께서 내 안에서 기도하고 계신다. 성령의 기도 사역 덕분에 우리에게 일어나는 "모든 것이 합력하여 선을 이루느니라"고 바울은 말한다(롬 8:28). 우리는 하나님의 뜻을 아는 일에 한계가 있지만 우리 안에 계신 성령께서는 그렇지 않기에 만일 우리의 기도가 성령을 의지한다면 그 기도는 상달될 수 있다.

내가 하나님의 뜻을 온전히 알지 못할지라도 계속 기도를 드려야 하는 마지막 이유는 하나님의 뜻이 내게 이뤄지려면 동반되어야 하는 일이 있기 때문이다. 그것은 내가 깨지는 것이다. 내가 깨져야 그 깨진 부분에 하나님의 뜻이 접붙여진다.

집 리모델링의 일환으로 이뤄지는 미장 공사를 생각해 보자. 시멘트 보수 공사로 미장하기 전에 반드시 해야 하는 일은 바닥에 원래 있던 시멘트를 깨는 일이다. 그래야 새로운 시멘트가 사이사이에 잘 들어가고 이전 시멘트와 새로 바른 시멘트가 분리되지 않고 오래오래 붙어 있을 수 있다. 하나님의 뜻을 잘 모르지만 그래도 지금 알고 있는 바에 기초해서 기도를 드려야 하는 이유도 이와 비슷하다. 그렇게 해서라도 기도를 드릴 때 내 뜻이 깨지고, 내 고집에 균열이 일어나고,

내 생각의 한계가 보이고, 그래서 내게 깨어짐이 일어나 그 사이에 하나님의 뜻이 이뤄지기 시작하기 때문이다.

기도와 주술의 차이를 기억해 보자. 기도가 주술과 다른 점은 주술은 하나님을 바꾸려 하지만 기도는 내가 변화된다는 것이다. 내 안에, 또 나를 통해 하나님의 뜻이 이뤄지고, 내가 하나님의 아름다움과 선하심을 온전히 담을 수 있도록 나의 변화로 이어지는 것이 기도의 본질 중 하나다. 그러므로 하나님의 뜻을 온전히 알지 못할지라도 기도를 드려야 하는 이유는 그렇게 기도를 드릴 때 내 뜻을 고집하고 내 뜻만 생각하는 우물 안 개구리에서 벗어나 선하신 왕을 모시고 광활한 대지 위를 달리는 말로 내가 변화될 수 있기 때문이다.

하나님을 믿자. 기도 시간에 하나님은 당신의 뜻을 조금씩 조금씩 보여 주시며, 또 그 뜻에 내가 순응할 수 있도록 내 마음을 고쳐 가실 것이다. 그런 하나님을 믿고 무릎을 꿇는 것이 기도다. 날 선 모서리를 가진 조약돌이 건축가에게 다가와 "저는 당신이 어떤 계획을 가지고 있는지 잘 모르지만 당신의 능력을 믿기에 왔습니다. 이제 당신의 손에 저를 드리오니 아름다운 예배당을 건축하는 일에 소용되도록 저를 빚어 주실 수 있겠습니까?"라고 간청하는 것이 기도가 아니겠는가.

6장　　　　새 시대의 스티그마

갈라디아서는 격정적인 서신이다. 바울은 격앙되어 있고 글은 직선적이다. "어리석도다 갈라디아 사람들아"(3:1)라는 말이나, "우리나 혹은 하늘로부터 온 천사라도 우리가 너희에게 전한 복음 외에 다른 복음을 전하면 저주를 받을지어다"(1:8)라는 날선 선언이나, "이후로는 누구든지 나를 괴롭게 하지 말라"(6:17)와 같은 단호한 주장은 바울의 그 같은 내면을 보여 주는 거울이다. 톱질을 하면서 평정심을 지킬 때와 그러지 않았을 때의 차이는 잘려 나간 나무에 남는다. 마음 자국이 나무에 남게 마련인 까닭이다. 갈라디아서에 흐르는 말투는 바울의 마음에 일어난 격랑 자국이다. 그런데 이런 격랑의 글이 하나님의 말씀이 되었다. 이는 마음을 헤집는 그 글에 예수 그리스도 안에서 이루신 하나님의 구원의 진실이 담겨 있기 때문이다.

바울의 감정이 흔들린 이유

바울의 감정이 이토록 흔들린 것은 교회의 상황 때문이다. 갈라디아 교회를 개척한(주후 48-49년경) 후 바울이 다른 지역으로 떠났을 때, 어떤 사람들이 갈라디아 교회에 들어와 성도들을 가르치기 시작했다. 누군가가 들어와 가르치는 것은 괜찮은데, 바울의 마음이 상한 것은 그들이 '다른 복음'을 가르쳤기 때문이다. 바울이 전한 복음으로 교회가 세워졌는데, 어떤 이들이 들어와 바울의 복음과 '다른 복음'을 전한 것이다. 그들이 전한 '다른 복음'이 무엇이었을까. 그 복음을 듣고 갈라디아 교인들이 행한 일을 보면 대략 알 수 있다. 다른 복음을 들은 갈라디아 교인(특히 남성)들은 그들의 몸에 '모양을 내기'("무릇 육체의 모양을 내려 하는 자들이"[갈 6:12]) 시작했다. 할례를 행한 것이다. 할례는 유대 남성의 문화적 관습이었다. 유대 민족의 문화적 관습을 유대인이 아닌 갈라디아 그리스도인들도 따르기 시작한 것이다. 왜 그랬을까? 그리고 바울은 왜 그것을 '다른 복음'이라고 폄훼하면서까지 그토록 격분했는가?

그들이 신자들, 특히 남성들에게 할례를 받도록 한 행동과 이유를 바울은 이렇게 요약한다.

무릇 육체의 모양을 내려 하는 자들이 억지로 너희에게 할례를 받게 함은 …… 그들이 너희의 **육체로 자랑**하려 함이라(갈 6:12-13, 강조는 저자).

바울은 할례받게 하려는 자들을 가리켜 "육체의 모양을 내려 하는 자들"이라 한다. 그리고 다른 사람도 자신처럼 그렇게 모양을 내도록 하려는 이유는 그들이 "육체로 자랑하려 함"이라 판단한다. 바울에 따르면 할례는 몸에 모양을 내어 결국 그 육체를 자랑하려는 시도다. 할례를 행한 육체가 무슨 자랑거리인가? 당시 유대인은 창세기 17장 13절에 따라 하나님의 언약 백성이 되었다는 표시를 육체에 냈고, 결국 사회적으로 볼 때 할례를 가진 자는 유대 민족(남성)임을 드러내는 표시가 되었다. 이방 신자에게 할례를 받게 하여 그들이 자랑하려는 것은 할례받은 육체가 드러내는 민족적 정체성이다.

바울은 자랑 자체를 부정적으로 보지 않는다. 바울 자신도 자랑한다(갈 6:14). 바울이 문제 삼고 있는 것은 자랑의 이유이자 근거다. 고대 사회에서 육체를 근거로 한 자랑은 육체를 통해 구분할 수 있는 세 가지를 기반으로 했다. 한 사람의 육체를 보고 성별을 구분하고, 민족을 구분하고, 신분을 구분한다. 바울은 몸이나 육체 자체를 죄악시하지 않는다. 몸은 하나님이 지으신 선한 것이기에 하나님이 결국 구원할 것이라고 본다(롬 8:11, 23). 바울이 문제 삼은 것은 육체를 가치 평가의 절대 기준으로 삼는 태도다. 왜 그런가? 현재 육체는 이제 그 절대적 위치를 상실했기 때문이다. "육체의 모양"은 있어도 되고 없어도 되는, 그저 상대적인 것이 되어 버렸다. "할례나 무할례가 아무것도 아니로되"(갈 6:15)라는 말이 그런 뜻을 전한다. 자랑의 근거를 육체로 삼는 일은 구시대 유물이라는 것이 바울(기독교)의 가르침이다. 육체를 최고 자리에서 내려오게 만든 것은 육체의 자랑을 구시대 유물로 만든 사건이 일어났기 때문이다. 바울은 이렇게 말한다.

> 그러나 내게는 우리 주 예수 그리스도의 십자가 외에 결코 자랑할 것이 없으니 그리스도로 말미암아 세상이 나를 대하여 십자가에 못 박히고 내가 또한 세상을 대하여 그러하니라(갈 6:14).

그리스도의 삶과 죽음, 그리고 부활로 이 땅에 새 세상(새 창조)이 도래하기 시작했다. 그러하기에 '그리스도와 함께 십자가에 못 박힌 사람'은 현 세상에 대해서는 죽고 새 창조 안에서 사는 사람이다. 현 세상에 대해서는 죽고 새 창조 가운데 사는 사람은 세상이 제공하는 자랑의 근거에 대해 죽은 것이다. "현 세상은 민족적 정체성, 사회적 신분, 성별, 종교적 의식에 근거한 자랑을 그 특징으로 한다. 내 육체가 그 세상에 살 때는 어쩔 수 없이 그 세상이 나를 다스린다. 그러나 내가 그리스도와 함께 죽었을 때는 세상의 존재 방식이 더는 나를 지배하지 못한다."[1] 그러므로 옛 세상과 그 세상에 속한 육신의 모든 자랑의 근거는 이제 나를 지배할 수 없다. 그래서 바울은 말한다.

> 할례나 무할례가 아무것도 아니로되 **새로 지으심을 받은 것**(카이네 크티시스)만이 중요하니라(갈 6:15, 강조는 저자).

"새로 지으심을 받은 것"과 같은 말이 고린도후서 5장 17절에도 나온다.

> 누구든지 그리스도 안에 있으면 **새로운 피조물**(카이네 크티시스)이니라.

신자가 살아가고 또 다스림받는 세상은 그리스도께서 왕으로 다스리는 새 창조의 세상이다. 신자는 이처럼 바뀐 세상을 살아가는 이들임에도 불구하고 바울이 떠난 후 갈라디아에 들어온 어떤 유대 그리스도인들이 이방 신자에게 계속해서 옛 세상의 틀이자 특정 민족의 문화적 관습인 할례를 받도록 하여, 하나님과 사람 앞에서 육체를 근거

---

1 G. Walter Hansen, *Galatians* (Downers Grove, Illinois: IVP, 1994), 200쪽.

로 자랑하게 한 것이다. 바울에 따르면 그것은 그리스도의 복음을 완전히 잘못 이해하고 있는 것이다. 바울은 예수께서 가져오신 하나님 나라가 무엇인지 놀랍고도 도전적인 어투로 이렇게 진술한다.

> 누구든지 그리스도와 합하기 위하여 세례를 받은 자는 그리스도로 옷 입었느니라 너희는 유대인이나 헬라인이나 종이나 자유인이나 남자나 여자나 다 그리스도 예수 안에서 하나이니라 너희가 그리스도의 것이면 곧 아브라함의 자손이요 약속대로 유업을 이을 자니라(갈 3:27-29).

가치 있고 의미 있는 존재가 되려면 헬라인이어야 하고, 자유인이어야 하고, 남자여야 한다는 세상에서 바울은 "유대인이나 헬라인이나 종이나 자유인이나 남자나 여자나 다 그리스도 예수 안에서 하나"라고 선언한다. 특히 "그리스도 예수 안"은 세상(새 창조)의 상속자(롬 4:13) 자격을 가진 아브라함의 자손이 될 수 있는 사람에 대한 기준이다. 당시 유대인은 (새) 세상의 상속자가 되려면 다른 육체, 곧 할례의 표를 새긴 몸을 가져야 한다고 말했다. 하지만 복음은 그리스도의 것이면, 곧 '그리스도께 속하면'(belonging to Christ) 아브라함의 자손이 된다고 말한다. 그리스도 안에서 옛 육체는 무의미해졌다. 새 세상에 속한 사람의 기준은 할례가 아니라 그리스도다. 그리스도에 의해 새로운 세상, 새로운 육체가 시작되었기 때문이다. 그러므로 옛 세상의 육체를 근거로 하나님과 사람 앞에서 가치를 평가하고, 또 그 육체를 자랑의 근거로 삼아 사람을 구분하고 분리하고 공동체가 나뉘는 것은 하나님이 그리스도를 통해 이루신 구원을 부정하는 것이라 본 것이다.

이 까닭에 할례를 받아야 아브라함의 자손이고, 아브라함의 자손이 되어야 하나님의 의로운 백성이 된다는 것은 한낱 인종적, 육체적 '복음'에 지나지 않으며, 그렇기 때문에 그런 '복음'을 전하는 자들을 향하여 "다른 복음을 전하면 저주를 받을지어다"(갈 1:8)라고 하며 그의 복음을 지키려 했다. 그리고 "다른 복음"을 따르는 갈라디아인들을 향해 "어리석은 사람!"(갈 3:1)이라고 탄식하며 꾸짖는다. 심지어 할례를 주장하는 자들을 향하여 바울은 "스스로 베어 버리기를 원하노라"(갈 5:12)고까지 말하며 그들을 내치고 있다.

새로운 몸에 난 스티그마

격정적인 서신의 최종 결론이 담긴 곳이 갈라디아서 6장 17절이고 우리의 관심은 바울의 그 결론적 진술에 있다. 사실 갈라디아서의 마지막 절은 6장 18절이다. 하지만 그 내용은 헤어질 때 하는 의례적 인사 정도이기에, 갈라디아서 전체 내용과 관련하여 바울이 하는 마지막 주장은 17절로 끝난다. 6장 17절은 법정에서 하는 최후 진술과 같다. 바울의 최후 진술은 단 한 문장이다.

> 이 후로는 누구든지 나를 괴롭게 하지 말라 내가 내 몸에 예수의 흔적(스티그마)을 지니고 있노라.

이 진술은 지금까지 그가 전한 복음에 대한 최후 변론이다. 그런데 놀랍게도 바울은 자신의 '몸 모양'을 가지고 최후 진술을 한다. 거짓 선생들이 내려고 하는 몸 모양과 다른 모양이 자신의 몸에 새겨져 있고, 옛 세상에 속한 육체가 아닌 새 세상에 속한 육체의 모양이 있다는 것이다. 그 흔적은 예수의 흔적이다. "흔적"은 헬라어로 스티그마(στίγμα)다. 어느 스티그마가 참 복음을 받은 사람의 모양인지를 말하며 바울은 갈라디아서를 결론짓는다.[2] 할례가 아닌 예수의 스티그마가 참 복음이 만들어 내는 모양이고, 새 창조, 새 육체의 모양이라 한다.

바울이 그 흔적을 "예수의 스티그마"라 한 점에 유념해 보자. 모든 흔적에는 그것을 남긴 것의 성격이 새겨진다. 화상에는 불의 흔적이, 찌그러진 자동차는 차량 사고의 종류의 흔적이 남는다. 바울의 몸에 난 스티그마의 성격은 '예수의 상처'다. 소유격 '의'는 수식하는 명사의 속성을 정의한다. 곧 상처의 성격이 '예수적'이라는 뜻이다. 내 몸의 흔적은 내 몸이 예수께서 가져오신 새 세상, 새 육체, 곧 '예수표' 몸이라는 것을 말한다. 실제로 고대 그리스-로마 사회에서 사람(노예나 군인)이나 짐승의 몸에 스티그마를 내어 그 사람과 짐승이 누구에게 속했는지를 드러냈다는 여러 증거가 있다.[3] 바울도 같은 문화권에 있었다는 것을 고려하면 그가 자신의 몸에 예수의 스티그마가 있다고 했을 때 그 표가 자신이 누구에게 속한 존재인지를 드러내고 있다고 생각했을 것이 틀림없다. 바울이 '스티그마'라는 단어를 사용한 것은 갈라디아서에서 더 명료한 뜻을 가진다. 거짓 선생들은 할례를 하나님과 사람 앞에

---

2 몸이 메시지가 될 수 있다는 것을 바울은 로마서 15장 18-19절에서도 말한 바 있다.
   "그리스도께서 이방인들을 순종하게 하기 위하여 나를 통하여 역사하신 것 외에는 내가 감히 말하지 아니하노라 그 일은 **말**과 **행위**로 표적과 기사와 능력으로 성령의 능력으로 이루어졌으며"(강조는 저자).

3 아리스토텔레스, 「동물의 역사」(*Historia animalium*) 585b 33; 「동물의 삶」(*De Generatione Animalium*) 721b 32; 헤로도투스(Herodotus), 2.113.2; 아리스토파네스, 「리시스트라타」(*Lysistrata*) 331; 히포크라테스, 「에피데미아」(*Epidemia*). 4.2.

서 자신의 의와 민족적 자부심으로 삼았는데, 바울은 예수의 스티그마로 자신이 하나님의 의와 예수 그리스도에 의해 시작된 새 창조와 새 언약 백성("하나님의 이스라엘"[갈 6:16]), 새 인류임을 증명하려 했다.

바울이 지닌 스티그마의 모양

바울은 그 상처를 비유가 아닌, 실제로 자기 몸에 새겨진 특정한 상처를 두고 말한 것이 분명하다. 실제로 유대 남성들의 몸에 모양을 내는 할례를 반격하는 맥락에서 스티그마를 말하고 있기 때문이다. 바울의 몸에 난 예수의 흔적은 어떤 모양일까? 바울은 그리스도의 복음을 전하다가 박해를 받았다. 갈라디아서 5장 11절("형제들아 내가 지금까지 할례를 전한다면 어찌하여 지금까지 박해를 받으리요")이 말한다. 비슷한 상황이 고린도전서 4장 11-12절에도 나온다.

> 바로 이 시각까지 우리가 주리고 목마르며 헐벗고 매 맞으며 정처가 없고 또 수고하여 친히 손으로 일을 하며 모욕을 당한즉 축복하고 박해를 받은즉 참고.

그러하기에 바울의 몸에 난 흔적은 박해받은 흔적이다. 박해의 흔적은 십자가에 못 박혔고 부활하신 그리스도의 복음을 전하다가 그가 받은 외부의 상처와 내면의 상처다. 특히 고린도후서 11장 24-25절에 따르면 그는 "유대인들에게 사십에서 하나 감한 매를 다섯 번 맞았으며 세 번 태장으로 맞고 한 번 돌로 맞고"라고 고백한다. 서른아홉 번 맞는 채찍을 세 번 맞았고, 돌로도 맞았다. 그런 종류의 폭력은 피해자의 몸에 깊은 상처를 낸다. 그 상처는 또한 그리스도의 몸 된 교회를 위해 밤낮 근심과 수고하는 중에 그의 내면에 남겨진 흔적일 수도 있다. 바울은 갈라디아서 4장 19절에서 이렇게 말한다.

> 나의 자녀들아 너희 속에 그리스도의 형상을 이루기까지 다시 너희를 위하여 해산하는 수고를 하노니.

생명을 출산하고 양육하는 부모의 몸과 마음에 상흔이 남듯이 자신을 부모에 비유한 바울의 몸에 남은 스티그마는 그의 자녀 된 교회를 위한 수고와 애씀 가운데 남긴 흔적을 또한 포함한다. 이런 점은 고린도후서 11장 28-29절에서 더욱 분명해진다.

> 이외의 일은 고사하고 아직도 날마다 내 속에 눌리는 일이 있으니 곧 모든 교회를 위하여 염려하는 것이라 누가 약하면 내가 약하지 아니하며 누가 실족하게 되면 내가 애타지 아니하더냐.

내려앉은 어깨, 깊게 패인 주름, 자식 걱정으로 답답한 가슴이 자식 기르는 부모의 흔적이듯이 바울은 그 흔적이 자신에게도 있다고 한다. 갈라디아 교인들 안에 다시 그리스도의 형상이 빚어지기 위해 그가 보낸 불면의 밤과 애씀과 근심이 남긴 흔적 말이다.

그러므로 바울이 지니고 있는 예수의 흔적은 예수를 전하다가 돌에 맞은 흔적이기도 하고, 여러 번 태장으로 맞다가 결국 절룩거리게 된 다리일 수도 있고, 그리스도의 몸 된 교회를 위해 불면의 밤을 보내며 신경 쓰고 마음 쓰다가 약해진 몸과 마음일 수도 있다. 바울에게 그 흔적은 모두 예수의 흔적이다. 예수를 위해서, 예수 때문에, 예수의 몸 된 교회를 위하여 받은 것이기 때문이다.

바울은 사도적 고난을 불행의 문제로 보지 않는다. 도리어 그에게 생긴 상흔을 자신이 새로운 세상을 살고 있는 새로운 인간, 곧 '예수표' 인간임을 드러내는 흔적으로 삼는다. 이뿐만 아니라 그 표는 예수를 전하다가 받은 것이기에 그 흔적은 하나님의 능력이 그 안에서 역사하고 있다는 증거이기도 했다. 악한 세대에 침투해 들어와 자신과 교회, 그리고 세상 한복판에서 그 세상을 자유케 하시는 하나님의 능력이 그를 통해 일하고 있다는 표지로 이해한 것이다. 그리스도를 위해 살다가 생긴 흔적은 자신이 그리스도께 속해 있기에 생긴 것이자, 그리스도의 능력이 자신 안에 역사하고 있는 증거로 삼았다는 말이다(고후 11:24-30, 12:9-10, 13:3). 그러니 어찌 그 스티그마가 사도 바울의 표지이기만 하겠는가? 그리스도를 주로 믿고 그분께 충성하는 모든 자의 흔적이기도 하고 흔적이어야만 한다(고후 13:5). 상처는 성화 과정에서 생길 수밖에 없는 흔적인 까닭이다.[4]

우리는 어떤 흔적을 자랑하는가

바울은 갈라디아 교회에 갈라디아서를 보내면서 그 교회에 들어온 거

---

[4] 바울은 "흔적"을 '지니고 있다'(바스타조)고 말한다. '지니고 있다'는 표현이 사용된 것으로 보아 그 흔적은 타고난 것이 아니라 외부에서 주어진 것임을 암시한다. 갈라디아서 6장 2절에도 같은 말이 나온다. "너희가 짐을 서로 지라(바스타조)." 져야 하는 짐은 나의 짐이 아니라 다른 사람의 어깨를 무겁게 누르는 짐이다. 그 짐을 지라 한다. 마찬가지로 바울은 그리스도의 흔적을 '지고 있다'고 한다. 그러기에 그 흔적은 외부에서 주어졌다.

짓 선생들의 복음이 아닌, 자신이 전한 복음을 계속 붙들 것을 권면한다. 다른 복음은 사람들로 여전히 옛 세상에 살며 옛 세상의 기준인 육체에 따라 자랑하게 하지만, 참 복음은 옛 세상에 시작된 새 세상에 살며 새 기준인 새 육체를 자랑하게 한다. 과연 지금 한국 교회가 따르고 있는 복음은 바울의 복음인가, 아니면 "다른 복음"인가? 분별의 기준은 우리의 자랑이 무엇인가를 점검해 보는 것일 수 있다. 가치와 자랑은 분리될 수 없는 까닭이다.

교회와 성도는 세상에 살지만 하나님 나라의 시민으로 산다. 때로 사회와 하나님 나라는 충돌하기도 하며 그 흔적이 교회와 성도에게 남는다. 무겁고 성가시고 아프지 않은 상흔이 어디 있겠는가. 바울은 그 스티그마를 예수의 흔적으로 삼으며, 그리스도가 자신 안에 거하시고 자신도 그리스도 안에 있다는 증거로 삼았다. 우리 시대 교회와 성도에게 난 흔적은 어떤 종류의 것인지 조용히 성찰해 보자. 성찰의 이유는 분명한데, 그것은 지금 내가 어느 세상에 속해 있는지 말해 주는 표지이기 때문이다.

7장　　　　　양자이자 상속자

　　　　　　하나님은 무(無)였던 존재를 창조하여 당신의 형상을 닮은 이로 존재하게 하셨다. 창조의 신비를 다 헤아릴 수는 없지만 하나님이 사람을 당신의 형상대로 창조하신 데는 사람을 하나님의 가족으로 삼을 계획이 있으셨던 것이 분명하다. 바울이 예수 그리스도를 통한 하나님의 재창조 사역을 말하기 위해 입양 제도를 빌려 온 것(롬 8:14-15, 갈 4:6)은 우연이 아니다.

　　입양은 혈연관계와 상관없이 한 사람과 친자녀 관계를 맺는 것을 말한다. 예수나 바울이 살던 1세기 로마 사회에도 입양 제도가 있었다.[1] 하지만 그때는 지금과 달리 어린아이가 입양되는 경우는 거의 없었다. 보통은 나이가 어느 정도 있는 사람이 입양되었다.[2] 아이를 집에 데려오는 경우도 종종 있었는데, 이때 입양은 친자녀 관계가 아닌 노예로 삼기 위함이었다.[3] 고대 로마의 노예 제도에 대한 한 연구서에 따

1　마태복음 1장에 등장하는 아브라함과 다윗의 족보를 혈연관계에서 본다면 예수의 아버지 요셉으로 이어지는 족보이고, 예수는 마리아가 요셉과 결혼하기 전에 성령으로 잉태되셨다. 따라서 예수께서 아브라함과 다윗의 자손이 된 것은 엄밀한 의미에서 본다면 요셉이 예수를 입양했기 때문이다.
2　성경 시대 로마 사회의 입양 문화에 대해서는 Jane Gardner, *Family and Familia in Roman Law and Life* (Oxford: Clarendon Press, 1998), 114-208쪽 참조.
3　W. V. Harris, "Child-Exposure in the Roman Empire," *JSTOR* 84 (1994), 1-22쪽 참조.

르면 이렇게 데려와 길러진 사람들이 로마 노예 인구의 높은 비율을 차지했다.[4]

　로마 사회가 어느 정도 나이 든 사람을 입양한 것은 능력 있는 사람을 택하여 그에게 입양자의 권력을 물려주어 가문의 유산과 전통을 이어가도록 하려는 이유 때문이었다.[5] 로마 왕족 중 잘 알려진 양자로는 누가복음 2장 1절에 나오는 1대 로마 황제 아우구스투스가 있다. 그는 원래 평민이었는데 로마가 공화정에서 왕정으로 가는 데 초석을 닦은 시저 장군이 그를 입양한 덕분에 후에 로마 황제가 된다. 마찬가지로 예수께서 공생애를 시작할 때 로마의 2대 황제였던 티베리우스(눅 3:1) 역시 황제 아우구스투스에 의해 입양되어 왕위를 물려받았다. 하지만 다음에서 볼 것처럼 하나님은 능력 있는 사람을 택하여 왕으로 삼는 것이 아니라 죄인을 입양하여 하나님의 자녀로 삼으신다.

양자의 특권

고대 로마에서 한 집안의 양자가 되면 세 가지 특권을 얻었다. 그 집안 대대로 내려오는 이름을 새롭게 가지게 되고, 그 집안이 섬기던 신을 섬기게 되며, 그 집의 재산을 상속받는 것이다. 이런 배경은 로마서 8장에 등장하는 하나님의 입양 계획을 이해하는 데 여러모로 도움을 준다.

---

[4] Walter Scheidel, "The Roman Slave Supply," in *The Cambridge World History of Slavery* vol 1. ed by Keith Bradley (Cambridge: Cambridge University Press, 2011), 287-301쪽 참조.

[5] Kyu Seop Kim, "Another Look at Adoption in Romans 8:15 in Light of Roman Social Practice and Legal Rules," *Biblical Theological Bulletin* 44 (2014), 135-37쪽.

가족의 일원이 됨

하나님은 사람을 자신의 자녀로 입양하여 온 세상을 하나님의 집안으로 만들려는 가족계획을 가지고 계신다. 이를 위해 먼저 그분의 아들을 우리 가운데 보내셨고, 그분을 주로 믿고 고백하는 자에게 그분의 아들의 영을 "마음 가운데" 보내신다(갈 4:6). 아버지 하나님, 아들 예수, 그리고 성령, 이렇게 삼위일체 하나님 모두가 하나님의 집안을 이 땅에 일으키는 데 뜻을 모으신 것이다. 양자가 되면 누리게 되는 특권이 있듯이 예수를 믿어 성령, 곧 양자의 영을 받았을 때 얻게 되는 특권이 있다. 갈라디아서 4장 6절과 로마서 8장 14-15절을 읽어 보자.

> 너희가 아들이므로 하나님이 그 아들의 영을 우리 마음 가운데 보내사 아빠 아버지라 부르게 하셨느니라(갈 4:6).

> 무릇 하나님의 영으로 인도함을 받는 사람은 곧 하나님의 아들이라 너희는 다시 무서워하는 종의 영을 받지 아니하고 양자의 영을 받았으므로 우리가 아빠 아버지라고 부르짖느니라(롬 8:14-15).

하나님의 집안에 입양될 때 얻는 첫 번째 특권은 새로운 이름과 새로운 신분이다. 즉 "하나님의 자녀"로 불리게 된다(롬 8:16). 하나님의 아들은 독생자 예수뿐이지만 하나님은 예수를 주로 믿는 이들에게도 하나님의 자녀라는 신분과 그에 따른 권세를 주시는 것이다.

그리스도인의 새로운 신분을 확인하는 길은 무엇일까? 요즈음에는 주민 센터에 방문하여 가족 관계 증명서를 떼 보면 안다. 부모 이름과 자신의 이름이 기재된 문서를 통해 가족 관계 증명이 이뤄진다. 그런데 바울에 따르면 그리스도인의 새 신분은 아들의 영이신 성령에 의해 우리 "마음"(갈 4:6)에 새겨져 있다. 그래서 성령께서는 내면 깊은 곳에 있는 우리의 영과 함께 하나님을 아빠 아버지라 부르며 우리가 누군지를 증명한다고 말한다.

> 하나님이 그 아들의 영을 우리 마음 가운데 보내사 아빠 아버지라 부르게 하셨느니라.

로마서 8장 16절은 약간 다른 표현을 사용하지만 동일한 뜻을 전한다.

> 성령이 친히 우리의 영과 더불어 우리가 하나님의 자녀인 것을 증언하시나니.

그리스도인들이 하나님을 아빠 아버지로 부를 수 있는 것은 하나님의 영이 우리 가운데 오셨기에 가능한 고백이다.

하나님을 섬김

하나님의 집안사람이 될 때 얻는 두 번째 특권은 새로운 신을 섬기는 것이다. 양자가 되기 전에 믿고 섬긴 신이 무엇이었든지 간에 양자가 된 후에는 우리 모두 자기 우상의 길에서 벗어나 천지를 지으시고 주관하고 계시는 하나님 아버지와, 온 세상을 다스리고 계시는 주 예수를 믿고 섬기게 된다(살전 1:9 참조). 사실 모든 우상 숭배의 배후에는 자기애(愛)(에고, 빌 2:20 참조)가 있다. 비록 우상이라는 험악한 말을 사용하지 않지만 인간의 자기 숭배는 결국 자기 멸망으로 이끈다. 인간은 생명을 스스로 만들어 낼 수 있는 자생적 존재가 아니기 때문이다. 반면 하나님을 섬기는 길은 살길이 되는데 이는 하나님은 스스로 존재하실 뿐만 아니라(출 3:14) 모든 생명의 근원이 되시기 때문이다. 사람이 하나님을 예배하는 일은 생명이 생명의 근원에 잇대는 길이며, 따라서 생명이 사는 길이다. 예수를 통해 하나님을 믿는 집안사람이 되는 것은 족쇄가 아니라 특권이다.

유산을 물려받음

어느 가문에 입양될 때 얻는 마지막 특권은 집안의 재산을 상속받는 것이다. 우리가 하나님의 자녀가 되면 하나님 집안의 재산을 기업으로 물려받는다. 바울은 로마서 8장 16-17절에서 이 점을 분명히 한다.

> 성령이 친히 우리의 영과 더불어 우리가 하나님의 자녀인 것을 증언하시나니 자녀이면 또한 **상속자** 곧 하나님의 **상속자**요 그리스도와 함께한 **상속자**니 우리가 그와 함께 영광을 받기 위하여 고난도 함께 받아야 할 것이니라(강조는 저자).

사실 하나님의 유일한 상속자는 그리스도 한 분이셨다. 그분만이 유일하신 하나님의 아들이시기 때문이다. 하지만 예수께서는 우리를 하나님의 자녀로 삼으셔서 모두가 하나님의 재산을 물려받도록 하셨다. 이것이 바울이 우리를 "그리스도와 함께한 상속자"라고 말한 이유다. 그러므로 성령께서 하시는 일은 하나님의 자녀가 된 우리가 "하나님의 상속자요 그리스도와 함께한 상속자"라는 사실을 깨닫게 하시는 것이다. 이제 중요한 것은 우리가 물려받을 하나님의 기업이 무엇인지 아는 일이다.

교회가 물려받을 하나님의 재산

그리스도께서 우리와 나누기를 원하신 하나님 아버지의 기업이 무엇일까? 로마서 8장의 흐름을 고려할 때 기업은 두 가지다. 첫째는 23절이 말하듯이 우리의 몸, 곧 부활의 몸이다. 하나님은 하나님의 형상을 온전히 회복한 부활의 몸을 예수께 주셨듯이 우리에게도 그 몸을 상속물로 주고자 하셨다.

둘째, 우리의 부활의 몸과 더불어 하나님의 자녀 된 자들이 받게 될 하나님의 기업은 로마서 4장 13절("아브라함이나 그 후손에게 세상의 상속자가 되리라고 하신 언약")에 등장했고 이제 8장 19절에 재강조되고 있는 세상, 곧 모든 피조 세계다.

> 피조물이 고대하는 바는 하나님의 아들들이 나타나는 것이니.

19절의 주어인 "피조물"은 바울이 8장 17절에서 우리가 하나님의 상속자가 되었다고 한 후 19-22절 전체의 주어 역할을 한다. 이것은 하나님의 상속자로서 우리가 받을 하나님의 유산이 모든 피조 세계라는 것을 말하기 위해서다. 피조물도 자신이 누구에게 속하게 될 것인지 알고 있다고 바울은 말하는데, 이는 8장 19절에서 "피조물이 고대하는 바는 하나님의 아들들이 나타나는 것"이라고 말하고 있기 때문이다.

하나님이 성령을 우리 가운데 보내시어 우리로 하나님의 자녀 삼으신 이유는 명확하다. 하나님의 형상 된 인간을 자녀로 삼으신 것은 상속자의 권리를 주어 당신의 재산을 물려받도록 하시기 위해서다. 사실 하나님의 재산은 유일한 하나님의 아들이신 그리스도께서 홀로 물려받으실 것이었는데, 하나님은 그리스도로 말미암아 우리를 하나님의 자녀 삼으시고 그리스도와 함께한 상속자가 되게 하셨다. 따라서 우리가 물려받을 우리의 상속물은 하늘, 공기, 강, 새, 고양이, 벌레이며, 땅이다. 하나님이 지으신 모든 피조물이 다 하나님의 아들들의 기업이다.

그런데 이 영광스러운 약속을 이야기하는 중에 바울은 고난이라는 주제를 가져온다.

> 자녀이면 또한 상속자 곧 하나님의 상속자요 그리스도와 함께한 상속자니 우리가 그와 함께 영광을 받기 위하여 고난도 함께 받아야 할 것이니라(롬 8:17).

영광을 물려받을 상속자들이 고난도 함께 받아야 한다고 하는 이유는 우리가 물려받을 피조물의 현재 상태 때문이다.

> 피조물이 다 이제까지 함께 탄식하며 함께 고통을 겪고 있는 것을 우리가 아느니라(롬 8:22).

하나님의 아들들이 상속받게 될 하나님의 기업은 지금 부패의 고통 가운데 있다. 피조물은 하나님이 하나님의 아들들에게 맡겨 놓으셨고 또 맡겨 놓으실 상속물이다. 우리의 상속물이 고통 가운데 있는데 그것을 물려받을 이들은 편안하게 지낸다면 그것은 상속자의 마땅하고 책임 있는 태도가 아닐 것이다. 우리의 상속물이 고통 가운데 있다면 그것을 물려받을 상속자 역시 그들과 함께 고통을 받는 것이 당연하지 않겠는가!

더군다나 피조물이 고통받는 이유는 인간과 무관하지 않다. 피조물의 고통의 이유는 우리 사회의 용어로 말하면 환경 오염 때문이고, 신학적으로 말하면 죄의 결과다. 하지만 누구의 죄 때문에 피조물이 고통당하는가? 창세기는 인간의 죄 때문이라고 답한다. 인간의 범죄로 자연이 저주받았다. 죄는 인간이 지었는데 고통은 자연이 받은 것이다. 하나님이 세상을 창조하실 때 자연 만물을 인간 손에 맡겨 두셨기 때문에 돌보는 인간의 손이 죄로 더러워지면 돌봄을 받는 피조물 역시 부패될 수밖에 없었던 것이다.

회복을 고대하는 피조 세계

이런 가운데 피조물이 할 수 있는 것은 하나다. 회복을 기다리는 것이다. 그러나 그들이 기다리는 대상은 자신을 고통 가운데 빠지게 하는 인간이 아니라 그 고통에서 구원해 줄 인간이다. 그들이 누구인지는 로마서 8장 19, 21절에 나온다.

피조물이 고대하는 바는 하나님의 아들들이 나타나는 것이니 …… 그 바라는 것은 피조물도 썩어짐의 종노릇한 데서 해방되어 하나님의 자녀들의 영광의 자유에 이르는 것이니라.

피조물이 고대하는 바는 하나님의 '아들'(단수)의 나타남이 아니라 '아들들'(복수)의 나타남이다. "하나님의 아들들"은 예수를 믿어 양자의 영을 받아 죄와 부패에서 해방과 자유를 맛보기 시작한 신자들이다. 피조물은 바로 우리를 기다린다.

피조물이 하나님의 아들들의 나타남을 기다리는 이유가 무엇일까? 하나님의 아들들이 나타나기 시작했다는 것은 온 세상에 새바람이 불기 시작했다는 신호이기 때문일 수 있다. 창조주 하나님이 세상을 죄와 부패로부터 해방시키기 시작하셨다는 신호가 하나님의 아들들의 출현이기에, 피조물은 사람을 구원한 하나님이 이제 그들도 해방시킬 것이라 고대하면서 하나님의 아들들의 출현을 기다렸다고 볼 수 있다.

하지만 하나님의 구원의 시작으로 하나님의 아들들의 출현을 기다렸다면 바울은 피조물이 '하나님의 아들'이 나타나기를 기다렸다고 말했을 것인데, 피조물이 기다린 것은 "하나님의 아들들"의 나타남이라 말한 점을 기억해야 한다. 이것은 피조물이 자신을 썩어짐의 종노릇하는 데서 해방시킬 이들은 하나님의 아들의 구원을 체험한 하나님의 아들들이라고 보았다는 증거다. 창세기 3장을 근거로 본다면 이런 주장은 더욱 힘을 얻는다. 피조물이 부패하기 시작한 것은 인간들의 죄 때문이었다. 그렇다면 피조물이 양자의 영으로 말미암아 자유를 맛본 사람들인 하나님의 아들들을 기다린 것은 그들이 해방받은 것처럼 그들이 저지른 죄의 결과로 겪고 있는 부패와 타락에서 피조물을 해방시키기를 기대했기 때문이라 보는 것이 타당하다. 인간 때문에 저주받은 피조물은 이제 회복된 인간이 나타나 그들을 회복시키기를 기다리고 있는 것이다.

자발적 불편을 감내하는 삶

바울은 피조물을 상속물로 물려받은 하나님의 아들들의 삶의 방식을 고난이라고 한다(롬 8:17). 상속자의 삶의 방식이 고난이어야 하는 이유는 하나님의 아들의 고난으로 우리가 해방받은 것처럼 하나님의 아들들의 고난의 삶으로 피조 세계가 썩어짐에서 벗어날 수 있어서다.

하나님의 아들들이 살아야 하는 고난의 삶이란 구체적으로 불편을 감내하며 사는 삶이다. 피조물이 부패하게 된 것은 인간이 자기 편하고자 자기 욕심대로 마구잡이로 피조 세계를 개발해 왔기 때문이다. 우리 때문에, 우리의 욕심 때문에 부패에 종노릇하고 있는 피조물이 썩어짐에서 해방받도록 먼저 해방받은 하나님의 자녀들이 불편함을 감내하며 살아가는 것, 그것이 바로 상속자가 택해야 하는 고난의 삶이다. 이런 고난을 '자발적 불편함'으로 명명해 보자. 자발적 불편함, 그것은 하나님의 아들들이 피조물을 대하는 삶의 태도다.

우리 인간은 죄의 결과로 자기중심적으로 살아간다. 자기 편리를 위해 타자의 불편함을 강요하기도 한다. 하지만 우리가 편하고자 자연을 마구잡이로 개발하는 것은 인간과 자연 모두를 파괴하는 길이다. 게다가 한 나라의 무분별한 개발이 가져온 생태계 파괴는 결국 전 지구적인 기후 변화의 위기로 이어진다는 것은 더 이상 증명이 필요 없는 사실이다. 이것이 우리가 살고 있는 세상의 엄연한 현실인 것을 기억하자. 바울은 이런 시대를 사는 오늘날의 하나님의 아들들에게 썩어짐에 종노릇하는 피조물의 탄식 소리를 들려준다. 우리의 기업이 될 그들의 탄식 소리를 들으며 하나님의 아들들의 소명이 무엇인지 깨닫게 해준다. 필자는 자발적 불편함이 소명에 따라 사는 작은 출발이 될 수 있다고 믿는다.

그렇다면 어떻게 자발적 불편함을 실천할 것인가? 기독교환경운동연대에서 제시한 것을 약간 수정하여 필자의 교회가 지키고자 노력해 온 녹색 교회 10계명의 방향이 그 예가 될 수 있다.

1. 하나님만을 섬기며 청빈하게 산다.
    _ 물욕을 버리고 창조주이자 구속주이신 하나님의 자녀로서 자연 만물의 상속자로 책임 있게 살아간다.
2. 절제하는 생활을 한다.
    _ '아나바다'에 힘쓴다.
3. 자발적 불편함을 실천한다.
    _ 주일에 대중교통을 이용한다.
    _ 일회용품과 합성세제를 쓰지 않는다.
    _ 시장바구니, 재생 화장지를 쓴다.
4. 더러움과 친해진다.
    _ 지나친 청결을 지양한다.
5. 교회 학교에서 간식은 인스턴트식품이 아닌 우리 농산물로 된 먹거리를 제공한다.

6. 식사 시 음식물을 남기지 않는다.
7. 교회 학교에서 정기적으로 중고품 시장을 열어 학용품 등을 함께 교환하여 쓰도록 교육한다.
8. 계절 변화에 따라 야유회를 가져 피조물과의 친교를 도모한다.
9. 교회 내 환경 부서를 둔다.
   _ 환경을 살리는 일을 위해 예산을 책정한다.
   _ 지역 주민을 대상으로 환경 보호 세미나를 연다.
10. 교회 내 에너지(냉난방, 전기, 물)를 약간 불편한 수준으로 사용한다.

그러나 만물을 썩어짐의 종노릇하는 데서 해방시키는 일을 위해서는 한 개인의 실천에만 의존할 수 없고 사회 구조적 변화를 함께 모색해야 한다. 부패는 구조적 악의 결과로 일어나는 일이기도 하기 때문이다.

천연 자원이나 재화와 용역은 하나님의 선물이다. 하나님의 선물이라 함은 특정한 사람에게 주어진 것이 아니라 모든 사람에게 주신 것이라는 의미가 있다. 하지만 오늘날 사회에서는 그 자원을 활용하는 이용 정도가 각 개인의 소득 수준에 따라 결정된다. 이것은 하나님 나라의 전망에서 모순이다. 각 개인의 소득 분배를 결정해 주는 사회 구조가 불합리하다면 마땅히 그 구조를 개혁해 나가 최대한 공정하게 그 선물을 누릴 수 있도록 해야 한다.

물론 인간이나 만물이 경험할 수 있는 온전한 해방은 마지막으로 하나님의 아들이 오실 때 이뤄질 것이다. 그리고 우리 힘으로 만물을 온전히 회복시킬 수 있다는 것은 종말론적 시각에서 본다면 오류다.

새 창조는 인간의 노력의 결과가 아니라 하나님이 위로부터 가져오시는 일이기 때문이다. 그러나 그렇다 하더라도 성경의 가르침은 그때까지 하나님의 아들들에게 손 놓고 기다리라 하지 않는다. 앞으로 도래할 새 창조의 삶을 지금 여기서 맛보여 주는 삶으로 살라 한다. 이것이 우리 안에 오신 성령께서 우리 몸의 해방을 위해 탄식하듯이(롬 8:23) 우리 또한 우리 상속물의 해방을 위해 자발적 불편함을 감수하며 살아가야 하는 이유다. 기억하자. 만물은 하나님의 양자이자 상속자 된 이들을 기다리고 있음을.

8장   기후 변화의 시대를 사는 교회

예레미야 32장에서 하나님은 예레미야에게 숙부의 밭을 사라 하신다. 땅을 구입하라는 말씀을 왜 하셨는지는 밭을 사라는 말씀을 하신 때가 언제였는지를 보면 알 수 있다. 때는 바벨론 왕 느부갓네살이 유다를 포위하여 공격 준비를 마쳤을 때다. 하나님은 선지자에게 밭을 사라고 하시되 초토화될 땅, 주인도 없이 황폐화될 그 땅을 사라 하신 것이다. 그 뜻이 무엇인가? 예레미야 32장 15절은 이렇게 말한다.

> 만군의 여호와 이스라엘의 하나님께서 이와 같이 말씀하시니라 사람이 이 땅에서 집과 밭과 포도원을 다시 사게 되리라 하셨다 하니라.

선지자가 보여 주는 지금 행동은 하나님이 앞으로 하실 일이었다. 하나님은, 비록 바벨론의 침략으로 그 땅이 황폐해지더라도, 그 땅을 버리지 않으시고 70년 후에는 다시 사람이 살 만한 곳으로 만들 것이다. 그러므로 선지자는 '그때 이곳에서' 하나님이 하실 일을 '지금 이곳에서' 행하도록 요청받은 것이다. 이런 점에서 선지자는 모두가 절망할 때 희망을 말하고 모두가 희망을 품을 때 절망을 말하여, 사람들로 그들의 희망을 견고한 기초 위에 올려놓도록 한다. 선지자 예레미야는 그 난리 통에 밭을 사들였다.

하나님이 하실 일을 맛보여 주다

모두가 절망을 말할 때 희망을 말해야 하는 사람은 누구인가? 모두가 희망을 말할 때 절망을 말하여, 희망을 바른 근거 위에 올려놓는 일을 해야 할 하나님의 선지자는 우리 시대에 누구인가? 목사인가? 성도인가? 목사와 성도가 속한 교회가 선지자다. 교회는 사도와 선지자의 터 위에 세워졌기 때문이다.

교회는 하나님이 하실 일을 지금 여기서 살아가는 사람들이다. 그러면 하나님이 앞으로 하실 그 일이 무엇인가? 하나님이 약속하신 가장 확실하고 검증된 일은 새 창조다. 모든 만물을 새롭게 하겠다고 약속하셨고 예수의 부활을 통해 역사 속에서 그 첫맛을 보여 주기까지 하셨다. 그러므로 그리스도의 몸 된 교회가 지금 여기서 해야 할 일은 예수를 통해 시작되었고 앞으로 완성하실 새 창조의 삶을 미리 맛보여 주는 것이다. 새 창조의 일은 매우 많은 일을 포함한다. 오늘 우리의 관심은 만물, 곧 피조 세계다.

전쟁이 임박한 그 난리 통에도 예레미야가 땅을 구입하여 하나님이 그 땅을 반드시 회복시키실 것을 '보여' 준 것처럼, 하나님이 지으신 세상을 버리지 않으시고 도리어 회복시킬 것을 드러내 보여 주기 위해 교회에서 작지만 실천해야 할 일이 '만물을 돌보는 일'이다. 만물은 하나님이 지으셨기에 버리지 않으시고 반드시 새롭게 하실 것이다.

만물도 새 창조의 범위에 들어가는가

오랫동안 있어 온 질문이 있다. "하나님은 자연 만물도 구원하시는가?"[1] 하나님이 가져오실 하나님 나라, 곧 새 하늘과 새 땅(계 21:1-2)에는 자연 만물이 있는가? 그곳에 흙이 있는가? 땅, 바다, 구름, 강, 산, 들, 동물이 있는가? 성경은 이에 대해 어떤 말을 하는지 먼저 들어 보자.

자연 만물은 선하신 하나님이 만든 것이다. 그리고 지으시고 보기에 좋다고 하셨다. 하나님이 지으신 것들을 왜 무(無)로 돌리겠는가? 물론 죄로 썩어짐에 종노릇하고 있지만 그것은 그들이 직접 창조주에게 반역했기 때문에 찾아온 결과가 아니라 그 만물을 돌볼 인간이 타락했기에 찾아온 현실이다. 신학적으로 말하면 만물은 가해자가 아니라 희생물이다. 인간을 구원하겠다는 하나님의 뜻은 자동으로 인간에 의해 부패하고 있는 만물도 구원하신다는 뜻을 가진다.

바울은 하나님이 아브라함을 불러 그와 그의 후손과 맺으신 언약을 "세상의 상속자가 되리라고 하신 언약"이라고 분명히 한다(롬 4:13). 뿐만 아니라 고린도전서 15장 28절에서는 하나님이 가지신 종말론적 계획이 "하나님이 만유의 주로서 만유 안에 계시려 하심"이라고 밝힌다. 그러니 예수께서 부활 후 하나님의 보좌 우편에 앉으셔서 하나님의 세상을 부패시키는 죄와 죽음을 만물에서 제거하시는 일을 지금도 하고 있다고 말한다(고전 15:25-26). 이런 흐름은 사도행전 3장 21절에서

---

1 이런 질문에 대한 해답을 찾고자 성경을 근거로 다양한 논의를 펼치고 있는 책에 대해서는 Richard Bauckham, *The Bible and Ecology: Rediscovering the Community of Creation* (Waco, Tex.: Baylor University Press, 2010); 같은 저자, *Living with Other Creatures: Green Exegesis and Theology* (Waco, Tex.: Baylor University Press, 2011) 참조.

일관되게 나온다.

하나님이 영원 전부터 거룩한 선지자들의 입을 통하여 말씀하신 바 만물을 회복하실 때까지는 하늘이 마땅히 그를 받아 두리라.

베드로는 그리스도께서는 하늘에 머무시되 땅에 있는 만물을 회복하실 때까지 그러하신다고 선포한다. 만물은 사람, 자연, 환경, 모두를 포함하는데, 땅에 있는 만물을 회복하신 후에는 하늘에 계신 그리스도께서 만물을 그의 보좌로 삼으시고자 내려오실 것이다. 요한계시록을 기록한 요한은 하늘 보좌에 올라가 역사의 끝에 일어날 일을 미리 내다본다. 그가 본, 절정에 도달한 역사의 모습은 5장 13절에 나타나 있다.

내가 또 들으니 하늘 위에와 땅 위에와 땅 아래와 바다 위에와 또 그 가운데 모든 피조물이 이르되 보좌에 앉으신 이와 어린양에게 찬송과 존귀와 영광과 권능을 세세토록 돌릴지어다.

하나님의 구원 역사가 절정에 도달했는지는 땅에서 울려 퍼지는 찬양 소리의 크기로 결정된다. 마지막 날에는 보좌에 앉으신 이와 어린양이 하신 일로 인해 그분을 찬양하는데, 하늘 위에와 땅 위에와 땅 아래와 바다 위에와 그 가운데 있는 모든 피조물이 찬양에 동참한다. 철갑상어와 톱상어, 향유고래, 돌고래, 범고래, 수염고래, 플랑크톤, 복어, 소나무, 가시나무, 참나무, 사철나무가 찬양할 것이고, 진달래, 철

쭉, 개나리, 봉숭아가 찬양할 것이고, 지렁이, 공벌레, 지네가 찬양할 것이고, 참새, 비둘기, 매, 딱따구리, 기러기, 까치가 찬양하되 하나님과 어린양이 그들을 창조하셨을 뿐만 아니라 그들을 모든 부패와 썩어짐에서 해방시키신 그 구속으로 인해 찬양을 드릴 것이다. 찬양의 범위가 예배당 건물을 벗어나고 모든 피조 세계 전체가 찬양대가 될 바로 그때, 구원 역사가 완성되고 새 하늘과 새 땅이 하늘로부터 땅에 임할 것이다.

　　이것이 마지막에 하나님이 이곳에서 하실 일이라면, 교회는 지금 여기서 무엇을 해야 하는가? 하나님이 이스라엘 땅을 회복하실 것을 믿은 예레미야가 땅을 구입했듯이, 하나님이 만물을 회복하실 것을 믿는다면 교회의 사명은 만물을 돌보고 지키고 보호하는 일이다.

교회가 보여 줄 구원의 첫맛

앞 장에서 살펴본 것처럼 로마서 8장 19-21절을 보면 만물이 하나님의 아들들을 기다리고 있다. 하늘을 나는 기러기, 땅을 기는 송충이, 산에 사는 여우가 하나님의 아들들이 나타나기를 기다리고 있다는 것이다. 다시 한 번 분명히 해야 할 것이 있다. 피조물이 기다리는 것은 하나님의 아들이 아니라 "하나님의 아들들"이고, 그들이 기다리는 것은 사람이 아니라 "하나님의 아들들"이다! 왜 그런가?

　　우리 인간은 1-12(혹은 24)라는 숫자가 박힌 동그란 매체, 태양의 위치, 피고 지는 꽃의 종류, 산의 색깔, 그리고 무엇보다 내 몸의 변화를 보고 시간의 흐름을 안다. 몸의 변화로 시간의 흐름이 무엇과 같은지를 알고, 아침 동산에 떠오른 태양을 보고 일어나야 할 시간인 것을 안다. 피조물은 시간의 흐름을 어떻게 알까? 모든 피조물이 이제는 생명의 꽃을 피울 때라는 것을 무엇을 '보고' 알 수 있을까? 로마서에 따르면 피조물이 보기를 고대하는 바는 하나님의 아들들의 나타남이다. 모든 피조물은 하나님의 아들들의 나타남을 보고서야 이제 모든 썩어짐과 부패의 밤이 지나고 새 창조의 아침이 도래했음을 안다. 죄와 죽음, 부패에서 해방된 하나님의 아들들의 출현은 피조물에게 그들의 해방, 곧 새 창조의 때가 드디어 도래했다는 것을 알리는 시계인 것이다. 사람이 구원받기 시작했다는 것은 죄를 지은 인간에 의해 부패가 찾아온 만물의 해방 역시 시작되었다는 것을 말하기에 그들은 하나님의 아들들의 출현을 기다린 것이다.

하지만 피조물 앞에 나타난 하나님의 아들들인 우리 인간이 할 수 있는 것이 있고, 할 수 없는 것이 있다. 하나님의 아들들이 할 수 없는 것은 만물의 온전한 회복이다. 구원받은 우리 역시 여전히 구원의 완성을 기다리고 있기 때문이다. 우리의 구원받은 몸은 여전히 죄에 감염된 몸으로 죽어 가고 있기에 온전한 구원은 부활의 때에 이뤄질 것이다.

시계는 시간을 움직이기 위해 존재하는 것이 아니라 움직이는 시간을 알려 주기 위해 존재한다. 그러므로 만물의 시계가 된 하나님의 아들들이 만물에 해야 하는 일은 하나님의 아들이 만물을 회복하고 계시고 그 일의 완성은 마지막 날에 이뤄질 것이라 알려 주는 것이다.

그러면 그리스도의 몸 된 교회인 하나님의 아들들이 할 수 있는 일은 무엇인가? 그들도 우리처럼 그 해방의 첫맛을 보도록 하는 것이다. 첫맛, 이것이 우리가 할 수 있는 일이다. 완성은 할 수 없지만 구원의 첫맛은 보여 줄 수 있다. 이것이 그리스도의 몸 된 교회가 만물의 해방을 위해 힘써야 하는 이유다. 그러면 우리가 만물에 보여 주어야 하는 구원의 그 첫맛은 무엇인가?

피조 세계의 위기, 기후 변화

기후학자에 따르면 최근 몇 년 동안 우리가 본 기온 상승 현상은 지난 500만 년 동안 지구에서 일어나지 않은 일이다. 조천호 전 국립기상과학원장은 지금 지구의 기온을 비유적으로 이렇게 말한다. "시속 100킬로미터로 달리던 차가 갑자기 이상해져서 시속 2,000킬로미터 이상으로 질주하는 것과 비슷한 상황이다."[2] 한 관측에 따르면 "지구 평균 기온이 가장 뜨거웠던 열여덟 번의 해 가운데 열일곱 번이 2001년에서 2018년 사이, 곧 지난 17년 사이에 몰려 있다. 가장 뜨거웠던 다섯 해는 2016년, 2015년, 2017년, 2018년, 2014년 순이다."[3]

왜 기후 변화가 일어나는가? 이산화탄소 증가가 가장 큰 이유다. 여러 이유로 배출된 이산화탄소는 위로 올라가 대기 중에 비닐하우스와 같은 띠를 형성한다. 보통은 지구에 도달한 태양열이 땅에 반사되어 다시 하늘로 올라가는데, 올라가다가 어느 지점에서 막혀 더 올라가지 못하고 다시 땅으로 내려온다. 그 결과 지구 온도가 점점 상승하는 것이다. 기후 변화의 원인은 열이 대기 밖으로 빠져나가지 못하게 하는 띠인데, 그 띠는 지구에서 배출된 이산화탄소에 의해 형성된다.

---

2   박기용 환경 담당 기자, 〈한겨레〉 "오피니언", 2019년 9월 23일자.
3   박기용 환경 담당 기자, 〈한겨레〉 "오피니언", 2019년 9월 23일자.

특히 기후 변화에 가장 큰 영향을 받는 곳은 극지방이다. 얼어 있을 때는 거울처럼 햇볕을 반사해 온도 상승을 막는 역할을 하던 빙하가 녹고 있다. 2019년 9월, 뉴스에 따르면 서울의 2.5배가 되는 빙하가 남극에서 떨어져 나갔다. 이렇게 빙하가 녹으면 지구는 태양열을 반사하기보다 흡수한다. 이렇게 자꾸 열을 받다 보면 지구는 스스로 열이 올라간다. 빙하가 녹고 이산화탄소는 지구를 비닐하우스로 만드는데, 이는 곧 파국이 닥친다는 의미이다.

'기후 변화에 관한 정부 간 협의체'(IPCC)라는, 세계적으로 권위 있는 기후학자들의 모임이 있다. 이 기구가 작성한 〈1.5도 특별 보고서〉에 따르면 지구 온도가 산업화 이전보다 1.5도 올라간다면 지구에 대재앙이 시작된다. 그런데 2019년까지 1도 올라갔다. 이제 남은 것은 0.5도다. 0.5도만 더 올라가면 돌이킬 수 없는 일이 전 지구에 일어난다는 것이다. 지금까지 상승률로 간다면 0.5도 오르는 해는 21년 뒤, 그러니까 2019년을 기준으로 삼는다면 2040년이다.[4] 2019년에 태어난 아이는 2040년에 22살, 2050년에는 32살이 된다. 만일 우리가 이대로 간다면, 우리 아이들이 20-30대에 어떤 기후에서 살게 될지는 쉽게 예상할 수 있다.

기후 변화, 어떻게 해결할 것인가

기후 변화의 주범은 이산화탄소지만 문제는 이산화탄소의 과도한 배

---

[4] '기후 변화에 관한 정부 간 협의체'의 〈1.5도 특별 보고서〉 요약은 박기용 환경 담당 기자, 〈한겨레〉 "오피니언", 2019년 9월 23일자의 도움을 받았다.

출이다. 이산화탄소는 생물의 호흡과 미생물의 발효, 그리고 인간이 만든 다양한 시설을 통해 배출된다. 이렇게 배출된 이산화탄소를 지구가 감당할 수 있었던 것은 숲 덕분이다. 나무와 숲은 이산화탄소를 흡수하고 산소를 배출한다. 그런데 인간은 경제적 성장과 기술 과학의 진보를 위해 숲을 파괴했다. 숲이 파괴되면서 생긴 문제는 산소 부족이 아니었다. 이미 지구 대기 안에는 수백만 년 동안 지속할 만큼의 산소가 축적되어 있다는 것이 기후 과학자의 정설이다. 숲의 파괴가 가져온 문제는 이산화탄소의 과도한 배출이다. 숲은 이산화탄소를 흡수하고 산소를 내뿜는데, 숲이 파괴되자 나무와 토양 속에 저장되어 있던 이산화탄소가 대기 중에 배출되었다. 그 결과 이산화탄소는 대기 중에 올라가 지구의 온실 효과를 가중시켜 기후 변화가 급속도로 진행된 것이다. 그러므로 기후 변화를 늦추기 위해서는 파괴된 숲을 더 적극적으로 다시 가꾸어야 한다.

이와 함께 이산화탄소 배출을 줄이기 위해 인간이 해야 하는 또 다른 일이 있다. 지금 기후 변화를 일으키는 이산화탄소는 대부분 화석 연료 사용으로 발생한다. 화석 연료 사용은 우리의 일상 모든 부분에 스며들어 있다. 전기의 약 70퍼센트를 화석 연료로 생산한다. 자동차의 휘발유, 경유, 가스, 등유, LPG도 화석 연료다. 제철 제강, 시멘트를 쓰는 산업에서도 화석 연료를 쓴다. 온실 가스 발생량의 87퍼센트(2016년 기준)가 에너지 사용으로 발생한다.[5]

---

5 양이원영 에너지 전환 포럼 사무처장, 〈한겨레〉 "시론", 2019년 9월 24일자 참조.

온실가스를 줄이는 일

그러므로 이산화탄소 배출을 줄이려면 화석 연료를 줄여야 한다. 그러면 대체 에너지를 어디서 구할 수 있는가? 원전을 늘리는 것은 부담이 더 크다. 핵폐기물과 원전 사고, 방사능 오염 등 최근 환경 단체를 중심으로 나온 대안은 재생 에너지다.

재생 에너지는 태양광, 풍력, 지열, 바이오, 해양 에너지 등으로 비현실적인 대안은 아니다. 유럽에서는 독일이 재생 에너지로 나라 전체의 에너지 공급원을 바꾸고 있다. 독일은 재생 에너지 발전소 비중을 2000년 6퍼센트(3만 개)에서 2018년 41퍼센트(약 200만 개)까지 늘렸다.[6] 재생 에너지는 연료가 따로 필요 없이 설비만 갖추면 무한하게 재공급될 수 있는 자연 에너지로 알려져 있다. 설비에 따른 비용이 문제지만 대안이 없는 것은 아니다. 덴마크 같은 경우에는 자연 재생 에너지를 늘리기 위해 전기 요금을 높게 책정했다.[7] 이렇게 거둬들인 세금으로 재생 에너지에 다시 투자했다. 결국 에너지 소비가 줄어들고 재생 에너지는 늘어났으며 온실 가스 배출량은 줄었다. 에너지 전환 포럼 사무처장인 양이원영 씨에 따르면 "얼마 전 국가 기후 환경 회의에서 이번(2019년) 겨울과 봄에 미세먼지 원인 중 하나인 석탄 발전소를 최대 22기까지 가동 중단하는 데 따라 인상되는 전기 요금을 받아들이겠느냐고 국민 참여단 500명에게 물어 보았더니 93퍼센트의 찬성률이 나왔다."[8]

---

6 양이원영 에너지 전환 포럼 사무처장, 〈한겨레〉 "시론", 2019년 9월 24일자 참조.
7 양이원영 에너지 전환 포럼 사무처장, 〈한겨레〉 "시론", 2019년 9월 24일자 참조.
8 여론 조사는 양이원영 에너지 전환 포럼 사무처장의 〈한겨레〉 "시론", 2019년 9월 24일자 참조.

소비를 줄이는 일

지금까지의 대안은 모두 지금 우리의 소비 수준을 현행 그대로 유지한다는 전제 아래 제시된 것이다. 재생 에너지에 대한 아이디어 역시 참신하지만 그마저도 임시방편에 지나지 않는다. 기후 위기를 초래한 현대 사회의 소비문화 자체를 바꾸지 않는다면 말이다.

> 전 세계 인구는 65억 명이며 그중 미국의 인구는 3억 명이다. 이렇게 세계 인구의 약 5퍼센트도 안 되는 미국이 전 세계 에너지의 무려 22퍼센트를 소비하고 있다. 또한 미국을 포함하여 유럽, 일본, 한국 등 잘사는 20퍼센트의 나라가 전 세계 에너지의 83퍼센트를 소비하고 있다. 뒤집어 말하면 나머지 80퍼센트의 가난한 나라 사람들이 17퍼센트밖에 안 되는 적은 에너지로 나눠 쓰며 생존하고 있다. 다르게 보면 세계가 아직 지탱되는 것은 가난한 80퍼센트의 나라들이 세계 재원을 '낭비하지' 못하고 있기 때문이다. 미국의 경제(미국의 생활 방식)가 많은 개발도상국의 선망의 대상이 되고 있다. 그러나 미국은 세계 인구의 5퍼센트가 세계 자원의 22퍼센트를 소비하는 나라다. 많은 나라가 미국처럼 되면 세계의 자원은 어떻게 되겠는가?(유정길 평화 재단 기획실장, 〈복음과 상황〉, 2008년 9월호)

이것이 현실이라면 기후 위기를 근본적으로 해결하는 길은 자원 소비를 줄이는 것이다. 유엔 환경 계획이 나이로비에서 회의를 열어 〈지구 환경 전망 2000〉이라는 보고서를 내놓았다. 그 보고서의 요지는 이렇다. "선진 공업국들이 자원 소비를 90퍼센트 감소시킬 것을 목표로 해야 한다. …… 만일 그렇게 하지 않으면 미래 세대는 큰 생명의 위기에 직면할 것이다."[9] 분리수거 실천이나 재생 에너지 시설 구축 등 지속적으로 추진되어야 하는 것에 누가 이견을 달겠는가? 하지만 파괴적인 소비문화를 바꾸지 않는 한, 그 같은 운동은 낭만적인 환경 운동에 불과할 수밖에 없다. 따라서 인류의 장기적 생존 자체를 심각하게 위협하는 기후 위기가 가설이 아닌 현실이 된 이상 전 지구적 생존을 위해서는 이른바 선진국부터 소비문화를 줄여 나가는 일이 절실하다.

농업을 장려하는 일

기후 위기를 대처하는 또 다른 장기적 대안은 농업을 장려하는 것이다. 사실 지구 온난화로 인해 이상 기온과 한발, 농지 침수는 이제 이상 현상으로 여겨지지 않는 것이 오늘날의 현실이다. 이런 현상이 지속된다면(사실 지속될 수밖에 없는데) 세계적 식량 가격의 비정상적 폭등은 정해진 길이며, 이에 따라 2050년 이전까지 세계적으로 평균 5-25퍼센트 정도의 실질 식량 가격의 인상이 전망되고 있다. 이런 가운데 당장 급한 것은 식량 자급률을 높이는 것이다. 2020년 현재 한국의 곡물 자급률은 23.4퍼센트로, 호주 286.9퍼센트, 캐나다 177.8퍼센트, 미국 125.2퍼센트, 중국 100퍼센트, 일본 27.2퍼센트 등, 세계 평균 101.5퍼센트에 비해 매우 낮은 자급률을 보이고 있다.[10] 따라서 온난화 해결 방안과 함께 그것이 가져올 식량 문제에 대처하려면 젊은이들의 귀농

---

9   더글러스 러미스, 김종철, 최성현 옮김, 「경제 성장이 안 되면 우리는 풍요롭지 못할 것인가?」 (서울: 녹색평론사, 2011, 개정판 [초판 2002]), 13쪽.
10 〈농민신문〉, 2019년 6월 2일자.

환경 조성과 농업에 대한 국가적 장려가 시급하다고 할 수 있다.

작은 실천으로 하나님의 일을 보여 주다

하나님은 위기의 순간에 땅을 사라고 예레미야 선지자에게 말씀하셨다. 모든 땅을 다 구입하라고 하지 않으셨다. 그냥 숙부의 작은 밭 하나만 사두라고 했다. 그 이유는 하나님이 70년 후에 모든 땅을 회복하실 것인데, 예레미야는 지금 작은 밭을 구입하면서 하나님이 결국에 하실 일을 사람들에게 알려야 했기 때문이다.

기후 변화의 위기에서 교회가 해야 하는 일은 무엇인가? 모든 환경을 다 바꾸기 위한 노력을 해야 하는가? 그것은 우리가 할 수 있는 일이 아니다. 교회는 다만 작은 실천을 하나하나 하면서 결국 하나님이 만물을 회복하실 것을 보여 주어야 한다. 모든 사람이 절망할 때 희망을 말하며 하나님이 세상을 사랑하고 돌보고 계시다는 사실을 전파하는 것이 선지자 된 교회의 소명이다. 그래서 예레미야는 이제 곧 황폐해질 땅을 구입했다. 오늘날 교회는 멸망해 가는 지구를 보며, '어차피 멸망할 것'이라는 방관자적 자세로 살아갈 수 없다.

스웨덴의 16세 소녀 툰베리는 2018년 가을부터 학교 대신 국회 의사당 앞으로 가서 1인 시위를 시작하였다. 그 후 툰베리는 "우리의 집 지구에 불이 났는데, 어른들은 왜 딴짓만 하고 불을 끌 생각을 하지 않나요?"라는 질문을 집요하게 계속해 오고 있다. 그러다가 기후 변화에 대응책을 마련해 줄 것을 요구하며 요트를 타고 대서양을 건넜다. 그리고 자신은 현재도 새 옷을 사 입지 않지만 앞으로도 그럴 것이라고 말하며 모든 사람을 놀라게 했다. 그리고 2019년 9월 23일, 뉴욕에서 열린 유엔 총회의 '기후 행동 정상화 회의'에서 "사람들이 고통받고 죽어 가고 있고 모든 생태계가 붕괴되고 있으며 대규모 멸종이 시작되고 있는데도 여러분은 그저 돈 이야기, 끝없는 성장이라는 동화만 말하고 있다"고 연설했다.

툰베리는 지구에 불이 났다고 말하며 기후 변화에 대응해 줄 것을 요구하고 있지만, 교회는 신학적이고 영적인 이유를 가지고 있다. 자연은 하나님이 사랑하고 그분의 신성과 영광이 반영된 것이며(롬 1:20), 결국 회복시키실 만물이다(롬 4:13, 8:18-22, 고전 15:28). 그리고 교회는 이미 예수를 통해 새 창조가 시작되었다는 것을 드러내도록 부름받았다(고후 5:17, 갈 6:15).

많은 것을 하자는 것이 아니다. 작지만 실천하자는 것이다. 그리고 환경을 근본적으로 생각하는 정치인을 선출하자는 것이다. 그러한 실천이 중요한 이유는 우리가 믿는 하나님이 주시려는 구원이 인간 중심적이거나 단편적이지 않고 모든 만물이 포함된다는 사실을 그 실천에 담아낼 수 있기 때문이다.

9장   저출산 시대를 살아가는 그리스도인

2005년 한국의 합계 출산율은 1.08명이었다. 합계 출산율은 15-49세의 가임 여성 한 명이 평생 동안 낳을 것으로 예상되는 평균 출생아 수를 말한다. 그로부터 12년이 지난 2017년에는 1.05명이었다가 2018년에는 1명 미만으로 떨어져 0.97명을 기록했다. 이런 추세는 2019년에 0.98명을 이어 가다가 2020년에는 더욱 가속화되고 있는데, 통계청이 6월에 발표한 '4월 인구 동향'에 따르면 4월 출생아 수는 2만 3,420명으로, 지난해 같은 달(2019년 4월)보다 10.4퍼센트(2,731명) 감소했다.[1] 결혼한 여성이 평생 낳을 아이가 평균 1명도 되지 않는 시대가 되었을 뿐 아니라 출생아 수 감소율 또한 이어지고 있다. 생물학적으로 본다면 인간에게는 자기 종족 번성의 본능이 있다. 그런데 지금 한국 사회에서는 인간의 자기 종족 번성이라는 본능에 반하는 일이 일어나고 있다.

왜 이런 일이 일어날까? 어떤 이들은 현대 젊은이들의 개인(이기)주의적 성향 때문이라고 본다. 부모 세대와 달리 요즈음 젊은이들은 자기만 편하게 살고자 하기 때문에 아이를 낳지 않는다는 것이다. 이

---

1   통계는 통계청 공식 웹사이트 http://kostat.go.kr에서 확인할 수 있다.

진단이 완전히 그르다고 말하기는 어렵지만 단지 젊은 사람들의 개인주의적 성향 탓으로 모든 문제를 돌리는 것은 오류다. 우리의 부모 세대나 조부모 세대가 아이를 많이 가진 것은 그들이 이기적이지 않아서였다고 말할 수 있을까? 부모 세대 역시 개인적인 성향에서 자유롭지 못했는데도 아이를 많이 가졌다. 출산율 저하는 한 가지 원인 때문에 일어난 일이 아니다. 다른 여러 요인이 복합적으로 작용한 결과다.

우리 시대의 출산율 저하는 통상 세 가지 사회적 요인 때문에 일어나고 있다고 본다. 부동산 문제, 교육 문제, 일자리(노동) 문제가 그 요인이라는 데에 사회학자들은 대체로 동의한다. 가정을 꾸려 나가려면 내 집이 있어야 하는데, 한국 사회는 집값이 매우 높아 평범한 직장인이 결혼하여 내 집을 마련하는 것은 그들 역량에 비해 지나치게 높은 희생을 치러야 하는 일이 되었다. 출산율 저하를 가져온 두 번째 원인은 교육 문제다. 2018년도 집계에 따르면 학생 한 명당 사교육비는 월 29만 1,000원이다. 이것은 평균 비용이고, 현실은 훨씬 높다. 이렇게 투자해서 아이를 상급 학교에 진학시키면 그만큼 아이는 행복한가? 자녀를 낳아 보내야 하는 우리나라 교육 생태계에는 서열화된 학벌주의가 자리 잡고 있다. 교육은 그 서열의 상위권에 진입하는 것을 목표로 하고 있다. 그러하기에 학교는 학업 성취 경쟁의 장이다. 이것을 생각할 때 아이를 낳아 교육한다는 것은, 조금 부정적으로 말한다면, 결국 그 위계질서 어디쯤에 위치시키는 것 정도다. 부모는 이것이 아이에게 매우 잔인한 일이라 여긴다. 그래서 출산을 아예 포기하기도 한다. 세 번째 원인은 일자리 문제인데, 그렇게 어렵게 학교를 졸업하더라도 자신의 재능을 개발할 수 있는 일자리를 얻는다는 것은 또 다른 '하늘의 별따기'다. 직업 현장에서 다수는 비정규직과 비전문직에 종사하고, 소수만 정규직과 전문직에 들어간다. 더군다나 이제 점점 전문직이 소수의 사회 계층에 속한 사람들 사이에서 대물림되면서 사회 계층 간 이동은 점점 어려워지고 있다. 일과 소명의식, 혹은 자기 정체성을 현재 한국 사회의 노동 현장에서 찾기란 여간 어려운 것이 아니다. 상황이 이렇다 보니 아이를 가지는 일은 말할 것도 없고, 결혼까지 포기하는 시대가 도래한 것이다.

한국 사회의 지성인으로 여겨지는 홍세화 씨는 현재 '장발장 은행' 대표로 활동하고 있다. 그 단체는 경범죄로 벌금형을 받았지만 생활고로 벌금을 낼 돈이 없는 사람을 위해 대신 벌금을 내주는 일을 한다. 홍세화 씨에 따르면 한국 사회의 저출산은 우리 시대 젊은이들의 헬조선 시대에 대한 마지막 저항이다. 홍세화 씨는 결론에서 이렇게 자문한다. "물질적 능력이 부족한 그 어떤 사람이 과연 자기가 낳은 자녀가 영재 학급, 자사고, 특수목적고, 스카이(대학)에 들어가지 못해 '2등 학생'으로 자존감도 없이 행복하지 못한 학창 시절을 보내고, 사회에 나가서는 집 한 칸 제대로 장만하지 못한 채 가진 자들과 힘센 자들에게 '갑질'을 당해야 하는 '2등 국민'으로 사는 것을 강요[하고 싶겠는가?]"[2]

앞선 분석에 따르면, 한 사회의 출산율을 높이려면 부동산 가격이 안정되고, 학벌보다 능력에 따라 인정받고, 일자리도 전문직과 정규직이 많이 창출되어 사회 구성원 누구나 노력하면 그러한 일자리를 얻을 수 있어야 한다. 그러면 출산율이 높아지리라는 것이다.

---

2 〈한겨레〉 "오피니언", 2019년 4월 19일자.

하나님의 나라 시민 된 우리는 어떠한가

이 같은 분석에 이의를 달 사람은 거의 없어 보인다. 당연히 필자도 동의한다. 앞서 말한 세 가지 문제가 어느 정도 해소된다면 출산율은 올라갈 것이다. 하지만 앞서 살펴본 낮은 출산율의 원인과 해결책은 모두 경제적인 측면에서만 다뤄졌다. 일자리 문제도 그렇고, 높은 교육비나 부동산 문제도 경제적 가치를 최우선으로 여기며 출산을 경제에 종속시킨다. 위정자들이 출산율 저하를 걱정하는 이유를 보면 다 경제 논리다. '저출산이 결국 노동 인구 감소를 가져와 경제 성장을 둔화시킬 것'이라고 보는 것이다. 그렇다. 경제의 힘을 누가 부인할 수 있겠는가? 그러나 생명의 출산을 경제 논리로만 볼 수는 없다. 경제 사회가 중요하지만 그것이 전부는 아닌 까닭이다.

  기독교는 생명을 창조하셨을 뿐만 아니라 새 생명의 수여자이신 하나님을 아버지로 믿고 섬긴다. 무엇보다 교회에 주어진 핵심 가치는 생명을 돌보는 일이다(요 21:15-17). 따라서 생명을 낳고 돌보는 문제에 대해 기독교만이 줄 수 있는 신학적 견해를 정리할 필요가 있다. 게다가 우리는 '새 세상으로 가는 문지방'을 넘어선 자들이다. 이 땅에 살지만 하나님 나라 시민으로 살아가는 자들이다. 하나님 나라의 원리에 기초하여 우리 삶의 이유, 그리고 출생 이유를 찾아야 하는 이유가 여기에 있다.

하나님의 창조 행위 닮기

생명의 낳음과 돌봄에 대한 하나님 나라의 관점을 찾으려면 창세기 1장 27-28절이 적절한 출발점이 될 수 있다. 하나님은 인간을 하나님의 형상대로 창조하시고는 생육하고 번성하라 하신다. 자녀를 낳아 기르되 번성하라 하신 것은 하나님이 이 땅에 세우시려 한 하나님 나라 때문이다. 하나님은 온 땅에 하나님의 형상을 닮은 인간이 가득하기를 바라셨다. 창조는 그래서 시작된 것이다.

오해하지 말아야 한다. 하나님은 인간을 당신 자신의 '유익'을 위해 창조하신 것이 아니다. 하나님은 온전하시기 때문에 무엇을 필요로 하지 않으신다. 그럼에도 인간을 창조하신 것은 인간의 '유익'을 위해서다. '없던' 존재를 '있게' 하신 것은 그로 하나님의 지고한 형상을 받아 인간 역시 하나님의 영광에 동참하도록 하기 위해서다. 그래서 창세기 1장 28절은 하나님이 인간에게 복을 '주셨다'고 말한다. 인간은 하나님에게 복을 받고자 태어난 것이다. 그러면 하나님이 인간에게 주시려 한 복이 무엇일까? 인간이 하나님께 받은 복은 하나님 자신이다. 인간을 하나님의 형상으로 만드셨다고 말한(27절) 후 복을 주셨다(28절)고 말하기 때문이다. 이제 인간에게는 '하나님의 것'이 들어오는 길이 열렸다. 하나님의 형상으로 지음받은 까닭이다. 하나님의 생명, 하나님의 선하심, 하나님의 자비하심, 하나님의 사랑이다. 하나님의 긍휼, 하나님의 선대하심 등 하나님은 이 복을 인간에게 주시고자 인간을 그분의 형상대로 창조하신 것이다. 시편 145편 8-9절도 같은 말을 한다.

> 여호와는 은혜로우시며 긍휼이 많으시며 노하기를 더디 하시며 인자하심이 크시도다 여호와께서는 모든 것을 선대하시며 그 지으신 모든 것에 긍휼을 베푸시는도다.

시편 145편에 따르면 하나님이 사람을 지으신 이유는 인간에게 하나님의 은혜, 하나님의 긍휼, 하나님의 인내, 하나님의 인자하심, 하나님의 선대를 맛보도록 하기 위해서다.

그러면 출산이란 무엇인가? 창세기 5장 1-3절은 인간에게 출산이 무엇을 말하는지 알려 준다.

> 하나님이
>
> 사람을 창조하실 때에 하나님의 모양대로 지으시되
>
> 남자와 여자를 창조하셨고 …… 복을 주시고
>
> 그들의 이름을 사람이라 일컬으셨더라(1-2절).

> 아담은
>
> 백삼십 세에 자기의 모양 곧 자기의 형상과 같은 아들을 낳아
>
> 이름을 셋이라 하였고(3절).

1-2절에는 하나님이 그분의 모양대로 사람을 창조하시고 이름을 사람이라 하셨다는 내용이 나오고, 3절에는 똑같이 아담이 자기의 모양, 곧 자기의 형상대로 아들을 낳아 그 이름을 셋이라 했다는 말이 나온다. 이런 병렬은 아담이 아들을 낳은 것이 하나님의 창조 활동을 닮은 일임을 말한다. 인간이 하나님의 형상으로서 하나님의 창조적 능력을 출산으로 맛볼 수 있게 하신 것이다. 달리 말하면 부모가 되는 일은 하나님의 창조적 활동의 또 다른 통로가 되는 일이다.

하나님의 복이 흘러가는 통로

더불어 출산은 자녀에게도 복이다. 무(無)가 존재자가 되었을 뿐만 아니라 하나님을 닮은 존재가 되었기 때문이다. 창세기에서 하나님은 인간을 자기 형상대로 만드시고 복을 주시며 이렇게 말씀하신다.

> 하나님이 자기 형상 곧 하나님의 형상대로 사람을 창조하시되 …… 하나님이 그들에게 복을 주시며 하나님이 그들에게 이르시되 생육하고 번성하여 땅에 충만하라(창 1:27-28).

하나님이 인간을 그분의 형상대로 만드시고 그들에게 복을 주시며 "생육하고 번성하여 땅에 충만하라"고 말씀하신 데에는 하나님의 형상으로 지음받은 복을 또 다른 존재에게 흘러보내라는 뜻이 있다.

출산은 하나님의 복이 한 세대에서 다음 세대로 흘러가도록 하는 축복의 통로다. 여기서 인간의 복은 한층 발전된다. 내가 하나님의 형상을 가진 것이 복이다. 이 복은 출산을 통해 다음 세대로 흘러간다. 출산을 통해 전에 없던 존재가 있게 된 후, 이제 존재하면서 하나님의 선하심, 하나님의 사랑, 하나님의 은혜를 맛보게 된다. 그러하기에 출산은 하나님의 복을 흘려보내는 복된 행위다. 그리고 부모가 되는 일은 축복의 통로가 되는 일이다.[3]

---

[3] 창세기와 성경 전반에서 출산이 하나님의 복이라고 말하지만(신 28:1-2) 그렇다고 불임이 반드시 하나님의 복에서 멀어진 상태를 의미하는 것은 아니다. 구약과 신약에 나오는 여러 불임에 대해 성경은 그것이 복받지 못한 탓이라 말하지 않을 뿐더러 때로는 하나님이 불임을 오히려 특별 은총을 받는 계기로 삼으시는 예가 많다. 예컨대, 믿음의 조상 아브라함의 아내 사라의 불임(창 16:2), 사무엘의 어머니 한나의 불임(삼상 1:6), 삼손의 어머니 마노아의 불임(삿 13:2), 세례 요한의 어머

하나님을 아버지로 알아 가는 길

출산은 자녀들에게만 복인 것이 아니다. 출산 후 자녀를 기르는 일이 부모에게 복인 것은 자녀를 낳아 기를 때 하나님을 창조주만이 아닌 아버지로 알아 가기 시작하기 때문이다. 머리로만 알던 아버지 하나님의 마음, 아버지 하나님의 인내, 아버지 하나님의 오래 참음, 아버지 하나님의 은혜, 아버지 하나님의 자비를 온몸과 마음으로 언제 깨닫는가? 부모가 될 때다. 출산은 하나님을 아버지로 알아 가는 길에 들어서는 일이자, 아버지 하나님의 마음이 무엇인지 아는 길에 들어서는 복된 길이다. 하나님 아버지를 알아 가도록 하시고자 출산의 복을 주신 것이다.

이처럼 출산은 자녀와 부모 모두에게 복이다. 자녀에게 복인 것은 그도 부모로 인해 하나님의 형상을 입고 하나님의 인자와 자비, 은혜, 긍휼을 맛볼 수 있기 때문이고, 출산이 부모에게 복인 것은 출산하는 행위가 바로 하나님의 창조 행위를 닮은 행위이자 하나님을 닮아 가는 행위이기 때문이다. 그러므로 하나님은 세상에 하나님의 복을 주기를 원하시되 가정을 그 통로로 삼으셨다는 것이 성경의 가르침이다.

타락을 능가하는 영광으로

맞다. 하나님의 복은 감격이지만 현실은 험악하다. 우리가 낳아 보내야 할 세상에는 하나님의 복만 아니라 타락이 기다리고 있다. 현실이 이러한데 여전히 아이를 가져야 하는가?

니 엘리사벳의 불임(눅 1:6-7) 등이다.

현실 때문에 생명을 낳고 기르는 일에 회의적인 태도를 가지기 전에 기억해야 할 일이 있다. 이런 현실은 오늘날 우리 부모만이 아니라 에덴동산에서 하나님도 직면하신 일이다. 창세기 1장에서 생육하고 번성하라 하셨지만 3장에는 하나님의 복을 거부하고 단절되는 타락이 기다리고 있었다. 두 장 뒤에 타락이 기다리고 있었지만 하나님은 자신의 형상대로 인간을 창조하셨고(낳으셨고) 그를 에덴에 두셨다. 왜 그러셨는가? 부패가 기다리고 있는 세상에 사람을 출생(창조)하여 보내신 까닭은 타락이 가져온 어둠보다 하나님의 복이 가져오는 빛이 더 크고 더 영광스럽기 때문이다. 어둠은 빛을 이길 수 없다(요 1:5).[4]

하나님의 복이 타락 앞에서 취소될 것이었다면 처음부터 하나님은 인간에게 생육하라는 복을 주시지 않았을 것이다. 하나님이 주시는 복 안에는 타락을 뛰어넘는 영광이 있고 기쁨이 있고 만족이 있다. 그것을 믿는다면, 그러한 하나님의 계획을 믿는다면 우리가 해야 하는 일은 하나님의 명령대로 이 땅에서 자녀를 낳고 기르고 번성하여 땅에 충만하는 일이 아닐까?

하지만 아이를 낳아 기르는 일에는 타락을 능가하는 영광이 기다리고 있다는 것이 거짓이 아니라 참이라는 것을 어떻게 알 수 있는가? 예수를 잉태한 마리아를 기억해 보자. 마리아는 가브리엘 천사에게 아이를 가지게 될 것이라는 말을 들었을 때 이렇게 노래한다. "보라 이제

---

[4] 개역개정은 요한복음 1장 5절을 "빛이 어둠에 비치되 어둠이 깨닫지 못하더라"라고 번역한다. 하지만 "깨닫지 못하더라"의 헬라어 '우 카테라벤'은 '이기지 못하더라'로도 번역할 수 있다. 요한복음 12장 35절에도 같은 동사가 나오는데 이런 뜻으로 사용되고 있다. 무엇보다 요한복음에서 빛으로 오신 예수께서 어둠을 이기셨다는 것을 고려할 때 이 번역이 타당하다고 할 수 있다.

후로는 만세에 나를 복이 있다 일컬으리로다"(눅 1:48). 마리아는 자신이 잉태하고 출산해야 하는 아이가 모욕과 멸시, 고난과 죽음을 겪어야 한다는 것을 모르고 자신이 만세에 복받은 여인이라 불릴 것이라고 말하는 것인가? 마리아는 몰랐다고 말할 수 있을지 모르지만 성경 저자는 알고 있었다. 비록 마리아가 출산할 아이는 그 험한 세상에서 멸시를 받고 결국 죽음과 고난을 겪을 것이지만 그럼에도 그가 만세에 복받은 여인이라 일컬어질 수 있는 이유는 그렇게 태어나신 예수께서 죽으시지만 다시 부활하실 것이기 때문이다. 마리아의 출산은 그리스도께서 부활 생명을 얻는 길로 나아가는 문이었던 것이다.

그렇다면 타락으로 얼룩진 험악한 세상이지만 우리 그리스도인이 여전히 생육하고 번성해야 하는 이유는 명확하다. 창조의 복만 아니라 새 창조의 영광이 자녀들에게 기다리고 있는 까닭이다. 그리스도인 가정에서 출산은 하나님의 형상을 낳는 복된 일일 뿐만 아니라 그들이 하나님께 영생을 선물로 받을 기회를 주는 일이기 때문이다. 그런 복된 일의 첫째 어머니가 마리아였다. 마리아가 그 악조건에서도 출산을 현실로 받아들였을 때 그는 만세에 복이 있는 여자라 불렸다. 마리아가 받은 복은 마리아만 아니라 이 험악한 현실 속에서 출산을 준비하는 모든 그리스도인 부모에게 적용되는 말이다.

이제 우리는 타락이 기다리고 있었지만 생육하고 번성하는 일을 왜 복이라 하셨는지, 죽음과 고난이 기다리고 있지만 그리스도인 부모들이 자녀를 출산하고 기르는 것을 왜 복이라 하셨는지 알게 되었다. 그 일은 첫째, 아버지 하나님의 마음을 알아 그분을 닮는 일이고, 둘째, 하나님의 형상을 낳는 일이며, 셋째, 하나님의 창조 활동의 통로가 되는 일이고, 넷째, 영생의 복을 누릴 기회를 주는 일이기 때문이다.

첫 창조 때 인간에게 주어진 하나님의 형상, 하나님의 생명, 하나님의 선대하심은 인간의 타락에도 불구하고 예수 그리스도의 사역과 죽음, 부활을 통해 더 풍성해졌다. 인간은 하나님의 형상으로 회복되는 것으로 끝나지 않고, 하나님의 자녀가 되고 그분의 호흡을 받는 것으로 끝나지 않으며, 삼위일체 하나님인 성령을 중심에 모시는 복을 받게 되었기 때문이다. 이것이 그리스도를 통해 주려 하신 하나님의 복이다.

이제 "이 험한 세상에서 우리 그리스도인들이 자녀를 낳아 길러야 하는 이유가 무엇인가"라고 질문하면 우리는 "출산과 양육은 하나님의 창조와 재창조의 복이 부모와 자녀 모두에게 흘러가도록 하는 일이다"라고 답할 수 있다. 그러므로 출산은 하나님의 새 창조 능력에 대한 믿음을 드러낼 수 있는 최고의 표현이다. 창조의 능력과 새 창조의 능력, 하나님의 영광의 능력이 그 어떤 죄보다 능력 있다는 것을 인정하는 것이 출산에도 적용되어야 한다.

출산을 막는 세력과 하나님의 일하심

사실 하나님 백성의 출산 억제는 애굽의 왕 바로의 아이디어였다. 출애굽기 1장 7-12절에 따르면 바로는 하나님의 형상이 번성하는 것을 억압하고자 히브리 노예들의 노동량과 시간을 늘린다. 임신할 시간 자체를 없애겠다는 시도다. 그렇게 번성하면 그들을 종으로 부릴 수 없다는 것을 알기 때문이다. 그런데 바로가 하나님의 백성에게 가한 출산 억제 정책은 뜻밖에도 하나님을 두려워하여 왕에게 저항권을 발동한 용기 있는 히브리 산파들을 통해 좌절된다. 바로는 가만있지 않는다. 그래서 이번에는 히브리인들이 남자아이를 낳으면 모두 나일강에 빠뜨려 죽이도록 한다. 그러나 기억하자. 임신의 기회를 빼앗을 뿐만 아니라 생명 자체를 제거하려는 바로의 악이 번성할수록 하나님의 창조와 잉태의 능력은 더 크게 발휘된다. 그것도 하나님의 백성의 씨를 말리려는 계획이 도리어 하나님의 씨가 번성하는 계기가 되면서 하나님의 창조 능력은 제국 한복판에서 역사한다. 바로의 명령에 따라 나일강에 빠뜨려진 아기 모세는 강에서 죽지 않고 오히려 바로의 집으로 들어가 그곳에서 양육된다! 출산을 막으려는 계획이 도리어 생육하고 번성하라는 하나님의 계획을 이루는 도구가 되어 버린 것이다. 결국 하나님의 복이 온 세상에 퍼지는 일은 누구도 막지 못한다는 것을 보여 준다.

세상이 출산을 기피할 때 교회는 출산을 선택해야 하는 신학적 이유가 있다. 기독교의 생명력은 영생을 이야기할 때만 아니라 실제로 출산을 통해 드러낼 수 있기 때문이다. 저출산으로 어두워져 가는 세상에서 기독교가 대안이 될 수 있음을 보여 줄 수 있는 길이 많지만, 출산은 또 하나의 성경적인 길이다. 사실 우리 시대의 사회 경제적 흐름은 점점 저출산으로 이어지게 만든다. 그러나 하나님 나라의 가치는 생명을 낳고 돌보는 일을 장려한다. 교회가 이 하나님 나라 가치를 따를 때 저출산으로 고통받고 있는 세상에 복음이 무엇인지, 하나님 나라가 과연 무엇인지를 온몸으로 드러내 보일 수 있을 것이다.

10장　　　소금 예수, 소금 그리스도인

예수께서는 제자들에게 "너희는 세상의 소금"(마 5:13)이라고 하셨다. 개별 그리스도인은 물론이고 교회의 존재감은 소금(의 존재감)과 같아야 한다는 말씀이다. 소금과 관련된 지식은 수천가지다. 색깔부터 출처, 종류, 쓰임, 맛 등 소금과 관련된 지식은 이루 헤아릴 수 없을 만큼 많다. 그러나 예수께서 집중하고자 하신 것은 "소금이 그 맛을 잃으면"이라는 말에 나와 있듯이, 소금의 맛이다. 교회의 맛은 소금 맛이어야 한다는 말씀이다.

소금은 짠맛을 낸다. 그 맛은 시대를 초월하여 변함이 없다. 짠맛과 더불어 변함없는 또 하나는 짠맛을 내는 소금의 쓰임이다. 소금의 짠맛은 양념 역할을 한다. 양념은 자신을 위해서가 아니라 다른 음식의 존재감을 높이기 위해 존재한다. 소금 맛의 진가는 음식으로 제맛을 내게 하는 데 있다. 각 음식이 고유한 맛을 내게 하는 것이 좋은 소금이다. 예수께서 너희가 "세상의 소금이다"라고 하셨을 때 의도하신 바는 이런 것이 아닐까?

교회의 존재감은 세상을 살맛나는 곳으로 만드는 데서 드러난다("땅의 모든 족속이 너로 말미암아 복을 얻을 것이라"[창 12:3 참조], "천하 만민은 그로 말미암아 복을 받게 될 것이 아니냐"[창 18:18]). 사람들이 "세상 살맛나네"라고 말할 때 그 배후에는 교회가 있어야 한다는 말이다. 소금의 존재감은 드러나지 않음으로 드러난다. 김치 맛을 내는 데에는 소금이 결정적이지만 일단 배추에 절인 후에는 소금은 보이지 않고 김치 맛으로 남는 것을 기억해 보라. 사람들이 "세상 살맛나네"라고 할 때 그 배후에는 교회가 있어야 하지만 교회의 존재는 어떤 점에서 숨은 공신이 되어야 한다는 말이다.

지켜야 할 짠맛, 소금 예수의 맛

그러면 소금 교회와 소금 신자가 지켜야 할 짠맛이 무엇인가? 어떤 맛을 내야 세상이 살맛날까? 요즈음에는 천연 재료로 맛을 내는 식당이 오래간다. 시대가 바뀌어도 교회는 그 본연의 맛으로 승부해야 한다. 그것이 무엇인가? 자연 그대로의 맛을 원조의 맛이라 해보자. 어떤 맛이든 원조가 있다. 교회 맛도 원조가 있다. 교회의 원조 짠맛은 교회의 머리 되신 그리스도의 맛이다. 교회의 생존은 원조 되신 그리스도의 맛을 지켜 내느냐에 달려 있다. 인류 역사 이래로 그토록 많은 비가 바다에 내렸지만 바닷물이 빗물이 되지는 않았다. 빗물이 바다에 떨어지면 바닷물이 빗물이 되는 것이 아니라 빗물이 바닷물이 된다. 바닷물에 있는 짠맛 때문이다. 이처럼 한 명의 존재가 예수를 믿어 '그리스도 안'(엔 크리스토)에 들어가면 그 사람에게서 그리스도 맛이 나기 시작한다.

예수께서는 그 짠맛이 무엇인지 제자들에게 구체적으로 설명하지 않으셨다. 설명하지 않으신 채 그냥 사셨다. 맛은 설명이 아니라 먹어 보아야 알 수 있기 때문이다. 설명은 군침이 돌게 할 수는 있지만 한계가 있다. 그래서 예수께서는 설명보다 직접 사시며 제자들에게 짠맛을 경험케 하신다. 예수께서 내셨고 제자들이 맛본 그 짠맛이 무엇인지 알려면 예수 생애의 핵심을 알아야 한다.

세상을 사는 것이 재미없고 때로는 죽을 맛인 이유가 있다. 세상이 원래 그렇기 때문이거나, 사람이 원래 그렇기 때문이 아니다. 아름다운 세상이 냄새나고 썩고, 사람이 맛을 잃어버리게 된 것은 부패균이 들어왔기 때문이다. 부패균은 죄다. 죄가 사람을 부패시키고, 죄가 가정을 깨고, 죄가 성도 사이를 이간시키고, 죄가 정치를 부패시켜 한 나라의 국민 전체를 불안에 떨게 하고, 죄가 인간을 탐욕으로 감염시켜 환경을 파괴하고, 죄가 세상의 자원을 소수의 부한 나라만 독차지하게 하는 것이다. 세상 사는 것이 죽을 맛이 된 근본 원인은 죄에 있다. 이제 예수께서는 어떻게 하실까? 사람과 세상을 부패시키는 것이 죄라면 예수께서는 이제 어떻게 하시겠는가?

예수께서는 세상이 다시 살맛나는 곳이 되는 길을 여셨다. 이를 위해 그분은 세상을 부패시킨 죄가 부추긴 길과 정반대의 길을 걸으셨다. 죄가 세상을 부패시킨 길은 사람인 첫째 아담을 사람의 자리에서 하나님의 자리로 올라가라며 부추기는 것이었다. 그 결과, 왕 노릇 하게 된 것은 사람이 아니라 죄와 사망이었다(롬 5:12-14). 반면, 둘째 아담 예수께서는 하나님이지만 사람의 자리로 내려오셨다(빌 2:5-11, 롬 5:17, 21). 예수께서는 아담이 걸은 길의 정반대 방향으로 걸으신 것이다. 그 결과, 죄는 극복되고 사람은 예수와 함께 왕 노릇 하게 되었다. 죄는 하나님의 자리에 올라가도록 유혹하여 사람을 부패시켰지만, 예수께서는 하나님이지만 사람의 자리로 내려오셔서 사람 안에 들어온 죄를 물리치셨다.

죄의 통로는 교만이고, 은혜의 길은 겸손이다. 첫째 아담의 자기

주장과 교만으로 세상에 들어온 죄(롬 5:12)는 둘째 아담 예수의 자기희생과 겸손으로 그 허리가 꺾였다. 이것이 예수로 말미암아 죄가 힘을 잃고 무너진 방식이다. 죄라는 부패균을 무력화하고 사람과 세상을 살맛나게 만든 예수의 짠맛은 자기희생과 겸손이다.

교회가 지키고 발휘해야 할 짠맛

교회가 내야 할 짠맛도 그리스도가 내신 맛과 다르지 않다.[1] 교회가 이 맛을 포기하고 합성 감미료 맛을 내기 시작하면 밖에 버려져 사람들에게 밟힐 뿐이다. 요즈음 음식 회사는 자기 회사 제품의 가치를 인정받기 위해 "이 음식에는 ㅇㅇㅇ가 첨가되지 않았습니다"라고 적어 놓는다. 교회가 세상의 소금이 되려면 세상 맛이 첨가되지 않고 그리스도의 고유한 맛이 흐르고 있어야 한다.

그리스도의 고유한 맛을 짠맛이라 여기며 교회가 그 맛을 지키겠다고 하는 것이 우리 사회의 흐름과 얼마나 동떨어진 소리인지 알고 있다. 겸손은 우리 시대의 주류 가치가 아니다(아니 겸손이 사회의 주류 가치인 적이 있었는가?!). 우리 사회의 화두는 "너 자신이 되라, 네 감정에 충실하라"이다. 이것은 근대 이후 현대에 이르기까지 인간 사회에서 불패의 슬로건이 되었다. "그 누가 뭐라 해도 네 감정에 충실하고, 너 자

---

1 오늘날 교회의 위기는 교회에 짠맛이 없기 때문에 생긴 것이 아니다. 사실 예수 맛을 모르는 교회가 어디 있는가! 교회의 위기는 짠맛의 부재가 아니라 다른 맛이 너무 많이 들어온 것이다. 그래서 마치 예수께서 '너희는 세상의 합성 감미료니라'고 가르치기라도 하신 것처럼 달콤한 맛, 감미로운 맛, 고소한 맛을 내려 한다. 결국 짠맛과 합성 감미료 맛이 뒤섞여 교회인지 기업인지 혼란스럽다. 누구든지 교회의 본래 맛이 그립다면 기억하자. 교회와 신자가 포기할 수 없는 그리스도의 맛은 자기희생과 겸손이다.

신이 하고 싶은 것을 하면 그것이 이 세상에서 성공한 것이다"라고 외친다. "실패해도 네게 도움이 되고 네 발전에 도움이 되면 괜찮다"라는 슬로건 말이다.

물론, 자기 계발이나 자기 성장을 추구하는 것 자체가 무슨 문제겠는가. 문제는 자기 계발과 성장이 전부가 되는 것이다. 무엇이 한 사람에게 전부가 되면 인간 존재는 전부가 된 그것에 갇혀 종노릇하게 된다는 것을 우리는 안다. 이와 같이 자기가 주체이자 객체가 되고 자기 성장이 그 자체로 목적이 되어 버리면, 우리 인간은 다시 '자기'라는 감옥에 갇힐 수밖에 없다. '나로 시작하여 나로 마친다'는 것은 자기가 자기의 감옥이 되는 철학이다. 이것이 자기 계발이 가진 위험이다. "왜 나를 계발해야 하는가"라는 질문에 "내가 하고 싶으니까"라고 답한다면, 그런 자기 계발은 자기 함정에 빠지는 것이다. 하나님을 잃어버린 인간이 처하게 되는 곳은 '나'라는 감옥이다. 자기 계발이 자기 함정이 되다니, 얼마나 역설적인가!

음식물을 쉽게 부패시키는 환경이 있다. 부패균이 왕성하게 움직이는 환경은 습하고 통풍이 잘되지 않는 따뜻한 곳이다. 중요한 것은 통풍이다. 습하고 따뜻하더라도 바깥 세계에 열려 있어 바람이 잘 통하면 부패를 늦출 수 있다. 하나님을 차단한 채 빠져든 나의 세계가 삶의 허무와 파괴로 끝날 수밖에 없는 이유가 이것이다. 밀폐된 공간의 음식이 빨리 부패하듯 하나님을 차단한 '나의 세계에 빠진 교만한 나'의 종말은 자기 부패다.[2] 인간과 사회를 부패시키는 죄가 들어오고 활

---

[2] 아이러니한 것은 그렇게 "하나님에게서 자유! 자유!"를 외친 현대인도 물질주의만은 아무 생각

동하는 통로는 자기주장과 교만이기 때문이다. 죄라는 부패균이 세상이라는 음식을 상하게 하는 최고의 환경은 교만한 인간이 사회적, 정치적, 경제적 힘까지 가진 사회다. 하나님이 지으신 선하고 아름다운 곳이 살기 힘든 곳이 된 것은 바로 죄 때문이고, 그 죄가 인간의 자기주장과 교만을 먹고 왕성하게 움직이고 있는 것이다.

예수 맛, 교회의 맛

예수께서는 세상을 살맛나는 곳으로 만드셨다. 밀폐된 세상에 들어오셔서 문을 활짝 열어 젖히셨다. 그리고 하나님의 바람이 안으로 불어 들어오게 하셨고, 하나님의 빛이 비추게 하셨다. 그 바람과 빛 앞에서 부패균이 말라죽게 하셨다. 이 일을 위해 예수께서 걸은 길이 자기희생과 겸손이다. 이것이 바로 부패균 죄악을 이기고 세상을 살맛나게 하신 짠맛이다. 예수의 길이 세상의 주류가 되는 길은 아니지만 세상을 살맛나게 하는 길이라고 교회는 믿는다. 그런 믿음을 가진 교회에 예수께서는 "너희는 세상의 소금"이라 하신다.

 그러면 자기희생과 겸손은 어떤 맛인지 마더 테레사가 쓴 "나를 해방시켜 주옵소서"라는 시를 읽어 보자.

 나를 해방시켜 주옵소서.
 존경받으려는 욕망으로부터

없이 복종하고 따라간다는 것이다. "너 자신이 되라"며 선동하는 광고와 물질을 따라 그것에 탐닉한다. 내가 되기 위해서 나는 물질주의에 휘둘리고 있다는 것이 얼마나 자기모순인가!

사랑받으려는 욕망으로부터

칭찬받으려는 욕망으로부터

명예로워지려는 욕망으로부터

찬송받으려는 욕망으로부터

선택받으려는 욕망으로부터

조언을 받으려는 욕망으로부터

인정을 받으려는 욕망으로부터

인기를 끌려는 욕망으로부터

모멸받는 두려움으로부터

경멸받는 두려움으로부터

질책당하는 고통의 두려움으로부터

비방당하는 두려움으로부터

잊히는 두려움으로부터

오류를 범하는 두려움으로부터

우스꽝스러워지는 두려움으로부터

의심받는 두려움으로부터

나를 해방시켜 주옵소서.

오 주여, 우리의 마음도 당신처럼 되게 하소서.

나보다 다른 사람들이 더 존경받게 하옵고

주여 이런 욕망에서 벗어나도록 저에게 은총을 베푸소서.

나는 젖히시고 다른 사람들이 선택받게 하시고

나는 눈에 띄지 않고 다른 사람들이 찬양받게 하시고

모든 일에서 나보다 다른 사람들을 택하여 주시고

내가 성스러워지려고 하는 것만큼
나보다 다른 사람들을 더 성스럽게 하소서.[3]

겸손에는 악한 영을 이기는 힘이 있기도 하다. 「사막 교부들의 금언집」에 수록된 어느 수도자에 대한 이야기다.

악마가 빛의 천사로 변해 어느 수도자에게 나타났다. "나는 가브리엘 천사다. 그리고 너에게 보냄을 받았다"라고 그가 말하자, 수도자는 대답했다. "다른 어떤 사람에게 보냄을 받지 않았나요? 나로 말하면 천사의 방문을 받을 만한 인간이 못 되니까요." 악마는 즉각 사라져 버렸다.[4]

또 다른 이야기다. 사탄이 마카리오에게 찾아와 하소연한다.

"마카리오, 너 때문에 나는 심히 고생하고 있다. 너를 넘어뜨릴 수 없으니 말야. 네가 하는 일은 무엇이나 나도 한다. 네가 단식하면 나도 결코 먹지 않고, 네가 잠자지 않으면 나도 자지 않는다. 다만 한 가지 점에 있어서만 네가 나를 앞지르고 있을 뿐이다." "그게 뭐냐?"라고 마카리오 교부는 물었다. "내가 너를 쳐부술 수 없도록 하는 것은 바로 너의 겸손이다."[5]

---

3 호세 루이스 곤살레스 발라도, 송병선 엮음, 「마더 테레사 자서전」 (서울: 황금가지, 2005), 290-91쪽.
4 빼라지오와 요한 엮음, 「사막 교부들의 금언집」 (왜관: 분도, 1999), 252쪽.
5 앞의 책, 265쪽.

사탄이 겸손을 흉내라도 낼 수 없는 이유는 겸손해지는 순간 교만한 사탄은 자기 존재 기반을 잃어버리기 때문이다. 짠맛 겸손은 사탄의 세력을 이긴 소금 예수의 맛이고, 그분이 만드신 맛이다. 그분을 믿을 때, 믿는 자 역시 소금이 된다. 따라서 우리에게는 소금이 되려는 노력이 필요하지 않다. 이미 우리는 소금이기 때문이다. 다만 우리 안에 살고 계신 그리스도께서 일하시도록 내 자리를 내어 드리는 것, 그것이 바로 소금이 그 맛을 내는 길이다.

11장   밤과 새벽, 그리고 낮[1]

예수께서는 언제 어디서나 한결같은 사역을 하셨다고 생각할 수 있다. 하지만 그렇지 않아 보인다. 마태복음의 산상설교(5-7장)와 누가복음의 평지설교(6:17-49)가 말하듯, 예수께서는 하나님 나라의 삶의 원리를 제자들에게 주실 때 상황에 따라[2] 다른 결의 가르침을 주셨다.[3] 또 제자들의 사역 반경에 대해서도 한결같은 가르침을 주지는 않으셨는데, 어떤 때는 이방의 고을이나 사마리아에 가지 말라 하셨다가(마 10:5-6) 또 어떤 때는 모든 민족으로 가라며 그들을 열방으로 보내신다(마 28:19). 심지어 예수를 따르는 방식 역시 사람에 따라 달라진다(눅 9:57-62). 상황과 시간, 그리고 사람에 따라 가르침 역시 조금씩 달라진 것이다. 모든 가르침에는 맞는 때와 상황이 있기 때문이다. 이뿐 아니다. 예수께서는 자신이 해야 할 바 역시 시간의 흐름에 따라 결정하기도 하셨다. 누가복음 6장 12-19절에는 세 가지 시간, 즉 밤과 아침,

---

[1] 예수와 교회의 사역을 하루 중 세 때(밤, 새벽, 낮)에 연결하는 아이디어는 누가복음 6장 12-19절에 대한 헨리 나우웬의 묵상을 담은 책인 「삶의 영성」(서울: 두란노, 2013)에서 받은 통찰임을 밝혀 둔다.

[2] 누가복음의 맥락은 평지(6:17)이며 마태복음의 환경은 산(5:1)이었다.

[3] "가난한 자가 복이 있나니"(눅 6:20)와 "심령이 가난한 자가 복이 있나니"(마 5:3)가 어떻게 같을 수 있겠는가!

그리고 낮이 나오고, 각 시간에 따라 다른 예수의 모습이 그려진다.

> 이때에 예수께서 기도하시러 산으로 가사 밤이 새도록 하나님께 기도하시고 밝으매 그 제자들을 부르사 …… 예수께서 그들과 함께 내려오사 평지에 서시니 그 제자의 많은 무리와 예수의 말씀도 듣고 …… 능력이 예수께로부터 나와서 모든 사람을 낫게 함이러라.

예수께서는 밤에 홀로 기도하셨고, 아침이 오자 공동체를 만드셨으며, 대낮에는 사회 속에 들어가 대중을 가르치고 치료하셨다. 예수께도 시간에 따른 영적 흐름이 있었던 것이다. 이 흐름을 무시한 채 홀로 기도하거나, 공동체 사역 혹은 사회 참여 중 하나에 더 높은 '영적' 가치를 부여하고 그것을 더 많이 해야 한다고 말하는 것은 적어도 예수의 모델과 거리가 멀다. 모든 일은 때가 있고 그때에 맞게 영적 흐름이 결정된다는 것을 예수께서는 직접 보여 주셨다.

아무것도 보이지 않는 밤, 예수께서는

아무것도 보이지 않고 길마저 보이지 않는 때, 예수께서는 앉아 계셨다. 하나님 앞에 홀로 앉아 계셨다. 아무것도 보이지 않을 때 그분은 하늘을 보고 계셨던 것이다.

우리는 때때로 영적으로 깊고 어둔 밤을 맞이한다. 평소의 기도가 나오지 않고 하나님이 얼굴을 가리신 것과 같은 때 말이다. 영적으로 성숙한 사람도 예외가 아니다. 이럴 때는 기도를 바꾸어야 한다. 자신의 이해와 생각을 쏟아 놓는 기도를 내려놓고, 하나님의 현존 앞에 자신의 생각만이 아닌 자신의 존재 자체를 통째로 던져 놓는 기도를 드려야 한다. 자신의 존재가 기도가 되게 하는 것이다. 그럴 때는 그냥 하나님 앞에 앉아 있음이 기도가 된다.

걷다가 길을 잃어버리는 영적인 어둔 밤을 누구나 맞이한다. 그 밤에는 남도 나를 볼 수 없고, 나도 나를 볼 수 없다.[4] 그럴 때 길을 찾겠다고 나섰다간 길을 더 잃어버린다. 걷던 길이 보이지 않고 심지어 나도 나를 볼 수 없을 때는 길 되신 주님을 만나 주님 안에서 나를 발견할 때라는 믿음을 갖자. 그리고 조용히 하나님 앞에 앉아 우리의 전 존재가 기도가 되게 하는 시간을 갖자. 이것이 어둠을 뚫고 나가는 지혜다. 이 기도를 통해 '하나님의 길은 내 길과 다를 수 있으며, 하나님에게는 흑암과 빛이 같다'(시 139:12)는 깨달음만 얻어도 우리는 주의 길을 찾은 것이다.

빛이 찾아오는 아침, 예수께서는

여명이 밝아 오자 예수께서는 제자들을 주위에 모으신다. 밤에는 하나님과 독대하셨다가 날이 밝자 사람을 불러 공동체를 만드신 것이다.

인생에 언제까지나 밤만 있는 것은 아니다. 아침은 온다. 내 영혼

---

[4] 중세의 영성가 십자가의 요한(John of the Cross, 1542-1591)은 그의 책 *The Ascent of Mount Carmel*에 등장하는 시 "Stanzas 3"에서 영적 어둔 밤의 유익을 이렇게 말한다.
  On that glad night, / In secret, for no one saw me, / Nor did I look at anything, / With no other light or guide / Than the one that burned in my heart;
  (그 기쁜 밤, / 비밀에 싸여, 아무도 나를 볼 수 없고 / 나 또한 아무것도 볼 수 없으며 / 다른 빛이나 인도자 없이 / 오직 내 마음 안에 불타오르는 빛만 가진 밤.)
  위 시는 Kieran Kavanaugh, O.C.D., *John of the Cross: Selected Writings* (New York: Paulist, 1987), 56쪽을 참조하여 필자가 번역한 것이다.

에도 새벽빛이 비추기 시작했다는 증거는 무엇일까? 어느 날 시야에 다른 사람의 상황과 문제가 보이기 시작하는 것을 표지로 삼아 보는 것은 어떨까? 어쩌면 밤에는 나만 보일 수 있다. 내 문제만 커 보이고, 나의 가치, 나의 것만 소중해 보이고, 내 상처와 내 고통이 가장 아파 보인다. 그러던 나의 영혼에 빛이 비추기 시작하면 내 가치만이 아닌 남의 것 역시 얼마나 소중한지 보이고, 나의 상처만이 아닌 내 앞에 있는 사람의 상처가 보이고, 내 고통만이 아닌 내 옆 사람의 고통이 함께 보이기 시작한다. 새벽빛은 우리 모두를 비추기 때문이다. 어둠은 가리지만 빛은 모두를 비추어, 우리는 서로 연결된 존재이며 그러하기에 서로 의존하며 살아가야 하는 이들이라는 사실을 깨닫게 한다. 하나님을 알아 가고 섬기는 영적 여정에 나만 아니라 더불어 하나님을 섬기고 하나님 나라 일을 할 사람을 만났다는 것, 그것이 내 영혼에 새벽이 찾아온 증거다.

공동체와 함께, 공동체 안에서 하나님을 찾아가는 영적 여정에서는 어둔 밤 홀로 하나님과 독대할 때와 다른 방식으로 하나님을 만난다. 밤이 새도록 기도할 때는 하나님과 씨름하며 하나님을 알아 가지만, 새벽은 우리로 옆 사람 안에 계신 하나님을 보도록 한다. 맞다. 이웃이라는 거울로 하나님을 보려는 우리는 때로, 아니 자주 당황할 수밖에 없다. 내 안에, 그리고 이웃 안에 자리 잡은 모난 부분을 볼 수밖에 없기 때문이다. 예수께서 아침에 모으신 제자들 중에는 그분의 길을 막아 버릴 가룟 유다도 있지 않았던가. 그 까닭에 함께 영적 여정을 걷는다는 것은 가시를 품는 것과 같다. 이웃 때문에 내가 아파하고, 내가 가시가 되어 이웃이 아파할 수 있다.

새벽에 만난 교회는 우리를 강하게 하기보다 우리의 연약함을 일깨워 주고, 우리가 온전하다는 것보다 사실 우리는 깨어진 존재임을 알려 준다. 그래서 결국 우리로 또 다른 영적인 밤을 경험하게 하여 다시 하나님을 만나러 홀로 산으로 가게 만들 수도 있다. 하지만 그럼에도 우리는 공동체에 머물러 있어야 한다. 그런 과정은 산에 홀로 있을 때와 다른 방식으로 하나님과 나를 알아 가게 해주기 때문이다. 공동체에서 우리는 나와 이웃의 깨어짐과 연약함을 통해 그것을 드러내시고 고쳐 나가시는 치료자 하나님을 만난다.

대낮, 예수께서는

아무것도 보이지 않는 밤에 홀로 기도하시고, 빛이 비추기 시작하는 새벽에 공동체를 형성하신 예수께서 대낮이 되었을 때는 무엇을 하셨는지 누가복음 6장 17-19절이 말한다.

> 예수께서 그들과 함께 **내려오사 평지**에 서시니 그 제자의 많은 무리와 예수의 말씀도 듣고 병 고침을 받으려고 유대 사방과 예루살렘과 두로와 시돈의 해안으로부터 온 많은 백성도 있더라 더러운 귀신에게 고난 받는 자들도 고침을 받은지라 온 무리가 예수를 만지려고 힘쓰니 이는 능력이 예수께로부터 나와서 모든 사람을 낫게 함이라(강조는 저자).

대낮에 예수께서는 공동체와 함께 산에서 내려와 평지에 서신다. 높은 곳, 높은 이상을 뒤로하고 대낮에는 현실 그 바닥에 함께 서신다. 현실 세계 그 한복판에 서신 것이다. 그분이 서신 그 현실 세계는 고난

받는 이들이 있는 곳이었다. 예수께서는 밤에 기도하시고, 새벽에 공동체를 만드신 후, 대낮에는 사람들이 가진 영적인 어둠 한가운데로 다시 들어가셨다. 그렇게 들어가신 후 말씀 선포, 치유와 축귀로 그들 가운데 있던 어둠을 몰아내고 사람들의 몸과 영혼에 빛을 비추기 시작하셨다.

우리 중 어떤 이는 아마 여전히 밤 가운데 있어 길을 찾지 못하고 있을 수 있다. 그들에게 필요한 것은 사회 속으로 뛰어 들어가는 것이 아니라 하나님과 독대하는 것이다. 또 어떤 이는 새벽의 영성을 가지고 있어서 이제 겨우 주위 사람들이 보이기 시작하고 공동체의 중요성을 깨달았을 수 있다. 하지만 밤, 새벽, 낮으로 이어지는 여정의 마지막에 무엇이 기다리고 있는지를 기억해야 한다.

예수께서는 밤을 통과하시고 새벽을 맞이하신 후 낮이 되자 사회와 역사 속으로 뛰어들어 가셨다. 홀로 가지 않으시고 새벽에 모은 상처 많은 공동체와 함께 들어가셨다. 그 사회의 아픔과 고통을 치료하며 그들을 하나님께로 돌이키고자 뛰어들어 가셨다. 그렇다면 교회가 대낮에 어디서 주님을 만날 것인지는 분명하다. 현실 한복판이다. 밤에 만난 하나님의 은혜와 아침에 모은 공동체적 역량을, 대낮에는 사회 한복판에서 만난 사람들에게 나눠 주며 그곳을 하나님을 섬기는 장으로 삼아야 한다.

나는 지금 어느 때를 살고 있는가

시간은 밤과 아침, 그리고 낮으로 흐른다. 예수 역시 이 흐름에 따라 밤에는 기도하시고, 아침에는 공동체를 만드시며, 낮에는 문제 많은 사회 현실 속으로 들어가셨다.

그리스도를 믿는 우리에게도 이 흐름이 있다. 아무것도 보이지 않는 밤에는 기도를 드린다. 그러다가 나만 아니라 이웃이 보이기 시작하는 새벽이 밝아 온다. 그럴 때 함께 모여 하나님 나라를 위해 일할 수 있다. 그러다가 평지로 내려가 이 사회, 이 한반도의 어둠 한복판에서 주님을 찾는 일을 해야 할 수도 있다. 이것이 우리가 걷는 영적 여정이다.

때론 우리는 대낮에 사역을 하다 지치면 다시 밤으로 돌아가 하나님과 독대하고 또 공동체 안에서 서로 위로하며 힘을 얻는 일도 필요하다. 그러나 밤에는 내 앞과 내 안에, 새벽에는 이웃 안에, 그리고 대낮에는 사회 안에 계시는 분이 하나님이다. 그러므로 하나님을 섬기기 위해 우리가 어디로 가야 할지 결정하고자 한다면 지금이 몇 시인지부터 보아야 한다. 그대의 시간은 지금 몇 시를 가리키고 있는가?

12장 　　　　"마치 …… 처럼"

고린도전서 7장 29-31절은 바울이 그의 교회에 가르친 성도의 삶의 원리를 담고 있다.

> 아내 있는 자들은 없는 자같이 하며
> 우는 자들은 울지 않는 자같이 하며
> 기쁜 자들은 기쁘지 않은 자같이 하며
> 매매하는 자들은 없는 자같이 하며
> 세상 물건을 쓰는 자들은 다 쓰지 못하는 자같이 하라.

결혼한 자는 마치 배우자가 없는 자처럼 살고, 슬픔을 당한 자는 마치 슬픔을 모르는 자처럼 살며, 기쁜 일을 만난 자는 마치 기쁘지 않은 자처럼 살고, 장사하는 자들은 마치 사고팔 물건이 없는 자처럼 살며, 이제 막 새 물건을 구입한 자들은 마치 그것을 다 소비하지 못할 자처럼 살라고 한다.

성도의 삶_ 위선? 염세주의?
바울은 그리스도인들에게 위선적인 삶을 살라고 가르치는 것일까? 있는데도 없는 척하고, 없는데도 있는 척하고, 사놓고도 구입하지 않은 척하고, 결혼해 놓고도 결혼하지 않은 척 행동하라는 것인가? 문자 그대로 보면 '척하는 삶'을 살라는 것처럼 보인다.

가식은 자신의 상태나 감정을 거짓으로 꾸미는 삶의 태도로, 그 목적은 체면 유지다. 바울이 체면을 기독교적 가치로 가르치고 있다고는 상상할 수 없다. 다른 뜻이 있다. 그것을 보기 전에 바울이 제시한 것과 같은 삶의 원리에 대한 또 다른 비판적 견해를 살펴보자.

바울이 가르친 대로 살면 염세주의에 빠진다고 비판할 수도 있다. 〈표준국어대사전〉에 따르면 염세주의는 "세계나 인생을 불행하고 비참한 것으로 보며, 개혁이나 진보는 불가능하다고 보는 경향이나 태도"를 가리킨다. 고린도전서 7장 31b절에서 바울은 이런 오해를 살 만한 이야기를 하고 있는 것처럼 보인다.

이 세상의 외형은 지나감이니라.

"이 세상은 어차피 다 멸망할 건데 뭘 그렇게 아옹다옹하며 사는가. 이래도 한평생, 저래도 한평생 그냥 대충 해라." 이런 삶의 태도를 염세주의라고 한다. 이것이 과연 성경적 삶의 태도일까? 바울은 고린도전서 15장 57-58절에서 이렇게 결론 내린다.

우리 주 예수 그리스도로 말미암아 우리에게 승리를 주시는 하나님께 감사하노니 그러므로 내 사랑하는 형제들아 견실하며 흔들리지 말고 항상 주의 일에 더욱 힘쓰는 자들이 되라 이는 너희 수고가 주 안에서 헛되지 않은 줄 앎이라.

바울은 그리스도 안에서 "승리"를 말하고, "주의 일에 더욱 힘쓰는 자들이 되라"고 한다. 그 어디에서도 바울은 고린도 교회에 비관적인 삶을 살도록 가르치지 않는다.

이 세상을 뚫고 들어온 새로운 세계

가식적인 삶을 가르치는 것도, 염세주의적 삶을 강변하는 것도 아니라면, 고린도전서 7장은 어떻게 해석되어야 할까? 가졌지만 가지지 않은 자처럼, 어떤 상태에 들어갔지만 그곳에 도달하지 않은 자처럼, 사용하지만 그것을 다 사용하지 못하고 중도에 그만둘 자처럼 살라는 것은 살지만 '올인(충성)하지 말라'는 뜻이다. 어떤 점에서 이런 해석이 지지를 받을 수 있을까? 뒤에서 살펴보겠지만 이런 해석은 바울의 종말론과 고린도전서의 맥락에 가장 잘 어울린다.

사회, 조직, 회사는 충성을 요구한다. 갓 들어온 직원이 '난 이곳에 충성하지 않을 것이다'라는 태도로 생활하면 '왜 이곳에 들어왔나'라는 핀잔을 들을 것이다. 그러나 한번 생각해 보자. 내 감정, 생각, 일, 현 세상에 온 마음과 온몸을 바쳐 어떤 것에 충성하지 않는 것은 그 일 혹은 그것이 전부가 아닐 때에야 비로소 생겨나는 태도다.

바울이 세상을 부정하지는 않지만 그 세상을 '마치 ……처럼' 살라고 가르친 것은 '현 세상'이 전부가 아님을 보았기 때문이다. 마치 꽁꽁 얼어붙은 얼음에 금이 가기 시작하는 것을 보고 봄이 오는 것을 감지하듯이 지금까지 맹위를 떨치던 현 세상의 모양에 균열이 생긴 것을 보고 새로운 일이 일어나고 있음을 확신했기 때문이다. 그러므로 바울에게는 "이 세상이 전부다. 그러니 현재 것에 온 마음과 몸을 바쳐 충성하라"고 말하는 것이 위선이고 가식이다. 그는 이 세상이 주는 감정과 생각, 그리고 일을 전면 부정하지는 않지만 온몸 다 바쳐 그것에 충성하지 말라고 말한다. 현 세상과 그 구조와 통치자들이 전부가 아니고 절대적 의미를 가진 것이 아니기 때문이다.

바울의 확신 배후에 무엇이 있었을까? 바울은 절대로 무너질 것 같지 않은 현 세상의 힘과 '진리' 체제가 무너지고 붕괴되기 시작하고, 이 세상의 절대 권력이 레임덕에 걸린 것을 보았다. 현 세상 권력에 균열이 생긴 것은 새 세상이 현 세상에 균열을 내며 '지금 이곳으로' 뚫고 들어오기 시작했기 때문이다. 그러면 바울이 본 다른 새 세상은 무엇인가? 바울은 '마치 ······처럼' 살라고 말하기 전에 고린도전서 7장 29절에서 그렇게 살아야 하는 이유를 이렇게 말한다.

형제들아 내가 이 말을 하노니 그때가 단축하여진 고로.

여기서 "때"에 해당하는 헬라어 '카이로스'는 연대기적 시간을 가리킬 때 쓰이는 '크로노스'와 달리 '기회', '특정 기간', '경우', '시대' 등 다양한 뜻으로 쓰인다. 바울은 "때"가 단축될 수 있다는 전제 아래 이 표현을 사용하고 있으므로 '카이로스'는 하나님이 인류에게 허락하신 '특정 기간'이라는 시간의 뜻으로 사용되고 있다고 봐야 한다. 특히 헬라어 본문에서 "단축하여진 고로"는 수동태로 되어 있기에 바울은 시간을 단축시킨 주체를 하나님으로 보았음이 틀림없다. 이는 유대인들이 시간의 주인을 하나님으로 보았기 때문이다.

그러면 바울은 무엇을 보고 '시간이 짧아졌다'는 것을 알았을까? 앞서 우리는 "기후 변화의 시대를 사는 교회"에서 만물의 시계는 하나님의 아들들의 출현이라는 것을 보았다. 그러면 바울의 '종말론적 시계'는 무엇이었을까? 바울이 '그때가 단축하여졌다'는 말을 사용할 수 있는 것은 다른 유대인들처럼 기다리던 종말을 '보았'기 때문이다. 통상 걷던 길이 갑자기 짧아져 보이는 것은 길의 끝을 보았을 때인데, 그 비슷한 일이 바울에게 일어난 것이다. 창조주 하나님을 믿는 바울은 하나님이 세상의 역사를 그 마지막 완성을 향해 이끌고 계신다고 믿고 있었다. 그런데 그런 바울의 눈앞에 종말에 일어나리라 믿고 있던 사건이 역사 한복판에서 일어난 것이다. 그 종말론적 사건을 보자 영원할 것 같던 현재 시간의 끝을 헤아릴 수 있었고, 또 지금 이곳에 있는 것들 중 사라질 것과 영원할 것을 분별할 수 있었으며, 무엇보다 충성해야 할 대상과 올인해야 할 일이 무엇인지가 바울에게 분명해졌다.

새 시대의 시작, 부활

바울이 새 창조와 종말이 시작되었다는 사실을 확신하게 된 사건이 있다. 의심할 바 없이 다메섹 경험이다. 바울은 '그 길'을 걷는 사람을 핍박하고자 다메섹으로 가다가 길 위에서 예수를 만나고 그가 걷던 (삶의) 길을 돌이킨다.[1] 핍박자 바울에서 핍박받는 바울로 삶의 대전환이

---

1 개역개정에서 "그 도"로 번역한 헬라어 단어(호 호도스)의 문자적인 뜻은 '그 길'이다. 1세기 유대 사회에서 기독교는 '그 길'로 불렸고 그리스도인은 '그 길을 걷는 사람'으로 이해되었다(행 19:9, 23, 22:4, 24:14).

일어난 것이다. 그 전환(회심)의 배후에는 부활한 예수가 있었다. 좀 더 정확한 표현은 그가 만난 예수가 부활했다는 사실이 바울의 삶에 대전환을 가져오게 만들었다.

바울의 삶의 전환에서 부활의 역할을 알기 위해서는 부활에 대한 정의가 필요하다. 유대(그러므로 바울의) 종말론에 따르면 부활은 과거의 몸이 아닌 미래의 몸을 입는 일이다. 죽었다가 소생했을 때, 소생된 몸이 과거의 몸으로 되돌아가는 것은 '회생'이라 부른다. 반면, 부활은 창조주 하나님이 종말에 모든 죄악을 처리하고 새 창조를 이루시며 인류에게 허락하실 몸의 변화다. 예수께서는 십자가에서 처형당하신 지 사흘 뒤에 그와 같은 부활의 몸을 입고 일어나신 것이다. 이후 다메섹 도상에서 부활하신 예수를 만난 바울은 예수 안에서 종말이 도래했고 새 창조가 시작되었다는 것을 확신하게 되었다(고전 15장). 바울이 "누구든지 그리스도 안에 있으면 새로운 피조물"이라 외칠 수 있던 것(고후 5:17) 역시 부활한 그리스도 안에서(엔 크리스토), 그리스도를 통해서(디아 크리스투) 종말이 시작된 것을 보았기 때문이다. 따라서 바울에게 예수의 부활은 인류에게 주어진 시간이 짧아졌다고 말할 수 있는 근거였다. 인류 역사의 끝에 일어날 부활이 예수께 일어났다는 것은 그 끝이 이미 시작되었다는 것을 의미했다. 예수 안에서 끝을 보자 때가 단축되었다는 선언을 할 수 있었던 것이다.

그 결과 바울은 이제 누구에게 온전히 충성해야 하는지 깨달았다. 오직 새 창조를 가져오신 주 예수만이 신뢰와 충성의 대상이며, 그 외에 모든 것은 지나가고 변화되어야 할 것임을 보게 된 것이다. 바울은 삶을 부정하라는 것이 아니라 그리스도 외에는 그 어떤 것에도 절대 충성하지 말라는 말을 하고 있는 것이다. 지금 우리가 몸담고 있는 세상 형체, 우리가 가진 물건, 우리가 즐거워하는 이유를 제공하는 그 일, 우리에게 슬픔을 가져다준 그 사건은 영원한 것이 아니라 모두가 변화되어야 할 것이기 때문이다.

우리가 진정으로 충성해야 할 것

"무언가 얻기를 포기하지 마십시오. 그러나 얻었다고 거기에 올인하지 마시고, 그것을 얻지 못했다고 절망하지 마십시오. 오직 부활하신 그리스도가 내 안에 계시며 그리스도가 나를 다스리고 인도하고 계시다는 사실로 기뻐하십시오. 세상은 지나가지만 그리스도는 영원하시기 때문입니다." 이런 권면은 분명 바울의 신학에 일치하는 것이다. 혹자가 염려할 수 있는 것처럼 이런 신학적 견해는 그리스도인으로 하여금 이 땅에서의 삶을 '대충' 살게 만들지 않는다. 미래가 현재에 들어왔고 하나님 나라가 이 세상 나라 한복판에서 시작된 까닭에 지금 이곳에 있는 사람이 하나님 나라를 살 수 있는 길이 열려 있다. 따라서 현재 이 세상에서도 최선의 삶을 살 수 있는 이유가 주어진 것이다.

　우리를 둘러싼 현재 그대로의 세상 형체와 방향에 우리의 '모든 것'을 일방적으로 걸지 말아야 한다는 것은 분명 옳다. 그렇지만 우리의 선택과 결정, 그리고 하는 일에서 무엇이 새 창조의 삶에 부합하는지를 최선을 다해 식별하고, 그렇게 분별한 후에는 주께 하듯 충성을 다해 하나님 나라의 가치에 따라 이 땅을 살아야 한다(골 3:23). 그러하기에 이 땅을 사는 그리스도인에게는 식별력과 충성이 요구된다. 특히 충성은 현재 그대로의 세상이 아닌 현 세상 안에서 시작된 하나님 나라와, 그 나라를 가져오신 분을 향해야 하는 덕목이다. 그리스도 안에 있는 자는 현 세상을 부정하지 않지만 그것을 절대화하지도 않는다. 교회가 해야 하는 충성의 대상은 오직 한 분밖에 없는 까닭이다.

13장   자연의 선, 예수의 선[1]

나는 지금 내가 태어났고 대학 시절까지 살았던 동네에서 목회를 하고 있다. 출생한 집에 교회가 세워졌고, 고향이 내 목회지가 되었다. 지금은 교육열이 높고 '잘 사는' 지역으로 알려져 있지만, 초등학교 때까지만 해도 옛 우리 동네는 마을에 자동차가 들어오면 아이들이 다 나와 구경하던 그런 시골이었다. 동네는 나지막한 산을 배경으로 그 아래 자락에 형성되었다. 뒷산의 계곡과 능선은, 그래서 동네 아이들의 놀이터였다. 그 산에 서 있는 나무 수만큼 추억도 새겨져 있다.

지금도 주일 예배를 마치고 한 번씩 뒷산에 오르면 그때의 추억이 어제 일처럼 떠오른다. 동네 바로 옆에는 넓은 들이 펼쳐져 있었다. 시인 이상화의 "빼앗긴 들에도 봄은 오는가"의 시적 배경이 된 그 들이기도 했다. 우리 동네와 그 들 사이에는 개천이 있었고, 아이들은 그곳에서 멱을 감으며 여름을 났다. 개천에서 멱을 감다 드러누워 바라보던 뭉게구름과 푸른 하늘, 시냇물 소리가 지금도 눈을 감으면 보이

---

1   이 글은 〈크리스채너티 투데이〉 한국어판 2018년 9월호에 실린 글로, 〈크리스채너티 투데이〉의 허락을 받아 게재함을 밝힌다.

고 들린다. 나는 이 아름다운 추억을 하나님이 내 인생에 주신 소중한 선물로 마음 깊숙한 곳에 고이 간직하고 있다. 어린 시절의 경험이 인생 전체를 좌우한다고 하던데, 내게는 인생만 아니라 신앙 여정에서도 자연이 중요한 화두로 자리 잡고 있다. 선물이 영적, 신학적 자산이 된 것이다.

그리스도인에게 자연은 무엇인가

동양에서 자연은 종종 신의 경지에 올라 숭배의 대상이 되기도 했고, 서양에서는 인간의 편의를 위한 소용거리 정도로 다뤄져 왔다. 그러나 성경은 다른 견해를 취한다. 로마서 1장 20절에 따르면, 자연에는 하나님의 "영원하신 능력과 신성"이 반영되어 있다. 자연은 하나님이 아니라 하나님의 능력과 성품의 반영물이라는 것이다. 조형 예술인이 돌을 깎아 작품을 만들었다고 해서 그 작품을 곧 예술인 자신이라 말하지는 않는다. 그 작품에는 다만 조각가의 인생관과 철학이 반영되어 있다. 마찬가지로 하나님의 창조물로서 만물은 하나님 자신이 아니라 하나님의 신성과 능력의 반영물이라는 것이 성경적 자연관이다. 이처럼 기독교는 자연을 하나님 자체로 보면서 인간 위에 두지도 않고, 그렇다고 그것을 그냥 사물로만 보면서 인간 아래에 두지도 않는다.

만물에는 하나님의 능력과 신적 성품이 간직되어 있어 하나님과 인간 사이에서 모종의 역할을 한다고 말한다. 그 역할이란 하나님은 자연을 통해 자신의 성품과 능력을 알리고 인간은 그 자연을 통해 하나님을 알아 가게 하는 것이다. 자연을 인간 위에 두면 숭배의 대상이 되고(범신론) 자연을 인간 아래에 두면 착취의 대상이 되지만(인본주의), 하나님과 인간 사이에 두면 그것은 하나님을 알아 가는 배움의 현장이 된다. 물론 자연이 가르치는 바를 배운다고 우리가 영생에 도달하는 것은 아니다. 영생의 길은 자연의 은총이 아닌 특별 은총을 통해, 곧 예수를 통해 온다는 것이 성경의 가르침이다. 그럼에도 예수를 통해 특별 은총을 받은 자에게 자연은 이제 그냥 자연일 수 없다. 하나님의 영원하신 능력과 신성이 담긴 자연은 우리 인간으로 하나님의 성품을 알고 그 은혜를 받아 누리도록 하는 또 하나의 은총의 현장이다. 이를 위해 자연은 인간에게 계속 말을 건다. 하나님의 영원하신 능력과 신성을 말해 주기 위해서다. 물론 자연의 언어는 인간의 언어와 다르다.

자연의 선

인간의 언어는 읽어서 이해하지만 자연의 언어는 봄으로 이해한다. 그래서 예수께서는 공중의 새를 "보라"(마 6:26), 들의 백합화를 "보라"(마 6:28) 하신다. 자연은 보여 줌으로 우리에게 말을 걸고, 인간은 그것을 봄으로 소통한다. 자연을 통해 하나님의 영원하신 능력과 신성을 보려면 자연의 무엇을 보아야 할까? 자연에는 선(線, line)이 있다. 인위적인 것 말고 자연스러운 선 말이다. 우리가 "주님, 자연을 통해 무엇을 말씀하려 하십니까?"라고 물으면 아마도 하나님은 "선을 보라" 하실 것이다. 자연에는 어떤 선이 있는가? 자연의 선은 곡선이다. 굽이 도는 곡선 말이다. 자연은 직선을 만들지 않는다. 자연스러운 선이란 지그재그다.

강은 굽이굽이 흐르고, 해변으로 밀려오는 바다의 파도 역시 언덕과 같이 굽이쳐 올랐다가 아래로 치달으며, 구름도 두리뭉실, 울퉁

불퉁 형성되어 흘러간다. 빛 역시 현대 과학이 밝힌 것처럼 파장으로 비추인다. 직선으로 만들어진 산이 있을까? 기계의 손이 닿지 않는 이상 모든 산은 곡선이다. 그 산을 오르는 길 역시 지그재그다. 인간의 발걸음이 만든 길은 또 어떤가? 고부랑길이다.

돌고 도는 길을 걸을 때면 답답하고 조급증이 올라온다. '언제 도착하나', '아직 멀었나' 하는 부정적인 여러 감정이 생긴다. 그래서 산을 오를 때면 빨리 오르려고 직선의 지름길을 택하기도 한다. 하지만 이내 산 정상을 둘러 허리 길을 만들어 낸다. 직선 길로 오르면 얼마 못 가 체력의 한계를 느껴 곧 지치고 포기하게 마련이기 때문이다. 강도 굽이치지 않고 직선 길이 되면 급한 물살이 만들어져 홍수가 날 수 있다. 하지만 굽이굽이 난 강줄기는 물살을 완만하게 하여 대지의 젖줄이 된다.

자연의 곡선과 하나님의 영원하신 능력과 신성은 무슨 관계가 있는가? 하나님이 자연을 만드실 때 그 선이 곡선이 되게 하신 것은, 자연의 일부인 인간의 삶 속에서 일하시는 하나님의 방식이 천편일률로 앞으로만 뻗어 나가는 직선이 아니라 오히려 두르고 굽이 도는 곡선임을 말한다. 언뜻 생각하면 하나님의 "영원하신 능력"은 구부러진 곡선을 직선으로 만들어 우리로 모든 일에서 직행하도록 할 것 같지만 적어도 자연을 통해 가르쳐 주시는 하나님의 능력의 길은 그 반대다. 하나님이 걸으시는 길은 지그재그이며, 하나님의 능력이 드러나는 순간도 굽이치는 길에서다. 그러므로 하나님의 능력과 신성을 체험하고 그분의 성품을 경험할 수 있는 곳은 잘 나가던 선이 꺾이는 바로 그 지점이다. 파도가 일어날 때 바다의 에너지를 경험할 수 있듯이 인생의 파도가 밀려올 때 하나님의 능력과 신성을 경험하게 된다.

우리는 직선 인생을 꿈꾼다. 우여곡절이 없는 삶 말이다. 그런 인생을 꿈꾸기에 고부랑길을 깎아 곧게 뻗은 고속도로를 만들기도 한다. 모든 직선을 욕망이라고 말하는 것은 가혹하지만, 그럼에도 그것은 자연의 선이 아니라고 말할 수 있다. 우리는 곧게 뻗은 길을 원하는데, 적어도 자연의 선을 통해 알 수 있는 바는 하나님은 우리를 직선으로 급하게 인도하지 않으신다는 것이다. 그래서 충돌이 일어난다. 인위적인 직선과 하나님의 곡선이 우리 내면에서 서로 부딪히는 것이다.

그러나 한번 생각해 보자. 이 세상 어느 누가 굴곡 없는 탄탄대로의 삶을 살았는가? 또 살고 있는가? 아무도 없다. 어쩌면 인생의 실패는 직선으로 오르려다가 겪는 일일지 모른다. 산행을 할 때 거리가 짧다고 무작정 직선 코스를 택하다가는 올라가지도 못하고 힘이 빠져 포기하게 되는 것과 같다.

"새옹지마"(인생의 길흉화복은 변화가 많아 예측하기 어렵다), "고진감래"(쓴맛이 다하면 단맛이 난다, 고생 끝에 기쁨이 온다), "전화위복"(재앙이 바뀌어 오히려 좋은 일이 생긴다), "우후지실"(비온 뒤에 땅이 굳는다) 등 이런 사자성어가 말하는 바는 인생은 직선으로 가는 것이 결코 아니라는 것이다. 하나님을 직접 만나지도 못했을 옛 사람들이 이런 말을 만든 것은 하나님이 만들어 놓으신 자연과 더불어 살다가 깨달은 지혜가 아닐까? 우리 그리스도인들은 이제 그들이 얻은 지혜가 자연의 지혜이기만 한 것이 아니라 하나님이 자연에 심어 놓으신 신적 지혜의 일부인 것을 안다. 자연의 일부분으로 이 땅을 사는 우리 인생이 하나님의 선하신 성품과 하나님이 주시는 좋은 것들을 언제 어떻게 맛보게 되는지를 옛 사람들이 말해 주는 듯하다. "쓴맛 없이 단맛만 추구하지 마시오. 그런 것은 없소. 다만 쓴맛이 느껴진다면 끝까지 견디시오. 하나님의 선하심은 견딜 때 맛보게 될 것이요."

예수의 선

하나님의 특별 계시자, 예수의 길은 직선이었을까, 곡선이었을까? 그분은 하나님의 아들이기에 언제나 어떤 장애도 없이 앞으로 곧장 내달리셨을까? 그분은 수직 상승하셨을까? 아니다. 그분은 먼저 수직 하향하시고, 그러고 나서 하늘에 오르셨다. 하나님의 아들이 지나간 자리에 남은 길은 굽이 도는 지그재그 형태였다. 뿐만 아니라 지상에 계시는 동안 걸으신 발자국도 별반 다르지 않았다. 그분은 잘 닦인 시온의 대로를 걷기보다 길이 없는 광야에서 길을 닦으며 걸으셨다(막 1:12-13). 고향에 갔다가는 사람들에게 내쫓겨 하마터면 벼랑 끝에서 밀침을 당할 뻔까지 하셨다.

> 회당에 모인 사람들은 이 말씀을 듣고서, 모두 화가 잔뜩 났다. 그래서 그들은 들고일어나 예수를 동네 밖으로 내쫓았다. 그들의 동네가 산 위에 있으므로, 그들은 예수를 산벼랑까지 끌고 가서, 거기에서 밀쳐 떨어뜨리려고 하였다. 그러나 예수께서는 그들의 한가운데를 지나서 떠나가셨다(눅 4:28-30, 새번역).

들어가실 때는 스스로 택하여 가셨지만("예수께서는, 자기가 자라나신 나사렛에 오셔서"[눅 4:16, 새번역]) 나오실 때는 쫓김을 당하신 것이다. 들어가실 때 그분의 걸음걸이는 일정하고 안정적이었지만 나오실 때는 수많은 사람의 발자국과 뒤엉켜서 그 흔적을 종잡을 수가 없게 되었다. 그 수많은 발자국 가운데 예수의 것을 찾기란 쉽지 않다. 도대체 예수께서는 어디 계신 것인가?! 후에 종교, 정치, 문화, 경제의 중심지인 예루살렘으로 올라가셨지만 얼마 지나지 않아 이제는 길이 없는 무덤에 내려가신다. 예루살렘으로 올라가는 그분의 발자국은 단호하여 깊이 패이기까지 했지만 무덤으로 내려갈 때는 자국도 남길 수 없었다. 예수께서 남기신 발자국 선을 따라가다 보면 혼돈스럽다. 일정하다가 어지럽고, 갔다가 돌아오고, 하나였다가 여럿이 되고, 들어가는 발자국은 있지만 나오는 발자국은 보이지 않는다. 예수께서 이동하신 선들은 일정하기보다 뒤엉켜 있다. 첩첩산중에서야 목격될 수 있는 선들의 뒤엉킴 같다.

곡선 그 이상의 뜻

이것은 자연의 선과 예수의 선이 별반 다르지 않음을 보여준다. 하나님의 영원하신 능력과 신성을 간접적으로 드러내는 자연만 굽이치는 곡선인 것이 아니라 한 사람을 죄에서 구원하시고 온 세상을 부패에서 새롭게 하시는 하나님의 특별 구원을 이루시는 예수 역시 굽이치고 때로는 아슬아슬하게 굽이 도는 선을 그리며 나아가신 것이다. 무엇보다, 자신의 그 어떤 발자국 선도 남기지 못한 채 죽어 실려 들어가신 곳에서 예수께서는 다시 살아나신 후 스스로 걸어 나오신다. 사람을 구원하고 죽어 가는 세상에 새 창조를 가져오는 하나님의 능력이 역사하시는 경로를 선으로 표시하면, 그것은 하늘로 로켓을 쏘아 올릴 때 만들어지는 수직선이 아니었다. 한 사람을 죄와 죽음으로부터 건지고, 세상을 부패로부터 구원하시는 하나님의 영원하신 능력이 발휘되는 방식(패턴)은 오히려 곧은길이 꺾이고 또 꺾이던 고부라진 길 그 한복판에서 시작된다. 그러니 고부라진 길 걷기를 두려워하지 말라 하신다. 그것이 자연의 길이고, 그것이 영성의 길이며, 그것이 생명의 길이다. 그래서 예수께서는 멸망으로 인도하는 문은 크고 그 길이 넓지만 영생으로 인도하는 길은 좁고 협착하다고 하셨다. 그리고 자신이 직접 그 길을 걸어가시며 그 말이 참인 것을 증명해 보이셨다.

곡선의 유익

"살리는 영성의 길이 왜 곡선인가?" 신앙생활을 하는 동안 잊을 만하면 떠오르고 잊을 만하면 다시 생각나는 질문이다. 우리 앞선 선배들도 이 질문을 했고 우리도 계속하고 있다는 것은 이런 종류의 질문에 대한 답은 그렇게 시원하게 내릴 수 있는 것이 아님을 말한다. 사실 삶의 한복판을 걷고 있는 우리에게 진정으로 필요한 것은 구도자로서 우리가 걷는 영성의 길이 정확하게 어떤지를 보여 주는 영적 지도다. 우리는 지금까지 자연의 선과 예수의 선을 통해 그 지도가 어떤지 이해했다. 진리를 찾고 구하는 구도자는 바둑판 모양의 길을 걷는 것이 아니라 지그재그 길을 걷는다는 것이다.

강도 굽이굽이 흐르고, 산도 오르락내리락하며, 바다의 물길도 굽이 돌아 흐른다. 그리고 예수의 길도 예외가 아니었다. 자연의 선과 예수의 선이 다 굽이 돈다. 그렇다면 우리가 지금까지 걸어온 선은 어떻고, 앞으로 걸어가며 만들어 낼 선은 어떨까? 자연인으로서뿐만 아니라 그리스도인으로서 우리가 걷는 영성의 길 역시 오르막에서 내리막으로, 그리고 다시 오르막에서 다시 내리막으로 이어질 것이다. 그러다가 어느 날 도달하는 곳이 영적 여정의 종착지다. 시편 23편이 보여 주듯이, 푸른 풀밭(2절)에서 만찬이 기다리고 있는 여호와의 집(6절)으로 가는 길은 좁고 협착한 사망의 음침한 골짜기(4절)를 통과해야 하는 여정이다. 그래야 여호와의 집에 도달한다. 예수께서도 그 길을 통과하셨고, 우리 앞선 믿음의 선배들도 통과했으며, 지금 내 옆에 있는 성도들도 모두 통과하고 있다. 그 누구도 예외일 수 없다.

곡선의 길이 난관이나 고난만 뜻하지는 않는다. 이상하게도 성경과 역사 속에서 믿음의 선배들은 곡선이 바로 우리 영성의 길을 완주하도록 도왔다고 고백한다. 산을 오를 때 직선 코스를 택하면 금방 지치고 힘들어 포기하고 말듯이 우리 인생을 향한 당신의 뜻은 직선의 길을 걷는 삶을 통해서는 실현될 수 없다고 하나님은 판단하신 것이다. 앞산과 뒷산에 난 자연의 길과 복음서에 난 예수의 길을 보라. 그게 어디 직선인가? 정상으로 가려면 산을 에둘러 빙빙 돌아가야 하듯이, 하나님의 뜻이 우리를 통해 이뤄지려면 우리의 길은 굽이 돌아야 한다.

돌칼을 깎고 또 깎는 이유는 그래야 날이 서고 예리해지기 때문이듯이, 걷던 길 걷고 또 걷게 하시고, 겪은 일 겪고 또 겪게 하시며, 통과한 고난 통과하고 또 통과하게 하신 것은, 바로 그 굽이치는 길에서야 죄 많고 모난 우리의 심성이 깎이고 또 깎이며, 우리의 죄성이 죽고 또 죽고, 우리의 교만이 파헤쳐지고 또 파헤쳐져, 결국 우리의 영성이 날이 서고 예리해질 수 있기 때문이다.

천국을 기업으로 가지게 될 가난한 영혼이 어찌 수직 상승의 길에서 태어나겠는가? 의에 주리고 목마른 영혼, 하나님을 볼 수 있는 마음이 청결한 자, 하늘의 위로를 기다리는 애통하는 자, 하나님의 아들이라 일컬음을 받을 수 있는 평화를 만드는 자가 어찌 탄탄대로의 직선의 길에서 탄생하겠는가? 예수께서 그러셨듯이 그분의 길을 따르는 이들 역시, 잘 걷든 못 걷든, 곡선을 그들이 걸어야 할 영성의 길로 받아들여야 하는 이유가 바로 여기에 있다. 그 굽이치는 길을 마다하지 않고 구도자의 길을 걷다가 인생 막바지에 도달했을 때, 이런 고백을 하게 되기를 겸손히 소망한다. "이 발, 꼭 예수님의 발처럼 생겼다."

에필로그   깨진 틈 사이로

　　　　　　　마가복음에는 예수의 출생 이야기가 없다. 대신 장성한 예수의 출현 이야기로 시작한다(1:9). 한 삼십 대 초중반쯤 되어 보이는 청년이 수많은 인파에 끼여 요단강으로 세례를 받으러 이동하고 있다(1:5, 9). 이 이동이 예수께서 역사에 등장하신 첫 무대다. 그분을 아는 사람은 없고 그분 역시 아무런 일도, 아무런 말도 없이 묵묵히 이동하실 뿐이다. 그러다가 침묵은 깨진다. 요단강에 도착하신 후 차례가 되어 예수께서 물에 들어가셨다가 수면 위로 올라오시자 지금까지와는 다른 세상이 열린다. 하늘이 갈라진 것이다.

> 그때에 예수께서 …… 곧 물에서 올라오실새 하늘이 갈라짐(스키조메누스)과 성령이 비둘기같이 자기에게 내려오심을 보시더니(막 1:9-10).

　물이 갈라지자 하늘도 갈라졌다. 아래 물에서는 갈라진 물 사이로 예수께서 올라오시고, 위 하늘에서는 갈라진 하늘 틈 사이로 성령께서 비둘기처럼 예수 위에 내려오신다. 이뿐만이 아니다. 예수께서는 소리도 들으시는데, 갈라진 하늘 틈 사이로 하나님의 소리를 들으신다.

> 너는 내 사랑하는 아들이라 내가 너를 기뻐하노라(막 1:11).

두 사건 모두 예수 홀로 경험하신 사건으로, 하나는 시각적 경험이고 다른 하나는 청각적 경험이다.[1] 예수께서는 자기 위에 내려오시는 성령을 보시고, 하나님의 소리를 들으신다. 예수이기에 그 경험이 가능하다고 보면 이 사건이 그리 대수롭지 않게 여겨진다. 그러나 이 사건이 중요한 이유가 있다. 말라기 이후 하나님의 영과 하나님의 말씀은 활동을 중단한 상태였다. 그런데 이 오래된 침묵을 깨고 하나님이 말씀하기 시작하시고, 오랜 부재를 거두고 하나님의 영이 활동하기 시작하신 것이다. 그것도 평범해 보이는 갈릴리 청년 예수 위에.

우리가 주목해야 할 것이 있다. 그것은 예수께 그 사건이 일어났다는 것보다 언제 그 사건이 일어났느냐다. 두 사건 모두 예수께서 세례를 받고 올라오실 때 일어났다. 예수께서 세례를 받으시고 물을 가르며 올라오시자 하늘이 갈라지고 그 사이로 성령께서 역사 속으로 찾아오셨다. 하나님의 말씀 사역 또한 재개된 것이다. 삼위일체 하나님 모두 일제히 이 순간 등장하신다는 점을 기억하자. 물에서는 예수, 하늘에서는 성령과 아버지 하나님이 일제히 나타나신다. 그리고 삼위 하나님이 나타나시는 출현 통로는 물과 물 사이, 하늘과 하늘 사이이다. 물과 물이 갈라지며 생긴 틈 사이로 예수께서 출현하시고, 하늘이 갈라지며 생긴 하늘과 하늘 틈 사이로 성령께서 내려오시며, 그 틈 사이로

---

[1] "예수께서 …… 보시더니 …… 하늘로부터 소리가 나기를 너는 내 사랑하는 아들이라"(막 1:9-11)에서처럼 보신 분이 예수시라는 점과, 하늘의 소리가 "너는"으로 시작하고 있다는 점을 주목하라.

하나님 아버지의 소리가 들린다. 삼위일체 하나님은 모두 틈 사이로 우리 (역사) 가운데 찾아오신 것이다. 틈은 예수께서 역사 속에 들어오시는 공간이며, 틈은 하나님의 영이 불어오는 곳이고, 하나님의 소리가 들려오는 통로다.

그러나 틈은 그냥 벌어진 것이 아니다. 물과 물 사이에, 하늘과 하늘 사이에 틈을 만든 것은 세례다. 예수의 세례가 무엇이기에 삼위 하나님의 활동 문이 되시는가? 예수께서 받으신 요한의 세례는 '회개의 세례'였다. 죄인들이 자신의 죄를 고백하고 하나님께 돌아가기 위한 일환으로 세례를 받고 있었다. 그러므로 세례 행렬은 죄인들의 행렬이고, 물에 들어간 행위는 자신이 죄인임을 고백하는 일이며, 물에서 올라오는 일은 하나님께 내 삶을 드리겠다는 '몸 고백'이다.

성령의 바람이 불어오는 하늘 틈, 하나님의 소리가 들리는 하늘 틈은 예수께서 죄인이 받는 세례를 받으셨을 때 생긴다. 그런데 그게 어디 하늘이 열릴 만한 일인가? 죄인들이 서 있을 법한 물 한가운데에 하나님의 아들이 서 있는 일, 그게 어디 하늘이 열릴 일인가? 죄 없으신 예수께서 죄인들이 받는 세례를 받는 것은 도리어 그분의 삶에 허물이 될 일이다. 그분의 존재와 사역에 하나의 오점이자 오해를 불러일으키기에 충분한 사건이다. "그러면 그렇지, 그도 뭔가 찔림이 있으니까 회개의 세례를 받은 게 아닌가? 그가 죄 없다는 것은 다 신화적인 소리야." 이런 오해를 불러일으키기에 충분한 일을 예수께서는 자발적으로 하셨다. 그렇다. 하늘은 예수께서 자신에게 오점이 될 만한 그 일을 하셨을 때 갈라진다. 예수께서 자신의 신성에 빈틈을 보여 주는 그 순간 하늘이 갈라지고, 그곳으로 성령이 내려오시고, 그곳으로 하나님의 소리가 들린다. 틈이 오점이 아니라 하나님의 역사와 출현 내 주의 출입문이 된 것이다. 죄 없으신 완벽한 예수께서 세례를 받으신 것은 그분의 완벽성에 균열과 틈이 생긴 것인데, 그 틈이 생길 때 완벽한 하늘에 틈이 생기고 그 틈 사이로 하나님의 영이 내려오신다!

하나님의 역사가 깨진 틈 사이로 시작된다는 것은 예수께서 사역을 시작하실 때만 일어난 사건이 아니다. 예수의 사역 종결 때도 동일한 일이 일어난다.

예수께서 큰 소리를 지르시고 숨지시니라 이에 성소 휘장이 위로부터 아래까지 찢어져(에스키스테) 둘이 되니라(막 15:37-38).

예수께서 십자가에 달리신다. 죄 없으신 예수께서 반역 죄인이 받는 형틀인 십자가에 달리신 것은 세례보다 더한 오점을 남긴 사건이다. 그런데 그때 지극히 거룩한 곳, 하나님이 영으로 머무신다고 알려진 성소의 휘장이 위에서 아래로 찢어진다. 예수께서 죄인이 받는 세례를 받고 물에서 올라오실 때 하늘이 갈라졌듯이, 죄 없으신 예수께서 우리 죄를 처리하겠다며 십자가에 달리셨을 때 하나님의 영역과 사람의 영역을 구분하는 성소 휘장이 위에서 아래로 찢어진 것이다.

하늘이 '갈라졌다'는 말이나 성소 휘장이 위에서 아래로 '찢어졌다'는 말은 원어상 다 같은 단어다. 성소에 계신다고 믿은 하나님이 성소를 찢고 온 세상으로 나오신 문은 찢어진 틈이었다. 문으로서 틈은 그렇게 만들어졌다. 죄 없으신 예수께서 죄인의 형틀에 처형당하셨을 때 하나님의 영역과 인간의 영역의 경계가 사라지기 시작한 것이다.

그렇기에 세상이 하나님을 만날 수 있는 것은 예수께서 만드신 문으로서의 틈 때문이다. 예수께서 자신의 삶과 죽음을 통해 만드신 그 틈은 하늘과 땅이 만나는 공간이며, 이 땅에 살면서도 하늘의 통치를 받는 길이다(요 14:6 참조).

교회는 그리스도께서 만드신 그 틈 때문에 탄생하게 되었고, 그러므로 그 틈 사이에서 살고 있다. 하늘과 땅의 틈바구니, 이미(과거-현재)와 아직(미래)의 틈바구니 말이다. 이것이 교회의 정체성이자 교회가 살아가는 영역이다. 그러므로 교회는 땅에 살면서 하늘나라를 맛볼 수 있고, 현재를 살면서 미래에 완성될 나라를 선취하는 곳이다. 더 나아가 그리스도의 몸 된 교회로 하늘과 땅, 그 사이에 서 있도록 하신 데에는 그리스도께서 그러하시듯 교회 또한 하늘과 땅을 잇는 가교 노릇을 하라는 뜻이 있으며, 교회를 이미와 아직, 그 틈 사이에 서 있게 하신 것은 교회를 통해 세상이 미래를 선취하도록 하라는 뜻이 있다.

그러나 고난 없는 영광은 없듯이 하늘과 땅, 그리고 이미와 아직 그 틈에 서 있는 교회의 '어정쩡한' 삶은 고뇌와 고난이 뒤따를 수밖에 없다. 교회를 둘러싼 세상이 '이미'의 상태에 아직 들어오지 못했기 때문이며, 또 교회 역시 하나님 나라의 '온전한' 통치 아래 아직 들어가지 못한 채 여전이 죄에 노출된 "죽을 몸"(롬 6:12, 8:11)을 입고 사는 사람들의 모임이기 때문이다. 하지만 교회가 고난 가운데에서도 끝까지 세상과 옛 자아에 낯선 존재로 남아 있기를 포기하지 않을 때, 바로 그런 견딤이 역설적으로 세상의 빛 되는 길임을 잊지 말자. 설상 이런 견딤이 오래 참음으로 이어지더라도 말이다. 교회의 견딤의 삶이 결코 헛되지 않을 것인데, 이는 교회의 머리 되신 그리스도께서는 무덤을 새 창조의 모태로 바꾸신 분이기 때문이다. 끝으로 시인 박노해의 "아직과 이미 사이"를 읽으며 마무리하고자 한다.

'아직'에 절망할 때
'이미'를 보아
문제 속에 들어 있는 답안처럼
겨울 속에 들어찬 햇봄처럼
현실 속에 이미 와 있는 미래를

아직 오지 않은 좋은 세상에 절망할 때
우리 속에 이미 와 있는 좋은 삶들을 보아
아직 피지 않은 꽃을 보기 위해선
먼저 허리 굽혀 흙과 뿌리를 보살피듯
우리 곁의 이미를 품고 길러야 해

저 아득하고 머언 아직과 이미 사이를
하루하루 성실하게 몸으로 생활로
내가 먼저 좋은 세상을 살아 내는
정말 닮고 싶은 좋은 사람
푸른 희망의 사람이어야 해[2]

---

2 박노해, 「사람만이 희망이다」 (서울: 해냄, 1997), 21쪽.

그 틈에 서서

초판 발행	2020년 11월 20일
초판 3쇄	2025년 1월 15일
지은이	박윤만
발행인	손창남
발행처	(주)죠이북스(등록 2022. 12. 27. 제2022-000070호)
주소	02576 서울시 동대문구 왕산로19바길 33, 1층
전화	(02) 925-0451 (대표 전화)
	(02) 929-3655 (영업팀)
팩스	(02) 923-3016
인쇄소	송현문화
판권소유	ⓒ(주)죠이북스
ISBN	979-11-93507-44-5 03230

책값은 뒤표지에 있습니다.
잘못된 도서는 교환하여 드립니다.
이 책 내용을 허락 없이 옮겨 사용할 수 없습니다.